图书在版编目（CIP）数据

理论法学课堂 / 吕世伦著 . —— 哈尔滨：黑龙江美术出版社，2018.4

（吕世伦法学论丛；第十一卷）

ISBN 978-7-5593-2704-8

Ⅰ . ① 理 … Ⅱ . ① 吕 … Ⅲ . ① 法 的 理 论 — 中 国 Ⅳ . ① D920.0

中国版本图书馆 CIP 数据核字 (2018) 第 082779 号

理论法学课堂
Lectures on Jurisprudence

著　　者 / 吕世伦

出 品 人 / 金海滨

责任编辑 / 赵立明　王宏超

编辑电话 / （0451）84270530

出版发行 / 黑龙江美术出版社

地　　址 / 哈尔滨市道里区安定街 225 号

邮政编码 / 150016

发行电话 / （0451）84270514

网　　址 / www.hljmscbs.com

经　　销 / 全国新华书店

制　　版 / 黑龙江美术出版社

印　　刷 / 杭州杭新印务有限公司

开　　本 / 710mm×1000mm　1/16

印　　张 / 20

版　　次 / 2018 年 4 月第 1 版

印　　次 / 2018 年 5 月第 1 次印刷

书　　号 / ISBN 978-7-5593-2704-8

定　　价 / 130.00 元

本书如发现印装质量问题，请直接与印刷厂联系调换。

吕世伦法学论丛

第十一卷

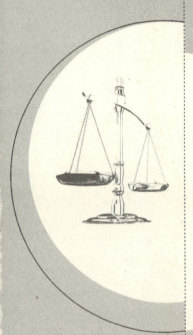

理论法学课堂

Lectures on Jurisprudence

吕世伦　著

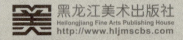

黑龙江美术出版社
Heilongjiang Fine Arts Publishing House
http://www.hljmscbs.com

探索理论法学之路

（总序）

　　《吕世伦法学论丛》出版了，此亦垂暮之年的一件快事。值此之际，几十年求法问道的点点滴滴，学术历程中的风风雨雨，不免时常浮现脑海，思之有欣慰也有嘘唏。当年如何与法学结缘而迈入法学的门槛，在浩瀚的法学领域中如何倾情于理论法学，理论法学的教学与研究中所经历的诸般坎坷与艰辛，对自己平生言说作文的敝帚自珍之情，如此等等，都时常萦绕心间。借这套书出版的契机，整理一下思绪，回首自己的学术人生，清贫守道，笔砚消磨，个中冷暖甘苦，或可絮叨一二，喟然叹曰："著书撰文求法意，一蓑烟雨任平生。"

一、"我是中国人"的觉醒

　　我的法学之梦是在一种极为特殊情况下形成的。本人出生于甲午战争后被日本军国主义侵占的大连地区。少年时期读过不到两年的私塾，先是接受童蒙类的教育，继而背诵《论语》《唐诗三百首》等。稍长便开始翻看一些信手拈来的古典小说如包公、彭公、施公"三案"书，当代文学小说，"四大才子书"等。尽管很多地方似懂非懂，但读书兴趣愈发深厚，颇有贪婪的劲头。彼时追求的是知识，与政治无关。进小学不久，太平洋战争爆发，学校里不准孩子讲中国话，只许讲日语（叫"国语常用"），否则便会遭受处罚；每周除了上几堂日语会话之外，其余时间便是军训，种地，四处捡废铁、骨头和采野菜，支援"大东亚圣战"。社会上传播的声音，一方面是因不堪忍受横征暴敛、苦工奴役、饥寒交迫、恐怖虐杀而引起的怒吼，另一方面是关内尤其是隔海相望的山东不断流进八路军率领群众抗日壮举之类所引起的欢呼。大连地区迅速变成一座即将爆发的反日火山。我们中间，也与日俱增地盛传鬼子兵必败的消息，背地里玩着诅咒日本的各种游戏。对我来说，这是头脑中第一次萌发反抗外敌压迫的观念。

　　1945年8月15日，我的心灵受到从未有过的巨大震撼，因而这一天成为我永生难忘的日子。那天，我亲眼看到的历史性场景是：上午，日本宪兵、警察及汉奸们还在耀武扬威，横行霸道，民众敢怒不敢言地躲避着他们；而正午12点，收音机特别是街心的高音喇叭突然播出"裕仁天皇"宣布日本无条件投降的颤抖声音。顷刻间，人们蜂拥而出，塞满街巷，议论着、欢呼着，脸上挂着喜悦、激动的泪花。大连42年被殖民地化和民众被"亡国奴"化的耻辱,一洗而净。大约半个小时之后,鼎沸的人群中响起一片"报仇的时候到了""抓狗腿子去"的喊叫声,瞬间大家三五成群地分散奔跑而去。我们几个小朋友也兴冲冲地尾随大人们四处颠簸,眼瞅着一些又一些"狗腿子""巡捕"从各个角落被揪出来示众和推打;一些更胆大的人则手持棍棒,冲进此前唯恐躲避不及的"大衙门"(警察署)和"小衙门"(派出所)拍桌子、缴枪,而这些往日肆无忌惮的豺狼们,则个个瑟瑟发抖,交出武器,蹲在屋角,乞求给一条活命。

"八一五"这天上、下午之间的巨大反差和陡然引爆的空前的中华民族大觉醒,对我有着决定性的影响,就是使我确切知道了自己是一个中国人。追想起来,几世代大连人的命运,是那样难以表达的不幸。从我懂事的时候起,总听到老人们念叨:"这世道,大清国不回来就没个好!"这是由于他们所经历的是大连被沙皇俄国和日本占领,不知道有个"中华民国",也不知道有个大人物孙中山,而一直没有忘记自己生下来就是"大清国"的子民。

行文至此,我不禁忆起1944年冬天遇上的一件事:一天下午,金州城东街一个墙角处,有位衣衫褴褛、踏着露出大脚趾的鞋子的醉汉坐在地上晒太阳。不一会儿,迎面走来个腰挂短刀的日本警察,用大皮靴狠狠地踢他,问"你是什么人?"汉子被惊醒,连忙回答:"我是中国人。"那警察更凶恶地继续踢他,说:"我要踢的就是中国人!"汉子赶快改口说:"我是满洲国人(指伪满人)。"警察也说不对。汉子显得不知如何应答,便冒出一句:"我是日本人。"警察轻蔑地反问:"你够格吗?!"还告诫:"记住,你是洲人。"(当时日本把大连地区叫做其所属的"关东洲")。"洲人",这个怪诞的称呼,包含多少令人心酸苦楚的蕴意。其时,我脑际里随即浮现一种强烈的感受:做一个中国人,做一个有尊严的中国人是多么艰难,又多么值得珍惜啊!

二、马克思主义的启迪

日本投降之后,大连地区一天之间变成无人管理的"无政府"状态。此时,出现了大多数人以前未曾说过、处于秘密状态的共产党与国民党两股力量的争夺战。街墙上贴满红红绿绿的条幅,红色的歌颂共产党、毛主席、八路军,绿色的歌颂国民党、"蒋总裁"、"中央军"。有识者解释,这叫"标语"。1945年8月22日,在居民的欢迎下,苏联红军进驻大连,社会秩序有了个支撑点。但苏军却并不怎么管事,其欠佳的纪律又造成新的秩序问题。当时,更醒目的现象是,猛烈的意识形态争夺战展开了。一方面,莫斯科国家外文出版局中文版的马列书籍大量输入,而且大都是漂亮的道林纸的精装本,堆满街道,几乎不要用钱购买。其中,我印象最深的有《马克思恩格斯选集》《列宁文选》(上、下集)、斯大林的《列宁主义问题》、《联共(布)党史简明教程》及《1936年苏联宪法》(又称"斯大林宪法")等,还有不少马克思主义经典著作的单行本。继而是刚刚闭幕的中共"七大"文献,如毛泽东的《论联合政府》、刘少奇的《论党》、朱德的《论解放区战场》。另一方面，国民党则以"正统"自居，兜售蒋介石的《中国之命运》和一个日本人写的《伟大的蒋介石》等几本书。当时，我面对这些令人眼花缭乱的各类书籍，感到非常好奇，尽力收集，而且勤奋阅读，细心琢磨。不用说，许多东西看不懂，但慢慢也大概知道什么叫马克思主义、列宁主义、社会主义与共产主义；而毛泽东的著作通俗易懂，讲的又是中国的事，读之更觉亲切。当然，作为一种先进的博大精深的意识形态体系，不会那么容易就能把握，遑论尚处在幼稚时期的人。但我确信它是真理，内心里希望追随它。由于这个缘故，便自觉地按照中共党组织的号召行事。当时主要围绕三个主题进行宣传活动：第一，拥护党组织领导的"人民政府"；第二，中苏友谊，向苏联"老大哥"学习；第三，解放战争的胜利。我还曾参加过金洲皮革厂"职工会"的成立工作，在城墙上刷大标语，在北城郊"山神庙"的外墙壁上办黑板报。1947 年进入中学之后，担任校学生会学习部部长与校通讯组组长，组织各年级喜欢写作与思想进步的同学，以消息报导、文艺小品或散文等形式，给大连地区各报刊撰稿，宣传党的政策。自己先后在《旅大人民日报》《民主青年》杂志及苏军司令部机关刊物《实话报》（即《真理报》的另一种中文译名）和《友谊》杂志等发表数十篇文章。

这一时期，由于读马列书籍引发了对理论的兴趣，我逐渐尝试写点小型评论，如对"生产力要素"的讨论、评维辛斯基联大演讲"原子弹已不再是美国专有的"，等等。使我无法忘记的是，从那时起，我已开始申请加入仍没公开的中共党组织，但因为出身家庭非工人、贫下中农而未遂愿，只能于 1948 年春加入"东北青年联合会"。就读高中期间，作为校党支部培养的"积极分子"，我担任"党的宣传员"，每周六下午到低年级各班讲解政治时事。我继续利用课余时间为报刊撰稿，获得过优秀作品奖。临近毕业，按照组织分配，经过简单的培训，我成为大连中学的一个教师。我讲授的是政治课，主要内容包括介绍毛主席和列宁、斯大林著作里的一些政治观点以及中国人民政治协商会议《共同纲领》。在《共同纲领》的备课与授课中，我认真比照那本一直保留着的《1936年苏联宪法》，这是平生第一次关注到法律问题，并对它产生了兴趣。后来还翻阅过新中国成立初期为数很少的几个立法文件。从此，我对政治理论方面的爱好逐渐同法学理论融汇起来，自此终身行走于这条专业道路。

三、正式迈入法学之门

1953—1957 年，我在中国人民大学法律系读本科。因为学法律是当初报考的第一志愿，所以学起来很带劲。客观上，这四年恰逢国家处于完成国民经济恢复，转向全面进入社会主义经济建设的新阶段，因而猛烈的政治运动较少，大学生们能安稳地学习专业。通过一批青年老师的热心教学，学生系统掌握到苏联专家传授的苏维埃法学理论；有的老师还尽量做到联系当时中国法律的实际。除了课堂教学以外，还有较长时间到法院、检察院、律师所实习，来应用所学的东西。此间，令学生们获益匪浅的马列主义基础(《联共(布)党史》)、中共党史、哲学、政治经济学这"四大理论"课,对确立与强化未来一代法学家和法律实务家的马克思主义世界观与方法论起到重要作用。确实,离开这种世界观与方法论,很难称之为社会主义国家的法学。我热衷于理论法学的学习与研究,与此有重要联系。

本科毕业后留校任教,我选择了法理专业。十分遗憾的是,恰好从1957年起,政治运动浪潮一个又一个地滚滚而来。反右派,高举"三面红旗"(总路线、大跃进、人民公社),反右倾机会主义,"四清",社教,直至十年之久的"无产阶级文化大革命"。显而易见,这么一来,留给教师们教学与科研和学生们课业学习的时间,几乎化为乌有了。即令断断续续上一些课,皆是重复政策性的内容而且每门课彼此相差不多,即"党的领导"与"群众路线";对立面便是批判"右派"观点。这种情况同1958年中央北戴河会议有很大关系。当时,中央一位领导人说:"什么是法?党的政策就是法,党的会议就是法,《人民日报》社论就是法。法律不能解决实际问题,不能治党、治军,但党的政策就能解决问题。"另一位领导人补充说:"我们就是要人治,不是什么法治。"接着,各层级的领导干部便迅速传达和贯彻首长讲话的精神。我们教师正是以这种"人治"思想为指导,国家的宪法和为数不多的几部立法也被淡化了。

1958年开展了"大跃进"运动,法学研究也跟着"大跃进"。法理方面,撰写《论人民民主专政和人民民主制是社会主义国家的锐利武器》(出版前,作为兼职党总支学术秘书,我建议改为《论人民民主专政和人民民主法制》);刑法方面,撰写《中华人民共和国刑法是无产阶级专政的重要工具》;刑事诉讼法方面,撰写《中华人民共和国司法是人民民主专政的锐利武器》。其中都突出"专政",而社会主义法制如何保障和发扬社会主义民主则没有得到应有的研究与阐发。至于民法和民事诉讼法,因对私有制与私有权利的恐惧,没有出版教科书,也很长时间不开课。司法中的"重刑轻民",在学校中亦有明显的反映。事实证明,用政策替代法律、以"无法无天"的群众政治运动当作治国基本方略、讲专政不讲或少讲民主、重权力轻权利、重刑事法轻民事法,把法律程序说成是"刁难群众"等,皆同人治思想密不可分。

此外,当年还曾出现过的一种情况是,反右派之后,为配合批判资产阶级观点,还搞了一段时间的"教学大检查"。即发动每个学生仔细翻看课堂笔记,查找"错误"观点,然后写大字报贴在学生宿舍楼侧的墙壁上公示。例如,一些大字报认为"人情""爱情"这类字眼是"不健康"的,把自由、平等、人权、人性等词说成是资产阶级或右倾的,甚至个别大字报上说"人民"的提法也"缺乏阶级性"。在这种出口即错、动辄受咎的情况下,教师便难于登讲台;要讲,只能念中央文件和首长讲话。至于撰写文章,更令人不安:多一事莫若少一事,与其挨批判不如落个清闲自在。在国际间法学信息交流方面,新中国成立之后,来自国外的图书资料已基本上见不到,但毕竟尚有苏联的东西可谈。比如,我们能订阅到《苏维埃司法》等杂志。1959年中苏交恶,读俄文资料的机会也失去了。之后,除需要批判右派言论、右倾机会主义、资产阶级法律思想之外,当然还需要批判苏联修正主义,法学的政治螺丝拧得更紧了。简言之,随着政治运动不断升级,尤其是十年"文革"的暴风骤雨,"知识无用"论、"资产阶级知识分子统治学校"论,以及"四人帮"倡导学生反对教师、"交白卷"等,不一而足。

我之所以回忆这些,不光是表明此二十余年间自己成长的客观环境与条件,更重要的是要总结在这样的环境与条件下自己的法学思维受到哪些影响。从积极方面说,它确实不断地强化我对党的领导、社会主义道路的信念。从消极方面说,主要是"极左"思想的影响。这些在我的讲课和撰写的文章中,都不乏明显的表现。

毛主席从来强调学习马列,在"运动"中尤其如此。学马列很投合我的喜好。在长期坚持翻读马克思主义经典著作的基础上,又加上系统的"四大理论"和国家与法权理论等课程的培养,我在法律系讲坛所授第一课便是"马列法学著作选读",对象包括本科生和研究生班。这些法学著作有:毛泽东《新民主主义论》《论人民民主专政》,马克思、恩格斯《共产党宣言》《法兰西内战》,列宁《国家与革命》等。可以说,我备课认真,讲课严谨。如,为了讲《国家与革命》,除广泛查阅国内资料之外,还看过苏联和日本出版的相关书刊,一般都做笔记或摘要。日本共青团(左派)机关报《青年战士》登载的长篇论文《〈国家与革命〉研究》,我甚至全部译出。凑巧的是,"文革"中人民大学解散,我被分配到北京医学院宣传组,仍然负责学院和各附属医院领导干部(也包括"工宣队""军宣队"负责人)学习马列著作的讲授工作。虽然这个讲授说不清有几多效果,但我本人是负责任的,积累下一大堆资料和手稿。

在法律科学研究方面,我深知一个理论法学教师欠缺扎实的学术功底是难以胜任的。这就需要以多读书、勤思考为依托,并训练撰写论文。1958 年,我作为法律系科研秘书,不仅要定期向最高人民法院和司法部报告系内学术动态,还在《法学研究》杂志上发表相关的通讯报道。在 1959—1961 年三年经济困难期间,党组织要求师生尽量多休息,"保证身体热量",因而"运动"也暂时中止。

新中国成立后,党中央一直强调批判资产阶级法律观。因此,平时我经常考虑,要批判就必须弄清其对象究竟是个什么情形,否则就会陷于尴尬的境地。鉴于此种想法,我便集中力量阅读或复读西方法学名著以及法律思想史类的图书,觉得心得不少,制作了许多卡片,对西方法律思想史滋生了浓厚的兴趣。1963 年 4 月,我在《人民日报》理论版发表《为帝国主义服务的自然法学》,继而在该报内部刊物发表《美国实在主义法学批判》。可以想见,在当时对发表文章存在恐惧心理的法学界,载于中央机关报上的这篇文章不免产生一些震动。自不待言,在那种"极左"大潮下,作者亦备受影响,从两篇文章的题目上就可看得出来。翌年,我又在《人民日报》国际版上发表了一篇关于美国儿童状况的政治短评。"文革"前夕给《光明日报》撰写《读列宁〈国家与革命〉》论文,打过两次清样,报社方面也收到人民大学党委宣传部"同意发表"的回复。但是,"文革"凶潮突然袭来,报社编辑部也被"造反",那篇论文亦不知所踪。此前,我还曾与孙国华教授合作,在《前线》杂志上发表《国家与革命》讲座文章。1958 年,《苏维埃司法》杂志刊载《美国人谈美国司法制度》论文,我读完后便顺手翻译出来,并在1959年春《政法译丛》上发表。同年,从苏联归来的朋友送给我一本《苏维埃刑法中的判刑(函授教程)》小册子,以为颇有新意,便翻译出来交人民大学出版社打印。在日文资料方面,除前面提到的研究列宁《国家与革命》的论文外,还翻译过《现代法学批判》一书;该书重点是对西方和日本新兴起的"计量法学"的社会法学思潮的系统评论,国内尚没有介绍过。

四、后半生的理论法学探索

终于熬过漫长的十年"文革",国人无不欢欣。1978年,十一届三中全会提出"改革开放"新政策,使社会主义中国社会、经济、文化和科学焕发勃勃生机,亦为法治建设和法学繁荣创造空前有利的条件。邓小平深刻总结新中国成立以来成功的经验与失误的教训,提出始终以经济建设为中心,实行民主的制度化、法律化,大力建设社会主义法制,提出"有法可依,有法必依,执法必严,违法必究"十六字方针;提出近期需要培养一大批法官、检察官、律师。这就为中国社会主义法学的发展开拓了坦途。我的法学生涯由此而发生巨大的转折与提升。党中央倡导解放思想与实事求是的精神,使我倍加注重独立思考,走学术创新之路,理论思维与方法亦有颇大改变。与此相应,教学与科研的热情与进取心更加高昂。

我开出的课程,先后有:本科的西方法律思想史和全校法学概论,硕士生的法理学、现代西方法哲学、黑格尔法哲学、马列法学原著选读,连续多年为法学院和全校博士生进行法学专题讲座。此外,应邀为中国政法大学前五届研究生和西北政法大学(当时称"西北政法学院")开讲"现代西方法理学"课程;为浙江大学分出来的杭州大学和安徽大学本科讲授西方法律思想史;为国内数十所高校及日本一桥大学、关东学院大学、山梨学院大学、立命馆大学等做过法学专题演讲。在吉隆坡,同马来西亚下议院副议长和前财长进行中国法学问题的交流。

近四十年来,在报刊发表法学论文300余篇。与授课情况相一致,科学研究的主题集中于三个方向,即:理论法学①、西方法律思想史与现代西方法哲学、马克思主义法律思想史。

(一)发表的主要论文

(1)理论法学的论文。第一,法的一般理论,其中除纯粹法理学②之外,还有法哲学、法社会学、法经济学、法政治学、法伦理学、法文化学、法人类学、法美学等边缘性诸

---

① 理论法学包括法的一般理论和法史学两大部分。但是,法史学内容广泛,涉及古今中外,故应把它从理论法学中分别开来,独成体系。
② 纯粹法理学指专门研究法律概念与规范的学科,也有西方学者称之为"法教义学"。

学科。在法学的这些学科领域中,发表的论文多寡不一,有的学科极少涉及。第二,在研写论文的过程中,每每重视紧密联系中国特色社会主义理论与国家建设,尤其法治建设的论文。其内容包括普法评论,党的政策与法,社会主义民主与法治,人治与法治(大辩论),法治与德治,人权问题,当代中国社会性质(社会主义社会还是契约社会),社会主义市场经济的法律精神,依法治国基本方略,根本法·市民法·公民法·社会法,以人为本的法体系,从法视角研究市民社会的思维进路,和谐社会与法,法治思维与法治方式,社会主义政治的制度化、规范化、程序化,法学的基本范畴(权利与权力、权利与义务、职权与职责),社会主义司法制度,廉政建设,国家主义与自由主义法律观评析,公平与正义,中国先贤治国理政的智慧等。

(2)有关西方法律思想史与西方法学家的论文。第一,对西方法学思潮研究的论文,涉及自然法学、人文主义法学、分析实证主义法学、社会学法学、历史法学、存在主义法学、行为主义法学、经济分析法学、功利法学、德国古典法哲学、新康德主义法学、新黑格尔主义法学、符号学法学、美国现实主义法学、斯堪的纳维亚现实主义法学、后现代法学、女权主义法学、种族批判法学等。第二,对西方著名法学家的研究论文,包括托马斯·阿奎那、孟德斯鸠、卢梭、斯密、休谟、康德、黑格尔、费希特、彼得拉任斯基、杜尔克姆、赫克、马里旦、德沃金、拉德布鲁赫、布莱克等。第三,对西方政治法律制度的评论,包括政党政治、三权分立、选举制度、司法制度及现代西方主要政治思潮。

(3)马克思主义法律思想史和马克思主义经典著作的研究论文。第一,马克思、恩格斯法律思想研究,其中包括:马克思、恩格斯法律思想史教学大纲,马克思、恩格斯法律思想的历史轨迹,马克思主义与卢梭,马克思主义法哲学论纲,《黑格尔法哲学批判》中的法律思想,《德意志意识形态》中的法律思想,《共产党宣言》中的法律思想,《资本论》及其创作中的法律思想,《路易·波拿巴的雾月十八日》中的法律思想,《反杜林论》中的法律思想,《家庭、私有制与国家的起源》中的法律思想,恩格斯晚年历史唯物主义通信中的法律思想。第二,列宁法律思想研究,其中包括:列宁法律思想史的历史分期,列宁社会主义法制建设理论与实践,《国家与革命》中的法律思想,列宁民主法治思想。第三,毛泽东、邓小平法律思想研究,其中包括:毛泽东民主、法制思想研究,毛泽东湖南农民运动时期的法律思想,邓小平中国特色社会主义法律理论解读,邓小平民主法制思想解读,邓小平民主法治思想的形成与发展。

(二)出版的法学著作

自人大复校以来,出版法学专著40余部,其中不含主编的"西方法学流派与思潮研究"丛书(23册)、"西方著名法哲学家"丛书(已出20册)。

(1)理论法学著作。包括:《法理的积淀与变迁》、《法理念探索》、《理论法学经纬》、《社会、国家与法的当代中国语境》、《当代法的精神》、《法学读本》、《以人为本与社会主义法治》(司法部法学理论重点项目)、《法的真善美——法美学初探》(国家社科基金项目)、《法哲学论》(教育部人文基金项目)等。

　　(2)马克思主义法律思想史著作。包括:《马克思恩格斯法律思想史》(初版与二版,国家第一批博士点项目)、《列宁法律思想史》(国家社科基金项目)、《毛泽东邓小平法律思想史》、《马列法学原著选读教程》等。

　　(3)西方法律思想史著作。包括:《西方政治法律思想史》(教程)、《西方政治法律思想史增订版》(上、下)、《西方法律思潮源流论》(初版与二版)、《西方法律思想史论》、《黑格尔法律思想研究》、《现代西方法学流派》(上、下)、《当代西方理论法学研究》等。

　　(三)论著的意义与创新

　　尽管我在学术上执拗地努力,并出版了若干本著作和发表了一批论文,但表达的多属平庸之言。然而近几年来,经常有人尤其学生,非让我谈"学术成就"。每逢这种情况,我总是闻而生畏,设法回避,但有时又不允许我闭口不说。在这里,就把我考虑过的和别人概括的看法略示如下,就算是对自身的一点安慰吧。

　　(1)马克思主义法律思想史"三部曲",是国内率先出版的著作①。该书的策划、研写和出版的过程,长达30余年之久。作者们埋头于马克思主义经典作家们浩瀚的书海中,竭尽全力进行探索才得以成书;每出一本著作皆需耗时数年。其中《马克思恩格斯法律思想史》(一版)在市场上销售告罄之后,又忙于出修订版(二版),也很快售完。直至近几年,仍陆续有人向出版社或主编索取该书。可以看出,它是备受欢迎的。当然,"三部曲"的主要意义并非在于其出版早的时间性,而在于能够帮助读者特别是从事法学研究的读者系统地了解马克思主义经典作家们有关法学的基本观点与其发展的历史脉络,并以之作为思考法律现象和问题的指导思想。平素间,亦可作为阅读或查阅马克思主义法学经典著作的得力的工具书。

　　(2)我在研究西方法律思想史的历程中,一个新的起点便是与谷春德教授一起编写的《西方政治法律思想史(上、下)》的教程。这是高等学校恢复招生之后面世的国内第一部西方政治法律思想史教程,因而产生了广泛的影响力。此后,我主持编写了关于西方法律思想源流、现代西方法学流派、现代西方理论法学和两套"丛书",以及与此相应的一批论文。这些著作与论文,有些属于论述性的,有些属于评介性的。对于读者来说,或者用于教材,或者作为理论观点的参考,或者当成资料,都有一定的意义。

　　在这些著作中,需要专门说一下《黑格尔法律思想研究》,它开创了国内研究黑格尔法哲学之先河。我国黑格尔研究泰斗贺麟先生在《光明日报》上发表的书评里写道,该书"熔哲学与法学于一炉,可以说填补了黑格尔研究的一个空白"。

　　(3)《法的真善美——法美学初探》,是我用三年时间同博士生邓少岭探讨国内外均涉足颇少的问题,遑论法美学学科。此间,我们发表多篇相关的学术论文,并在这个

---

　　① 喜见2014年11月公丕祥、龚廷泰二位教授主编的《马克思主义法律思想通史》四卷本已出版,该书比我们的"三部曲"更为详尽与深刻。

基础上凝结成一部专著。它获得学界的赞许,还获得司法部的奖励。

(4)《法哲学论》。参与写作者有文正邦教授及张钢成、李瑞强、吕景胜、曹茂君等博士,亦系国内头一部系统阐发法哲学的作品。全书分为本体论、法价值论和法学方法论三部分,有青年学者对此研究分类持不同意见,这是令我高兴的好事。从总体上说,该书自成一体,有独立见解,而且引用率较高。

(5)论著中的主要创新观点。

第一,关于民主、法治问题。在法治与人治的大辩论中,我与合作者发表《论"人治"与"法治"》一文,力主法治,并有说服力地解释了"人治论"和"人治法治综合论"的偏颇。《人民日报》以"不给人治留有地盘"为题,转载了论文中的基本观点。在民主问题的讨论中,我率先提出政体意义上的民主和国体意义上的民主的区别,指出前者属于形式民主或程序民主,后者属于实质民主或实体民主,该观点得到普遍的认同。

第二,从法的视角阐发社会主义社会与市民社会的关系。我在《市场经济条件下的社会是怎样的社会》《"从身份到契约"的法学思考》《市民法·公民法·社会法》《"以人为本"的法体系》①等论文中指出:在现今的我国社会,社会主义属性是本体性的,而市民社会是从属性的;社会主义社会是"有契约的社会",而非等同于西方19世纪的"市民社会"或"契约社会"。

第三,批判国家主义与自由主义的法律观。我认为,马克思主义法律观是通过批判这两种法律观,或者说通过这两条战线的斗争而形成的。沿着这样的思考,对西方的政党政治、三权分立、选举制度进行批判性研究的同时,也对国家主义进行系统的探索,揭示了国家主义法律观的几个基本特征,即"重国家、轻社会,重权力、轻权利,重人治、轻法治,重集权、轻分权,重集体、轻个体,重实体、轻程序"。无疑,这种理论探索对我国民主与法治建设是有重要意义的。

第四,人权观点。从20世纪90年代初我国正式宣布"人权保障"伊始,便流行"主权是人权的前提和基础"的命题,而且把它当作不容争辩的真理。我在仔细考察马克思、恩格斯和列宁的人权思想之后,辩证地分析该命题。在《人权研究的新进展》论文中,我指出:从国家主权对国内人权的管辖、反对西方国家人权话语霸权和保护国家主权的独立性而言,这个命题是可取的。不过,从权力(主权)与权利(人权)二者基本关系方面来说,这个命题则是不正确的、不可取的。因为,在民主国家尤其社会主义国家奉行"人民主权"论,权力(主权)来自权利主体的人民并且是以服务人民权利为目的的,即通常所说的"人民当家作主"。所以,权利应当是权力的前提和基础。文中所讲的结论和基本论据均出自马克思主义经典作家的指教,是经过历史实践验证过的真理。这种论述尽管引起一阵"风波",但最终还是被广泛地默认,以至于很少有人再提

---

① 后三篇论文系与任岳鹏博士合写。

起那个命题了。后来,我又发表《权利与权力关系研究》①一文,进一步强化前述观点,具有很强的说服力与启发性。

于今,我已是 80 岁的老迈之人。回顾过往时日,自知碌碌无功,但却没有枉费宝贵的光阴。时至今日,倍感欣慰者有二:一是,目睹一茬又一茬学士、硕士、博士学成离开,并各有所长、各有作为,在各个岗位上为中华民族伟大复兴的梦想而奉献力量。二是,眼下幸运地逢到一个机会,将自己一生在理论法学方面的重要论著(其中许多得益于合作者的启发与帮助)予以系统整理和付梓。这是对个人学术经历的一个回顾,也希望可以得到更多的批评和指教。

在此选集的策划出版过程中,史彤彪、吕景胜、冯玉军、李瑞强、任岳鹏等多位教授与博士以及北京仁人德赛律师事务所负责人李法宝律师,对拙作的出版事宜先后予以大力的支持和帮助。拙作的出版资助款来自一直关心我的学生和学友以及南京师范大学法学院、南京审计学院法学院。我的 2000 级学生王佩芬为拙作出版的各项繁杂工作,陆续付出一年有余的心力和辛苦。这里,对于前列的相关人士与单位,一并表示深深的感谢,并铭记于怀。

吕世伦

2018 年 5 月

---

① 与宋光明博士合写。

第十一卷出版说明

本书的第一篇是作者对中国人民大学民法研究生班的讲稿;第二篇是全国通用教材《法学概论》法理部分;第三篇是对中国政法大学前五期法理研究生和西北政法学院(现西北政法大学)83 级法理研究生的讲稿,由中国政法大学研究生院整理打印成册,作为教材。作者从教 60 余年,除了理论思想方面的成就之外,他的教学经验亦必有借鉴之处。本书附录部分,收录了作者为各法学相关辞书所编写的条目。

本书正文部分由作者手稿整理而成,附录部分摘录《中国人权百科全书》《科学社会主义大辞典》《中华法学大辞典》中作者和他的几位研究生所编写的条目。本书为首次编辑出版,欠当处望读者批评指正。

编 者

2018 年 5 月

目录 CONTENTS

第一篇　法理学

第二篇　法律的基本理论

第三篇　现代西方法理学

第一篇

法理学

第一章 法学导论

第一节 法学的研究对象与体系

一、法学的研究对象

法学,是以法现象为研究对象的科学体系。

作为法学研究对象的法现象是全面的、整体的。它的全面性、整体性表现在:

(1)法学要研究的法是多种多样的理论的法和实证的法。如,自然法(理性法)、神法、制定法、判例法、衡平法、习惯法、教会法、引证法,以及法的社会学派所讲的"活法"与"书本法"(死法)。

(2)法学的研究对象在空间上包括国内法、国际法及法的全球化问题。

(3)法学的研究对象在时间上指法的历史情况与法的现实状态。

(4)法学的研究对象在形态上包括静态的法现象,即法律规则、狭义的法律制度及法律设施(法庭、监狱等);还包括动态的法现象,即立法、执法、司法、守法、法律监督。

(5)法学的研究对象有法的外部(形式)的规律及其特征(如法治国家中的法的公开性、运作的程序性、法体系的内在和谐一致性等);也有法的内在精神的体现。

(6)法学的研究对象还包括法与自然现象和其他社会现象的关系。

(7)法学还包括作为相对独立学科的法学本身的科学,即法学学,包括法学的历史及其发展、法学的分类与体系、法学与其他学科的关系、比较法学等。

二、法学的体系

一开始,法学是属于哲学、伦理学、政治学及神学的。在资产阶级夺取政权之后,由于资本主义商品经济的繁荣,立法获得广泛的发展并且日益复杂化,出现了部门法的划分,因而法学也跟着形成多种学科。

(1)以法律部门为标准,法学划分为宪法学、行政法学、民商法学、刑法学、诉讼法学等部门法学。不过,法律部门是会发展变化的,因而部门法也会发生变化。如,神法学在许多国家已经消失了,而经济法学、环境法学则是近年来的产物。在宏观方面,则可以把法学划分为国内法学和国际法学。

（2）以研究对象的抽象或具体为标准，法学划分为理论法学和应用法学。

①理论法学研究法的一般原理，包括法哲学、法理学、比较法学和法史学。

②应用法学是研究法的运行方面的问题，包括立法学或法政策学和法适用学或法解释学。

理论法学是应用法学的指导，同时它又是从应用法学中抽象出来的。

此外，法学中还有一些边缘性学科，即法学与其他学科相结合而形成的新学科。其中，有的理论性较强，如法哲学、法史学、法政策学、法社会学、法经济学等，通常可以归入理论法学；有的技术性较强，如法医学、刑事侦查学及物证技术学、司法会计学、司法统计学、法律逻辑学等。当然，这些边缘性的学科究竟归于理论法学还是应用法学，这并不是绝对的，如法社会学本身还分为理论法社会学和应用法社会学。

在理论法学中，有的学者认为法理学是主干，因为他们把法的世界观、法的一般原理和法学方法论都纳入到法理学当中。这颇值得商榷。

第二节　法学的研究方法

现实的社会历史是第一性的还是法律是第一性的？这个问题是法学世界观的问题。法学世界观和法学方法论是统一的。所谓法学方法论指法学的思维定式或思维工具。从根本上说，凡认为现实的社会历史（特别是经济关系）是人随心所欲创造的，特别是法律创造的，就是历史唯心主义的法学世界观；相应的，就必然要采取无限夸大法律作用或完全抹杀法律作用的形而上学的法学方法论。反之，凡认为现实的社会历史（特别是经济关系）是循着不以人的意志为转移的客观规律运行，法律是被决定的，但在一定程度上具有反作用，就是历史唯物主义的法学世界观；相应的，就必然要采取辩证的法学方法论。马克思主义在法学的伟大变革正在于它第一次为法学提供了历史唯物主义世界观和辩证的方法论。这样，才有可能揭示法与社会经济基础的关系、法的本质、发展规律和正确的法学研究方法，从而使法学成为一种科学。

一、法学研究的基本方法论原则

这是指运用马克思主义的唯物主义辩证法在研究法现象时所表现出来的一些主要要求。

（1）实事求是。即马克思主义思想路线的具体化。它要求研究法律现象应从现实的社会实际出发，而不能从法学家或立法者的主观意志出发；使法学的思考符合社会实际，而不是让社会实际符合人们的法学思考。

（2）社会存在决定社会意识。所谓社会存在，根本上指以生产力和生产关系为核心的现实存在，即生产方式的存在。而社会意识指以人们的思想观念为主导的整个社会上层建筑,法律是主要的社会意识形态之一。社会存在决定社会意识作为法学研究的方法,就是承认法律是由经济基础所决定的上层建筑,法律的根源在于经济基础。具体一些来说,经济基础或统治阶级赖以生存的物质条件,决定着法律的本质以及法律的权利义务实现的状况和内容。

(3)社会现象的普遍联系和相互作用。它首先要求我们要认识到,在马克思主义的经济基础决定论中,现象指基础对法律的决定作用,也是指法律对基础的反作用,特别是通过基础对生产力的促进或阻碍的作用。其次,要求我们要认识到,上层建筑中各种现象也是互相影响的。但哲学、宗教、艺术等不能直接对经济基础发生作用,而是要通过法律和国家产生直接与间接作用。最后,在法律现象中,法律意识与法律制度,也是互相作用、互相影响的。

(4)社会是发展的。由于这个原因,法律也是不断发展的。每个时代社会的产生基础正是法律。法律必须适应时代的要求,反映时代的主题和趋向,否则便会被时代所抛弃,而起不到其应有的作用。这就决定了法律的改革是一种实践的过程。

二、法学研究的基本方法

(1)阶级分析方法。它是马克思主义法学特有的方法。马克思指出:第一,阶级与一定的生产发展阶段相联系。第二,阶级斗争必然导致无产阶级专政。第三,无产阶级专政是向无阶级社会的过渡。根据这种论证,我们可以知道:法律是分阶级性的;法律总是同一定的阶级专政(国家)有紧密不分的关系;法律随着阶级关系、阶级专政的发展变化而发展变化。在社会主义国家,法律与无产阶级专政有相同的性质,承担着相同的历史任务,并且二者相互影响。在运用阶级分析方法研究法律现象时,既要防止把阶级性说成是法律的唯一属性,也要防止否认法律阶级性。

(2)价值分析方法。这种方法就是从一定的利益观点出发,以一定的应然性、正当性、合理性为准则,揭示法律自身的善恶是非的属性。

任何法律都包含价值学论,任何立法、执法、司法和守法都影响价值学论。因此,研究法律不可能规避法律价值问题。

社会主义法律价值体现在提高生产力、发展人类文明和最大限度地满足人民生活需要。

(3)实证分析方法。它就是以经验的、从外部状态和量的角度上分析法律现象的方法。如,对法律的制定和实施的现实社会条件的分析,对于法律词语与结构的分析,等等。

法学研究中的实证分析方法主要有下列几种:

①社会调查方法。它是社会学的基本方法,也是法学实证分析的基本方法。法律是来自社会并为社会服务的。因此,不了解必要的社会资料,就不可能了解法律,更谈

不上研究法律。

社会调查方法有观察法、实验法、文献法、访谈法、问卷法等。

②历史考察方法。恩格斯说,任何社会科学都是历史的科学,法学也是这样。法律总是在历史上产生和发展的,总是同一定的历史背景和条件密切联系在一起。同时,只有对法律进行历史的考察,才能确悉法律的发展规律、法律如何同其他社会现象相互作用、如何借鉴过去的法律实践经验,从而推动今天的法律建设事业。

③比较的方法。这主要指对于不同国家法律制度的横向比较。比较法学是运用主动方法的集大成者。

④逻辑分析方法。即形式逻辑的方法。其中最常用的方法是:一种为从一般到个别的演绎法。中国和大陆法系国家处理个案就是采用这种方法:大前提(法律规范)+小前提(案件事实)=结论(判决)。另一种为从个别到一般的归纳法。英国法系国家的判例法,就是从许多案件的判决中归纳出一般的法律原则或规范。

⑤语义分析方法。法律中的含义是通过语词来表达的。而语言的内涵(语境)和外延(边缘),经常不是那么清晰的。因此,正确地运用和理解语词,对于法律的创制和实施都是极其重要的。如果语词不清或互相矛盾,法律就不能达到自己的目的。

第三节　法律的概念

一、法律的含义和定义

(一)法律的含义

在西方,法叫"right",法律叫"law",是互相区分的。法除了规则的意思之外,应含有正义、公正的意思,还有权利的意思。但"right"和"law"的混用,也是常见的。

在中国,法含有公正的意思,古汉字写作"灋";另外,也有法律的意思,秦代以前把法律叫做"法"或"刑",秦代后一般叫做"律"。

(二)法律的定义

概括学界通用说法:法律是由统治阶级物质生活条件决定,国家专门机关创制或认可,以权利义务为内容,并通过国家强制力保证实施的调整行为关系的规范体系。它是意志与规律的结合,是阶级统治和社会管理的手段,是通过利益关系的调整实现有利于统治阶级和社会正义的工具。

二、法律的基本特征

(一)法律是一种特殊的社会规范

法律规范或规则是法定的人们的作为模式。规范有三个属性:普遍性、概括性(即非人格性)、可预测性。同其他规范相比,法律规范的普遍性最广,概括性最强而且最为明确和确定,可预测性最清晰。

从总体上说,规范有社会规范与技术规范的区别。社会规范指调整人与人之间关系的模式。技术规范是调整人与自然关系的模式。但技术规范一旦涉及人与人之间的关系,也就转变为"社会技术规范"了。如果它被法律所规范,它就是"法律技术规范"。社会越发达,社会技术规范越多。法律属于社会规范的范畴,而"法律技术规范"则属于社会技术规范的范畴。

社会规范包括风俗、习惯、道德、宗教信条、宗规族法、社团规章以及政策等。其中,在现代社会中,法律规范占据主体地位。

(二)法律是国家制定或认可的社会规范

制定,指国家通过立法程序创立的,以文字表达的法律规范,即制定法。

认可,指国家以一定方式承认已存在的社会规范具有法律效力。认可有明示的或暗示的形式:明示的形式是立法机关明确指定哪些社会规范具有法律效力,这通常也是用文字表达出来的;暗示的形式是执法和司法机关在履行其公职过程中所援用的法律以外的社会规范具有法律效力。

(三)法律是以主体的权利和义务为基本内容的社会规范

法的内容主要在于通过调整人们之间的作为关系来实现利益的分配。这样就有权利(获取利益)与义务(满足别人的利益)的区分,相应的就有权利性规范和义务性规范的区分。同其他社会规范相比,现代社会的法律规范是以权利为本位的,对权利、义务的规定十分清楚和确定;而其他社会规范常常是模糊的、不确定的,很多(如道德、风俗、宗教的规范或社团的纪律)是以义务为本位的。在前资本主义社会中,法律也是以义务为本位的。

现代社会的法律,通过对权利、义务关系的调整或分配,可以很好地实现人权,实现社会的竞争机制,有利于秩序的稳定和生产力的发展。

(四)法律是最终由国家强制力保证的社会规范

一切社会规范甚至技术规则都具有强制力,但只有法律才具有国家的强制力。这种强制是以国家的正式名义或全社会代表者的名义,借助法庭、监狱、军队、警察、官吏等专门机关或人员来作保障和实施的。

不过,从总体上国家强制力是法律的后盾,只有在少数情况即出现了违法行为时,主动强制力才会被实际应用。

三、法律的本质

法的本质,指法的内部规定性,或法内部的各种要素的必然的和稳定的联系,是法区别于其他现象(专指其他规范性现象)的根据。法的本质是靠抽象思维来把握的。与法律本质相对应的是法律的现象,它指法律本质的外在表现,常常有偶然因素在起作用。法律现象是用经验来感知的。

是否承认和科学地解释法律本质,这是马克思主义法学和一切非马克思主义法学的重大区别。

法律本质分为以下几个从浅到深的层次:

(一)法是国家意志

法是一种社会意识形态、一种上层建筑。它是一种国家的命令或授权。合理的国家意志必须是客观规律的反映,但又不可能是完全彻底的反映。这种反映是与立法者认识能力直接相关的。

正由于法是国家意志,所以它才具有整个社会一体遵行的效力。

(二)法体现统治阶级的整体意志

只有在经济上占统治地位的阶级才有实力使自己成为政治上的统治阶级、掌握国家政权,进而才能把自己的意志变成国家意志、变成法律。但是,法所体现的意志是统治阶级的整体意志,而不是个别阶层、集团和个别人的意志。即使法是由统治阶级中的个别人或少数人制定的,也必须考虑统治阶级的整体利益,否则也终归要被统治阶级中的个案所否定。另外,法不仅要由被统治阶级遵守,也要求统治阶级的成员遵守,必要时甚至命令统治阶级个别成员作出一定的"自我舍弃"。法不受个别人的左右,它对统治阶级也有普遍性,以致维护这个阶级的共同利益。

(三)法体现由一定生产方式所决定的权利义务观念或正义观念

法律的权利、义务永远不是抽象的存在,而是同一定历史条件,特别是一定的社会生产方式相联系,并且是一定生产方式的产物。在特定社会生产方式中利益或权利义务是怎样实现的,在法律中也必然是怎样实现的。一定生产方式所造成的权利、义务关系,经过无数次的再现,而变成社会普通的习惯或道德准则即社会性的权利义务观念,变成应当的、正当的、合理的观念,然后由国家使之上升为法观念,制定成为法律。

(四)法的性质和内容最终是由统治阶级的物质生活条件决定的

恩格斯指出,社会物质生活条件包括生产方式(生产力与生产关系的统一)、地理环境和人口,以及贸易、运输的状况,等等。但其中有决定性意义的是生产方式,地理环境、人口等都要通过生产方式起作用。

当然,法作为一定经济关系的上层建筑,也受其他上层建筑和国家的影响,但这些影响并非决定性的。归根结底,一切上层建筑都由经济关系所决定。

关于法,生产方式或统治阶级物质生活条件如何决定法,上面几点均已有所论证。

第四节　法律的要素

一、法律规则(范)

(一)法律规则的概念

法律规则就是单一的法行为模式。法律规则的特征有:①对时、空、人的效力的普遍性。②行为模式的明确性。③操作性。④国家的保障性。⑤法律规则调整主体间的权利义务,规定对违法者的制裁。前四者属于外部特征(形式特征),第五点属于内容特征。

法律规则的基本意义,是把有关的行为或事件纳入法律规定,形成法律关系即权利义务关系,并赋予法律关系主体(当事人)的行为以一定的法律效果。

法律规则是一国法律体系的细胞,它不能孤立地起作用,需要同体系结合起来发挥作用。

(二)法律规则的逻辑结构

从严格的完整逻辑上说,法律结构具有三个要素:①假定:指规定适用的主客观条件。这是规则的前提。②处理:指要求主体做什么或不做什么的行为模式,即分配权利义务的模式。这是规则的核心部分。③法律后果:如制裁、奖励等。有的学者不同意"后果"中包括"奖励",因为奖励是一种权利,其与义务相对应,是包括在"处理"中的。这个观点难以成立。"处理"要素指要求当事人做或不做的行为,而不直接表示行为后果,不能把处理和后果两个不同要素混为一谈。

需要注意的是,法律规则与法律条文的关系。总体上说,条文是规则的表现形式,规则是条文的内容。两者有时是等同的,也就是一个条文恰好表达一项法律规则。但常见的多是一个条文含有几项规则,或者几个条文包含一项或者几项规则。

(三)法律规则的种类

按照不同标准,可以对法律规则进行不同的分类。

(1)以在法律调整中的不同作用为标准,法律规则可分为调整性规则与保护性规则。

调整性规则,即通过授权、禁止、义务,直接来建立和维护社会秩序的规则。这或可称为肯定性规则,也就是以肯定正面社会关系或社会行为作前提。

保护性规则,即通过对违法的处罚而恢复正常秩序。这或可称为否定性规则,也就是以否定违法行为及其造成的社会关系为前提。

此种分类是最基本的分类。

(2)以主体间的利益分配为标准,法律规则分为授权性规则和义务性规则。

授权性规则,即规定主体有权利主动做一定行为或要求他人做或不做一定行为的能力。

义务性规则,包括:①命令性规则,即为了权利人的利益而应当或必须积极地做一定的行为。②禁止性规则,即为了权利人而消极地不做一定行为。命令性与禁止性的分类并不科学,应当说二者均反映国家命令,所以把义务性规则与禁止性规则统称为"命令性规则"。

授权性规则所授予主体的权利,主体可以享受,也可以放弃或转让给他人享受。而义务性规则规定的义务和禁止性规则规定的禁令,有关主体则依照规则的要求去办,没有处分的自由。

(3)以主体能否自主地设立权利义务关系为标准,法律规则分为强行性规则和任意性规则。

强行性规则,即当事人(主体)只能按照法定的要求确立彼此的权利义务关系,而不能自主设定。例如,命令性规则和禁止性规则肯定是强行性规则。在行政法和刑法领域中,强行性规则比较多。

任意性规则,即当事人(主体)只能按照在法定范围内,通过自由意志协商设立权利义务关系。有时法律要求,如果双方主体不能达成协议,则要依照法律规定办理。在民商法中,任意性规则占主要地位。任意性规则实际上就是授权性规则。

(4)以规则内容的确定程度为标准,法律规则分为确定性规则和相对确定性规则。

确定性规则,即规则的内容明确而具体,不需另由立法、司法或执法者进一步阐明。准用性规则是确定性规则的一种。

相对确定性规则,即规则的内容并非十分明确或具体,需要由立法或法律实施机关予以阐明。其中包括:①委任性规则。即立法者自己不规定规则的具体内容,而是委托有关机关来规定。②赋予法律实施机关的一定裁量权的规则。如法律条文中有些外延或边缘不十分明确的规定,如情节"严重"或"轻微",处罚有一定的幅度等,均属相对确定性规则。

(5)以规则所调整的关系是发生在此规则之前还是之后为标准,法律规则分为确认性或调整性规则和构成性规则。

确认性规则,即被调整的关系在规则调整之前已经存在,而规则的意义在于给它披上法律的外衣使之变成法律关系,进而给予肯定或否定。

构成性规则,即由法律规则来创造一定的社会关系。这种情况在公法领域中最为常见。

二、法律原则

(一)法律原则的概念和特点

法律原则,指在一定层次的法律体系中对法律规则具有指导意义的、较为稳定的法律原理和准则。

法律原则的特点是:①法律原则是一定层次的法律体系的指导思想,并反映其基本价值目标。②法律原则比规则更抽象和概括,因而更为稳定,应用范围更为广泛。③同法律规则一样,法律原则也是国家制定或认可,借助清晰的文字表达,或者虽没有直接的文字表达,但可以从法律规定的文字中推定出来,或者是社会公认的。

(二)法律原则的功能

1.从立法的角度上说。

(1)概括和体现法律制度的性质、内容和价值取向。它是法律制度的核心部分,而法律规则是它在不同领域上的具体化。

(2)保持法律制度内部的协调一致和统一。法律规则是繁多的,只有根据法律原则才能保证它们互相避免产生矛盾和冲突,从而使法律规则正常地发挥作用。

(3)对法制改革有导向作用。法制改革必须以法律原则即法制核心部分入手,即以新原则代替旧原则,或赋予旧原则一定的新含义,才能导致整个法律制度的转型。如计划法律制度向市场法律制度的转型。

2.从法律实施的角度上说。

(1)指导法律解释和法律推理。法律解释和法律推理只有以法律原则为指导,才能把握住大方向,避免任意性,不偏离法律的价值目标。

(2)补充法律的空白和漏洞,消除法律体系的内部矛盾。由于社会发展变化的客观原因和立法者的主观原因,法律的空白和漏洞总是不可避免的;而在已经制定出来的诸多具体法律规则中也可能存在矛盾的现象。这时,只有以法律原则为依据,才能解决上述问题。

(三)法律原则的种类

(1)以所属的法律体系层次的级别为标准,法律原则分为基本原则和具体原则。

基本原则是指高层次的法律体系的原则。具体原则指低层次的法律体系的原则。层次越高的原则,其内容越抽象和稳定。例如,我国整个法律体系的原则是社会主义原则和民主原则,属于最高的法律原则;其次是各部门法的原则;再次是具体法律制度(规则小组)的原则。由此可知,基本原则与具体原则的划分具有相对性。

(2)以法律原则的渊源为标准,法律原则分为公理性原则和政策性原则。

公理性原则,是来自自然和社会生活中且得到公认的原则。如,近亲结婚是不应当的,交易中要诚实信用等。

政策性原则,是来自国家政策的原则,如现阶段我国实行的计划生育政策,同时也是法律的原则。

公理性和政策性原则的关系是:政策性原则通常是公理性原则的体现;而政策性原则如果是合理的,也会被社会认定为公理。

(3)以涉及的内容为标准,法律原则分为法律的社会原则和专门原则。

法律的社会原则,是指在客观社会生活中产生的经济、政治、文化方面的原则,并非法律专有的原则。

专门法律原则或专门性法律原则,是由法律本身的性质、特点和规律而产生的原则。如刑法中常见的无罪推定原则、民法中的过错赔偿原则、诉讼中的审级原则等。

法律社会原则与专门法律原则之间,通常是目的与手段的关系。

三、法律概念

(一)法律概念的定义

法律概念,指对同法律相关的多种事实(现象)加以概括,抽象出其共同特征进而形成的具有权威性的法律词语。

法律概念就其性质而言,不具有价值判断的倾向。

(二)法律概念的种类

(1)一般性概念和具体概念。这是按照法律概念涵盖面的大小进行的分类,是两种最常见的种类。

(2)多个部门法概念。它指的是涉及各个具体法律部门的有关法律的概念,比如宪法概念、刑法概念、民法概念等。

(3)涉人、涉物、涉事的概念。这是按照法律概念本身所涉及的内容进行的分类。

(三)法律概念的功能

(1)认知功能。法律概念帮助人们认识各种与法律相关的情况,即哪些是同类的或不同类的。例如,自然人、法人、社会组织这几个法律概念都属于法律关系主体这个大概念之下的同类概念。又如原告、被告是民诉当事人,而原告人和被告人是刑诉的当事人。

(2)构成功能。法律概念是进行法律判断及构成法律原则、法律规则的材料。例如,美国最高法院把权利概念、继承概念与"主体不能从自己的过错中获利"联系起来,得出一个"继承人不能从被他谋杀的被继承人那里获得继承的权利"的结论。

(3)规范功能。在法律缺漏的情况下,可以运用法律概念,从法律原则中引申出法律规则,对主体的行为加以规范。

最后需要说明一下,有学者认为法律技术也是法律的要素,此观点值得商榷。法律要素指法律结构的组成成分,而法律技术则属于人运用法律的方法或手段,因而是外部附加的东西,故不能同法律内在的成分(要素)相混同。

第二章　法的渊源、起源与发展

第一节　法律的渊源和效力

一、法律的渊源

（一）法律的渊源的概念

法律的渊源，又叫法律的形式渊源，简称为法源，它指法律规范由谁创制或怎样创制以及借助什么外部形式来表现。

以合法的方式创制并具有特定的形式的法律规范才是有效的。而且，通常不同的法律形式，其效力等级也不同。

（二）法律渊源的种类

法律渊源受着多种社会和历史因素的影响，在不同历史时期和不同的国度，法律渊源可能有很大的差别。

纵观古今中外，法律渊源主要有如下几种：

（1）制定法。制定法指由有权的国家机关创制的规范性法律文件。它的普遍性、明晰性和强制性是最显著的。

（2）判例法。判例法指基于法院生效的判例，特别是从判例中引申出的原则，作为审判中的法律规范。所以，判例法是法官所创造之法。同时，它对法律的发展也有着重要作用。在英美法系国家，判例法是基本的法律渊源。到民国时期为止，中国一直存在着判例法。大陆法系国家原则上不承认判例为渊源，但有承认的趋向。在我国，判例虽不是法源，但对司法工作具有重要的指导和参考意义。

（3）习惯法。即经有权的国家机关认可已存在的习惯和惯例具有法律效力而形成的法。在前资本主义社会，习惯通常是最基本的法源，而近代以来，它的地位则日趋缩小。

（4）学说和法理。学说指法学家对法律问题提出的看法；法理指公认的法律原理。在历史上，由于司法实践缺乏现成的法律规定，法官便引用学说和法理当做法律规范来适用。所以，这种法也称为"引证法"。随着成文法和判例法的完善，引证法已经大大减少了。

（5）宗教法。宗教法指有法律效力的宗教训诫或信条。如中世纪西方的天主教法、某些国家使用的伊斯兰法等。

（三）当代中国法律的渊源

（1）宪法。它是我国的根本大法、母法。宪法的特征是：①规定我国基本的社会、经济、政治的制度，公民的基本权利义务，国家机关组织和活动的基本原则。②它是我国法律体系中处于最高地位的法律渊源，具有最高的法律效力，一切同它相抵触的法律文件和规范均属无效。③它的制定和修改程序特别严格和庄重，必须由全国人大的2/3以上的绝对多数票才能通过（而一般法律只需1/2以上的相对多数票便可通过），有时甚至要由全民进行讨论。

（2）法律。其中包括：①基本法律。由全国人大通过。②其他法律。由全国人大常委会通过。

（3）行政法规和部门行政规章。①行政法规，即由国务院制定的规范性文件，也包括国务院的决定与命令。②部门行政规章由国务院各部、委等制定，包括规范性的决定、命令。

（4）地方性法规及地方政府规章。①地方性法规。即由省、自治区、直辖市人大及其常委会制定的规范性文件。其次，由国务院批准的较大的市和经济特区的人大及其常委会制定的地方性法规。②地方政府规章包括省一级的政府和较大的市的政府制定的规章与决定、命令。

（5）民族自治地方的自治条例和单行条例。自治区的自治条例和单行条例要报全国人大常委会批准后生效；自治州、自治县的自治条例和单行条例要报省一级人大常委会批准生效。自治条例和单行条例的特点在于它具有本民族地方的特色，可以对法律进行变通（但不能违背法律和行政法规的基本程序）。

（6）特别行政区基本法及特别行政区法律。特别行政区基本法是全国人大按照"一国两制"原则制定的，属于国家基本法律，有全国效力，但它只在特别行政区内实行。已经制定的特别行政区基本法有香港、澳门两个。香港、澳门立法机关还享有立法权，但其立法只在本区域内有效。

（7）军事法规（军委制定）和军事规章（总部、军区、兵种制定）。

（8）国际条约。一般来说，国际条约不属于国内法体系的组成部门。但我国参加制定和宣布承认的规范性国际条约，对我国也有约束力，因而也是我国法律的渊源之一。

（四）规范性法律文件和法律规则的系统化

法律规则的数量巨大，为便于法律的适用和制定新法的参考，以及便于群众的了解、查阅和科研的需要，就必须把它们加以系统化。这种系统化的方法主要有三种。

（1）法规汇编。即依照规则所属的法律部门、颁布时间的顺序或其他方法，分门别类地加以编排，汇成书册，而不改变规则的内容。法律汇编属于技术性工作，不是立法，其本身没有法律效力。

（2）法典编纂。这是一种国家的重大立法活动。它要按照立法精神和法制统一的原则,对一个部门法律的所有规范进行审查,从内容上进行整理,增删或修改,然后编纂成一部结构严密、规则和规则之间互相协调、内容系统且完整的法律文件,这个法律文件便称作法典。在编纂过程中,要填补空白,清除内在的矛盾,修正表达不清楚的词语,删除过时的或者已经废止的规则。

（3）法规清理。即由有权机关依照一定的程序对一定时期和一定范围的法规进行审查,重新确定其法律效力的活动。在此过程中,有对法律规则或规范性法律文件的废止、修改、认定有效三种情况。

有权对规范性法律文件或法律规则进行清理的机关,必须是有权制定这些文件或规则的机关,否则就是越权而无效。

二、法律效力

（一）法律效力的概念

法律效力,指法律性的约束力,其中包括法律规则的约束力、非规范性法律文件的约束力。但后者是前者所派生出来的。

法律效力表现在两个方面:①效力的等级,也被称为效力层次。它指的是,在一个国家法律体系的各种法的渊源中,由于其制定主体、程序、时间、适用范围等的不同,由此形成的一个法的效力等级。②效力的范围。即法律生效的范围,它又包括法律对人的效力、空间效力以及时间效力三个方面。

（二）法律效力的等级

确定法律的效力等级的原则有四项:①创制机关地位的高低,决定法律效力级别。但授权立法例外。②创制程序的严格程度,决定法律效力的级别。最重要的是宪法与基本法律之间的效力差别。③对于同一机关创制的、属于同一内容范围的法律,以对当前社会的现实需要程度来确定其效力。④授权立法与授权机关的立法有同等效力,但它具有一定的暂时性。总体说来,确定法律效力的最根本的原则就是"法定"原则,即以法律的实际规定为根据。

我国《立法法》对于法律效力的级别问题,有详细而具体的规定。其内容包括如下几个方面。

（1）上位法的效力高于下位法。具体来说:宪法具有最高的法律效力,一切其他规范性法律文件均不得同宪法相抵触。法律的效力高于行政法规、地方性法规、自治条例和单行条例、部门规章与地方规章。行政法规的效力高于地方性法规和规章。地方性法规的效力高于本级政府和下级地方政府规章。省、自治区的人民政府制定的规章的效力高于本行政区域内的较大的市人民政府制定的规章。

（2）同位法中的特别法优于一般法。这通常是指特别法的规定与原有一般法相冲突时出现的情况。例如,《合同法》规定,"其他法律对合同另有规定的,依照其规定。"所谓"其他法律"就是相对《合同法》这个一般法而言的特别法。原因在于,特别法是针对特别情况制定的,而且内容更详细,操作性更强。

(3)同位法中新法优于旧法。因为新法是根据新形势的要求判断的,更具有合理性。

(4)不溯及既往。按照《立法法》的规定,我国的规范性法律文件一般地不溯及既往。但为了更好地保护公民、法人和其他组织的权利和利益而作的规定除外。也就是说,对以往的行为应适用当时的法律规定。除外的结论,是出于对主体的权益有利的考虑。刑法中的"从旧兼从轻"的原则便是如此。

(5)"变通规定"的法律效力。

自治条例和单行条例依法对法律、行政法规、地方性法规作变通规定的,在本管辖地区适用自治条例和单行条例。

经济特区法规根据授权对法律、行政法规、地方性法规作变通规定的,在本经济特区适用经济特区法规的规定。

由于这两种"变通规定"都是法律授权的,从而是合法的。

(6)法律冲突的解决。

①新的一般法与旧的特别法的冲突。如属于法律之间的事项,由全国人大常委会裁决。如属于其他的同级规范性法律文件之间的事项,原则上由制定的机关裁决。

②地方性法规与部门规章之间的法律冲突,由国务院提出意见。如果国务院认为应当适用地方性法规时,国务院可以裁决。如果国务院认为应适用部门规章时,提请全国人大常委会裁决,这是由于只有全国人大常委会才有改变或撤销地方性法规的权力。

③部门规章之间、部门规章与地方政府之间的法律冲突。如出现这种冲突,由国务院裁决。

④授权立法与法律的冲突,由全国人大常委会裁决。

立法上在解决法律冲突问题时,要详细地规定关于改变或撤销各种规范性法律文件的权限。

(三)法律效力的范围

(1)法律的空间效力,分为域内效力和域外效力。

域内效力包括:①中央国家机关制定的法律,在全国领土范围内有效。我国领土范围包括领陆、领水及其底土和上空;航行在公海及其上空的我国船只和飞行器,以及使馆之内,是假定(按国际惯例)的我国领土。②地方法律在所属地区内有效。③法律专门规定的特定区域。

域外效力通常要通过我国同他国的协议确立。

(2)法的时间效力,包括何时开始生效、何时终止生效以及溯及力问题。

①法律何时开始生效。这可能在法规中规定;可能由法律制定机关用单独的文件规定;可能从公布之日起生效。法律生效的时间安排,有的是颁布之日起生效,有的是从颁布之后的某日起生效。

②法律何时终止生效。其情况可能是:法定时间届满;新法律代替原有法律;法律所调整的社会关系已不存在;立法部门专门宣布某法律失效。

③法的溯及力问题。即新法律对在它生效之前的事件和行为是否适用的问题。法律不溯及既往是一项重要的现代法治原则。如果溯及既往,对刑法而言就要实行"从旧从轻"的"有利追溯"原则,即旧法规定无罪或刑罚较轻,而新法则认为有罪或处罚重,在这种情况下才溯及既往。

(3)法的对象效力。在这个问题上,世界各国奉行不同的原则:①属地主义原则,即凡处在本国领土内的人,都受本国法律的管辖。②属人主义原则,即凡是本国的公民,不论他在国内或者国外,都受本国法律管辖。③保护主义原则,即不论在国内或国外,也不管外国人或本国人,只要侵害本国和本国公民的利益,本国法律都要管辖。④混合主义原则,即以属地主义为主,兼有属人主义和保护主义。这是目前多数国家奉行的原则,中国也是这样。

具体说:中国法律的对人效力,因主体国籍不同而有所区别:①对中国公民。中国公民在中国领土范围内,一律适用中国法律。如果中国人在外国,原则上适用中国法律,但同时还有适用所在国法律的问题,主要根据国内法的特殊规定和国际法来解决。②对外国(包括无国籍)公民。外国人在中国境内,适用中国法律,法律规定的特殊情况除外。外国人在境外侵害中国主权和公民的利益,按中国规定至少要判处三年以上有期徒刑,而且中国法律和犯罪地国法律均认为这种行为是犯罪时,才能适用中国刑罚予以处罚。

三、法律分类

(一)法律分类的概念

法律分类,指按一定的标准把法律划分为多个相关的种类。

法律分类的必要性在于,现代社会的法律非常复杂,不进行分类就难以在实践中应用,也不利于对法的科学研究。

(二)法律的一般分类

(1)成文法和不成文法。成文法即制定法。不成文法主要指习惯法,对判例法是否为成文法,有不同的看法。

(2)实体法和程序法。实体法是直接调整现实社会中权利义务关系的法律。程序法是为了保证实体法的实现,解决实体权利义务的纠纷,而规定诉讼活动手续的法律。实体法与程序法之间是主法与助法的关系。但程序法是实体法的生命形式,是现代法治的重要表现,所以也是非常重要的。

（3）根本法和普通法。根本法即宪法、最高的法。普通法是宪法之下或之外的法。但在英国,宪法的地位等同于一般法律,这是特殊情况。

（4）一般法和特别法。一般法指在国内普遍有效的法律。特别法指仅对特定人、时间、地点有效的法律。

（5）国内法和国际法。国际法不同于国内法的特点是:它是跨国家的法律,来源于国家间签订的国际条约、国际惯例,国际法律关系的主体是国家。

（三）法律的特殊分类

（1）公法和私法。这是在古罗马国家留下的划分传统,现在大陆法系国家仍遵循该传统。公法是指调整公共关系的法,采取管理—服从的方法或权力的方法,如宪法、行政法、刑法。私法是调整私人利益关系、采用平和（自主）的方法或权利的方法的法律,如民法、商法等。但第二次世界大战以后,因私法公法化或公法私法化而形成的"社会法"是新形成的部门法,如经济法、环境保护法等。

（2）普通法和衡平法。这是英国法系国家的法律分类。普通法就是判例法;衡平法是运用正义或公正来处理案件,补充或修改普通法。

（3）联邦法和联邦成员法。这是存在于联邦制国家的一种分类。

第二节　法律的起源和历史发展

一、法律的起源

（一）原始社会的调整机制

社会调整,指调查和整合人际关系的各种手段或方式。它包括风俗、习惯、礼仪、道德、宗教信条和法律。

原始社会生产力极端低下,决定了人们只能共同生产劳动并进行平均主义的分配的共有制。

原始社会的社会组织是以血缘纽带联结起来的氏族。氏族的最高权力组织是由合作成立参加的氏族议事会,由它决定氏族一切重大问题。氏族酋长和战时军队首长均由议事会决定并可随时撤换。由几个氏族结成胞族,进而组成部落,以便增强同自然和外部族人斗争的力量。

原始社会与文明社会的调控机制的区别是:

①原始社会的调整方式或行为规则是长期的传统形成的习惯。②习惯因代表全社会成员的共同利益并得到平等的遵守。③习惯靠舆论与酋长的权威来保障,主要靠人们的自愿遵守,并没有凌驾于社会之上的专门权力组织进行保障。④由于人们之间没有分化、没有个人的特殊利益,所以在习惯中也没有权利与义务的明确界限或者说

还没有这种观念。⑤习惯规则的基本内容是个人对整体或他人的义务,几乎不涉及权利。⑥原始习惯没有正式的文字形式,主要存在于人们心里或生活过程之中。总之,原始社会的调整机制是以没有分化的人对人的依赖关系为基础的。

（二）法律的起源

法律起源的最终动力是生产力的发展,特别是金属工具的发明,使个体劳作成为可能,进而使剥削成为可能。从而出现个体家庭的私有制及其两极分化。

接着,是由战俘和债务自由人组成的奴隶阶级的形成,以满足生产力对劳动力的迫切需要。

最后,随着商品货币关系的发展,造成人口的大量流动、迁徙和居民的混杂。

在上述的情况下,血缘氏族便无能为力,而终于瓦解,被国家所代替。

在氏族组织瓦解的同一过程中,原始社会的习惯也逐渐被法律所代替。

法的起源的一般规律是:①法律和国家同步产生,都是社会分裂为阶级,并且阶级矛盾达到不可调和的程度的产物和表现。②法律是原始习惯逐渐渗透富有者的意志而转化的,其初级形态是不成文习惯法。进而,由不成文的习惯法变成成文的习惯法,很久之后才出现国家制度法。③最初的法律是同道德、宗教混为一谈的,然后随着社会文明的发达,它们才分化出来,法律才获得独立的地位。

二、法律的历史类型

（一）法律历史类型的一般原理

法律的历史类型,是指按照其经济基础或阶级性对法律所进行的本质性分类。它和社会类型的分类是相一致的。

法律历史类型的交替:①它是以社会生产方式的演进或变更为转移的。②法律和国家一样,其历史类型的转变,通常是由新兴阶级推翻旧阶级而实现的。个别情况是经过外族的侵入而实现的;但它也必须以侵略或被入侵民族的新生产方式因素的存在为内部根据。

（二）前资本主义法律制度的一般特点

奴隶制法和封建制法有如下的共同特点:

(1)都是落后之法。习惯、宗教、道德起着巨大作用;成文法,特别是制定法不发达。奴隶制法还有浓厚的原始习惯残余。

(2)都是以义务为本位的法。

(3)都是残酷野蛮的法。

(4)都是等级特权法。

(5)除古代希腊、罗马国家外,都是实行君主专制主义的法。

总之，它们都是建立在人对人的人身依赖的基础上的法。

（三）资本主义法律制度的一般特点

19世纪自由资本主义法律制度的特点：

（1）确认私有财产神圣不可侵犯。

（2）契约自由。

（3）维护资产阶级的自由、平等和人权。

（4）实行代议制为基础的民主政治，支持三权分立。

（5）法治主义。

在垄断资本主义时期，法律发生的主要变化是强化了国家对社会的干涉。法律干涉有两种情况：①法西斯主义式的干涉，彻底国家主义化。②实行"福利国家"制度，出现了"社会法"。与此相应，立法权的削弱，行政权的强化，法官自由裁量权的扩大，违宪审查制度的建立等。第二次世界大战以来，资产阶级民主和法治仍有某种发展。

总之，资本主义法律是以人对物（金钱）的依赖关系为基础的，即以资本为基础的。

（四）法系

法系，即在形式上独具特点的法律系谱或法律形式传统。学术界把具有相同形式传统或系谱的各国法律，归结为一个法系。

在西方，有两大法系：①大陆法系，又称罗马法系或罗马—日耳曼法系、法典法系、民法法系。②英美法系，又叫英国法系、判例法系、普通法系。

大陆法系和英美法系的主要区别是：①形成的历史不同。大陆法系来源于古代罗马法（私法），中世纪时期又渗入日耳曼人的习惯法，最后经1804年《拿破仑民法典》而获得近代形态，1900年《德国民法典》有进一步发展。英美法系来源于英国中世纪的地方习惯法、判例法和衡平法，最后形成普通法制度。②法源不同。大陆法系以制定法为主要形式。英美法系以判例法为主要形式。③立法技术不同。大陆法系注重编纂法典。英美法系除判例外，还制定一些单行法规，不注重法典化。④法律运用不同。大陆法系的法官处理案件，严格地遵照成文规则，而不制造法。英美法系的法官则奉行"遵循先例"原则。⑤诉讼程序不同。大陆法系奉行职权主义，采取纠问式方法。英美法系则奉行当事人主义，采取辩论式方法。⑥法律体系结构不同。大陆法系在内容上有公法、私法之分。英美法系主要在形式或方法上分为普通法和衡平法。但是在第二次世界大战以后，两法系有互相靠拢的趋势。

除西方的法系之外，世界上还存在过或存在着中华法系、印度法系、伊斯兰法系、社会主义法系等。

（五）当代中国社会主义法律制度的本质特征

中国社会主义法律制度的本质特征是：

（1）无产阶级的阶级性与广泛人民性的统一。社会主义法律首先是作为国家领导阶级的无产阶级意志的体现。但无产阶级是全体人民利益的代表,它没有自己的特殊利益。所以,社会主义法又是全体人民意志的体现。为此,社会主义法,既要以马克思主义激发人民的觉悟,又要适应各阶级广大人民的觉悟水平,不能超越或者落后于广大人民的觉悟水平。但应当明确的是,剥削阶级基本消灭之后已无理由继续强调法律的阶级性,尤其要肃清"以阶级斗争为纲"的极"左"思潮的影响。

(2)意志性与规律性的统一。意志性是法的内在规定。规律性是意志之外的客观必然性,包括自然、社会及法律本身的必然性。只有意志性与规律相统一的法,才是良好的法律。剥削阶级的法律受其本身局限性的制约,常常不能符合客观规律性。而社会主义的优越性恰恰表现在,它在总的方面是同社会历史发展的方向相一致的,因而与规律性的统一更为紧密。但不是等于说社会主义法律任何时候都能表现出这种统一,更不能等同于规律性。

(3)法律形式上的平等与现实保障的统一。由于阶级本质所决定,资本主义法的平等不可避免地与现实平等有巨大差距。而社会主义以经济上的公有制和政治上的人民当家作主为根据,因而法律平等的物质和政治的保障是可靠的。但因为我国生产力水平、民主发展的水平还是很有限的,所以法律平等的现实保障还有待进一步的提高。

(4)国家强制性与自觉守法性的统一。社会主义法是广大人民利益和意志的集中体现,因而它主要靠公民的自觉遵守。但人民根本利益的一致,并不排除社会利益分配的不平衡,也不排除人们觉悟程度的差别甚至很大的差别,这些又成为公民违法或犯罪的根源。所以,法律的强制性还是很必要的。

三、法的继承和移植

(一)法律的继承

法律的继承,指不同历史类型法律的前后之间,新法对旧法的不同程度的承接和继受。它表现在:新法在否定旧法的阶级本质的基础上,有批判有选择地吸取其有用的成分,而不是全盘照搬。

法的继承的根据是什么?

(1)生产力和思想文化的发展有继承性。后人不可能自己离开前人创造的生产力和思想文化而前进,相反只能把这些东西作为前进的起点。法律也是这样。如果没有前人在法律方面积累的智慧、经验和成果,是不可能制定出新法律的。

(2)法律自身相对独立的规律。这种规律是任何历史类型的法律都无法摆脱的。例如,法律的概念和技术,反映市场经济要求的法律原则,反映现代民主政治要求的法律原则,反映处理公共事务的法律原则等,资本主义社会需要,社会主义社会也需要,因而就应当甚至必须加以继承。

(二)法律移植

法律移植也可以看成是一种法律继承,但二者又有横向关系与纵向关系的差别。

法律移植,指一个国家对外国法和国际法中适合本国需要的成分或部分所进行的吸收,而融合到本国法律之中。

法律移植的根据在于:①各国法律发展上的不平衡性,彼此有长有短。②市场经济的基本要求是相一致的,因而一国法律实践经验往往也适用于他国。③法律全球化要求各国法律相互对接。

第三节 法制现代化和法治国家

一、法制现代化

(一)法制现代化的含义

法制现代化,指从后进的传统型的法制向现代型法制的转化,以适应现代市场经济、现代民主政治和现代科学文化发展的客观要求。

在法制现代化的概念中,有这样几个基本点:①法制现代化是从后进型法制向现代型法制转化的向上的运动。②法制现代化的内容不仅包括法律体系的改变,也包括法律设置、法律实践及法律观念的转变。③法制现代化是世界各国法律发展的共同趋势。但又因各国情况,特别是发达国家与发展中国家的不同,而具有不同的特色。④法制现代化的社会目标是适应现代的市场经济、民主政治和科学文化发展的客观要求。

(二)法制现代化的法律目标

基本的社会目标,已如前述。但法制现代化还有具体的法律自身方面的目标,即:

(1)法律规范体系的现代化。其中包括规范的合理性,也包括法律体系的结构、层次及内在各要素间关系的合理性,以便做到各个领域的社会关系都能得到有效的调整。

(2)法律组织机构和法律设施的现代化。其中包括法律机构的完备和健全,功能的充分发挥;法律职业队伍的建设;多种法律的软硬件设备的先进。

(3)法律原则精神的现代化。特别是处理好权利与权力的关系以及权利自身的内部关系(如权利与权利、权利与义务的关系)、权力自身的内部关系(主要制衡关系)。

(4)社会成员法律意识的现代化。特别是对现代法律的认识、观念及守法意识。

二、法治

(一)法制与法治

新中国成立以来,我国一直使用"法制"一词,而不用"法治"一词。

1996 年江泽民发表《实行和坚持依法治国,保障国家长治久安》的讲话,全国人大八届四次会议通过的《"九五"计划和 2010 年远景目标纲要》进而又指出"加强法制建设,依法治国,建设社会主义法制国家"。1999 年党的十五大报告中,把"法制国家"改为"法治国家",并明确了法治是我国的基本治国方略。从"法制国家"到"法治国家",二者虽然仅有一字之差,其意义却十分重大。

什么叫法制? 法制是指国家的法律和制度的总称。在这里,法制是一个静态的东西,是治国的人用以统治国家的工具或手段。所以,法制就意味着"以法治国",英文叫"rule by law"。那么,什么是法治呢? 法治是指"法律之统治",英文写作"rule of law",即国家包括治人者都在法律的统治之下。所以,法治就意味着"依(由)法治国"。

法制与法治的区别在于:①固有的属性不同。法制作为法律制度,是相对于社会、经济、政治、文化各领域的制度而言的,是横向的制度性的社会上层建筑结构的要素之一。法治则是相对于人治而言的,是个纵向的、动态的社会调整过程。②在治国中地位不同。法制作为单纯的治国工具而存在,即"以法治国";人是主词,法是宾词。法是被治国的人所利用的东西,人被置于治国的首位。治国者可能受他自己制定的法律所约束,也可能凌驾于法律之上。法治则是"法的统治"或"依法治国";法是主词,人是宾词。法被置于治国的首位,治国者本身也要被法所治和服从法律。③与民主政治的关系不同。法制与民主政治之间没有必然的联系,实行民主政治的国家需要法制,实行专制主义政治的国家也需要法制。但是,法治必须是"良法"的统治。所谓良法,最重要的就是以民主政治相伴的法律。由此可知,在以人身依附关系为基础的奴隶社会和封建社会,不可能存在真正的法治;只有在资产阶级民主制国家和社会主义国家,才有真正的法治。所以,真正的法治仅仅是近代以来的概念。④经济条件的不同。从经济条件的角度上考察,与民主制一样,法治是大规模的市场经济的客观产物。因为,没有法治,市场经济是不可能形成、维持和发展的。这就是通常所说的"市场经济是法治经济"的根据。

总的来说,有法制不等于有法治,但有法治则一定有法制。

(二)法治的几项基本含义

(1)法治是一种治国方略。其含义是:在治理国家过程中,以法律为最高手段,国家中的所有事物都用法律调整;一切人和社会组织,特别是执政党和执法人员,均要严守法律。

(2)法治是一种"依法办事"的理性原则。在法治的各个环节中,依法办事是个中心环节,是最重要的法治要求。中央提出的"有法可依,有法必依,执法必严,违法必究"十六字方针中,后三句都是依法办事的问题。法律本身只是形式,而只有当它实现出来才有法治的现实。法治是迄今为止人类规范智慧的集中表现。

(3)法治一定要同民主政治的内容相结合。只有民主政治即公民平等地参加国家管理,才能制定民主的法律,才能民主地执行法律。在现代社会中,法治与民主是密不可分的,民主就意味着法治,法治就意味着民主。

(4)法治是一种根据依法治国和依法办事原则形成的法律秩序。法治不仅是原则,也是一种现实状态,这种状态就是秩序——良好的法律秩序。在那里,权力得到有效的配置和制约,权利也得到合理的实现和保障。

(5)法治是一种内在价值取向,如国有良法、法律有极大权威、法律平等、权力制约、保障人权、正当程序等取向,这些都是现代法律的精神。

(三)实现法治的目标和条件

1.维护法律的极大权威。

法律的极大权威表现在社会成员或者公民的内在和外在两个方面。内在方面,是人们对法律的正义、自由、效益、秩序诸价值的普遍认同,以及由于崇尚法律而形成的情结即法律信赖。外在方面,是人们普遍地借助自觉的行为来实践法律。有了这两个方面的统一,法律就会成为毋庸置疑、不容动摇的社会调整力量。

2.完善法律的体系。

法治是依法治国,法律就成为绝对必需的基本手段,而且法律的体系也必须是完善的,其中包括程序法律体系。这意味着,在社会生活的各个领域中都有事先制定出来的法律的调整,并尽量避免法律的空白和漏洞。任何法律的空白和漏洞,都会使人们的正常行为因无所遵循而不知所措,更会使不轨者得到可乘之隙。在这种情况下,或者不能形成应有的法治状态,或者使已有的正常法治状态遭到破坏。

3.强化民主政治。

法治国家的法律是人民意志的集中体现和人民主权的产物。所以,法治和民主是密切相关的。没有民主就没有法治,没有法治也就意味着没有民主。民主对法律的要求在于:首先要使法律体现人民的意志和利益,又要使法律的创制符合严格的程序。只有通过忠诚于选民的人民代表,遵照民主程序制定出来的法律,才能被认为具有合法性与合理性。由此不难看出,不论实体民主或者程序民主,对于法律进而法治都是极端重要的。

4.坚持依法行政。

国家的行政机关和公务员是人民公仆,其手中的权力完全来自于法律。一切行政行为只能在法律规定的界限内实施,只有遵照法律规定的程序实施。对行政机关和人员实行"凡法律没有授权即禁止"的原则。因滥用行政权力而给公民、法人或其他社会组织造成损害,需依法加以赔偿;并且,还要对滥用权力的相关负责人进行法定的责任追究。

5. 保障公正司法。

司法是公民权益受到非法侵害而得到法律救济的最后关口。所以公正司法对于维护公民的权益进而对于国家的法治,显得非常重要。保障公正司法,取决于各种因素。但集中起来说,就是司法机关及其工作人员严守法律标准线,既不夹杂丝毫的本身私利,又绝不屈从或迁就任何外来力量的强制和干预。为此,就需要有真正的司法独立制度;有在政治思想、道德品质和业务能力上过硬的高素质的司法人员队伍;有对于司法机关及其人员行使权力的严格的监督机制和纠错机制。

6. 搞好法律监督。

从广义上来说,法律监督指一切法律关系主体,包括党、国家机关、社会团体、企业事业单位及广大公民,对各种主体行为是否合乎法律要求所实行的监督。其中,国家机关之间法定的监督,是具有直接法律效力的监督,亦即狭义的法律监督。法律监督,特别是人民群众的监督,对于国家机关和公职人员公正、廉洁、有效地开展工作,对于全社会一体地守法都是极为重要的。因而,它是法治的重要保证。

7. 提高人的法律素质。其中,包括提高公职人员,尤其执法、司法人员的素质,也包括全体社会成员的法律素质。

三、法律意识

(一)法律意识的概念

法律意识,指社会中人们对法律的基本看法,对法律的要求和态度,对人们行为合法性的评价,以及关于法律的知识和修养等。

法律意识是有阶级性的。社会主义法律意识是无产阶级领导的广大群众在马克思主义世界观和法律观的指导下,在长期的反对剥削阶级的斗争中形成并在社会主义建设实践中不断发展的。

(二)社会主义法律意识对社会主义法制建设的重要性

1. 对社会主义法律制定和适用的作用。

制定任何一项法律,都要依靠法律意识的指导。从这个意义上说,社会主义法律是社会主义法律意识的产物。

其次,由于法律规定的概括性,司法人员在适用法律时,就需要运用社会主义法律意识,正确地理解和适用法律,做到公正司法。特别是在立法还不完备的情况下,法律意识有填补法律空白的巨大的作用。

2. 对社会主义守法的作用。

社会主义法律之所以能被广大群众自觉遵守,与他们的法律意识有密切的关系。一个公民如果不知法、不懂法,法律意识淡薄,就不能指望他会很好地遵守社会主义法律。

3.清除旧法律意识的作用。

社会主义法律的本质决定了它必然要积极引导全社会去同轻视法律、以言代法、以权抗法、有法不依等剥削阶级特权意识和官场腐败现象作斗争,清除旧法律意识的影响,以巩固社会主义法律意识的统治地位。

四、"依法治国,建设社会主义法治国家"的必要性和重要性

要坚持和贯彻"依法治国,建设社会主义法治国家"的基本方略,就首先要弄清依法治国的必要性和重要性。

（一）依法治国是建立和完善社会主义市场经济的需要

马克思在《资本论》中指出,商品交换一开始就包含着"人的法律因素"。但在不发达的商品交换的条件下,交换行为和秩序主要依靠习惯和道德来维系,法律的作用比较有限。但当商品经济得到广泛的发展而形成大的规模即市场经济的时候,法律的作用就极大地提高了。近代的史实表明,市场经济必须是法治经济。这个道理对于社会主义市场经济而言,也是适合的。社会主义市场经济离开法治便不可能建立,即使建立起来,也不可能坚持下去。

具体来说,社会主义市场经济之所以是法治经济,主要表现在:①法律确定市场主体(角色)的资格(定位)。不论是自然人或法人均应具备相互独立、地位平等以及有行为能力和责任能力等基本条件,才能作为主体进入市场。②法律规范市场主体的行为。法律保障主体的产权的拥有,维护自由的合同制度,反对任何不正当的竞争行为。③法律要实现国家对市场的宏观调控,以避免可能出现的市场乃至整个国民经济的失衡。但是,这种调控仅限于宏观经济领域,而在微观经济领域中,国家的干预则应尽量退出,交由市场自身来调节。④法律要完善社会公平的社会保障制度。市场的竞争具有自发性,因而其后果对一些人来说可能是残酷的。对于那些竞争中的失败者、沦为穷困的人、失业者以及老人、妇女、儿童和多种弱者,法律必须提供必要的社会救济,尽可能地缩小两极分化的恶果。过分的社会分配的不公平必将挫伤广大劳动人民的积极性,也不符合人道主义精神和社会主义制度的本性。⑤法律要建立有利于市场正常发育和成长的社会环境,如法制的统一、产权的安全、交易的合理,还包括对侵权行为和犯罪的及时惩处。这种社会环境也就是建立市场秩序的条件。

（二）依法治国是扩大社会主义民主,实现国家政治体制改革的需要

社会主义国家是人民当家作主的国家,它要求民主制。所谓政治体制改革,其核心在于扩大和完善社会主义民主制。不过,民主制并不是由每个公民个人自行其是地来决定国家大事,而是必须靠体现人民整体意志的法律来管理国家。这就是民主的法律化、制度化。唯有在法律统一的、正确的指引下,人民才可能有序地参政议政。这包括人民按照法定的程序选举自己信任的代表组成国家权力机关,并通过权力机关制定

的法律,组成行政机关和司法机关,使公职人员充当人民的公仆;实行共产党领导下的多党合作和政治协商制度,团结最广泛的人民来管理国家事务、经济文化事业和社会事务;切实保障人民的自由和权利,实行对国家机关和公职人员的有效监督;当这些权益遭到侵害时,依靠法律获得救济。所以,依法治国是发展社会主义民主,使人民真正成为国家主人翁的有力手段。

(三) 依法治国是社会主义精神文明建设的需要

邓小平指出:"我们要在建设高度物质文明的同时,提高全民族的科学文化水平,发展高尚的丰富多彩的文化生活,建设高度的社会主义精神文明。""不加强精神文明的建设,物质文明的建设也要受破坏,走弯路。光靠物质条件,我们的革命和建设都不可能胜利。"所以,在社会主义现代化建设中,必须要物质文明和精神文明"两手抓",而且两手都要硬。这才是"有中国特色的社会主义"。

法律本身就是社会文明发展的产物,更直接的是精神文明的产物。反过来,法律对精神文明建设又具有巨大的推动力,社会主义制度高于资本主义制度的重要标志之一,是人的精神面貌的高尚。社会主义法律承担着引导全体公民进行精神文明建设的使命。它要启发人们树立社会主义道德观念,摆脱利己主义、享乐主义和极端的个人主义;培养公民的遵纪守法风气,克服社会生活中的散乱状态;繁荣文学艺术,涤荡精神污秽。法律还要借助于提高与普及公民的教育和科学的水平,使之掌握现代的科学技术,以促进生产力获得迅速的增长。这是法律贯彻"科教兴国"战略方针的体现。

总之,正如江泽民在党的十五大的报告中所指出的:"依法治国,是党领导人民治理国家的基本方略,是发展社会主义市场经济的客观需要,是社会文明进步的重要标志,是国家长治久安的重要保障。"

第三章　法学中的基本概念

第一节　权利和义务

一、权利和义务的概念、意义

(一)权利和义务的概念

权利,指法律关系的主体能够自主地做一定行为(作为)或者不做一定行为(不作为),能够要求义务主体做或不做一定的行为,以便获得利益的手段。

义务,指法律关系的主体,被动地做或不做一定的行为,以保障实现权利主体的利益。

(二)权利和义务在法律中的地位

(1)权利义务是法律各环节的核心要素。它是法律规则中"处理"要素即要求人们做或不做一定行为的目的;是法律关系的内容;是法律责任的根据。

(2)各部门法都贯穿对权利义务的规定。

(3)法律的实施,包括执法、司法、守法、法律监督,都直接同权利义务密切相关。

(4)权利义务全面地表现和实现法律的价值。法律价值,归根结底都是按照国家意志分配社会利益的体现。而这一点正是通过法律权利义务的分配来表现和实现的。只是在不同历史类型的社会中,权利与义务分配的特点,是有所不同的:在奴隶和封建社会,是以对整体(尤其国家)的义务为本位;资本主义社会以对个人的权利为本位;而社会主义社会也应以权利为本位。但必须同义务相对应,把个人利益与他人或社会利益真正协调起来(这在学术界有不同的看法)。

二、权利和义务的分类

(一)应有权利和义务、习惯权利和义务、法定权利义务、现实权利和义务

这是以权利和义务的存在形式为标准所进行的分类。

(1)应有的权利和义务。这是从现实道德法的角度上设定出来的,而不是法律规定。但它通常也是会得到人们实行的。由于它是法定权利和义务的合理性根据,因而在执法或司法中,有时也能得到实现。

（2）习惯的权利和义务。这是从传统中形成的权利和义务。但它又分为"穷人的习惯权利和义务"与"富人（剥削者）的习惯权利和义务"。马克思认为前者是合理的，后者是不合理的。

（3）法定的权利和义务。这指法律明确规定的，也包括由法律精神所体现出来的。

（4）现实的权利和义务。即主体实际地享有或履行的权利或义务。这是把法定的权利义务变为现实形态的权利义务，因而有不言而喻的重要性。

（二）基本权利和义务与普通权利和义务

这是以其重要程度为标准所进行的权利义务分类。

（1）基本权利和义务，指公民在基本社会关系方面的权利和义务。这主要是宪法所规定的权利和义务。

（2）普通权利和义务，指公民在普通社会关系方面的权利和义务。它通常由宪法之外的法律所规定。

（三）一般的权利和义务与特殊权利和义务

这是以法律对人的效力范围为标准对权利和义务的分类。

（1）一般的权利和义务，即"对世权利"和"对世义务"。

"对世权利"，指无特定的义务主体与之相对应的权利。如国家之间或者公民人身或人格自由权与财产所有权，其义务人的范围包括所有的人。即"任何人都不得侵犯我的权利"。

"对世义务"，指无特定的权利主体与之对应的义务，个人对任何主体的权利，都不得加以侵害。即"我不得侵犯任何人的权利"。

（2）特殊权利和义务，即特定的或有对应主体的权利和义务。也可以说，这是特定权利主体和特定义务主体间的关系。

（四）第一性权利和义务与第二性权利和义务

这是根据主体的因果关系所作的权利义务分类。

（1）第一性权利和义务，即直接从现实生活中产生出来的原有的权利和义务，或实体性的权利和义务。人身权或人格权、所有权、契约权等及其对应的义务。

（2）第二性权利和义务，又称"救济性"的权利和义务，即为了救济实质性权利的被侵害而产生的权利和义务。它指诉权和程序性的权利和义务，通过有关责任人的履行义务或接受惩罚，以补救或恢复权利人的损失。

（五）行动权利和消极义务与接受权利和积极义务

这是以如何实现主体权利的方式，而对权利和义务所进行的分类。

（1）行动权利和消极义务，即一方主体有积极行动（作为）的权利，相应的另一方则有不得干涉对方行动的消极（不作为）的义务。

（2）接受权利和积极义务，即一方主体有接受一定利益的权利，相应另一方则有给予主体利益的积极行动(作为)。

(六)个体权利和义务、集体权利和义务、国家权利和义务、人类权利和义务

这是以主体为标准对权利和义务所进行的分类。

在这方面的基本法律原则应当是正确地处理几者之间的利益关系。

三、权利和义务的关系

(一)结构上的相关关系

权利和义务作为法律关系的内容的结构要素,二者是对立统一关系。权利和义务一个表征利益,另一个表征负担;一个是主动的,另一个是受动的。就此而言,它们是法这一事物中的两个分离的、相反的成分和因素,是两个互相排斥的对立面。同时,它们又是相互依存、相互贯通的。相互依存表现为权利和义务不可能孤立存在和发展,它们的存在和发展都必须以另一方的存在和发展为条件。相互贯通表现为权利和义务相互渗透、相互包含以及一定条件下的相互转化,其集中表达的就是马克思所说的"没有无义务的权利,也没有无权利的义务"。

(二)数量上的等值关系

这也可以称为外延的重合关系。其表现是:①社会的权利总是与义务总量相等。②具体法律关系中,权利与义务是直接或间接地相对应。

(三)功能上的互补关系

这种互补体现在:

(1)权利直接体现法律价值的目标,义务则是目标实现的保障。

(2)权利提供不确定的指引,即权利人可以选择对权利的享受或不享受;而义务提供确定性的指引,义务人不能选择履行或不履行义务,而是必须履行。

(3)权利的指引体现利益的自主或激励机制;而义务的指引,体现强制或约束机制。

(四)价值意义上的主次关系

前资本主义法律价值取向是义务本位;而现代法律则是权利本位。

权利本位的含义是:①在法律上人是平等的权利主体,不承认法外特权。②权利为目的,义务为手段,二者是主从关系。③凡法律不禁止,公民就有权力去做或不做。④主体行使他的权利只受法律规定的限制,而这种限制的目的在于维护他人的应有权利。

四、人权

(一)人权的概念

人权,即人所具有的、不得不合理和不合法地加以剥夺的权利。

人权内容有三类:①生存(命)权、人身或人格权。②政治权利。③经济、社会和文化权利。

其中,生存权利是人权的起码的前提;政治权利是人权的保障;经济、社会、文化权利是人权的实体或主要方面。人权的核心是自由,因为自由是人固有的根本的属性。

(二)马克思主义与人权

人权问题是马克思主义的题中应有之义。这表现在:①共产主义社会就是实现"普通人权"的社会,是"自由人的联合体"。②社会主义运动就是为了实现"普通人权"的运动。③人权问题是发动无产阶级和劳动人民进行革命的有力手段。④人权问题是人类文明发展的标尺。⑤要区分无产阶级人权观与资产阶级人权观。

(三)中国社会主义人权纲领与实践

社会主义法律必然地包含人权的纲领和相应的实践,并随着社会主义事业的发展而不断丰富和扩大人权。

社会主义人权纲领与资本主义法律相比,有如下特征:①人权主体有更大的普遍性;②人权内容更为广泛;③人权有更大的公平性;④人权有更大的现实保障性;⑤人权有更浓厚的人道主义色彩;⑥人权有更大的国际性。

(四)人权的法律保护

(1)人权的国内法保护。首先是要把人权当作国家根本法的主要内容来规定;还要用多种基本法律把多种社会关系中的人权加以实现和救济,以作为主要内容。

(2)人权的国际法保护。二战后,人权问题已成为国际法核心问题和基本目的,越来越受到人们的关注。人权方面的国际法有:各种人权宣言,如《世界人权宣言》《经济、社会和文化权利国际公约》《公民权利和政治权利国际公约》《反种族歧视公约》《保护社会弱者的权利公约》《人道主义的战争战时公约》。

第二节 法律行为

一、法律行为的概念与特征

(一)法律行为的概念

某种行为若是法律所调整的并且能够引起一定法律后果的行为的话,就是法律行为。

（二）法律行为的特征

（1）社会性。法律行为一定是涉及他人利益的行为，是在一定社会关系中的行为。孤立的个人行为不是社会行为，因而不具有法律意义。

（2）法律性。法律行为一定是法律规定的，并具有法律效果的行为。

（3）可控性。法律行为是由意志支配，通过特定的动机、目的实行的行为。因而，它能够受到自律和他律（特别是法律的规制）。

（4）价值性。法律行为是主体在一定价值观的指引下，为了一定的利益，而作用于客体或对象的行为。因而，它可以被社会所评价。

二、法律行为的分类

（一）个人行为、集体行为与国家行为

这是根据行为主体性质和特点的不同来对法律行为进行的分类。

（二）角色行为与非角色行为

角色行为，指主体依照法律规定的权利义务而实施的行为。反之，就是非角色行为，如非法经营、越权代理等。

（三）单方法律行为与双方法律行为

单方法律行为，指依单方的意思和行动就可以有法律效力的行为，如行政处罚、赠予等。

双方法律行为，指主体双方意思一致才能成立的法律行为，典型是合同或契约。

（四）自为行为与代理行为

自为行为，指主体在没有他人参与下自己做出的法律行为。

代理行为，指主体委托的或法定的人，代表自己做一定的法律行为。代理行为多由民事法律所规定，是有严格条件的。

（五）积极行为与消极行为

即作为与不作为，前者是造成客体（社会关系和对象）状态的变化；后者是保持客体状态的不变。

（六）抽象行为与具体行为

抽象法律行为，指有普遍法律效力的行为，是国家机关制定规范性法律文件的行为。

具体法律行为，指对特定主体实施、仅有一次性法律效力的行为。

（七）要式行为与非要式行为

要式行为，指必须经符合一定的法定形式或手续才能有效的行为，如房屋买卖合同。

非要式行为，与要式行为相反，指的是不要求采用特定的形式和一定的程序，而是由当事人自由选择任何形式都有效的行为。

（八）意志行为与事实行为

意志行为，指主体主观上有意识地追求某种结果而实施的行为。

事实行为，指主体实际上非有意识地做出的、引起某种法律事件的行为，如过失行为。

（九）合法行为与违法行为

合法行为，指符合法律精神，因而有正当法律效力的行为。其中包括自觉按照法律要求做出的行为；不自觉作出的符合法律要求的行为；做出法律无规定，但不违背法律要求的行为；法律未禁止的行为。

违法行为，指违背法律要求的、否定性的行为。它包括违法的作为和不作为；不当作为；失范作为，即带有不同程度普遍性不轨行为。

（十）有效行为与无效行为

有效行为，指的是能够引起权利、义务设立、变更、终止的法律行为。

无效行为，指无法引起权利、义务设立、变更、终止的法律行为。

第三节　法律关系

一、法律关系的概念和分类

（一）法律关系的概念

法律关系，指法律规范在指引人们的行为和调整社会关系中形成的权利与义务关系，是社会关系的法律化。

此概念的内涵是：

（1）法律关系是以相应的法律规范为前提。

（2）法律关系是一种特殊的社会关系。它具有相互性、能力对称性（即互相都有能力做出一定的行为）、可逆性。

（3）法律关系是法律上的权利义务关系。

（4）法律关系是取决于法律形式的社会关系。

（5）法律关系是一种以国家强制力保障的社会秩序。

（6）法律关系在性质上属于思想意志关系即上层建筑关系。其思想意志表现在：

法律规范本身是立法者意志的体现,而具体的法律又是有关主体意志的体现。

(二)法律关系的分类

(1)各部门法律关系。

(2)抽象法律关系与具体法律关系。

抽象法律关系,指由法律模式形成的、权利义务没有实践化的法律关系(即直接法律中规定的关系尚未实践化)。

具体法律关系,指权利义务得到实践化、特定角色化的法律关系。

(3)双边法律关系与多边法律关系。

双边法律关系是指在特定的双方法律主体之间,存在两个密不可分的单向权利义务关系,其中一方主体的权利对应一方主体的义务,反之亦然。如买卖关系就是典型的双向法律关系。

多边法律关系,又称"复合法律关系"或"复杂的法律关系",是指三个或三个以上相关法律关系的复合体。

(4)对等的法律关系与不对等的法律关系。

对等的法律关系,又叫平权型或权利型法律关系,当事人间相互有对等的权利义务,如买卖关系。

不对等的法律关系,又叫从属型或权力型法律关系,二者的权利与义务不对等,如税务机关享有征税权利,而企业有缴税义务。

(5)确认的法律关系与创立的法律关系。

确认的法律关系,指某种社会关系已经存在,法律调整只是对它加以确认并赋予它法律形式。

创立或构成型的法律关系,指某种社会关系是通过法律调整才形成的,许多公法法律关系就是如此。

(6)第一性法律关系与第二性法律关系。

即原始法律关系与派生法律关系,突出表现为实体法律关系与程序(诉讼)法律关系。

(7)基本法律关系与普通法律关系。

基本法律关系,指宪法与法律中规定的法律关系,属于宏观性法律关系。

普通法律关系,指特定角色间的法律关系。

二、法律关系的要素

法律关系分为三个要素,即主体、客体和内容。

(一)法律关系的主体

法律关系的主体,指法定的享有权利和承担义务的人或拟制之人。

法律关系的主体必须具备权利能力,权利或义务能力又统称为作为能力。

权利能力分为一般权利能力和特殊权利能力。一般权利能力,指主体从出生(成立)到死亡(解散)期间都享有的权利能力。特殊权利能力,指主体在特定条件下才具有的权利能力,如选举权等。

现阶段我国法律关系主体的种类有:

(1)人民。人民是国家的主权者,人民的意志表现国家生活的一切。

(2)阶级。这种主体在不断地减少。

(3)民族。如享有民族区域自治权。

(4)国家和国家机关。

(5)个人。即我国公民和外国人、无国籍人。

(6)法人。即依法成立,有自己的名称、机构和固定场所,自己的纲领章程,必要的财产和经费的社会组织。法人有经济法人和政治法人的区分。

(7)其他社会组织。

(二)法律关系的客体

法律关系的客体,指主体的权利义务指向的对象。

(1)法律关系客体的种类。

①国家权利。它属于全体人民所享有。

②人身、人格。主要保障其不受侵犯。

③行为。即作为与不作为。

④法人。

⑤物。它主要是指法律关系主体支配的、在生产上和生活上所需要的客观实体。

⑥精神产品。包括知识产权的对象物、名誉权的对象物(名誉、奖金等)。

⑦信息(情报)。

法律关系的客体都具有利益的属性。

(2)法律关系的内容即权利与义务,已叙述过。

(三)法律关系的运行

1.法律事实的概念。

法律关系是不断运行的。所谓法律事实,指能够引起法律关系产生、变更、消灭的情况。

法律事实包括两种:法律事件和法律行为。

2.法律事件和法律行为。

(1)法律事件,指不以主体意志为转移的法律事实,包括社会事件和自然事件。前者与人的行为相关,如革命、改革等;后者与人的行为无关,如天灾、人的出生与死亡、时间的推移等。

(2)法律行为,指由人的意志所导致的行为,包括国家行为(立法、行政、司法等)和当事人行为。行为包括一定的作为和不作为。

第四节　法律责任

一、法律责任的概念

通常,法律责任有两种涵义:①广义上,是作为义务的同义语。②狭义上或多数情况下,指由于实施违法行为而招致的承担不利后果的义务。这里讲的是后一种意义上的法律责任。

法律责任的定义应是:法律责任是由特定的法律事实所引起的对损害予以赔偿、补偿或接受惩罚的法律义务。

"特定法律事实"主要指违法、违约的法律事实。而在无过错的责任中,法律也有专门的规定。

二、法律责任的构成条件与种类

(一)法律责任的构成条件(要素)

(1)作为的社会危害性。这种危害可能是有形的,或无形但却是现实的。

(2)行为的违法性。

(3)行为人的过错。即否定性的主观心理状态,分故意和过失两种。

(4)行为主体符合法定条件。

在法律责任构成条件问题上,无过错责任除外。

(二)法律责任的种类

根据法律性质来对责任进行分类,是最重要的分类。

(1)刑事责任:承担刑罚的处罚。从极限上说,这是最严厉的责任。

(2)民事责任:主要是财产上补偿与处罚,也包括精神上的处罚,如赔礼道歉。

(3)行政法律责任:包括行政职务责任,即下级机关对上级机关、公务员对所属行政机关的责任和由于执行公务而给相对人造成损害所承担的责任。

(4)违宪责任:即国家机关及其首长在执行职务过程中违反宪法而产生的法律责任。这种法律责任是民主国家所特有的。由法院、宪法法院或议会来确认和执行。但我国尚未建立这种专门制度。

除此而外,法律责任还有许多种其他的分类,如:自然人、法人和国家的责任,过错、无过错和公平责任,双方、单方和混合责任,个别责任、连带责任和传承责任等。

三、归责与免责

（一）法律责任的认定与归结的原则

（1）因果关系原则。责任形成的因果链是：动机或目的→行为→结果。其中最直接的是行为与结果的因果关系，但需要确定二者内在的、直接的、主要的联系范围。此外，还要认定因与果之间先后顺序和偶然性构成的"干涉变量"。

（2）自由与必然统一原则。在这方面，以假定法律体现的必然性（规则）和主体是自由人为前提。首先，人能够认识必然性即是自由的，因而他要对自己的行为负责。其次，人的自由是必然（法律范围内）的自由，因此他要受法律的约制，对法律承担责任。最后，必然是在多种客观环境中起作用的，但这些复杂的环境并不是主体都能认识到的，从而不能简单地客观归罪（责）。

（3）责任法定原则。要坚持"法无明文不为罪"，一般不溯及既往，以及反对非法处罚等精神。

（4）公正原则。这方面包括有责必究、无责不罚、违法行为与责任相适应或责任与处罚相适应、责任自负等精神。

（二）法律责任的减轻与免除

免责，指主体的法律责任已经存在，并具备承担责任的条件，但由于法律规定的多种原因，可以被部分或全部地免除法律责任。由此可知，免责不同于无责任或简单地不负责任，更不能说明主体行为的合法性。

免责的条件或方式有：①时效免责；②不诉免责；③自首、立功免责；④补救免责；⑤私法中的协议免责（和解）；⑥人道主义免责。

第四章 法律的功能、作用与价值

第一节 法律的功能与作用

一、法律功能与法律作用的含义

(一)法律功能的含义

法律功能,指法律本身具有的、对社会有益的功用和效能。

法律功能的特点是:

(1)具有内在性。法律功能是法律的内在属性。法律一旦产生,其功能的大小就成为确定的,至于它在外部(社会中)发挥了多少则是另一回事。

(2)具有应然性。法律提供的仅是应当这样或要求做到这样的行为模式,与实际做得怎样不同。

(3)具有对社会的有益性。合理的法律是由社会性质与要求所决定的,并为社会服务,它不包括对社会的危害性。

(二)法律作用的含义

法律作用,指法律对社会现实产生影响的过程。法律作用与法律功能不同:

(1)法律作用是外在的,即外在于社会现实。

(2)法律作用是实然的,即它是通过一定的实施状况来表现的。

(3)法律作用是中性的,就是说,它可能对社会有益,可能无益,可能有害。如果法律作用与法律功能完全重合,那是最理想、最完美的。

(4)法律作用是变量的,它随时随地会受到诸多社会因素(变量)的影响。

二、法律作用的表现

法律的作用来源于法律功能,因此一般来说二者是一致的。法律作用的表现,大致可归纳为以下几个方面:

(一)指引作用

这是法律的首要作用。它通过授权、禁止和义务三类规范来实现。法律的指引是一般指引,为实施规范的非规范性法律文件(判决、合同等)的指引是个别指引。

(二)评价作用

法律评价是针对行为的,而不针对人和思想,因为法律所干预的仅仅是人的行为。

评价的尺度是:①合法与不合法。这是对公职的权力和行为的来源与根据所作的评价。②违法与不违法,是对公民行为的评价。但一般的理解,不违法就是合法,违法就是不合法。

法律评价不能与道德、纪律的评价混同。

(三)预测作用

法律预测,指以法律评价为根据,来事先预测行为的结果。

法律的可预测性是现代法律、理性的重要内容,非理性的法律如神意法和专制法,均无可预测性。最大限度的法律预测性,是现代市场经济和民主政治的要求。

法律的基本意义在于,在干预人们的行为之前就知道应该做什么或不做什么、应该怎样做或不怎样做,以及其将导致的后果。从而它对于立法、执法、司法、法律监督和法律服务都是极其重要的。

(四)强制作用

即借助国家的强制约束力或者实施强制来保障和兑现多种主体的权利与义务。

(五)教育作用

法律的规定、法律的奖励和处罚,均能够发挥法律的教育功能。在法的指引、评价、预测诸功能中,也无不包含着对社会的教育意义。

三、法律的社会作用

法律的社会作用,指法律在社会经济、政治、文化和公共事务中的作用。

(一)法律的经济作用

(1)确认经济制度。作为生产关系总和的经济制度是国家的经济基础。法律对经济制度的确认,就是使之规范化、法律化,变成神圣不可侵犯的东西。

(2)调整经济关系。经济关系是经济制度或经济基础的多个组成部分和具体的存在形态。通过法律对多种经济关系的调整,使经济关系变成法律关系,可以有力地维护和发展经济制度。当前,我国法律的调整经济关系的任务在于,维护和发展以国有经济为主导的多种经济成分能够得到协调和充分发展。

(3)促进经济的发展。这里的"经济"二字指生产、交换、分配和消费等经济事业或经济活动。法律通过自己的功能与作用,使经济事业或活动处于正常的、活跃的和蓬勃向上的状态。

(二)法律的政治作用

(1)确认国家制度。即确认国体和政体。

（2）组织国家机构。包括确认国家机构的组织和活动的原则及其组织形式和职权。

（3）确立社会主义民主。包括国体意义上的民主、政体意义上的民主，以及公民的多种自由权利。

（4）调整国家对外关系。

（三）法律在社会主义精神文明建设中的作用

（1）促进科技、教育、文艺、卫生事业的进步。法律要确认科技兴国和"双百"等方针，为科、教、文、卫事业指明方向，规定必要的措施，予以具体的保障。

（2）促进思想道德建设的发展。法律与道德同是重要的社会规范，相互紧密联系。法律确认基本的道德准则，并有选择地使之法律化。我国宪法要求公民遵守社会公德。这样就有力地强化道德的力量。反过来，道德则是法律的精神或价值基础，又引导人们恪守法律，使法律社会化。

四、正确认识法律的作用

为了充分发挥法律的作用，就必须科学地认识和对待法律作用问题。

（一）否定法律无用论

要反对法律无用论。由于传统的专制主义和小生产经济封闭性等孳生的无政府主义的影响，在我国人治观念及对法律采取实用主义、尤其法律虚无主义的态度是司空见惯的事情。虽然改革开放以来在党的法治教育引导下情况已有颇大的转变，但社会的法律观念和法治根基仍然比较浅薄。

（二）否定法律万能论

要反对法律万能论。法律万能论是资产阶级法律观的一种典型表现。因为，既得利益者把来自资本主义商品货币经济关系中的自由、平等、权利绝对化，所以必然会把体现这些原则的法律绝对化。须知，任何现实事物都存在其时空中的局限性，没有什么绝对性，法律也不例外。

法律作用也有局限性，主要表现在：①法律只是阶级社会中的特定现象。②法律不能代替其他社会规范的意义。③法律不能囊括复杂的社会中的一切事物。④社会生活是急速发展的，而法律则相对稳定，所以它落后于社会生活是常见的事实。⑤立法者的智慧是有限的。

所以，坚持马克思主义法律观，就必须克服无用论与万能论这两种片面性。

第二节 法律的价值

一、法律价值的属性和分类

法律价值,指人与法之间的对立统一关系,人通过实践使法的属性满足人的需要。

(一)法律价值的属性

(1)法律价值的客观性与主观性的统一。这种客观性表现在:①人的需要受着自然的与社会存在和发展状况的制约,因而是客观的。②法律作为人的对象物是客观的,法律有其自身的属性和规律性。③实践是客观的。④法律能否满足人的需要的结果是客观的。

与此同时,法律价值也有其主观性的一面:①法律本身是人(立法者)意志的产物。②主体需要的满足过程,具有一定的主观性(人对法律需要各有不同)。③主体的法律价值评价是主观的。

法律价值的客观性与主观性的统一,就是通常所说的"法律的性质"。

(2)法律价值的层次性。法律价值可以从多方面去理解,主要有正义、自由、效益、秩序。但它们不是同等重要的,因而有层次关系。

(3)法律价值的潜在性。它潜在于法律文本、社会和实现的过程之中,是经过实践才变成实存现实的东西。

(4)法律价值的伦理性。价值是属于善恶是非的问题,所以它首先是伦理(道德)的范畴,因此法律价值也不能同伦理(道德)相分离。法律价值的伦理性,明显地表现为主体对法律的价值评价方面。

(5)法律价值的共同性。它表现在:①法有时代的共同性。②对主体(人)的共同性。

(6)法律价值的阶级性与社会性的统一。

(二)法律价值的基本分类

(1)理想性价值或目的性价值。法律和一定的现象本身,特别是法律制度的改革、法治、良法等,可以成为人所追求的价值。如中国史上的多次"变法"或维新运动,都把争取某种法律制度作为理想。我国改革开放以来一直把"法治国家"作为争取的目标。这些都是法律的理想价值或目的价值的体现。

(2)工具性价值或中介性价值。它就是把法律当做达到一定的政治、经济、文化等目的的工具或中介。其中包括把法律当做确认、分配、衡量、保护一定利益关系的手段。它是最普遍、最常见的一种法律价值。

国内有的学者认为,法还有"自身价值"。这在理论上是讲不通的。因为,价值永远是主客双方关系的范畴,任何事物本身均没有价值。《资本论》中讲商品价值时,就指明了这个理论。当产品生产者把产品用来自己消费时,这种产品只有使用价值及对主体的有用性;只有当产品拿到市场交换,用别的商品进行社会劳动量上比较的时候,它才有价值(交换价值)。所谓"法律的自身价值"的观点,实际上是把法律价值同自身的功能或作用相混淆了。

二、法律与正义

(一)法律正义的概念

在说明法律与正义之前,必须先了解什么叫正义? 正义的基本含义是指,对社会中相同情况的人实行同等的利益分配,对情况不同的人实行不同等的利益分配。平时所说的公正、公平、正当、应当、合理、平等之类,实质上都是包括在正义这个大范畴中的。正义基本上有两种:第一,主要是分配正义即刚才说过的意思。第二,从属性上,是矫正正义,即对违背分配正义的行为加以纠正,把不平等改变为平等。分配正义是一种实质(体)性正义,矫正正义是一种程序性正义。

法律正义,指社会正义在法律中的体现。它通过权利义务的分配来确定正义,并保障正义。

马克思说,人们奋斗所要争取的一切,都是他们的利益。所以,如何分配社会的利益是一个根本性的问题。而法律的根本功能正是分配社会利益的问题。所以,在所有的法律价值中,正义价值是首位的价值。

(二)法律对社会正义的意义

(1)法律对分配正义或实质正义的意义。第一,法律把社会公认的分配利益的准则,加以法律化或制度化,成为分配社会利益的根据。第二,通过权利义务的安排来积极地维护和实现社会利益的公正分配。

(2)法律对矫正正义或程序正义的意义。第一,通过惩罚多种违背正义的犯罪行为,来保障社会权利义务关系的正常状态,即恢复普遍正义。第二,对违法者,要使他补偿受害人的利益损失(包括物质的、精神的损失),以恢复个别正义。

正义作为一种社会观念具有相对性,即它不仅有阶级性(向统治阶级倾斜),而且它也是随着社会的发展变化而发展变化的。比如,在资本主义社会中被认为是正义的,在社会主义社会中可能就被认为是不正义的(如剥削);在计划经济下被认为是正义的,而在市场经济体制下就可能被认为是不正义的(如吃大锅饭)。

三、法律与自由

正义表达的是社会的普遍性,而自由则是每个单一的人的普遍性(全面性或整体性),个人的一切价值都集中于自由。所以,我们把自由作为法律价值的第二个层次(社会→个人)。

(一)法律自由的概念

马克思说:自由是人所固有的;自由向来是存在的,不过有时表现为特权,有时表现为普遍权利;没有一个人反对自由,顶多反对他人的自由;没有自由对人来说是最大的悲哀。

自由是人的意志或意识的凝结,是人的能动性和主体性的体现,是人的权利,是一切价值之中最核心的价值。只有自由,才能把人与非人(动物)彻底区别开来。

法律自由,指法律所体现的、由法律所确认和保障的,并由法律予以合理限制的自由。

法律自由的含义体现于以下几个方面:

(1)法律自由首先是法所体现的自由。法律是否体现自由,是良法与恶法的分界线。

(2)法律自由是作为自由。因为法律只调整人们的外在行为,而不调整思想。法律维护人的思想或意志自由是一回事,而对它进行调整是另一回事;后者是可能而且是必须的,而前者则是不可能的,而且往往是有害的。

(3)法律自由是法律所肯定的和保障的自由。法必须规定人有哪些自由。

(4)法律自由包含对自由的合理限制。就是说,在有法律的社会中,自由只能是法律范围内的自由,超越法律范围便没有自由。法律规范自由,是由自由自身的属性决定的。这是保证同他人的自由之间的正常关系。把他人自由作为自己自由的界限,而不是侵犯他人自由。所以,任性不是自由,而是不自由。

(二)法律对自由的保障

(1)法律给实现自由提供选择的模式和提高实现自由的效能。

法律所设定的权利、禁止、义务均是为了人的自由,使人能够事先得到或预测如何有利于自己的自由,从而对自己的行为作出理性的选择。并且,只有进行主动理性的选择,才会使自己把自由实现到最恰当和最大的限度。

(2)法律把自由同国家意志联结在一起,变成合法的权利。这样,人的自由就会受到国家的保护。当主体自由遇到障碍时会被国家所排除;当它被侵犯时由国家所抵制。

(3)法律使自由与责任相结合。这包括两个方面:①当一个人出于本人的自由而选择一种行为时,同时也意味为自己选择了责任,即有责任不侵害他人或社会的自由。这是对自由的一种必须限制。否则就意味着你是不自由的。②别人或社会有责任尊重你的自由,否则也同样受到法律的干涉。这是对自由的保障。总之,自由与责任的统一,如同自由与必然性(规律)的统一一样,其实都是自由本身所具有的属性。近代以来,一切真正坚持自由的思想家都反对把自由理解为"我愿意干什么就干什么,愿意怎么干就怎么干"的观点。这种观点的主要错误恰恰在于他把责任完全排斥在自由之外,决然与之对立起来。

四、法律与效率

(一)法律效率的概念

效率,指产出和投入(成本)之比率。与效率有不可分割关系的概念是效益,它指产出与投入(成本)的差额。效率或效益的提高是通过数量、质量、程度等的提高而获得的。效率或效益存在于诸多领域中,如经济效益、社会效益等。

法律效率或法律效益,指法律具有的、使社会各领域中的活动,能够有效率(益)地进行,以推动社会的发展。

(二)法律效率(益)价值的经济表现

(1)法律把自由确认为权利,以调动全社会实现追求正当利益的能动性、积极性和竞争性。同时,法律也规定减少各种社会摩擦和提供社会主体间尽可能双赢的机制。

(2)法律通过对产权、知识产权等保护,使人们能安心地进行生产、经营和创造,正当地竞争,使社会资源沿着最能提高效益的方向配置和流动。

(3)法律确定和保证有效率(益)的经济体制,即社会主义市场经济体制。这是邓小平基于计划经济体制的无效率或低效率的教训而大胆提出来的重大改革措施,是马克思主义社会主义思想的新发展。

(4)法律要贯彻党中央"科教兴国"的战略,为经济效率的提高提供坚实的基础条件。

(三)法律与"效率优先,兼顾公平"的方针

如何平衡与协调效率、公平二者的关系,是人类社会的永恒课题。效率主要是生产力和调动人的主观能动性的问题;而公平则属于社会关系和价值观念的问题。两者是对立统一的关系。过度强调公平(像过去那样),势必出现效率的降低;而过度强调效率,又会出现两极分化。但两者也有统一的方面:效率可以带来高水平的公平;公平也能激发人的生产积极性,从而提高效率。

在不同国家或不同时期,效率与公平的关系如何平衡,是不相同的。但不管哪种情况下,执政党和国家为解决这个矛盾,都需要制定一定的政策,并把这种政策体现于法律之中,把法律作为贯彻这种政策的基本手段。

在我国社会主义初级阶段的当前时期,必须坚持中央的"效率优先,兼顾公平"的方针。这也是法律的原则。但随着市场经济的进一步发展,贫富差距会扩大,那时就需要"效益公平并重"或者在保证效益基础上突出公正的意义。

五、法律与秩序

（一）法律秩序的概念

法律秩序，指法律所保证和实现的，使社会能够符合自然与社会规律的运行过程和安全的状态。

人总是作为一种"类的存在"或社会的存在，才能进行生产和生活。这种存在的应有结构和机制便是秩序。否则，社会就会是一片混乱，人便无法生存与发展。当初，人类之所以创造出法律，正是为了维护正常的社会秩序。正义、自由和效率诸价值，只有在秩序中才能实现。

所以，法律秩序的价值，是法律其他价值的全面体现。为此，我们在把法律秩序价值作为一种最基础的价值即第四个层次的价值，放在最后来讲。

（二）法律与秩序的基本关系

1. 法律对秩序的重要性。

这表现在：①社会秩序提供预想模式。②法律通过对社会关系的调解，实现秩序。③法律借助特有的强制性，保障秩序。

2. 秩序对法律的重要性。

对这个问题应把握下列几个观点：①秩序是法律直接的、第一步的追求。②秩序价值是其他一切价值的前提条件。③秩序是法律的基础价值并不意味着是法律最重要的价值或唯一的价值。

（三）法律秩序的主要表现

(1) 法律建立和维护政治统治的秩序。这是国家和法律产生的根本历史动因。恩格斯说，在经济上占统治地位的阶级之所以要建立国家，就是为了抑制社会的混乱，而把阶级斗争纳入法规的轨道。

(2) 法律建立和维护社会生活秩序。其中包括保障人身安全；通过权利义务的规定调整人际利益关系，实现正当（在统治阶级看来）的利益分配；用文明方式解决纠纷。

(3) 法律建立和维护市场秩序。市场是现代社会的经济基础，是最重要的生活领域。这也是现代法治侧重维护的领域。

(4) 法律建立和维护国家权力的运行秩序。它主要是建立和维护依法行政、依法司法、对权力的制约和法律监督机制，实现权力运行的公开、公正、高效、廉洁。

(5) 法律诱导和强化社会的秩序（安全）意识，抵制一切反秩序的意识。

第五章　法律的运行

第一节　法律的制定

一、法律制定的概念

法律制定又称法律创制,指国家机关依照法定的职权和程序,制定、修改和废止规范性法律文件的活动。

法律制定或创制通常称作立法。在我国,立法的含义有广义、狭义之分。狭义上的立法,专指全国人民代表大会及其常务委员会制定"法律"这种特定级别的规范性法律文件(包括基本法律和其他法律)的活动。广义上的立法,泛指任何依据法律规定的有权制定各种规范性法律文件的国家机关的制定活动。

二、立法体制(立法权限的制度)

根据《立法法》的规定,我国立法体制如下:

(一)全国人大及其常委会的立法权限

根据宪法的规定,作为国家最高权力机关的全国人民代表大会及其常务委员会统一行使国家立法权。全国人大制定和修改法律。全国人大常委会制定和修改除应由全国人大制定的法律以外的其他法律:在全国人大闭会期间,对全国人大制定的法律进行部分补充和修改,但不得同该法律的基本原则相抵触。

《立法法》进一步就人大及其常委会的专属立法事项作了具体规定,即:①国家主权事项。其中主要指国防、外交等方面关系到国家主权的事项。②各级人民代表大会、人民政府、人民法院和人民检察院的产生、组织和职权。这属于国家根本政治制度问题,在宪法中已有明确规定。③民族区域自治制度、特别行政区制度、基层群众自治制度。这是关系到国家统一,保护少数民族权利,维护"一国两制",基层群众当家作主和自己管理自己的具体事务的大事。④犯罪和刑罚。⑤对公民的政治权利的剥夺、限制人身自由的强制措施和处罚。前项和此项,属于对有过错公民的人权所进行的干预,同时也是对无过错的公民人权的保障。⑥对非国有财产的征收。这一事项是关于国家权力对私人经济利益的干预;其基本精神在于,既要维护国家的整体需要又要确保公民的财产权不受损害。⑦民事基本制度。其目的是要实现正常的社会民事交往和国民经济流转。⑧基本经济制度以及财政、税收、海关、金融和外贸的基本制度。基本经济制度是国家的经济基础;财政、海关、税收、金融、外贸等基本制度直接影响到全民的经济利益,所以属于国家统一控制的领域。⑨诉讼和仲裁制度。诉讼制度包括刑事诉讼、民事诉讼和行政诉讼;仲裁虽不属于诉讼范围,但通常涉及重大涉内和涉外的经济案件。⑩必须由全国人大及其常委会制定法律的其他事项。

需要说明的是,"只能"由法律加以规定的十个方面的专属事项,不同于"可以"由法律加以规定的事项,后者的外延大于前者。如文化、科技、教育等,就没有明确列入十个专属事项中。但是,如果它们被全国人大及其常委会认为必须制定为法律时,就属于第⑩项中的内容。

(二)行政法规规定的事项

宪法规定,国务院有权制定行政法规。国务院负责的国家行政管理涉及国家和社会生活的广阔领域,其中包括许多专业性的事务。全国人大及其常委会不可能也无必要把它们都制定为法律。为此,除法律外,还需要由国务院根据宪法和法律来制定行政法规。

《立法法》规定,行政法规可以就下列事项作出规定:①为执行法律的规定需要制定行政法规的事项。一般来说,这方面的行政法规都是使相关的法律具有可操作性。而这又可分为两种情况:第一是把相关法律具体化,通常是制定"实施细则";第二是按照相关法律的要求,作出专门的规定,主要是制定单行的行政法规。②宪法第 89 条规定的国务院行政管理职权的事项。这一事项的内容极为广泛。

(三)地方性法规规定的事项

宪法规定,省、自治区、直辖市的人大及其常委会可以制定地方性法规。此后,在修改地方组织法时,新规定了省、自治区的人民政府所在地的市和国务院批准的较大的市可以制定其需要的地方性法规,报省、自治区的人大常委会批准后施行。此次《立法法》规定经济特区所在地的市的人大及其常委会也可以制定地方性法规。该法还把这三种市通称为"较大的市"。

地方性法规可以规定的事项为:①为执行法律、行政法规的规定,需要根据本行政区域的实际情况作出具体规定的事项。这适用于全国范围的法律和行政法规。其统一效力是不许变通的;但由于各地的情况差异很大,又要从各地的实际需要出发,将其具体化,才更利于法律和行政法规的执行。应当注意的,地方性法规仅仅对法律和行政法规中的某些需要加以具体化的条款,作出规定即可,并非全面的重抄法律和行政法规,这样以便使地方性法规有很强的针对性。再者,地方性法规在法律和行政法规原有的幅度之内加以具体化,而不能进行变通性的规定,因为那是一种越权。②属于地方性事物需要制定地方性法规的事项,这种事项是指不需由法律和行政法规来统一规定的、纯属地方特殊需要的事项,如有的城市的地方性法规关于"禁放""禁犬"的规定等。

立法的权限同立法规定的事项有密不可分的关系,二者都是法定的。立法的事项必须与立法的权限相符合。立法事项超出立法权限,就是越权;立法事项完全照抄上级立法的规定而毫无本地区或本部门的实际需要的特殊性,显然不能真正执行上级立法、不能解决任何具体问题,就是怠权。

三、立法的基本原则

在《立法法》总则中直接规定的立法基本原则有如下四项。

(一)遵循宪法

宪法是我国的根本法,是一切其他立法的最终法律根据。因而,遵守宪法的基本原则就成为一条最高的立法原则。

宪法的基本原则是,以经济建设为中心,坚持四项基本原则,坚持改革开放,即党和国家在社会主义初级阶段奉行的"一个中心,两个基本点"的基本路线。1982年宪法已体现了基本路线的精神。在中共十四大和十五大对基本路线的内涵进行了充实和发展,相应地对宪法进行了两次修改。我国的立法坚定地以基本路线为根据,才不至于偏离正确的大方向,从而才能引导全国人民建设富强、文明和民主的社会主义国家。

(二)维护社会主义法制的统一和尊严

宪法第五条规定:"国家维护社会主义法制的统一和尊严。"法制的统一是社会主义民主集中制和法律权威的体现,是法治的前提条件和保证。特别是像我们这样一个疆域辽阔、人口众多的大国,如果法制不统一,各级立法机关自行其是,势必造成国家宪法和法律的破坏,法律的尊严也就荡然无存。具体说,维护法制统一和尊严的重要意义在于:在政治上,它关系到党和国家的领导与方针政策能否得到贯彻的大问题。在经济上,它关系到能否适应社会主义市场经济对法治的需要,能否形成统一、开放、有序的市场和正当的公平竞争的大问题。

维护法制的统一和尊严,要求在制定法律、行政法规、部门规章、地方性法规、地方规章时,从国家整体利益出发,从全体人民的全局的利益出发,防止和杜绝任何狭隘的部门主义和地方主义偏向。

(三)保障人民通过各种途径参与立法活动

这项基本原则的精神,在于如何在立法过程中发扬社会主义民主。人民是社会主义国家的主权者,法律是人民意志的体现,是广大群众自己治理自己国家的规准。他们对国家需要制定什么法律以及为什么要制定这些法律有切身的体验,因而最有发言权。参与制定法律的人民代表和人民的国家机关,都是人民的受托者。他们的立法活动如果脱离人民群众,就不可能制定出真正体现人民意志和利益以及符合社会实际情况的法律,从而便不能期望这些法律得到群众的拥护和切实的实施。

人民群众通过各种途径参与立法活动,实质是充分发扬社会主义立法民主的要求。它包括由群众提出立法建议,立法机关征询群众对立法活动的意见,群众对法律案的各种形式的讨论,十分必要时甚至进行全民公决,等等。

（四）科学和合理地规范社会关系

《立法法》规定:"立法应从实际出发,科学合理地规定公民、法人和其他组织的权利与义务、国家机关的权力与责任。"这个规定的核心问题是如何提高立法的质量。

立法从实际出发,指立法者要从我国现实的社会主义建设和社会关系变动的客观需要为出发点,确定应当制定什么法律和法律规范,而避免闭门造车。所谓立法的科学性,就是立法要符合客观社会发展的规律和需要。

社会主体间的权利与义务和国家机关的权力与责任,为法律规范和法律关系的主要内容。它们属于社会利益分配即正义问题。合理的利益分配就符合正义,不合理的利益分配就不符合正义。

科学性与合理性的统一,符合客观情况或规律与符合正义的统一,就是理想的立法。

（五）依照法定的权限和程序

立法中的法定权限,指宪法和立法法赋予的有关不同国家机关分别能够制定什么级别和种类的法律的权力范围。超越法定权限制定出来的法律是无效的。

法定的立法程序也很重要。立法程序是立法精神的生命形式,越是民主的国家就越强调立法的程序。因为,没有严格的程序就会导致立法质量的低劣、法律体系的混乱乃至对公民权益的损害。

除上述《立法法》总则直接规定的立法的基本原则之外,根据新中国成立以来的立法经验和从《立法法》规定中,还可以总结和推导出以下几项派生的原则:原则性和灵活性相结合的原则;法律的稳定性、连续性和适时的立改废相结合的原则;现实性和纲领性相结合的原则。

四、立法程序

立法程序指法的立、改、废的法定步骤和方式。根据《立法法》规定,我国的立法程序分为四个阶段。

（一）法律案的提出

这是立法程序的启动。我国宪法规定,有权向全国人大及其常委会提出立法议案的机关和人员有:符合法定人数的全国人大代表(30人)和全国人大常委会委员(10人),或者一个代表团;还有全国人大主席团、全国人大常委会、全国人大专门委员会、国务院、最高人民法院和最高人民检察院等。

（二）法律案的审议

即列入议程的法律议案进入审查、讨论。我国最高立法机关的审议有两个步骤：专门委员会的审议，进而是立法机关全体会议的审议。其他级别的立法也须由有权机关全体审议，但也须同专门机构和法律专家相结合。

（三）法律案的表决

法律案以法定方式表决通过；一旦通过，便成为正式法律。

在我国，立法议案由人民代表或人大常委会委员采用无记名方式进行表决。一般立法议案由全体人民代表或常委会委员的过半数通过；宪法的修改应由三分之二以上的人民代表通过。

（四）法律案的公布

法律案用法定的形式加以公布，公布之后法律才生效并付诸实施。

我国法律，由国家主席公布。

五、授权立法

授权立法，主要指有制定法律权力的国家机关把本属于自己的立法权，部分地授予行政机关（总统或者内阁等）；但有时也指对地方国家机关的授权。在西方，20世纪，特别是第二次世界大战以来，随着经济突飞猛进的发展和社会生活的复杂化，授权立法呈现一种增长的态势。

在我国，授权立法是"文革"结束后，从1979年开始为适应国家改革开放新形势的要求出现的。

（一）对国务院的授权立法

六届全国人大常委会第七次会议决定，"授权国务院在实施国营企业利改税和改革工商税制过程中，拟定有关税收条例，以草案形式发布试行，再根据试行的经验加以修订，提请全国人民代表大会常委会审议。"六届全国人大第三次会议决定，"授权国务院对于有关经济体制改革和对外开放方面的问题，必要时可以根据宪法，在同有关法律和全国人民代表大会及其常务委员会的有关决定的基本原则不相抵触的前提下，制定暂行的规定或者条例，颁布实施，并报请全国人民代表大会常务委员会备案，经过实践检验，条件成熟时由全国人民代表大会或者全国人民代表大会常务委员会制定法律。"

《立法法》根据20年来的经验，对授权国务院立法进行了规范。该法规定：①全国人大及其常委会立法的专属事项尚未制定法律的，全国人大及其常委会有权作出决定，授权国务院可以根据实际需要，对其中的部分事项制定行政法规。但是有关犯罪和刑罚、对公民政治权利的剥夺和限制人身自由的强制措施和处罚、司法制度等事项除外。②授权决定应明确授权的目的、范围。被授权机关应当严格按照授权的目的和范围行使该项权力。③国务院根据授权制定的法规,应当报全国人大常委会备案。④被授权机关不得将该项权力转授给其他机关。⑤授权立法事项经过实践检验,制定法律条件成熟时,由全国人民代表大会或者其常委会及时制定法律。⑥法律制定后,相应立法事项的授权终止。

（二）对经济特区的授权立法

经济特区是实施中央改革开放政策的先行地区。为此,全国人大先后通过授权广东省、福建省、海南省、深圳市、厦门市、汕头市、珠海市的人民代表大会及其常委会根据具体情况和实际需要,遵循宪法的规定以及法律和行政法规的基本原则,制定法规,在经济特区实施。授权还规定,经济特区制定的法规可以对法律、行政法规的某些规定作出变通。

《立法法》总结以往的经验和根据新形势的要求,作出新的规定即"经济特区所在地的省、市的人民代表大会及其常务委员会根据全国人民代表大会的授权决定,制定法规,在经济特区范围内实施。"这个规定不同于以前之处在于,它没有表明被授权的经济特区在立法时可否对法律和行政法规作出"变通"。就是说,能否变通将以授权的决定为准。这是一种必要的灵活性。

除经济特区外,《立法法》对其余的地方人大及其常委会没有作出授权的规定。无疑,这有利于国家法制的统一。但《立法法》有这样的规定:"除本法第八条规定的事项（即属于全国人大及其常委会的十种立法事项）外,其他事项国家尚未制定法律或者行政法规的,省、自治区、直辖市和较大的市根据本地方的具体情况和实际需要,可以先制定地方性法规。在国家制定的法律或者行政法规生效后,地方性法规同法律或者行政法规相抵触的规定无效,制定机关应当及时予以修改或废止。"

今后,通过不断完善、健全法制来逐步缩小解决授权立法的范围,这比硬性限制规定要好,因为硬性限制是不符合实际的,也是行不通的。

六、立法技术

（一）立法技术的概念

立法技术,指立法中所应囊括和运用的知识、经验、规则、方法、技巧等的总和。立法技术的价值和目的在于使法律规范的表达形式臻于完善,使其与内容相符合,以便于法律的遵守和适用。它一般可分为预测技术、规划技术和表述技术。

不讲立法技术或者没有立法上的技术要领,是不可能做好立法的。

（二）立法技术的重要作用

（1）立法者运用立法技术,可以清楚、具体、明确地表达自己的意志,以便社会能统一地理解和实施。

（2）运用立法技术，可以及时而有效地进行法律的立、改、废，保障法律内在的和谐一致性，使立法活动顺利地进行。

（3）运用立法技术，可以对法规或法律规则进行系统化，包括法典编纂、法律汇编和法规清理等。

（4）运用立法技术，能够进行立法预测和立法规制，使法律适应客观规律和社会发展大势的需要。

立法技术的发达程度，通常是同国家的发展程度及法制建设的发达程度相一致的。

第二节　法律体系

一、法律体系与法律部门

（一）法律体系的概念

法律体系，指一国全部现行部门法或法律规则有机结合的统一整体。其特点和内在联系是：

（1）法律体系以一个主权国家管辖范围为空间界限，以现行或者现在正在发生效力的法律为时间界限。

（2）法律体系是以法律规则为细胞、以部门法为基本的分类单位而结合起来的整体。在其结构中，每个法律规则、狭义的法律制度（规则小组）、每个部门法，都是它的大小不同的要素。

（3）法律体系是有上下层次和左右密切关系的统一的、有机的结构，其内部是和谐一致的。这种统一和谐的具体表现为：法律精神的一致；内容和效力上的一致；功能和作用的一致。总之，基本性质和方向上的一致，即都以相同的经济关系为基础。

（二）法律部门的概念

法律部门或部门法，指按照一定的标准而划分的同类法律规范的总和。

法律部门是法律体系和法律规则的中间环节。法律部门的必要性在于：法律规范的数量难以统计，相互关系极其复杂，具体程度各不相同，是人们难以掌握和应用的。部门法的归类，正是要解决这个问题的，因而这是法律科学化的重要表现。

（三）法律部门的划分标准和原则

主要有两个标准：

（1）最基本的是以法律规则的调整对象为标准。换言之，就是把调整相同性质的社会关系的法律规范归为一个大类即部门法。

(2)以法律调整的方法为辅助标准。方法的标准之所以需要,是因为有些法律部门不能仅以社会关系的性质来说明;另外,同一的社会关系有时又需要由不同的法律规则来调整。前者如刑法部门调整多种社会关系;后者如同是经济关系,有的(主要的)由民商法规范调整,有的由行政法规范调整,有的由刑法规范调整等。调整的方法有两种:①权力的方法,或管理性方法,或从属性方法。②权利的方法,或自主的方法,或平权的方法。

法律部门划分的原则,从根本上说,不论调整对象还是方法都具有其必然的客观性,但人的主观的科学智慧也起着重要的作用。在这方面的思考原则是:①社会关系宽窄和相应法律规则的数量(如婚姻法划归民商法)。②把社会关系纳入部门法时,要看由哪一种法律为主导比较合适。如劳动关系,从前划入民法,现在划归经济法或社会法,而国内更多学者主张劳动关系应属于一个独立的部门法。③适应社会关系的发展,要兼顾到部门法可能发生的变化。如,西方大陆的传统公、私法划分,但战后出现社会法;又如我国经济法部门的出现。再如,我国多数学者主张商法应从民法中划出,归为单独一个部门法;还如,环境法作为独立的部门法。

二、当代中国的法律体系

(一)当代中国的法律体系概述

当前,我国已初步形成独具中国社会主义特色的法律体系。

这套法律体系以宪法为核心,共由十个部门法所构成,即:①宪法;②行政法;③民法;④商法;⑤经济法;⑥劳动法与社会保障法;⑦环境法;⑧刑法;⑨诉讼法;⑩军事法。

对法律体系的要求是:

①在内容上,主要体现社会主义市场经济、民主政治和精神文明三大建设的客观要求。

②在形式上:部门较为齐全,使各种社会关系均能得到所需要的法律调整;结构严谨,每个部门法相对独立,但又互相联结,互相结合;内部和谐,即以宪法为核心而保持法律体系的统一性,力图避免相互重复、抵触或矛盾。

(二)一国两制条件下中国法律体系的特点

一国两制,在坚持一个中国(中华人民共和国)的前提下,在大陆实行社会主义制度,在港、澳继续实行资本主义制度。它在法律方面的反映,就是在统一的中国法律体系中,以大陆社会主义法律为主导,社会主义与资本主义两种性质的法律同时并存。

大陆法律占主导地位的原因是:①大陆是国家的主体部分,并代表国家的发展方向。②大陆的法律占主导地位,而特别行政区的法律则受大陆法律的制约。尤其是特别行政区的基本法只是中国的基本法之一。特别行政区法律的独立性是相对的。

第三节 法律的实施

一、法律实施的概念

（一）法律实施与法律运行的关系

法律实施，是法律从制定之后的外部运行，即从自在的法律转向自为的法律，从"书本的法"转向"行动中的法"的过程。法律实施主要可归纳为执法、司法（法的适用）、守法和法律监督几个方面。

法律实施是法治的中心环节。只有通过实施，抽象的、应有的法律关系和权利义务关系才能变成具体的、实有的东西，最终把国家意志变成社会的现实状态。

（二）法律实效与法律实现

法律实效，指法律在实行中所取得的实际效果，包括正面效果、负面效果和未发生任何效果三种可能的情况。

法律实现，是法律在实行中取得了正面的效果，其中包括法律授权被享用，法律禁令被遵守，法律义务被履行，从而法律的应然性转化为已然性。法律实现意味着法律规范发挥了预期的作用，法律的价值和目的达成。

二、执法

（一）执法的概念与特点

执法，或法律的执行，狭义上指国家行政机关及其公务员实施法律的活动。广义上的执法又被理解为一切国家机关（包括司法机关）实施法律的活动。这里取狭义的执法概念。

行政执法的特点在于：

（1）执法的主体是国家行政机关及其公务员。国家行政机关是权力机关的执行机关（政府）。国家通过法律而规定的大量的任务都是通过行政机关来完成的。因此，一个国家中最庞大的机构便是行政机关即政府。

（2）执法是以国家名义对社会进行全面的组织和管理，包括经、政、民、文、卫、体及公共事务。

（3）执法具有强制性。这表现在：①行政机关与其组织和管理对象之间是"命令—服从"关系。②行政机关制定的法规有强制性。③具体行政行为经常是单方意思表示，其强制更为明显。

（4）执法具有主动性。即：①行政机关实现国家意志的活动具有主动性。②行政权力所包含特殊的职权与职责的双重性(既是权力,又是责任)决定着它的主动性。③行政行为经常的单方意志性,表示了其主动性。

(二)执法的原则

(1)合法性原则即法治原则或依法行政原则。这包括各机关的职权均来自法律和执法必须按照法定的程序进行。由于行政涉及社会生活的各个方面,同公民的利益息息相关,所以如何防止越权和权力滥用以及腐败现象是特别重要的。

(2)合理性原则。行政执法中总是拥有一定的自由裁量权,而这是它存在着"合法不合理"或者根本就不合理的问题。所以,必须用合理性来制约和补充合法性。

(3)效能原则。行政机关的组织庞大、活动频率和规模也庞大,并且又直接关乎国家的发展。因此,如何做到最少投入实现最大的产出,如何做到及时、正确、高效,这些是非常重要的。

(4)民主原则。这就是全心全意为人民服务,做人民忠诚的公仆,实现公民的参政、议政、督政的权利。

(三)执法的功能

(1)转化功能,即将客观的法律转化为行政机关执行的法律,是一种"活的法"。

(2)调控功能,即对社会生活进行宏观和微观的调控。

(3)拓展功能,即在严格的法治原则指导下,通过行政执法的自由裁量权和法律解释权,来弥补法律之不足,使法律更适应社会的发展需要。

三、司法

(一)司法的概念和特点

司法或法律适用,指司法机关依法确定的职权和程序,具体运用法律来处理案件的活动。司法的特点是:

(1)职权(司法权)的专有性。即司法权的行使及行使主体必须是特定司法机关的特定少数人,表现在其权利不能转授,未经过职业训练的人不能担任法官。

(2)程序严格的法定性,即法官必须按照法定程序工作,否则即为越权。

(3)裁判的权威性。任何人不得更改或违抗,而必须执行。

(4)形式的严格性。每个决定都有法定的文字形式(文件)。

(5)司法是纠正违法的最后关口。即司法权是最终的判断权、最权威的判断权,也可称为司法权的终极性。

(二)司法的原则

在总体上,法律适用必须做到"正确、合法、及时"。与此对应,司法要遵循以下原则:

(1)法治原则。包括以事实为根据、以法律为准绳。

(2)平等原则,即在法律适用上人人平等。

(3)司法权依法独立行使原则。这就是指司法权是司法机关独有的权力,只能由司法机关独立行使,而不受任何行政机关、社会因素和个人的干涉。其目的在于保证司法的公正性。为了防止司法机关独立行使司法权产生腐败,党的领导、权力机关的监督和上级司法机关的领导以及人民群众的监督也是不可缺少的。但是一切均不得妨碍司法机关行使司法权的独立性,更不能取而代之。司法独立是改革司法制度的重要方面。

(4)司法责任原则,即司法人员在执法职务过程中,由于故意或过失,侵犯了公民、法人及其他社会组织的合法权益而后果又较严重时,必须承担一定的责任。

(三)司法的功能

(1)确认功能,即判断的功能。这是指司法机关对权利义务不确定或权利义务发生纠纷的案件,依照法律,通过判断,予以确认或解决。这是司法的最突出的功能。判断什么?判断案件事实;判断同案件相关的法律;最后,判断行为是否合法。

(2)补救功能。这是指对于违法、侵权、犯罪等案件的处理,恢复被损害的社会关系,疏通法律运行渠道。

(3)整合功能。通过确认和补救的功能,司法机关重新使社会行为符合法律的规定或法律精神,即把社会行为整合为一体,使社会关系协调。

四、守法

(一)守法的概念和意义

守法或法律遵守,指一切社会组织和个人都要按照法律规定行事,而正确行使权利,不做法律禁止的行为,积极履行法定的义务。

守法的重要意义在于:①守法的主体最为广泛,因而对法律实施和实现的影响极大,是其最大的动力。②守法也是正确执法与司法的前提,即执法机关自己守法,也要以群众的守法为基础。③守法的状况是对立法的基本反馈。

守法的主体是一切社会组织和个人;守法中的"法"包括以宪法为核心的一切形式的法律。

(二)公民守法的根据和理由

基本根据和理由在于:国家对一切社会主体都有管辖权,所以守法是一切主体的义务。

但是,由于主体的复杂性,在守法的动机方面必然有所不同,其中包括:服从权威的习惯;对惩罚的畏惧;守法义务感;社会压力感;合法观念;具体个人利益的考虑;高品位的法律意识。总之,守法的根据可以分为法律的内在观点(自觉的法律义务感)和法律的外在观点(迫于各种压力)两种。

在社会主义国家,主体的守法的具体依据和理由是:①法律是包括自己在内的人民意志和利益的体现,守法就是按照自己的意志和利益行事。②法律是权利与义务的统一,行使权利就意味着要承担义务。反之履行义务就意味着会获得权利。因此,行使权利与履行义务都要求守法,不守法即滥用权力或权利和不履行义务最终都对自己不利。③法律的强制保障机制,增强着公民的守法信念。

(三)守法的条件

(1)客观条件。包括:①良好的立法。②及时、有效和公正的执法、司法。③正常的社会环境。

(2)主体条件。包括良好的法律意识、守法品质和法律观念。

五、法律监督

(一)法律监督的概念

法律监督的概念有广义、狭义之分。狭义上,法律监督是指对国家机关所拥有的法定职权的监督。广义上,法律监督是指全社会对国家机关或社会多种主体的监督。

法律监督的结构包含三个要素:

(1)监督的主体。包括:①国家机关,这是核心的主体。②社会组织,其中共产党是监督的领导力量。③人民群众。

(2)监督的客体或对象。有人认为,一切监督的主体同时又是客体,因而是全社会性的;有人认为,是国家机关及其公职人员。

(3)监督的内容。即客体活动的合法性。

(二)法律监督的功能

法律监督是现代法制的一大特征,同立法、执法、司法、守法一样,是法制不可缺少的环节。没有法律监督,各个法制环节都会落空,国家机关和公职人员就容易腐败。

法律监督的功能可归纳为如下几点:

(1)促使国家法律体系的完整统一,树立法律的权威。法律监督能保证立法活动和法律文件合法性,从而避免法律的紊乱、冲突和缺失,使之具有极大的权威性。

(2)保证法律在全国范围内统一实施。即保证全社会实现有法必依、执法必严、违法必究,消除一切例外。

(3)制约权力,确保国家机关和公职人员依法行事。孟德斯鸠说,一切权力都容易被滥用,即任何一种权力均包含腐败的可能性,所以就需由其他权力和公民与社会组织的权利之制约,而这种制约正是通过法律监督实现的。这也是国家廉政建设的重要途径。

第四节　法律解释与法律推理

一、法律解释

（一）法律解释的概念

法律解释，指对特定的法律规定内容的理解和说明。

法律解释的第一步是理解，尔后才能说明。

法律解释是执法、司法、守法和法律监督的前提。

法律解释的基本分类是法定解释或有权解释与学理解释：①法定解释，指国家机关依照法定的权限和程序所进行的有法律效力的解释。②学理解释，指法学家在法学研究、教学或宣传中对法律所进行的解释，是个人性的解释。在历史上，有的国家的学理解释有法律效力，但在我国学理解释无法律效力。

法律解释的必要性在于：①法律规定是抽象的，而现实生活是具体的。要使抽象的规定运用于具体生活中，就必须有解释。②法律的用语与法律内容是有差异的。用语常常是多义的和边缘不清的，它究竟表达了什么内容，需要解释。③要使相对稳定的法律适应社会现实的发展，也需要法律解释。在形势变化的情况下，国家法律的原意不能与时俱进会导致脱离法律的本来精神，产生不合理的结果。在这种情况下，通过法律解释解决问题，常常比频繁的法律修改更有效。

（二）法定解释的体制

这是指国家对法律解释权限的划分。

（1）立法解释，指制定法律、法规的机关对自己制定的这些规范性法律文件所作的解释。

在立法解释中，最首要的是全国人大常委会对宪法和法律（基本法律与其他法律）的解释。

从1954年的宪法规定开始，就把法律解释权赋予全国人大常委会。全国人大常委会对这一职权很重视，1955年和1981年先后通过《关于解释法律问题的决议》和《关于加强法律解释工作的决议》。《立法法》设立了专节对于人大常委会的法律解释予以更进一步的规定。

需由全国人大常委会进行法律解释的情况是：①法律的规定需要进一步明确具体含义。②法律制定后出现新的情况，需要明确适用法律根据的。这两种情况就其重要程度和性质而言，属于立法的内容和职权范围，因而是立法解释；所以实际上是"立法的延伸"。《立法法》规定，"全国人民代表大会常务委员会的法律解释同法律具有同等效力"。

法律解释具有独立的程序,其中包括:①国务院、中央军委、最高人民法院、最高人民检察院和全国人大各专门委员会以及省、自治区、直辖市的人大常委会,可以向全国人大常委会提出法律解释的请求。②常委会工作机构研究拟定法律解释草案,由委员长会议决定列入常务委员会会议议程。③法律解释草案经常委会会议审议,由法律委员会根据常委会组成人员的审议意见进行审议、修改,提出法律解释草案表决稿。④法律解释草案稿由常委会全体组成人员的过半数通过,由常委会发布公告予以公布。

与上述的对法律的立法解释有密切关系,但又不同于立法解释,是对具体问题的法律询问的问题。《立法法》规定,"全国人民代表大会常务委员会工作机构可以对有关具体问题的法律询问进行研究予以答复,并报常务委员会备案。"在这里,重要之点在于:①法律询问的内容仅仅是"具体问题",而不同于法律解释的两种普遍的较重大的问题。②负责答复的机关是常委会的工作机构,其他机构则无此职权,这有利于答复的统一性。③所进行的答复要报常委会备案,这意味着要得到常委会的同意与监督,而非自行其是。这是答复的权威性的保障。

(2)行政解释,指制定规范性法律文件的行政机关对自己制定的这种文件所作的解释。

(3)司法解释,指最高司法机关对司法中具体应用法律、法规及规则所作的解释。在最高检察机关和最高审判机关的法律解释有分歧时,应报请全国人大常委会解释或决定。但司法解释可以有更广泛的含义,即一切司法机关对所适用的法律规范所作的解释。

(三)法律解释的原则与方法

(1)法律解释的基本原则。①合法性原则。要符合法定的权限和程序;对较低规范的解释要符合较高规范,并最终符合宪法,不违背相关的法律原则。②合理性原则。要以党的政策为指导,与政策相一致,符合社会主义道德和价值观;符合社会公理。③整体性原则。要把法律规范置于整个法律文本、单项法律制度和法律部门中来理解。④文意与法意相统一原则。⑤历史与现实相统一原则。

(2)法律解释的方法。①语法(成文法、文理、文义)解释。②逻辑解释。③系统解释。④历史解释。

从法律规范的文字表达的内容范围(外延)方面,法律解释又分为:①字面解释。这是最常用的方法。②限制解释。③扩大解释。

二、法律推理

(一)法律推理的概念

法律推理,指从已知的判断(前提)得出一个未知的判断(结论)。

法律推理被法律关系主体普遍地运用。而之所以司法机关运用得最多和最重要，是因为，司法工作的主要任务是查明案件事实，理解法律并把它归于具体案件，以便作出决定，其中充满推理。

（二）形式推理

形式推理，指按照形式逻辑规则，运用演绎、归纳和类推的方式来解决案件，它不针对思维的实质内容。

（1）演绎推理。即从一般到特殊的推理，是一种大前提加小前提得出一个结论。在法律适用中，法律规范是大前提，案件事实是小前提，决定（判决和裁定）是结论。这是大陆法系国家和中国司法机关主要的推理方式。

（2）归纳推理。即从特殊到一般的推理，是从各种特殊事物或现象中得出一般性的结论，英美国家的判例法制度，其基本方法便是归纳推理。

（3）类比推理，或法律规范的类推适用，即在司法机关处理案件中，由于缺乏法律的直接规定，而援用最相类似的法律规定的推理方式。

（三）辩证推理

形式推理必须以法律规范的清晰、严格，规范之间的和谐，法律体系的完备为前提条件。但这样的法律是不存在的。相反，辩证推理，指在司法工作中常常碰到互相对立的法律规定，无法进行演绎推理，或者从现有法律的各种规定中无法归纳出需要的法律原则。在这种情况下，形式推理便无法进行，而需要辩证推理。这时法官要根据法律精神、价值取向、社会公法和公理及执政党政策，选择或创立一个规范填补法律空白。例如，在几个对立的规范中选择一个，作为判决案件的最优规范。

辩证推理是司法中不可缺少的思维方法。

第六章 法与其他社会现象的关系

第一节 法律与经济

一、法律与生产方式

生产方式是生产力与生产关系的统一,二者是内容与形式的关系。

生产关系是生产资料所有制关系、人们生产过程中的关系和产品分配关系的总和,构成社会的经济基础;而国家、法律等则是它的上层建筑。经济基础与上层建筑又是内容与形式的关系。

法律与经济基础的关系是:

(1)经济基础对法律的决定作用。归根结底,法律的性质和内容都是由一定生产力导致的,经济基础决定的。这就是历史唯物主义的决定论。

(2)法律对经济基础具有反作用。它可以:①确认和维护经济基础。②加速或延缓经济基础。

二、法律与市场经济

这个问题,我们在前面的"依法治国,建设社会主义法治国家"部分中已作过讲解。

该问题,就是"市场经济是法治经济"的问题。当然,对这样一个命题尚需作全面理解。

三、法律相对经济基础的独立性

法律的相对独立性作为一种理论体系,是恩格斯在晚年历史唯物主义通信中完成的。这个理论有如下几方面的主要内容:

(一)法律对社会经济具有很大的反作用

虽然归根结底经济决定法,但法律一经产生出来便追求尽可能多的独立性,也用自己的独立力量来反作用于经济。这种反作用有两种情况:①沿着经济发展的规律起作用,从而有力地推动经济的发展。②违背经济发展的规律,从而会阻碍经济的发展。

（二）法律和经济发展之间存在着不平衡性

法律发展和经济的发展，两者并非是完全齐一的。法律可能表现为对经济的超前发展（如古罗马法），也可能滞后于经济的发展。此外，法律甚至可能通过自己的反作用力，一定程度地改变经济基础。

（三）法律有自己内部的和谐一致性

法律的内部和谐一致性，根本上取决于：①经济基础与法律本质上是一致的。②只有内部和谐一致，法律才能起到规范社会行为的作用。

为了保持这种内部和谐一致性，法律要符合其自身的机制，不可能处处、时时都忠实反映客观经济的情况；相反，有时会脱离实际的经济状况。例如，现代西方的法律常常被迫越来越多地增加了保护劳动人民利益的条款，这就同资本主义经济关系的性质不相一致。

（四）法律有自己的继承性

恩格斯说：法律作为每个时代社会分工的一个特定的领域，都具有它的先驱传给它，而它必然由此出发的特定思想资料为前提的。这些思想资料也是在以前各代人的思维中独立形成的，经过自己独立的发展道路，而经济在这里并没有重新创造出任何东西，仅是起着间接的外在作用。

（五）除经济对法的决定作用之外，法律还受其他各种上层建筑的影响

这些上层建筑因素包括哲学、艺术、道德、宗教、教育，等等。例如，同是封建法律，在古代中国法律主要受儒家伦理思想的影响，在中世纪西方法律主要受天主教的影响等。

但是必须看到，在所有上层建筑因素中，法律和国家更接近经济基础，对法律的反作用最直接、最强大。

总之，法律之所以对经济基础而言具有相对独立性，根本原因在于：法作为一种特殊的社会现象，存在着自己固有的属性和运行规律。

第二节　法律与政治

一、法律与国家

（一）国家是法律的政治基础

这表现在：法律是国家意志，由国家制定或认可；法律以国家的强制力为后盾；国家的国体和政体极大地影响法律的特点与形式。

（二）法律是国家的组织和活动的重要工具

法律确认国家的基本制度和各项具体制度（包括法律规定国家政府机构和国家的

活动原则);法律也把国家的职能当做自己的职能,加以实现和保证。

(三)法律之于国家而言是相对独立的东西

国家和法律是并立的基本制度性的上层建筑现象,它们各有自己的规定性,是不能相互代替的,也不是从属与被从属的关系(传统观点认为国家第一性、法第二性)。

二、法律与党的政策

(一)法律与党的政策的区别

(1)制定机关不同。法律是由我国的立法机关制定和认可,具有国家意志的属性。而党的政策是由党的组织制定的,是党的主张和意志的体现,不具有国家意志的属性。

(2)规范形式不同。法律以特定的条文形式颁布实施,其内容具有确定性、规范性,一般都明确地规范了人们的权利和义务。而党的政策则不一定条文化,也没有固定的模式,其内容相对来说都比较原则、抽象,带有号召性和指导性。

(3)实施方式不同。法律的实施主要是依靠国家强制力作为保障,而党的政策的实施则主要是依靠党的纪律制裁,而不依靠国家强制力。

(4)约束的对象不同。法律是上升为国家意志的全体人民意志的体现,对全体社会成员都具有约束力。而党的政策是党的主张和意志的体现,它只对党的组织和党员及相关人员具有约束力。

(5)稳定程度不同。一般地说,法律比较稳定,而政策总是随客观形势及时改变。

(6)效力不同。从党的政策是法律的指导这个意义上说,政策具有优越性。但当法律已经制定出来,党和它的政策也要服从而不得违背,即法律高于政策。必须把握这个辩证关系来看待问题。

(二)法律与党的政策的联系

(1)党的政策是法律的指导思想。只有正确理解了党的各项政策,才能正确、全面地理解和掌握法律的基本精神和内容,才能根据形势的需要,正确地执行和实施法律。

(2)法律通常由党的政策转化而来。法律是党的政策的定型化、条文化和规范化。党的政策转化为法律后就具有了普遍的约束力,就可以由国家强制力来保证实施。

(3)法律的实施通常要借助党政策来推进。

在没有法律规定的情况下,政策是填补的手段之一。

反过来,党政策也离不开法律:①政策通过法律才能普遍地表现和实现。②通过法律来具体化。③通过法律实施的过程来发展。

三、社会主义法制与社会主义民主

（一）社会主义民主是法制上的政治前提和基础

主要在于：①民主即人民掌握了政权，才能制定自己的法律。②民主决定法制的性质和内容，法制随民主的发展而发展。③民主是法制力量的源泉。

（二）社会主义法制是社会主义民主的体现和保障

主要在于：①民主要靠法制来确认。②民主要通过法制来规范和实现。③民主靠法制来保障，主要针对违法犯罪，使民主不受侵害。

第三节　法律与道德

道德是通过善与恶、正义与非正义、高尚与卑劣等社会评价，调整人与社会之间关系的规范总称。道德是一种伦理（人际关系）性的规范。法律与道德是社会中的两种最基本的调整机制。

一、法律与道德的异同

（一）法律与道德的区别

（1）存在的时间不同。道德与人类社会的形成同步；而法律是私有制、阶级和国家出现以后才有的。

（2）形成方式不同。道德是在社会生活中逐渐形成的，它存在于人的意识和社会舆论之中；而法律是按照统治阶级的要求，由国家制定或认可的，一般以文字的形式出现，作为国家治理的工具而存在。

（3）表现形式不同。法律不论是成文法还是判例法都以文字形式表现出来；而道德内容则主要存在于人们的道德意识中，表现于人们的言行上。

（4）适用范围不同。道德适用的范围更为广泛，相对模糊；而法律适用的范围则较为具体，十分明确。

（5）约束力不同。道德主要是依靠社会舆论、习俗以及人们的信念力量来约束人们的行为的；而法律则是以国家强制力来约束人们的行为。

（二）法律与道德的相同点

（1）相同的经济基础与阶级性，价值取向相同。但与被统治阶级道德相对立。

（2）相同的调整功能，即达到相同的实现社会正义的目标。

二、法律与道德的联系

（一）法律与统治阶级道德相一致，二者相辅相成，互相渗透，以及互相结合

法律不可能没有道德的基础；道德也不会完全没有法律的支持。否则它就不可能成为社会中占统治地位的道德。

但法律与统治阶级总体上的一致也不是绝对的。其表现是：①立法者在个别情况下有可能制定违背统治阶级道德的法律。②有些符合法律至少不违法的行为，可能并不符合道德；反之亦然。

（二）法律与被统治阶级道德相背离，但这不是绝对的

一般来说，法律总要不同程度地反映起码的社会共同道德准则。如列宁所说，现代社会中反对虐待妇女就是一个起码的社会共同的道德准则，法律也要反映此一共同的道德要求。此外，列宁还说过，资产阶级法律中也包含某些反映劳动人民利益的条款。

三、立法、执法、司法、守法与道德

（一）立法与道德

立法要受道德的制约。这主要表现在：

（1）立法往往要把社会需要的道德提升为法律，但只是"最低限度的道德"。

这个问题同"见危不救"是否要承担法律责任，有直接关系。世界各国立法，对此有不同规定。德、法、葡、奥及美国部分州，规定要加以惩罚；而多数国家的法律没有规定。我国学者多倾向于认为，"见危不救"的立法符合道德要求，但对这种救助义务的标准线不能过高，以适应今天大多数公民的觉悟水平。

（2）立法不能背弃社会道德准则。否则，这种立法就会被社会甚至统治阶级所斥责而垮台。所谓良法与恶法的界限，正是或主要是以是否合乎道德为根据的。

（二）执法、司法与道德

（1）忠诚于法律和事实，忠诚于公正和廉洁等道德原则，也是法律的原则，因而执法和司法人员必经严格遵守。

（2）公职人员和法官本人必须有良好的道德修养与品质，否则就不能忠诚于法律而走向腐败。

（3）个别情况下，道德可以弥补法律之不足，纠正合法而不合理的现象。（合理就是指合乎道德之理。）

（三）守法与道德

我们必须看到，社会的守法水平，总是与道德水平相一致的。

按马克思主义观点,法与道德都是有阶级性的,所以,统治阶级成员很容易认为守法是道德义务;而被统治阶级一般则不可能认为这是道德义务。但法律中所包含的基本公共生活准则,则会被普遍地认为是道德义务。对于社会主义法律,它是公民共同意志的体现,守法当然是一种道德义务。

（四）对江泽民"依法治国与以德治国相结合"的理解

在建党 80 周年的纪念会上,江泽民同志继续强调他曾讲过的"依法治国与以德治国相结合"的观点。学界对此有不同的理解:一种(主要是法学界)认为,这是强调在贯彻"依法治国"的基本治国方略过程中,必须同道德建设结合起来,离开道德基础法治是搞不起来的。另一种观点(主要是伦理学界)则认为,"依法治国"与"以德治国"是两个并存的基本治国方略。

我同意第一种观点,反对第二种观点。主要理由是:

第一,历史的经验。中国在西周时代,特别是西汉武帝独尊儒家学说以来,直到国民党蒋介石时期,都是实行"德治"的。在西方,从柏拉图正式开始提倡德治,但并不占主导地位。中国也好,西方也好,所根据和所实行的"德治",是什么意思呢？它并不是有些学者所说的,是道德的统治;而是所谓"有德行"的明君贤相的少数人的统治,按照柏拉图的说法是个别"贤人"或"哲学家国王"的统治。因此,提倡"德治"的儒家人物强调良好政治只是依赖有德性的贤人。"人存政举,人亡政息"。可见,"德治"实际上就是"人治"。由此可知,我们从历史的意思上理解江泽民的"德治"之言,甚至把"德治"视为第二个基本治国方略,是不符合一个民主和法治国家需要的,从而是不正确的。

第二,在现实的中国,"德治"不可能成为基本治国方略,为什么？最根本上是因为:①道德没有使全社会一体遵循的普遍性。如恩格斯所指出的,每个阶级、集团甚至个人都有自己的道德准则。②道德缺乏正式的表现形式,其含义也往往是不明确和不确切的。③道德是不以国家强制力保证的,主要是靠自律。④道德的要求主要是义务,而市场经济的要求主要是权利,道德无法成为规范市场的主要手段。⑤更重要的,道德对国家而言,过于缺乏操作性。

相反,道德之不足恰恰是法律之所长。所以,作为民主国家,特别是社会主义国家,它的基本治国方略只能是"依法治国",而不应当也不可能是"以德治国"。

总之,道德对于治理国家、对于市场经济有不可低估的重要意义,但在现代社会法律的调整则是首要的机制,道德不能与它齐头并立。

第四节 法律与科技、教育

一、科技、教育对法律的影响

（一）科学技术对法律的影响

（1）科学技术对法律的直接影响。

①科技作为一种生产力，为法的产生提供了物质条件。这是原始社会末期的事。

②科技进步所造成的市场经济，给义务本位转向权利本位提供了物质条件。这是近代的事。

③科技发展导致的信息革命，空前地增强了产业的社会性和世界一体化，使法律越来越关心社会整体利益和全人类的利益；同时也使传统法律的个人本位转向个人—社会本位。这是当代的事。

（2）科技也有力地影响着社会的法律观念。特别是在西方中世纪末期，科技的兴起，打破了传统的神学主义法律观念，代之以现实的法律观念。在目前，科技发展的新成果所带来的思想解放，也促进我国法学的繁荣。

（3）科技成果丰富了法律的内容。如，我国婚姻法原来规定三代以内旁系血亲的婚姻"从习惯"，后来改为禁止，它就是以遗传基因科学的发展为根据的。又如，对知识和信息财产保护力度的加强。再如克隆人、安乐死等新的法律问题以及环境权的提出。最后，还有法律上的各种科技新手段的运用。

（二）教育是法制建设的基础工程

教育在人类社会中的地位：①基础性地位。经济生活是社会的基础，而教育则是它不可分离的要素。经济发展要靠人的智慧和经验，教育的作用正在于总结全部人类智慧和经验而普及于全社会。历史的规律是，社会越发达，教育所起的作用越大。②全局性地位。教育能推动社会各个领域的进步，是每个领域都不能缺少的。它越来越成为影响一个国家综合国力的关键因素。③先导性地位。即社会的发展，以启蒙思想教育的发展为先导。

由于近代以来，法律中的新因素，特别是科技因素越来越多，而且法律形成了自己独立的概念、理论体系和方法，因此非专门的法律职业家是不能胜任法律工作的，法制建设因为缺乏这种职业家而举步维艰。

二、法律对科技、教育的作用

（1）引导和推动作用。用法律来确定科教的目标，使社会为之奋斗。

（2）约束和规范作用。法律具体地向人们指出，为发展科教应该做什么和应该怎样做,确定和不断改变科教体制。

（3）维护和保障作用。法律维护科教人事队伍的合法权益,提供措施和条件的保障,实现科教事业的发展。

（4）对危害科教事业者的干预和制裁作用。

＊ 2000 年中国人民大学法学院民商法研究生班讲授稿。

第二篇

法律的基本理论

第一章　法律的一般原理

第一节　法律的起源

一、法律产生的社会根源

原始社会由于生产力水平极其低下,因而没有什么私有制和阶级,也没有国家和法律。

原始社会中最典型、最重要的社会组织是稍后时期形成的氏族。氏族是由共同的先祖世代遗传下来的,以血缘关系联结而成的人们的集团。随后,在氏族的基础上,又形成了胞族、部落和部落联盟,构成一整套社会组织体系。氏族首先是从事集体生产和共同消费的经济单位,同时也是氏族成员维系正常的相互关系和内部秩序的自我管理单位。氏族最重要的权力机关是全体成员参加的氏族议事会,它决定有关氏族的一切问题。氏族的酋长和对外作战时的军事首长,由氏族议事会选举产生,并可随时撤换。他们的威望是大家自愿地、自然而然地赋予的。与其他氏族成员一样,他们不脱离劳动,不享有任何特权,所不同的只是辛苦地替大家服务罢了。

与氏族社会组织相伴存在的原始社会的规范主要是习惯。这些习惯是自发形成并世代相袭的,它包括对上天、神灵、祖先的祭祀,集体生产和平均分配,对老年人的敬重和对妇女、儿童的爱护,氏族成员间的相互帮助,英勇地共同与敌人和野兽作战,为遭到凌辱和杀害的本氏族成员而向外氏族的肇事者实行血族复仇和同态报复,以及婚丧嫁娶的做法,等等。这些习惯调整着社会生活各个方面的关系,维持着社会秩序,使一切井井有条。

原始社会的习惯体现全体氏族成员的利益和意志,对所有的人都有同样的约束力。对这种规范的遵守,不用依靠特别的暴力强制,而完全依靠人们祖辈流传下来和自幼养成的观念,依靠社会舆论的力量,由每个人自觉地遵守。偶尔遇有个别成员破坏了它,那就要被当成对整个氏族组织和全体成员的侵犯,而受到全氏族的谴责和制裁,最严厉的惩罚就是把他逐出氏族组织。

法律是生产力发展到一定阶段,伴随着生产资料私有制、阶级和国家的出现而产生的。具体地说,法律产生的过程直接受到以下两个决定性因素的影响:

第一个决定性的因素是商品交换和私有制的出现。

原始社会后期,在生产力的推动下,先后出现了畜牧业与农业、手工业和农业之间两次社会大分工。这种分工必然导致商品交换。一开始交换只在氏族之间进行,渐次地扩展到氏族内部各个家庭之间。商品交换使家庭中剩余财富的积累与日俱增,特别是世袭化的酋长等人成了第一批有产者,不同家庭的经济分化也加剧了。这就使剥削他人成为必要和可能。还有一点,就是在商品交换中自然地会产生"人的法律因素"①,这是指商品交换必须排除暴力的介入,使双方当事人都能自愿、平等和有偿地进行,彼此具有权利和义务。所以,人的法律因素即是自由、平等和权利的因素。这种法律因素逐渐地构成社会的新观念、新习惯和新道德,最后经过国家的认可而上升为法律。

第二个决定性的因素是奴隶制的出现。

与私有制的发展相并行的是人们身份和地位的社会性的大变动。第一次社会大分工以后,人们开始懂得占有他人的人身能够为自己提供好处。因而,在战争中取得胜利的氏族,不再像以往那样把战俘杀掉或吸收为本氏族平等的成员,而是把他们分配给一些家庭做奴隶。这种家庭奴隶制在生产中起着辅助作用。随着时间的推移,家庭奴隶制逐渐变成了大规模的生产奴隶制,成千上万的奴隶被赶到田野上、海洋上和手工业作坊里,充当社会的主要生产劳动者。第二次社会大分工以后,自由民之间的财富差别进一步突出,一批又一批的穷人由于负债而沦为富人的奴隶。于是,氏族社会内部便发生了历史性的大分裂,人们被划分为奴隶和奴隶主两大对抗的阶级。

在新的社会大变动面前,原有的氏族制度连同它的一整套社会组织和习惯规范越来越显得无能为力:其一,氏族是以血缘关系为基础而构成的自然性的社会组织。现在,由于社会分工和商品生产的发展,本氏族的成员大批地转移到别的氏族的地域,别的氏族的成员也纷纷流入本氏族的地域。这种不同氏族的成员到处杂居的现象,使原来用以维系氏族的血缘纽带逐渐失去了它的作用。其二,氏族是平等合作的成员的自治组织。现在,每个人不论是富人或穷人、主人或奴隶、贵族或平民,在城市或乡村,都有自己特殊的身份和地位。彼此间既然没有共同的利益,当然就没有共同意志和建立共同秩序的愿望。相反,不同利益的社会集团之间的奴役与反奴役、剥削与反剥削、压迫与反压迫的斗争,愈演愈烈。因而,原有的氏族管理制度土崩瓦解了,作为氏族社会行为规范的习惯,也随之丧失了它存在的意义。

那么,代替旧的氏族组织和规范而兴起的新东西是什么呢?就是国家和法律。奴隶主凭借在经济上的统治地位,按照自身的需要,一点一点地改变氏族的性质,并设置起常备军、法庭、监狱等物质附属物,使全体氏族成员的权力蜕变为少数人把持的特殊的公共权力。这种特殊的公共权力就是国家。与此同时,在日积月累和不知不觉的过程中,奴隶主阶级也一点一点地将自己的意志渗入习惯规范,并形成一些新的适合于自己利益的习惯规范。然后,通过国家予以认可,并依靠国家的力量,强制全社会一体遵行。这就是法律。综上可知,国家和法律是阶级矛盾不可调和的产物。

---

① 《马克思恩格斯全集》第 46 卷(下),人民出版社 1980 年版,第 472 页。

二、法律产生的一般规律性

（一）法律和国家同时产生

国家是统治阶级最基本的政治组织，而法律是体现统治阶级共同意志的一般形式，因此二者一开始就不可能截然分开，也不存在孰先孰后的问题。事实上，法律和国家是在相同的历史背景下，基于相同的原因，在同一时间、同一地点一起出现的。氏族组织演变为国家和氏族习俗演变为法律，是两个相互促进的过程，是经过漫长的道路同步进展的。

（二）由习惯到习惯法，再由习惯法到制定法

在社会分裂为阶级之后，习惯规范变为法律规范。但是，它们一开始仍然保持习惯的形式，即习惯法。又过了很长时期，由于社会关系，尤其是经济关系的复杂化，才出现成文的法律。成文法律的发展，又分为以记载习惯法为主和以立法（制定法律）为主这样两个阶段。世界各国早期的成文法，大多是习惯法和审判经验的简单条文化。

（三）不断地从个别调整上升为一般调整

法律的形成和发展经历了一个不断地总结和积累人们经验的过程。一般说来，包括习惯和法律在内的各种社会调整机制，都是通过个别调整和一般调整之间的循环、升华而逐渐完备起来的。个别调整指对某事件或案件偶然采取的、临时性或一次性的调整；一般调整指反复适用、相对稳定地对于某一类事件或案件的规范性调整。个别的法律调整取得成功后，便会通过国家使之提高为一般的法律调整，即制定或认可法律规范，进而借助于法律规范可以更有效地指导个别的法律调整。

（四）从权利、义务的合一到权利、义务的严格区分

在原始社会，人与人之间没有多少个性的分化，彼此的利益是一体的，不存在"应做"和"能做"相区别的社会观念。因此，对于他们而言，权利和义务是混一的。正如恩格斯所说的："在氏族制度内部，权利和义务之间还没有任何差别；参加公共事务，实行血族复仇或为此接受赎罪，究竟是权利还是义务这种问题，对印第安人来说是不存在的。在印第安人看来，这种问题正如吃饭、睡觉、打猎究竟是权利还是义务的问题一样荒谬。"① 后来，随着人与人之间的分化（首先是利益的分化），"你的"与"我的"的界限越来越清楚，而这种越来越清楚的界限，也正是正常的社会秩序所必需的。于是，权利和义务的规定就成为法律的基本内容。在阶级对抗的社会里，法律几乎是把全部权利给了一个阶级（统治阶级），而把全部义务给了另一个阶级（被统治阶级）。

---

① 《马克思恩格斯选集》第 4 卷，人民出版社 1972 年版，第 155 页。

（五）从法律与宗教、道德的浑然一体到法律取得相对独立的地位

由于对氏族血缘群体的严格依赖，而且除了氏族以外没有其他的组织，因而原始人的风俗、惯例、宗教、道德等相互间也就不可能有多大区别，以至于可以用"习惯"二字作为它们的总称。到了文明社会，仍长期以"人的依赖关系"为特征，虽然法律出现了，但风俗、惯例、宗教、道德不仅构成法律的主要内容，而且占据着优先于法律的地位。只是随着社会分工、经济的发展和国家功能的强化，法律的作用才越来越突出，并在整个社会调整机制中占据了主导地位，法律自身也取得了相对独立的地位。

总之，法律作为社会文化的重要组成部分，伴随着文化的发展，逐步地从粗陋、野蛮、落后状态，一步步地趋向文明化。

第二节　法律的历史类型

一、法律历史类型的概念

法律的历史类型是从纵向的历史发展上对法律进行的最基本的本质性的分类。凡是经济基础及体现的阶级意志相同的法律，就属于同一历史类型的法律。在人类历史上依次地存在过奴隶制的法律、封建制的法律、资本主义的法律和社会主义的法律。前三者统称为剥削阶级类型的法律，只有社会主义法律是非剥削阶级类型的法律。

法律历史类型的更替，是一个从低级向高级的演进过程。这种演进，如同社会形态及相应的国家类型的演变一样，其根本原因是生产力的发展，因而有其客观规律性，是不以人们的意志为转移的。

法律历史类型更替的方式，一般都要经过暴力革命来实现；少数是由于外部力量即异民族入侵的结果，如野蛮的日耳曼人占领奴隶制罗马帝国而建立的封建制法兰克国家和法律制度。

二、奴隶制法律

（一）奴隶制法律的经济基础

奴隶制法律是人类历史上第一个剥削阶级类型的法律。它是在原始公社制度瓦解的过程中与国家一起出现的。

奴隶制法律的经济基础是奴隶主阶级对于生产资料和奴隶人身的完全占有。奴隶的劳动是社会生存的基础。但是，奴隶却完全没有社会地位，没有独立的人格，没有丝毫的人身自由，连生存的权利也没有。他们只不过是奴隶主的财产和"会说话"的工具。奴隶主对奴隶的统治是不受任何限制的。他们可以随意地买卖、赠送和杀戮奴

隶。奴隶像牛马一样,仅能从奴隶主那里获得维持生命的起码的生活资料。奴隶和奴隶主两大阶级之间存在的你死我活的对抗性矛盾,在奴隶社会中处于支配的地位。

奴隶制法律就是这种经济基础和阶级关系的反映。迄今为止,已发现的最早一批奴隶制的成文法律有:公元前18世纪巴比伦王国的《汉穆拉比法典》;公元前5世纪罗马国家的《十二铜表法》;公元前3世纪开始编纂的印度《摩奴法典》。在中国,据史书记载,早在公元前21世纪的夏朝,就曾"作禹刑","夏刑三千";后来又出现过殷商的"汤刑",周朝的"周礼"等,但原文都已散佚。

(二)奴隶制法律的本质及其特点

奴隶制法律是奴隶制经济基础的上层建筑,集中体现奴隶主阶级的意志。它由奴隶制国家制定或认可,是维护有利于奴隶主阶级的社会关系和社会秩序,实现奴隶主阶级专政的工具。

奴隶制法律具有如下特点:

1.严格保卫奴隶主阶级的生产资料私有制。

奴隶制经济关系最鲜明的特点就是奴隶被当作生产资料而为奴隶主阶级所占有。但是,这种生产资料却同时又是创造社会赖以生存的产品的劳动力。因此,奴隶制法律的首要任务,就是确认和维护奴隶主阶级对奴隶的占有制度。例如,在《汉穆拉比法典》和古罗马法中都明确规定,奴隶不过是其主人的一种物件和"会说话的工具"。

2.公开确认自由民之间的不平等。

奴隶制法律不仅把人分为奴隶主和奴隶两部分,而且即使在自由民内部也进行森严的等级划分,以维护少数上层奴隶主集团的特权。例如,在我国周朝,法律把自由民分为天子、诸侯、卿大夫、士、庶人五个等级,每个等级的饮食、衣物、住宅、旅行、娱乐等都有规格上的限制。

3.以十分残酷的惩罚措施维护奴隶主的政治统治。

奴隶主阶级为了保卫自己所代表的极其野蛮的奴隶制经济关系,就不能不使其政治统治带有极为残酷和极其愚昧的性质。奴隶制的法律,正是实现这种政治统治的重要手段之一。它把宗教迷信和严刑峻罚结合在一起,来替奴隶主阶级的政权效力。

奴隶制法律对任何敢于反抗的奴隶以及贫苦自由民和平民,均规定了极其残酷的刑罚。例如,我国西周有墨、剔、刖、宫、大辟五种正式的刑罚;《汉穆拉比法典》中有死刑、残害肢体刑、烙印刺字等刑罚。

4.保留了许多原始社会规范的痕迹。

奴隶制社会是从原始社会脱胎出来的。因而,奴隶制法律处处留有原始社会尤其是它后期的习惯规范的痕迹。如父权家长的宗法制度、礼仪规则、宗教规则等。至于同态复仇的原则,几乎所有早期国家的法律都奉行过。

三、封建制法律

（一）封建制法律的经济基础

封建制法律的经济基础，是封建主阶级占有绝大部分土地和不完全占有生产者。农奴或农民是社会生产的主要承担者。但是，他们自己却完全没有或很少占有土地，以苛刻的徭役、实物或货币地租为代价，耕种封建主的土地。他们同封建主仍存在人身依附关系，封建主虽不能随意杀死他们，但有权把他们连同土地一起出卖或赠予他人。他们世代终身附着于土地之上，没有迁移的自由。从总的方面看，农奴（特别是后期的农民）因享有某些人身权利，有了自己的家庭和生产工具，与奴隶相比，就有了一些劳动生产的积极性，这是一种历史的进步。

封建制法律是封建制经济基础的反映。封建制法律以中国最为发达。早在公元前445年，第一部成文法典即李悝的《法经》就问世了。从秦开始，几乎每个朝代都有一部名为"律"的基本法典（《秦律》至《大清律》）。

（二）封建制法律的本质及其特点

封建制法律是封建制经济基础的上层建筑，集中体现封建主阶级的意志，是维护有利于封建主阶级的社会关系和社会秩序，实现封建主阶级专政的工具。

封建制法律的本质，具体地表现在下列特点之中：

1. 严格维护封建土地所有制和农民对封建主的人身依附关系。

封建土地所有制是整个封建制度的基础。一切封建制法律无不竭力维护封建主的土地私有权。在不久以前发掘出来的《秦简》中，就有这样的规定：非法挪动地界，要处以剃须发并处2—4年劳役的刑罚。《唐律》规定，谎认、偷买偷卖、偷种公私田地，处鞭笞刑或流刑。

封建制法律赋予每个封建主对农民的个人统治权力，使农民处于人身依附地位。中世纪欧洲各国的法律都包括专门的农奴法，严禁农民离开原领主的土地；农民需交纳各种形式的地租并受超经济剥削；封建主可以私设法庭和监狱，采用种种刑罚。

2. 公开规定封建等级特权。

封建制法律全盘继承奴隶制法律中的等级特权制度，而且为适应封建社会分封割据的状态，把这种等级特权制度推向顶峰。

与奴隶制国家政治制度的情况有所不同，不论是东方还是西方的封建时期，都以专制君主制为典型的统治形式。作为封建主阶级总代表的君主，享有无限制的个人权力。在中国，封建制法律把触犯皇帝的权力、尊严和人身的言论和行为，当作"大逆罪"即最严重的犯罪，要受重罚，并株连亲族。

封建制法律对君主以下各个等级的贵族，也规定了相应的特权，例如免交捐税，封妻荫子，世卿世禄，同罪异罚（轻罚）甚至不罚。中国历史上的"刑不上大夫，礼不下庶人"，就是封建制法律的一贯原则。自《魏律》以后，对于亲、故、贤、能、功、贵、勤、宾所实行的所谓"八议"制度，也几乎一直没有改变。

3. 用野蛮残酷的手段镇压人民的反抗。

封建制法律同奴隶制法律之间的另一共同点在于，它们都是野蛮的法律。

封建制法律是封建主阶级对农民阶级专政的暴力工具，对一切反抗封建制度的人规定了残酷的刑罚。在中国，秦朝的死刑就有凿颅、抽筋、镬烹、车裂、枭首、腰斩、砾、戮、坑埋、戮尸等十几种，还加上诛夷亲族和连坐之类的制度。自南北朝以后，将谋反、谋大逆、谋叛、恶逆、不道、大不敬、不孝、不睦、不义、内乱十种情况定为犯罪并且不准宽宥，叫做"十恶不赦"。

封建制法律不仅惩罚人们的行为，而且还惩罚人们的思想。例如，我国从秦汉以来长期惩罚所谓"非所宜言罪""腹非罪"。唐朝武则天时期和明朝在推行特务政治中，大量迫害嫌疑犯，杀戮无辜。

四、资产阶级法律

(一)资产阶级法律的经济基础

资产阶级法律是资产阶级革命推翻封建主阶级的统治而建立起来的资本主义制度的产物。

资产阶级法律的经济基础是生产资料掌握在少数资本家手中，而无产阶级被剥夺生产资料，不得不出卖劳动力，为资本家创造利润和维持整个社会的生存。

在资本主义社会的阶级结构中，资产阶级和无产阶级是基本的阶级。与奴隶主阶级和封建主阶级不同，资产阶级的剥削已不是依靠超经济的强制，而是采取榨取剩余价值的方法进行的。在形式上，无产者摆脱了对剥削者的人身依附关系，成为自由的人，与剥削者处于平等地位。但由于一无所有，为了生活，他们不得不"自愿地"同资本家订立出卖劳动力的契约，听凭资本家剥削。在农村，大多数农业劳动者转化为工厂工人和农业工人。从事小商品生产的手工业者和个体农户是小资产阶级的主体部分，他们也受资产阶级的剥削和统治，地位极不稳定。

(二)资产阶级法律的本质及其特点

资产阶级法律是资本主义经济基础的上层建筑，集中体现资产阶级的意志，是维护有利于资产阶级的社会关系和社会秩序，实现资产阶级专政的工具。

资产阶级法律具有下列特点：

1. 宣布私有财产神圣不可侵犯。

在前资本主义社会，即使是统治阶级中的成员，其财富也要受其等级地位的限制，国家法律对此是直接加以干预的。但是，资本主义社会中对财富(资本)则没有这种限制和干预。资产阶级的宪法和法律普遍地宣布"私有财产神圣不可侵犯"，其中就包括资本家对雇佣劳动者创造的剩余价值的无限剥削,以及通过资本间的自由竞争而实现的财富的无限积累。正由于拥有财产的只是少数资本家,而占人口绝大多数的劳动者没有或只有很少量的财产,因此,法律上有关保护私有财产的规定主要是保护资本家的私有财产权不受侵犯而已。

2.确认契约自由。

资本主义的契约自由,指一切人都能按照自己的自由意志去订立商品交换契约,不受任何人的限制和外来的干涉。

应当怎样认识这种契约自由呢?首先,资产阶级国家用契约来调整资本家与雇佣工人之间的关系,这就意味着让工人"自由"地出卖劳动力,资本家"自由"地购买劳动力这个特殊商品。对于一无所有的工人而言,这种所谓的自由,就是把资本家的意志强加给工人,从而保障资本家从工人身上榨取剩余价值。其次,在资本家之间,契约自由意味着交换产品、原料、设备等的自由,也就是保证资本主义的自由竞争,保证弱肉强食。

3.规定法律面前人人平等。

资产阶级在反对封建特权和封建等级制度的斗争中,提出法律面前人人平等的口号,在资产阶级夺取政权后,把它上升为宪法原则。应该看到,法律面前人人平等的口号,与中世纪的等级特权相比,无疑是一种历史的进步,但也应看到在资本主义制度下这一口号的局限性和虚伪性。首先,资本主义社会中个人权利的多少,实际上是按照资本的多少区分的,资本就是事实上的特权。其次,资产阶级法律一方面规定公民的某些自由平等权利,另一方面又巧妙地对公民的自由平等权利作出种种限制,尽量使之在实际上化为乌有。最后,资产阶级国家的司法人员和律师大多是为资本家的利益忠实服务的,他们竭力袒护资本家,歧视、刁难和坑害穷人。

4.确认法制原则。

对于资产阶级法制原则,一方面应看到它反封建的历史进步作用,另一方面也要看到它的阶级本质和局限性。资产阶级之所以需要法制原则,从根本上说是由资本主义生产关系的特点决定的。这是因为,法制不仅保障资本不受侵犯,而且还能够反对特权,为资本间的自由竞争提供共同的国家保证及共同的行为准则和前提;同时还可以排除垄断劳动力的现象,使资本家得到他所需要的能自由出卖劳动力的劳动者。此外,法制原则还能起到掩盖资产阶级专政的实质,以欺骗劳动人民的作用。所以,列宁说,一般的自由资产阶级"不能不追求自由和法制,因为没有自由和法制,资产阶级的统治就不彻底,不完整,无保证"。① 到了帝国主义时期,垄断资产阶级终极的政治趋向是反动的,因而也趋向于对法制的破坏,尤其在阶级斗争形势比较剧烈的时候,还会出现法制的危机,表现为法西斯统治。当然,从整体来说,垄断资本主义并不需要完全抛

---

① 《列宁全集》第18卷,人民出版社1959年版,第350页。

弃为其服务的法制。事实上,从 20 世纪 60 年代以后,由于资本主义相对和平的发展,资产阶级民主和法制还有较大的发展,法律社会化的趋势也有所加强。

五、社会主义法律

社会主义法律是最高历史类型的法律,也是最后一个历史类型的法律。随着生产力的极大发展和人们觉悟的极大提高以及阶级和国家的消亡,它最终也将趋于消亡。

第三节 法律的本质、特征和定义

一、法律的本质

什么是法律? 这个问题有众多的解释。从词源、词义上看,汉语中的"法"字,古代写作"灋"。左旁的"水"是公平的意思。右旁的"廌",来自"神明裁判"故事里一头刚直的独角神兽。传说,当两造打官司的时候,审判官便把廌牵出来,它的角去顶谁,谁就是不直者,谁就败诉。"律"字是"均布"即不偏不倚的意思。由此可知,在我国,法律一词的本来含义就是以国家强制力作保证的"公平""公正"。春秋战国时代的一批杰出的思想家对于法律曾进行过不少有益的探讨和解释,如认为法律是"兴功除暴,定分止争"的工具,行为的"规矩绳墨",等等。韩非更具体地为法律下定义:"法者,著之于图籍,设之于官府,而布之于百姓者也。"在欧洲,法律的词义没有超出公允、正义、权利或权力的范围。一些法学家们则把法律归结为"神的意志""自然法则""主权者的命令""公意""自由意志""民族精神""社会利益的保障",等等,不一而足。这些剥削阶级法律观的共同点就在于把法律视为非阶级的、超阶级的东西,抹杀法律的阶级性,这就决定了它们不可能揭示法律的本质。

(一) 法律的阶级性

一个半世纪前,马克思、恩格斯在《共产党宣言》中抨击资产阶级的意识形态时尖锐地指出:"你们的观念本身是资产阶级的生产关系和所有制关系的产物,正像你们的法不过是被奉为法律的你们这个阶级的意志一样,而这种意志的内容是由你们这个阶级的物质生活条件来决定的。"①这段话虽然是针对资产阶级法律而言的,但它对于我们揭示各种类型(尤其是剥削阶级类型)法律的本质则具有普遍意义。

法律的本质属性是它所体现的阶级意志性。问题在于,法律所体现的阶级意志是哪个阶级的意志? 从利益出发,每个阶级都希望将本阶级的意志提升为法律,使全社

---

① 《马克思恩格斯选集》第 1 卷,人民出版社 1972 年版,第 268 页。

会一体遵行,但这是不可能的。列宁说,"法律是统治阶级的意志的表现"①,是"取得胜利、掌握国家政权的阶级的意志的表现"②。这是因为,在激烈的阶级对抗中,唯有取得胜利的阶级才能掌握国家政权,成为统治阶级,进而才能通过国家政权将自己的意志制定成为法律。可见,资产阶级理论家们惯于鼓吹的所谓法律是"全民意志"或者"社会整体意志"的观点,全然是虚妄之谈。

法律所体现的统治阶级意志是统治阶级的整体意志即共同意志,而不是统治阶级中个别集团、个别成员的意志,也不是统治阶级中每个成员意志的简单相加。马克思和恩格斯曾一再强调说,统治阶级力图"通过法律形式来实现自己的意志,同时使其不受他们之中任何一个单个人的任性所左右,这一点之不取决于他们的意志,如同他们的体重不取决于他们的唯心主义的意志或任性一样。他们的个人统治必须同时是一个一般的统治"③,"法律应该是由社会共同的、由一定物质生产方式所产生的利益和需要的表现,而不是单个的个人恣意横行"④。与此相适应,这些单个人在某些个别场合必须有"自我舍弃"。这就是说,法律只能体现统治阶级成员意志中的相互一致的那部分即共同意志,而排斥任何个别集团、个别人的与共同意志相违背的意志。如果不这样,法律便起不到维护统治阶级整体的政治统治和经济利益的作用。当然,在不同政体的国家中,法律制定的方式不一样,甚至有很大的差别。在民主制之下,法律由统治阶级中的全体或大多数人制定;在贵族制之下,由少数人制定;在专制制之下,由独裁者一人制定。但是,不论哪种情况下制定的法律,都要符合统治阶级的共同意志,代表统治阶级的共同利益;否则,这种法律甚至制定这种法律的少数人或个别人,或早或晚要被统治阶级中的多数人所抛弃。

通过法律形式获得集中表达的统治阶级意志就是国家意志。马克思、恩格斯指出,统治阶级"除了必须以国家的形式组织自己的力量外,他们还必须给予他们自己的由这些特定关系所决定的意志以国家意志即法律的一般表现形式"⑤。列宁也有相同的提法,即"意志如果是国家的,就应该表现为政权机关所制定的法律,否则'意志'这两个字只是毫无意义的空气震动而已"⑥。马克思主义关于法律是国家意志的论断十分重要。其一,它表明统治阶级只有把自己的共同意志变成国家意志,即经过国家的正式立法程序并赋予国家强制力,才能成为法律,获得人人必须承认和遵守的一般形式。其二,它表明,统治阶级的意志除法律以外,还有诸如风俗习惯、伦理道德、宗教信条等。这些东西虽然也是统治阶级意志甚至共同意志的体现,但由于它们没有经过政

---

① 《列宁全集》第 15 卷,人民出版社 1959 年版,第 146 页。
② 《列宁全集》第 13 卷,人民出版社 1959 年版,第 304 页。
③ 《马克思恩格斯全集》第 3 卷,人民出版社 1960 年版,第 378 页。
④ 《马克思恩格斯全集》第 6 卷,人民出版社 1961 年版,第 292 页。
⑤ 《马克思恩格斯全集》第 3 卷,人民出版社 1960 年版,第 378 页。
⑥ 《列宁全集》第 25 卷,人民出版社 1958 年版,第 75 页。

权机关的正式立法程序使之取得一般表现形式,因而就不是国家意志,不是法律。

国家意志的内容如何,这一点归根结底是由统治阶级的物质生活条件决定的。物质生活条件包括地理环境、人口、生产方式等方面,其中生产方式是决定社会面貌、性质和发展方向的主要因素,也是决定国家意志即法律的内容的主要因素。

任何意志包括国家意志都表现着人的愿望和追求,因而都具有能动的、自由的属性。但绝不能因此而把意志看成是随心所欲的东西。反之,它总要受到意志本身赖以产生和存在的客观条件的制约。所谓国家意志,无非就是统治阶级所希求的最大的利益即社会经济关系方面的利益。离开这种经济利益,法律便不会产生,产生了也没有存在的价值。统治阶级虽然有权制定法律,但法律的内容却不能违背统治阶级的根本统治利益。否则,这种法律不仅在实践中行不通,而且制定这种法律的人也会从统治宝座上滚落下来。马克思指出:"君主们在任何时候都不得不服从经济条件,并且从来不能向经济条件发号施令。无论是政治的立法或市民的立法,都只是表明和记载经济关系的要求而已。"①说的就是这个道理。当然,国家意志即法律除了要受经济关系的制约外,还要受政治的、文化的以及社会的等各方面条件的制约,但后者也无不受制于经济关系。所以,终极地看,国家意志(法律为其主要表现形式)的内容仍以经济关系为转移。这个问题在下一节中还将进一步论及。

(二)法律的社会性

法律具有阶级性,这个论断无疑是正确的,但是,如果把法律的本质仅仅归结为它的阶级性,那就失之偏颇了。法律除了它的阶级性外,还有它的社会性。

马克思在谈到剥削阶级国家时曾指出:"在那里,政府的监督劳动和全面干涉包括两方面:既包括执行由一切社会的性质产生的各种公共事务,又包括由政府同人民大众相对立而产生的各种特殊职能。"②既然国家有两种职能,那么作为国家意志主要表现形式的法律必然也具有两种职能。明确地说,国家和法律都执行着政治职能,又都执行着社会职能。在阶级对立的社会,法律的政治职能就是"由政府同人民大众相对立而产生的各种特殊职能",即直接实现统治阶级专政、维护统治阶级利益的职能。法律的社会职能(公共职能),就是"执行由一切社会的性质产生的各种公共事务"的职能,即从统治阶级根本利益出发而维护全体社会居民共同利益的职能。不难设想,假如一个国家完全背离人性,置社会各种公共事务于不顾,无法满足其治下全体居民的起码生存条件,那么,它的管理就不可能进行下去,法律调整也无从谈起。例如,合理利用水资源是人类生存和繁衍所必需的,在古代的波斯、印度,国家为经营管理全国性的河谷灌溉及其渠道和水闸,就曾颁布各种法律。在现代,为了保证交通顺畅,避免交通事故,就要制定交通方面的法律;为了防止环境污染和保证自然资源的合理开发与

---

① 《马克思恩格斯选集》第4卷,人民出版社1958年版,第121—122页。
② 《马克思恩格斯全集》第25卷,人民出版社1974年版,第432页。

利用,就要制定保护环境和资源的法律。显而易见,这些都是法律的社会性或共同性的表征。所以,法律的社会性即法律用以维护全体居民生存和发展的需求的一种功能或特性,这种功能或特性是法律所固有的,也是实现法律的阶级性所不可或缺的。

(三)法律的本质是阶级性和社会性的统一

综合以上对法律阶级性和社会性的分析,可以看出,法律的本质不只是它的阶级性或社会性,而是它的阶级性和社会性的统一。世界上从来就不存在只具有阶级性而不具有社会性的法律,同样也不存在只具有社会性而不具有阶级性的法律。

那么,法律的阶级性即其政治统治职能与法律的社会性即其社会职能又是一种怎样的关系呢?恩格斯说得很明白:"政治统治到处都是以执行某种社会职能为基础,而且政治统治只有在它执行了它的这种社会职能时才能持续下去。"①这就是说,法律阶级性的实现有赖于法律社会性的实现,法律的社会性是法律阶级性的基础。

在法律本质的问题上,还应该注意的是,法律运行的历史规律告诉我们,法律的阶级性和社会性就其量的对比来说,并不是一成不变的。一般的情况是,随着人类文明的发展,法律的阶级性的分量在不断地减弱,社会性的分量则不断地加强。资产阶级法律较之于奴隶社会的法律和封建社会的法律就多一些人性;当代西方法律较之于资本主义初始阶段的法律就多一些人性。社会主义政权在建立的初期,由于政治斗争极其尖锐,它的法律的阶级性确实很突出,但这只是某个特定时期内的情况。之后,伴随着剥削阶级的消灭,社会主义法律本质的主导方面则是它的社会性。特别重要的是,社会主义国家和法律一开始就掌握在绝大多数人民的手里,它实行的是"以人为本"的社会制度,它所担负的历史使命是通过消灭剥削和消灭阶级,彻底实现人的全面发展和人类的解放,复归几千年来被扭曲了的"人的类本质"即人的共同本质,建立起"自由人联合体",这就决定了在社会主义法律的本质中,社会性必然是具有目的意义的、总体上占主导地位并长期起作用的因素;而阶级性则是手段意义的、总体上占从属地位的、相对地说是在较短时期内起明显作用的因素。这样看来,在我国社会主义现阶段,当社会的主要矛盾已经从阶级斗争转变为广大人民群众日益增长的物质和文化需求与落后生产力之间的矛盾时,仍然坚持把阶级性作为法律本质中的第一位的甚至是唯一的因素,避而不谈法律的"以人为本"或"人的类本质"即其社会性,是不对的。当然,在剥削阶级残余势力尚存的情况下,完全抹杀法律的阶级性,也是不对的。

二、法律的特征

法律的本质是指法律这一社会现象的内在规定性,即法律本身所包含的区别于其他社会的种种属性和特征的总和。前面讲到,法律的阶级性和社会性的统一是法律最

---

① 《马克思恩格斯选集》第3卷,人民出版社1972年版,第219页。

本质的属性和最重要的特征,但它并不是法律全部和唯一的属性和特征。因此,要了解什么是法律,并把它与其他社会现象区别开来,还应进一步揭示法律的其他属性和特征。

(一)法律是调整人们行为的一种行为规范

行为规范即行为规则,是人们行为所应遵循的准则。这表明,行为规范所调整的亦即法律所调整的是人们的行为。法律正是通过对人们行为的调整来实现对社会关系的调整。

所有的行为规范都具有规范性。法律既然是一种行为规范,当然也具有规范性。它以明白、肯定的方式向人们宣布什么行为是可以做的,什么行为是必须做的,什么行为是禁止做的,以此来规范人们的行为,调整人们之间的相互关系即社会关系。不过,法律作为一种行为规范并不是为某个特定的人设定的。它向人们提供的行为模式具有一般性的特征,即在相同的条件下,一项法律规范可以对任何人反复适用。

法律所具有的规范性及其规范的一般性特征,使人们在实施某种行为之前就有可能测知自己的行为是否符合规范的要求以及这种行为将会给行为人带来何种后果。这就是法律的可预测性。正是由于法律具有这种属性,人们在社会生活中才会有意识地去做或不做一定的行为。

众所周知,法律是一种社会规范,但它又有别于诸如道德规范、礼仪规范、宗教规范、社会组织规范等其他所有的社会规范。法律是一种特殊的社会规范,有其自身的特殊性。

(二)法律是由国家制定或认可的规范

由国家制定和认可是法律规范成立的两种不同方式,也是法律区别于其他社会规范的主要特征之一。法律的制定,就是通常所说的立法。国家按照实际需要,通过有权的国家机关,依照法定的程序,创立具有不同形式和不同效力的法律规范。一般来说,一个国家的法律文化越发达,在它的法律体系中,经过制定的成文法律规范的比重就越大。法律的认可指国家对于社会上已经存在的某些规范加以确认,赋予它们以法律效力。在历史上,经国家认可的法律规范,除了习惯法以外,还有道德法、宗教法、引证法、判例法,等等。这些经认可而产生的法律规范,也是国家统一的法律体系的组成部分。它们与制定法的差别,仅仅在于形式不同,效力则一样。

同法律规范相比,其他的社会规范,包括某些反映统治阶级意志的规范在内,由于都不是经由国家制定或认可的,因而就不是法律。

(三)法律是以国家强制力保证实施的规范

实施法律是运用法律规范来调整社会关系和维护社会秩序,从而使法律所体现的统治阶级意志在社会生活中得到实现。对于统治阶级来说,法律制定得再好,如得不到实施,也只是一纸空文。从这个意义上说,实施法律比制定法律更为重要。但是法律是不会自然地、轻而易举地得到实施的。这是因为,首先,法律代表统治阶级的利益和意志,从总体上、根本上来说,统治阶级的利益和意志与被统治阶级的利益和意志是互相排斥和对立的,所以被统治阶级非但不愿意遵守它,而且还要想方设法对它进行抵制和破坏。其次,即使在统治阶级内部,也不免常常会有人为了一己的利益而置统治阶级的共同利益和意志于不顾,去干违反法律的事情。这些都表明,要保证法律真正得到实施,就要有一整套统一的、强大的暴力手段,它既能够迫使人们在日常生活中遵守法律,又能够对违反法律的人们进行有效的惩罚。这种暴力手段,正是国家机器本身。列宁说:"如果没有一个能够迫使人们遵守法权规范的机构,法权也就等于零。"①

任何社会规范都要有一定的强制力保证其实施,否则它就不会存在。例如,道德习俗的实施,依靠舆论和良心保证;宗教信条的实施,依靠"神的惩罚"和教会的保证;政党和社团的规章的实施,依靠各自的组织力量保证;等等。但是,唯有法律的实施,才依靠国家强制力的保证。

(四)法律是规定权利义务的规范

国家把有利于统治阶级的现实社会关系加以规范化,概括为人们必须遵守的一般准则即行为模式,这就是法律。它指示人们什么行为是可以做的,什么行为是必须做的,什么行为是禁止做的。一般来说,凡是规定人们可以做什么或者不做什么的,通常表现为法律上的权利;凡是规定人们必须做什么或者不得做什么的,通常表现为法律上的义务。法律上的权利和义务是经国家确认并受到国家强制力保障的。由于法律规定的权利和义务涉及每个公民,涉及十分具体的人与人之间的交往,因而权利和义务的实现,就能使现实的社会关系得到维护和巩固,使社会生活实现一定的秩序。

法律之外的其他各种社会规范,也规定有关的人们应当做什么或者不做什么、怎样做或者不怎样做。但是,它们都不受国家强制力的保障,因而都不具有法律的性质,所以都不是法律意义上的权利和义务。

(五)法律是对社会具有普遍约束力的规范

国家是全社会的正式代表,因而作为国家意志体现的法律的效力也必然遍及全社会,对其领土范围内的任何人都有约束力。

相反,一国之内,所有别的社会规范都不具有像法律这样普遍的约束力。例如,只要社会中还存在阶级的划分,各个阶级的道德规范就只对本阶级的人起作用。宗教规范只能约束它的信徒。政党、社团的规范则仅要求各自的成员遵守。

综合上面所谈的法律的种种属性和特征,可以明显地看到法律同国家之间的密切联系,并且也能够看到法律这种特殊的社会现象与其他社会现象的区别。

---

① 《列宁选集》第3卷,人民出版社1972年版,第256页。

三、法律的定义

根据对法律的本质和特征的分析,我们可以把法律定义为:法律是由国家制定或认可,体现由特定物质生活条件决定的统治阶级意志和社会共同生活的需要,以权利义务为其内容,并以国家强制力保证其实现的一种行为规范。

第四节　法律的价值

一、法律价值的概念及其特点

法律的价值是指法律的属性和功能,经过实践,同人的法律需求的某种适合或一致。

上述定义表明,法律价值的特点在于:第一,法律的属性和功能是法律价值形成的基础。如果法律本身不具有某种特定的、可以满足或适合人的需要的属性或功能,法律价值的形成便无从谈起。第二,人对法律的需要是法律价值形成的主体要素。没有人(主体)对法律的要求,法律就不会存在,更谈不上法律的价值了。第三,法律的属性和功能与人的需要的满足之间的桥梁是实践,唯有经过实践,法律的价值才可能体现和实现。

二、法律价值的基本分类

法律价值可分为法律的工具价值和法律的目的价值。这是依据法律价值的作用对法律价值所作的基本分类。

法律的工具价值是指人利用法律的功能与作用来实现一定目的的价值。因此,这种价值是中介性的、服务性的,如认识性的价值、衡量性的价值、保护性的价值、调整性的价值等。

法律的目的价值是指作为主体的人借助各种工具(包括法律工具),把实现一定的法律现象作为目的的价值。例如,中国历史上的变法运动把"以法治国"作为价值追求;当前我国把"依法治国,建设社会主义法治国家",克服传统的"人治"作为价值追求。在这种情况下,一定的法律或法律现象就成为人们的追求。法律的目的价值又称为法律的理想价值或法律的目标价值。在这里,法律本身不是工具,而是理想、目标。

三、法律与其价值之间最基本的对应范畴

法律与其价值之间相对应的范畴很多,其中最基本的当属法律与正义、法律与自由、法律与效益、法律与秩序。现分述如下:

(一)法律与正义

正义的基本含义是以由生产方式决定的、普遍承认的"善"为标准,对社会利益(财富、荣誉等)进行分配。按照正义这个标准,就应当对不同等的人进行不同等的分配,对同等的人进行同等的分配。所以,正义通常含有公平、公正、平等的意思。马克思说:"人们奋斗所争取的一切,都同他们的利益有关。"①这就决定了正义在法律及其价值之间的对应范畴中,具有第一位的重要性。

法律的正义又可以分为:①法律的分配正义,即按照法律确定的标准,对不同等的人进行不同等的利益分配。如我国现行法律确定的按照劳动及资金、土地、设备等其他生产要素进行收入分配。②法律的平均正义,即按照法律确定的标准,对同等的人进行同等的利益分配。如每个公民均享有人格尊严;市场里的等价交换等。③法律的矫正正义,即对破坏分配正义或平均正义的人要对他加以矫正,如处以刑罚、责令赔偿损害或恢复原状等,以便恢复正义。

(二)法律与自由

从哲学的角度说,自由是对客观世界(必然)的认识和改造。自由是人格和权利的标志。马克思指出,自由"是人所固有的东西"②,"没有一个人反对自由,如果有的话,最多也是反对别人的自由。可见各种自由向来是存在的,不过有时表现为特权,有时表现为普遍权利而已"③。需要说明的是,自由与"想做什么就做什么,想怎样做就怎样做"这种自由的滥用根本不同。滥用自由会招致客观规律的惩罚或法律的惩罚,恰恰是不自由的。在政治社会里,自由总要受到法律的制约,而成为法律范围内的自由。正如孟德斯鸠所指出的:"自由是做法律所许可的一切事情的权利。"④

(三)法律与效益

法律的效益价值是现代形成的一个新概念。自20世纪60年代经济分析法学问世以来,这个概念已获得法学界的普遍认同。效益指以最少的资源投入获得最大的收入。在当前世界和平和发展的大局势下,效益特别是经济效益的竞争甚为激烈。事实证明,在提高经济效益及各种社会效益的过程中,法律的意义至关重大。对于公民个

① 《马克思恩格斯全集》第1卷,人民出版社1956年版,第82页。
② 《马克思恩格斯全集》第1卷,人民出版社1956年版,第63页。
③ 《马克思恩格斯全集》第1卷,人民出版社1956年版,第63页。
④ 孟德斯鸠:《论法的精神》(上册),商务印书馆1961年版,第154页。

人来说,谁能够充分地利用法律的效益价值,谁便能够更多地得到自己利益和需要的满足。在实现法律效益价值的时候,必须注意的一个重要问题,就是同法律公平(正义)价值之间的平衡。这也是人类社会的一个永恒的课题。效益主要是发展生产力,包括人的能动性(自由),而公平主要是分配即生产关系领域的问题。在不同的国家或同一个国家的不同历史时期,效益和公平两者的位置是不一样的。例如,我国历史上长期流行"不患寡而患不均"的观念;新中国建立后流行的平均主义特别是"吃大锅饭"的做法,都把"公平"置于第一位,影响了经济的发展。当前,为适应社会主义市场经济的要求,中央提出"效益优先、兼顾公平"的方针,无疑是正确的。当然,公平与效益又是互相渗透的。无效益的公平只能是穷国的公平,不足以调动人们的劳动积极性;反过来,无公平的效益,必然导致贫富的两极分化,也不利于调动广大群众的积极性。只有到了生产力高度发达时,普遍的、真正的公平才有雄厚的物质基础,那就是我们向往的共产主义社会。

(四)法律与秩序

法律秩序是通过法律维系和实现的社会安全的状态。马克思指出:"安全是市民社会的最高社会概念,是警察的概念;按照这个概念,整个社会的存在都只为了保证它的每个成员的人身、权利和财产不受侵犯。"①有了法律秩序,社会的经济关系和日常生活才会顺畅地运转,才能保证法律的正义、自由、效益诸价值的实现。因此,秩序对于社会而言是最具整体性的,表现为外部现实的一种法律价值。法律和社会的有序状态有着不可分割的联系。在"文化大革命"中,宪法变成了废纸,因而"天下大乱"就不可避免了。正是鉴于这种教训,邓小平一再强调要保持国家"安定团结"的局面,进而提出"压倒一切的是需要稳定"②。只有这样,方能达到改革、开放和发展的目的。还要补充说明的是,法律秩序同客观规律不同,它是作为人工产品的法律所创造的,因而必然含有一定的相对性。法律秩序不仅会因法律类型的不同而产生本质差别,也会随着社会、国家情势的变迁及相应的法律本身的变迁而产生非本质的差别。

第五节　法律的要素、渊源和分类

一、法律的要素

法律的要素是指构成法律的基本元素或基本成分。

通常认为,法律由以下三要素构成:法律规范、法律原则和法律概念。

---

① 《马克思恩格斯全集》第1卷,人民出版社1956年版,第439页。
② 《邓小平文选》第3卷,人民出版社1993年版,第377页。

（一）法律规范

法律规范即法律规则,是每个单一的法定行为模式。

法律规范的基本意义在于把具有各类性质的行为和事件纳入自己的轨道,形成一定的法律关系即权利义务关系,并赋予法律关系的主体(当事人)的行为以一定的后果。法律规范是一国法律体系的细胞,它不能孤立地起作用,需要同整个体系相结合,才能发生作用。

1.法律规范的结构。

法律规范有其特定的结构。任何一个法律规范都由"适用条件""行为准则"和"法律后果"三个要素构成,缺少了其中任何一个要素,均不称其为法律规范。

适用条件,是指法律规范中规定适用该规范的条件(即在什么具体的时间、地点和对什么人才能够适用该规范)的那一部分。

行为准则(或称行为模式),是指法律规范中对人们的行为提出的具体要求(即规定人们行为的模式、标准)的那一部分。这是法律规范中的核心部分。

法律后果,是指法律规范中规定人们的行为符合或违反该规范时将会产生的某种可以预见的结局的那一部分。法律后果大体可分为两类:一类是肯定性的,另一类是否定性的。前者表现为国家依法对行为人的行为予以认可、保护、赞许或奖励;后者表现为国家依法对行为人的行为予以制裁或对行为的有效性予以否定。

不能把法律条文和法律规范等同起来。它们之间的关系是内容和形式的关系。法律条文是法律规范的文字表现形式。通常,一项法律条文并不一定要把一项法律规范的全部要素都表述出来。往往一项法律条文只表述一项法律规范中的一个或两个要素,而其余的要素则要在另一项法律条文甚至另一个法律文件中才能找到。

2.法律规范的分类。

法律规范数量巨大,内容广泛,有必要对它进行科学的分类,以利于正确理解规范的内容并准确适用。

法律规范可以按照不同的标准作不同的分类:

(1)按照法律规范本身的性质,法律规范可以分为禁止性规范、义务性规范和授权性规范。

禁止性规范,是指规定人们不得为某种行为的规范,刑法中大部分都是这类规范。

义务性规范,是指规定人们必须为一定行为的规范,如婚姻法中关于夫妻之间、父母子女之间义务的规定,均属义务性规范。

授权性规范,是指规定人们可以自行抉择为或不为某种行为的规范。

如果说禁止性规范和义务性规范都带有国家命令性质的话,那么,授权性规范则具有任意性质。例如,继承人是否行使继承权,可由他自己决定。所以,也可以把禁止性规范和义务性规范称为命令性规范,把授权性规范称为任意性规范。

(2)按照法律规范所包含的行为规则的确定程度,法律规范可以分为确定性规范、委任性规范和准用性规范。

确定性规范,是指直接明确地规定某一行为规则的内容而不依赖于别的规范来说明或补充的规范。这在法律规范中占绝大多数。它直截了当,便于了解和遵行。

委任性规范,是指没有直接规定规范的内容,只是指出某项规范将委任特定的国家机关或规范性文件加以规定的规范。如原《中外合资经营企业所得税法》第17条规定,该法的实施细则,由中华人民共和国财政部制定,就是一例。

准用性规范,是指没有直接规定行为规则的内容,而只规定在适用该规范时,准许援用它所指定的其他有关规范的规范。例如《中华人民共和国刑事诉讼法》第28条规定,书记员、翻译人员、鉴定人员的回避,也适用该法的第28、29、30条的规定,就属于准用性规范。

委任性规范和准用性规范都依靠别的规范来表达自己的具体内容。因为准用性规范所引用的那些规范是事先已经存在和确定的,所以也应当看作是确定性规范,只不过是没有把准用的具体内容在该项法律规范中直接表达出来而已。法律规范之所以兼采准用或委任等方式表述其内容,主要是为了避免文字冗长,有时也出于规范性文件的分工和类别的考虑。

(二)法律原则

法律原则是指在一定层次的法律体系中,对法律规范具有指导意义且比较稳定的法律原理和准则。

法律原则有如下特征:①法律原则是一定层次的法律体系(国家的统一法律体系、某个法律部门或某项法律制度如离婚制度、上诉制度等)的指导思想,并反映其基本价值目标。②法律原则比法律规范更具有抽象性和概括性,因而更为稳定,适用范围更广。③同法律规范一样,法律原则也是国家制定或认可,借助明晰的文字加以表述,或者虽然没有直接的文字表述,但可以从法律的规定中推断出来,或者是社会所公认的。

法律原则可以按照不同的标准作不同的分类:

(1)以所属的法律体系层次的级别为标准,法律原则法律原则分为基本原则和具体原则。例如,我国整个法律体系的原则是社会主义原则和民主原则,属于最高的法律原则;其次是各部门法律的原则;再次是具体法律制度的原则。由此可知,基本原则和具体原则的划分是相对的。

(2)以法律原则的渊源为标准,法律原则可分为公理性原则和政策性原则。公理性原则,是来自自然和社会生活中的、得到公认的原则。例如,近亲结婚是不应当的,交易中要讲诚实信用等。政策性原则是来自国家政策的原则。例如,我国实行的计划生育、照顾社会弱者群体等政策。政策性原则通常是公理性原则的体现;而政策性原则如果是合理的,也会逐渐地被社会认定为公理。

(3)以涉及的内容为标准,法律原则分为社会原则和专门法律原则。社会原则,是由客观社会生活中产生的经济、政治、文化方面的原则,并非或首先不是法律专有的原则。如四项基本原则,它首先是政治原则,继而才是法律原则。专门法律原则,是由法律本身的性质、特点和规律产生的原则。如刑法中的罪刑法定原则、民法中的过错责任原则、诉讼法中的审级原则等。在社会原则与专门法律原则之间,通常是目的与手段的关系,即前者为目的,后者为手段。

(三) 法律概念

法律概念是指对同法律相关的各种事实加以概括而抽象出其共同特征所形成的具有权威性的法律用语。

法律概念有如下的功能:①认知功能。法律概念帮助人们认知各种同法律相关的情况,了解哪些是同类的和哪些是不同类的。例如,自然人、法人、社会组织这几个法律概念都是归属法律关系主体这个大概念之下的同类概念。再具体些,如原告、被告都是民事诉讼的当事人;而原告人、被告人是刑事诉讼的当事人。②构成功能。法律概念是进行法律判断以及构建法律原则、法律规则的材料,正如我们平常用一般概念构建话语那样。③规范功能。在法律有缺漏的情况下,司法机关可以运用法律概念,从法律原则中引申出法律规则,对主体的行为加以规范。例如,美国法院把权利概念、继承概念同"主体不能从自己的过错中获利"原则联系起来,得出"继承人不得从被其谋杀的被继承人那里获得继承权利"的结论,以此来规范继承人的行为。

二、法律的渊源和分类

(一) 法律渊源的概念

同任何事物一样,法律有其内在的本质规定性,也有其外在的表现形式。在法学上通常把法律的表现形式称作法律的渊源。法律渊源作为一个专门的术语,就是指用以表现法律的各种具体形式。任何法律只有借助一定的形式表现出来,才能被人们所知晓和遵行,才具有法律上的效力。所以,法律渊源虽然属于形式方面的问题,却是一个不可忽略的重要问题。

如上所述,法律渊源与法律本质的关系是形式与内容的关系。内容决定形式,但这并不是说本质上相同的法律,其形式也必然相同。由于各国的具体条件不同,本质一致的法律,它们的形式却不尽相同。例如,我国的封建法律与欧洲的封建法律,在形式上就有显著的区别;而同是资产阶级类型的法律,法、德等国以成文法典为主要形式,英、美等国则大量采用习惯法和判例法的形式。另一方面,同一形式也可以为不同内容所利用。例如,社会主义法律和资产阶级法律本质上迥然不同,形式上却有不少相同之处。因此,在研究法律的形式问题时,既要看到它的多样性和复杂性,又要透过复杂多样的形式,认清法律的本质。

(二) 法律渊源的种类

综观古今中外,法律的渊源主要有下列诸种:

1. 制定法。

它是指国家的有权机关,通过法定程序,用成文的形式(条文)表达的规范性文件。现代大多数国家的法律都以制定法为其主要渊源。

2. 判例法。

它是指以特定的法院所作的典型的,或具有新意的判决中包含的原则作为判案依据的法律。判例法的历史很悠久,从中国古代直至中华民国时期都采用过判例法。在当代世界,只有普通法系国家(如英、美)以判例法为主要的法律渊源。不过,判例法与制定法的相互渗透已成为一种趋势。

3. 习惯法。

它是指由国家认可并赋予法律效力的习俗和惯例。前面已经讲过,习俗和惯例(简称为习惯)的最大特点在于它们是经过长期的酝酿而逐渐演变出来的。习惯法是最为古老的法律形式。这种法律可能存在于人们的日常生活中,采取无形的形态;也可以用文字记载下来,采取条文的形态。随着人类文明的发展,习惯法的地位不断地被制定法所替代。

4. 引证法。

又称法理法或者法理。它是指国家机关(主要是司法机关)引用某些经典或法学家的著作和言论作为处理事件或案件的法律根据。例如,中国汉朝以来的“春秋决狱”;古罗马帝国皇帝指定五大法学家的著作具有法律效力;近代的美国,其联邦法院和州法院不时引用英国布莱克斯通的《英国法释义》作出判决。

5. 宗教法。

它是指国家宣布或承认某些宗教典籍和教会规章具有法律效力。古代印度把婆罗门教的《摩奴法典》作为国家的基本法律。在西欧的中世纪时期,除基督教的《圣经》具有法律效力以外,教会法也是正式的法律渊源。至今许多伊斯兰国家仍然将《古兰经》作为法律对待。

6. 国际惯例和国际条约。

国际惯例和国际条约对于接受其约束和参与制定的国家来说是其国内法体系的组成部分。在当代,特别是在法律全球化的大背景下,国际条约作为国内法渊源的情况有增强的趋势。

(三) 法律的分类

根据不同的标准,可以对法律作不同的分类。

1. 成文法和不成文法。

这是根据法律的创制方式和表现形式所作的分类。

成文法是指有权制定法律的国家机关,依照法定程序所制定的具有条文形式的法律文件,即规范性文件。成文法因其是国家机关制定的,所以又称为制定法。

不成文法是指国家机关认可的、不具有条文形式的习惯。不成文法又称为习惯法。由于它不是经国家制定的,所以也称之为非制定法。有的法学著作把判例法也称为不成文法。

2. 根本法和普通法。

这是根据法的内容、效力和制定程序所作的分类。

根本法即宪法,它规定国家制度和社会制度的基本原则,具有最高的法律效力,是普通法立法的依据。因此,它的制定和修改通常需要经过比普通法更为严格的程序。

普通法泛指宪法以外的所有法律,它根据宪法确认的原则就某个方面或某些方面的问题作出具体规定,效力低于宪法。

3. 实体法和程序法。

这是根据法的内容所作的分类。

实体法是从实际内容上规定主体的权利和义务的法律。如民法、刑法等。

程序法是为了实体权利和义务的实现而制定的关于程序方面的法律。如刑事诉讼法、民事诉讼法等。

4. 一般法和特别法。

这是根据法律的空间效力、时间效力或对人的效力所作的分类。

凡是在一国领域内对全体居民和所有的社会组织普遍适用,而且在它被废除前始终有效的法律,就是一般法,如民法、刑法等。

凡是只在一国的特定地域内(如某个行政区域)或只对特定的主体(如公职人员、军人)或在特定的时期内(如战争时期)有效的法律,是特别法。

5. 国际法和国内法。

这是根据法律的主体、调整对象和渊源所作的分类。

国际法的主体主要是国家。它调整的对象主要是国家间的相互关系。它的渊源主要是国际条约和各国公认的国际惯例。它的实施则是以国家单独或集体的强制措施为保证的。

国内法的主体主要是该国的公民和社会组织。它调整的对象是一国内部的社会关系。它的渊源主要是制定国立法机关颁布的规范性文件。它的实施则是以该国的强制力作为保证的。

6. 公法和私法。

把法律划分成公法和私法,始于古罗马法学家。这种分类方法在资产阶级法学中得到广泛使用。但是,划分公法与私法的标准却众说纷纭,比较普遍的说法是以法律运用的目的作为划分公法和私法的依据,即凡是以保护公共利益为目的的法律为公法;凡是以保护私人利益为目的的法律为私法。西方国家通常把宪法、行政法、刑法、诉讼法等归于公法,而把民法、商法等归于私法。

需要说明的是,在当代,随着大量公法私法化和私法公法化现象的出现,在传统的公法和私法之外,又形成了与二者并存的"社会法"。如反垄断法、消费者权益保护法、劳动法等,就同时具有原来的公法和私法的属性。

7.法系。

法系是西方法学著作中一个常见的概念。但是,法系的含义究竟是什么,却没有一致的意见。一般认为,凡是在内容上和形式上具有某些共同特征,形成一种传统或派系的各国法律,就归属于同一个法系。所以,西方法学所谓的法系,主要是按照法律的特点和历史传统对各国法律进行分类的一种方法。它和我们通常所说的"法律体系"是不同的,前者并不是后者的简称。

西方法学家在法系的划分上也很不统一。西方法学著作在论述法系问题时,多举中华法系、印度法系、伊斯兰法系、英美法系和大陆法系等五大法系。这五大法系除大陆法系和英美法系外,其余的法系基本上已经成为法制史上的概念。

大陆法系是指欧洲大陆上源于罗马法,以1804年《法国民法典》为代表的各国法律,所以大陆法系又称罗马法系或民法法系。1896年,德国以《法国民法典》为蓝本制定了《德国民法典》,并为一些国家所仿效,所以大陆法系又称罗马—德意志法系。属于这个法系的除法、德两国法律外,还有奥地利、比利时、荷兰、意大利、瑞士、西班牙、明治维新后的日本以及亚、非、拉部分法语国家或地区的法律。旧中国法律受德、日等国法律的影响较大,因而也属大陆法系。

英美法系是指中世纪以来的英国法律和仿效英国法律传统的各国法律。由于英国法律是以中世纪英国"普通法"(相对"衡平法"而言)为基础发展起来的,因此也称为普通法。美国原为英国殖民地,独立后基本仿照英国法律,它的法律被认为是英美法系中与英国法并列的两个支系之一。属于这一法系的除英、美外,主要是曾经沦为英国殖民地的一些国家和地区,诸如印度、巴基斯坦、缅甸、马来西亚、新加坡、澳大利亚、新西兰等。

大陆法系和英美法系虽然在法律的渊源、法律部门的划分乃至诉讼的形式和法律术语等方面有着这样那样的差别,但本质上都是资产阶级法律体系。

第六节 法律与其他社会现象的关系

一、法律与社会经济基础

法律与社会经济基础的关系,是理论法学中的一个最根本的问题。不弄清这个问题,就无法把握法律的本质及其发展规律。

马克思指出:"人们在自己生活的社会生产中发生一定的、必然的、不以他们的意志为转移的关系,即同他们的物质生产力的一定发展阶段相适合的生产关系。这些生产关系的总和构成社会的经济结构,即有法律的和政治的上层建筑建立其上并有一定的社会意识形式与之相适应的现实基础。物质生活的生产方式制约着整个社会生活、政治生活和精神生活的过程。"①这是历史唯物主义关于经济基础与上层建筑相互关系的经典说明。经济基础指由一定发展水平的生产力所决定的生产资料所有制、人们在生产中的地位和产品分配三个方面经济关系的总和。上层建筑指由一定的经济基础决定的社会意识形态,以及与之相应的政治、法律等组织和制度的总和。法律属于社会上层建筑现象,是同经济基础密不可分的。它们的相互关系是:经济基础决定法律,法律又反作用于经济基础。

(一)经济基础决定法律

在阶级社会中,经济关系是通过阶级关系表现的。在经济上占统治地位的阶级,是现实经济关系即经济基础的代表者。对它们来说,维护这种经济基础是生存的根本。因此,作为它们意志集中体现的法律,必然以这种经济基础的要求为转移。否则,法律就成为没有本源和没有意义的东西了。恩格斯曾以著名的法国《拿破仑民法典》为例,说"产生于18世纪并在19世纪继续发展的资产阶级社会,只是在这本法典中找到了它的法律的表现。这一法典一旦不再适应社会关系,它就会变成一叠不值钱的废纸"②。法律的本质和特征都由经济基础所决定,并反映经济基础的要求。

随着生产力的发展,社会经济基础不断地从低级向高级形态发展。相应地,作为上层建筑组成部分的法律也跟着变化。历史上经历的奴隶制法律、封建制法律、资产阶级法律和社会主义法律这样几种不同类型的法律就是经济基础发展的产物。在未来,当人类社会形成共产主义经济基础的时候,法律便会因彻底失去其阶级的性质而被新的社会规范所取代。

应当指出,法律由经济基础所决定,并不意味着经济基础是唯一决定的因素。除经济外,政治制度、伦理、宗教、文化传统等因素都对法律产生不同程度的影响。正因为如此,处于同一经济基础和相同生产力发展水平之上的不同国家,法律往往千差万别。当然,这种交互作用都是在经济因素最终起决定作用的情况下发生的。

(二)法律反作用于经济基础

统治阶级根据经济基础的要求建立法律,目的在于为这一经济基础服务,积极地维护、巩固和发展它,使它不受侵犯。法律对经济基础的能动的反作用的力量是很强大的。

生产力是社会发展的最活跃、最革命的因素。法律对生产力的影响,要通过生产关系即经济基础来实现。如果法律所保护的生产关系在当时是符合生产力发展的要求的,那么,这种法律就对社会发展起着推动的作用,因而具有进步性。反之,如果法律所保护的生产关系不符合生产力发展的要求,那么,这种法律就会对社会发展起阻碍的作用,因而具有保守性或反动性。一般的规律是:剥削阶级在确立自己统治的初

---

① 《马克思恩格斯选集》第2卷,人民出版社1972年版,第82页。
② 《马克思恩格斯选集》第6卷,人民出版社1961年版,第292页。

期,它所代表的生产关系富有朝气,它的法律能够为生产力的发展开辟道路,因而是进步的。可是,随着生产的不断发展,这种生产关系就会逐渐地束缚生产力的发展,最终成为生产力发展的桎梏。在这种情况下,维护这种性质的经济基础的法律,就是反动的了。正如恩格斯所说的,"它照例总是在经济发展的压力下陷于崩溃"①。

法律对于经济基础的反作用是法律自身相对独立性的重要表现。这种相对独立性很容易给人们造成错觉,似乎不是经济基础决定法律,倒是法律支配经济基础。历史唯心主义的法律观常常是由此而来的。

二、法律和政治

政治是极为重要的社会现象之一。它的含义十分广泛,可以从多个角度上理解。但是,不论从哪个角度上说,它都和法律紧密相关。

应当首先强调,"政治是经济的集中表现"②。就是说,政治和法律一样,都是社会上层建筑的组成部分。不过,与法律有所不同的是,政治涉及的范围要广泛得多,阶级、政党、国家乃至法律都属于政治现象。正是因为如此,政治能更全面、更集中地反映社会经济关系以及各个不同的社会集团的经济利益。在一国之中,法律体系是单一的,而政治力量却是多种多样的(革命的、不革命的、反革命的等)。法律直接反映统治阶级政治的要求,为统治阶级政治服务,反对被统治阶级的政治。

从其内容上说,"政治就是各阶级之间的斗争"③。社会中的各种阶级关系,不论是敌对的阶级关系、同盟的阶级关系还是各阶级的内部关系,无不属于政治关系。法律是统治阶级进行政治斗争,即向被统治阶级进行阶级斗争和阶级专政的有力手段之一。因此,法律与统治阶级的政治在本质上是完全一致的。

阶级斗争的焦点是国家政权问题。所以,列宁又进一步指出,政治就是参与国事,指导国家,确立国家活动的方式、任务和内容。既然政治指导国家的活动,而法律又是国家的意志,那么,法律必然以政治为指导,沿着政治的方向来发挥自己的作用。统治阶级的政治如何实现对法律的指导呢?主要是依靠统治阶级核心政治集团(近代以来一般的为执政党)的政策。正是在这个意义上,列宁才说"法律是一种政治措施,是一种政策"④。就总体而言,法律与统治阶级政策相互关系的基本点有两个方面,即政策是法律的指导,法律是政策的定型化、具体化、条文化。不过,法律又不等同于政策,二者是有区别的。

---

① 《马克思恩格斯选集》第3卷,人民出版社1972年版,第222页。
② 《列宁选集》第4卷,人民出版社1972年版,第441页。
③ 《列宁选集》第4卷,人民出版社1972年版,第37页。
④ 《列宁全集》第28卷,人民出版社1990年版,第140页。

三、法律和道德

道德是人们关于善与恶、正义与非正义、公正与不公正、光荣与耻辱的观念和行为规范的总和。它是依靠社会舆论和人们内心信念来维持的。

道德属于社会上层建筑。在阶级社会中,道德具有鲜明的阶级性。每个阶级都有自己的道德。在一定的社会中,占据统治地位的道德只能是统治阶级的道德。当然,这并不排斥由"人的类本质"而产生的共同道德观念。

由于法律和统治阶级道德之间在根本的社会阶级属性方面的一致性,决定了二者必然是互相配合、互相补充和互相渗透的。一方面,法律积极保护统治阶级道德,在必要时把某些道德规范提升为法律规范加以推行。另一方面,统治阶级道德又积极地替法律辩护,影响社会舆论,要求人们遵守法律。其实,法律的每一项规定都渗透着统治阶级的道德观念。因此,在人们中间大力灌输统治阶级的道德观念,对于维护法制将产生重要的作用。

尽管如此,法律和道德毕竟是两种不同的社会现象。它们的区别主要在于:①存在的时间不同。法律只是阶级社会中的现象;而道德则与人类社会相伴始终。②调整的范围不同。道德调整的范围比法律宽泛得多。凡法律所禁止的行为,必然同时是统治阶级道德或社会共同道德所谴责的;但道德谴责的行为,却不都是法律所明文禁止的。③实施方法不同。法律借助国家强制力保证其实施;道德的实施依靠社会舆论和人们的内心信念。④表现形式不同。法律一般以国家机关的规范性文件形式来表现;而道德则存在于人们的观念和风俗习惯之中,一般没有固定的形式。⑤在一国之中,法律体系只有一个,即一元的;而道德体系则是多元的,除社会共同道德之外,每个阶级均有自己的道德体系。

第二章 我国社会主义法律

第一节 我国社会主义法律的产生

一、社会主义法律产生的历史必然性

在人类的历史上,社会主义法律的产生具有历史的必然性。

(一)创立社会主义法律是社会主义经济的需要

社会主义经济制度以生产资料的社会主义公有制为基础,同一切剥削阶级社会的经济制度有着质的不同。社会主义经济制度不可能在旧社会的母胎中孕育成长,而只能依靠无产阶级率领广大人民通过革命从"空地上"能动地创建出来。在这个过程中,社会主义的国家和法律是基本的手段。社会主义法律通过剥夺剥夺者和改造小生产者,建立社会主义公有制经济;借助对劳动组织的改造,建立新型的人与人之间的关系;贯彻以"各尽所能、按劳分配"为主体的分配原则,对社会劳动和产品实行统计和监督。列宁说过:"如果不愿陷入空想主义,那就不能认为,在推翻资本主义之后,人们立即就能学会不需要任何法权规范而为社会劳动,况且资本主义的废除不能立即为这种变更创造经济前提。"①

社会主义战胜资本主义以及一切旧制度,归根结底在于能够创造比资本主义更高的劳动生产率。创建社会主义法律,维护社会主义经济制度,正是为了发展生产力,推动物质文明建设,增强综合国力,满足人民不断增长的物质和文化生活的需要。

(二)创立社会主义法律是社会主义国家政权的需要

无产阶级在革命取得胜利,建立自己的政权后,人民成了国家的主人。这时,就必然产生如何巩固政权和发展社会主义民主的问题。正是在这两个方面,社会主义法律将发挥极其重要的作用。这不仅表现为社会各阶级在国家中的地位需要社会主义法律来确认,而且国家的各项制度以及国家机关的组成和活动都有赖于社会主义法律作出明确的规定。可见,只有借助法律,才能使整个国家机器按照无产阶级和广大人民的统一意志协调一致地运转,从而使社会主义的国家制度得以巩固,使社会主义民主获得广泛的发展,从而不断地推进社会主义政治文明。

---

① 《列宁选集》第 3 卷,人民出版社 1972 年版,第 252 页。

（三）创立社会主义法律是社会主义意识形态的需要

剥削阶级的统治被推翻后,其腐朽的意识形态并不会立即消失,还会长时期地发生作用,毒害人们的灵魂。这也同样需要借助社会主义法律的力量,积极地来抵制和清除旧意识形态的影响,确立以马克思主义为指导的社会主义意识形态在社会中的统治地位,传播社会主义思想,倡导社会主义道德,宣传社会主义法律意识,促进社会主义精神文明建设,使社会的精神面貌迅速改观。没有这种强大的社会主义意识形态作保障,社会主义的经济制度和政治制度就不会巩固,更不可能发展。

二、社会主义法律产生的一般规律

旧的国家和法律都是少数人压迫大多数人的工具,所以,当一个剥削阶级取代另一个剥削阶级的政权后,完全可以把现成的旧国家和旧法律当成战利品,原封不动或稍加改造后就运用它们来为自己的统治服务。相反,对于无产阶级革命来说,旧国家和旧法律是压迫人民的主要工具,其性质与人民水火不相容。因此,无产阶级革命不能继承现成的旧国家机器和旧法律体系,更不能幻想将这些压迫自己的工具当作解放自己的工具来使用,而必须打碎它、废除它。这是马克思主义的一项重要原理。马克思早已论证过不能使旧法律为新社会发展的基础。"旧法律是从这些旧社会关系中产生出来的,它们也必然同旧社会关系一起消亡。它们不可避免地要随着生活条件的变化而变化。"①列宁在俄国 1905 年革命时代也曾指出,人民的革命运动"要废除旧法律,摧毁压迫人民的机关,夺取政权,创立新法制"②。一百多年来,无产阶级革命和专政的实践经验一再证明这一原理的正确性。1949 年中华人民共和国诞生前夕,毛泽东代表中国共产党庄严宣告,必须废除国民党反动的伪宪法和伪法统;同年,中共中央专门发布了《关于废除国民党的六法全书与确定解放区的司法原则的指示》。起着新中国临时宪法作用的《中国人民政治协商会议共同纲领》规定:"废除国民党反动政府一切压迫人民的法律、法令,建立人民司法制度。"简言之,无产阶级革命必须在打碎旧国家机器的同时,彻底废除旧法律体系,并在此基础上,通过无产阶级专政的国家,建立新的社会主义法律体系。

社会主义国家彻底废除旧法律,绝不意味着否认法律文化的继承性。法律是文明社会的产物,同时也是人类文化的一部分。法律文化作为整体来理解,它不是哪个阶级独立的创造物,而是长期积累起来的人类智慧的结晶。尽管法律具有阶级性,但这不能成为否定批判地继承法律文化遗产的根据。列宁说:"无产阶级文化应当是人类在资本主义社会、地主社会和官僚社会压迫下创造出来的全部知识合乎规律的发展。"

---

① 《马克思恩格斯全集》第 6 卷,人民出版社 1961 年版,第 292 页。
② 《列宁全集》第 12 卷,人民出版社 1987 年版,第 317 页。

"只有确切地了解人类全部发展过程所创造的文化,只有对这种文化加以改造,才能建设无产阶级的文化……"①毛泽东也说过:"我们是马克思主义的历史主义者,我们不应当割断历史。从孔夫子到孙中山,我们应当给以总结,继承这一份珍贵的遗产。"②1992年初,邓小平在视察南方的谈话中再次强调,社会主义要赢得与资本主义相比较的优势,就必须大胆地吸收和借鉴人类社会创造的一切文明成果。那么,社会主义法律要从剥削阶级的法律文化遗产中继承一些什么呢?民主性、进步性、科学性、技术性、知识性的,一言以蔽之,一切合理的成分,都可以继承。例如,中国古代思想家们提出的"刑无等级""法不阿贵"的主张;特别是资产阶级有关民主和法制的某些理论、原则和制度,执行法律的公共职能和维护公共秩序的某些规范,管理生产及科学技术的某些规定,法律的某些概念、用语、形式及纯属法学方法方面的知识,都可以借鉴、继承。当然,这种借鉴和继承,必须是有批判的,而不能盲目地全盘照搬。完全脱离旧有的法律文化,就不可能建立社会主义新法律。

社会主义法律的产生,还必须有广大人民群众的直接参与。这不仅是因为人民群众是创建社会主义国家和法律的力量,还因为社会主义法律是人民实践经验的总结,以人民的智慧和创造性为源泉。

三、我国社会主义法律产生的特点

由于各国历史条件的不同,社会主义革命在创立新法律的过程中必然会呈现出各自的特点。我国革命是分两个阶段进行的,即新民主主义革命阶段和社会主义革命阶段。在新民主主义革命阶段,我国革命的具体道路是由农村到城市,分块分片地夺取政权,最后才取得全国性的胜利。

新中国建立前,在革命根据地和解放区内所建立的政权,担负着反帝、反封建和反官僚资本主义的任务,因而是新民主主义性质的。作为这个政权的重要工具的法律,其性质当然也是新民主主义的。随着人民革命的节节胜利,新民主主义的法律在我国的土地上一块块、一片片地取代了国民党的旧法律。到1949年中华人民共和国宣告成立,终于在全国范围内彻底废除了国民党的旧法律,一个新的全国统一的法律体系开始形成。

从新中国建立起,我国进入由新民主主义向社会主义转变的过渡时期。这个时期的法律,虽然不是完全社会主义性质的,但就其类型来说,则只能是社会主义的。1956年生产资料所有制的社会主义改造基本完成,我国进入社会主义社会,我国法律的性质也随之发生变化,成为完全社会主义性质的法律。经过半个多世纪的法制建设,我

---

① 《列宁选集》第4卷,人民出版社1972年版,第348页。
② 《毛泽东选集》第2卷,人民出版社1991年版,第534页。

国社会主义法律体系已初步形成。

从我国社会主义法律体系形成的过程，可以清楚地看到，我国社会主义法律体系产生的特点是：它是在彻底废除国民党旧法律的基础上，由新民主主义法律转变来的，是新民主主义法律的继承和发展。

第二节　我国社会主义法律的本质

一、我国社会主义法律的本质和主要特点

我国是人民民主专政的社会主义国家。人民民主专政实质上就是无产阶级专政。在这个政权中，工人阶级居于领导地位，因此，我国社会主义法律必然首先反映工人阶级的意志。工人阶级的物质生活条件决定它的阶级意志的最主要的内容是要消灭剥削，消灭阶级，建设社会主义，进而过渡到共产主义。这一内容反映了人类社会发展的客观规律，集中体现了工人阶级的根本利益。

人民民主专政的基础是工人阶级和农民阶级的联盟。农民和其他劳动人民都是社会主义国家的主人。消灭剥削制度，建设社会主义，也是他们的根本利益所在。这就是说，工人阶级和广大劳动人民在根本利益上是一致的。所以，社会主义法律在体现工人阶级的意志的同时，也体现了广大劳动人民的意愿和要求。

我国在完成了生产资料所有制的社会主义改造以后，社会阶级结构发生了深刻变化，剥削阶级作为阶级已经被消灭。近年来，随着改革开放的深入，我国的社会阶层也发生了新变化，出现了中国特色社会主义事业的建设者。如今，人民这个概念不仅包括工人、农民、知识分子等全体社会主义劳动者，也包括一切社会主义事业的建设者、拥护社会主义的爱国者和拥护祖国统一的爱国者。这就是说，我国社会主义法律不仅体现全体社会主义劳动者、社会主义事业建设者和拥护社会主义的爱国者的意志，而且也反映了拥护祖国统一的爱国者要求祖国统一的愿望。

可见，我国社会主义法律是工人阶级和广大人民意志的表现。但是，如果没有工人阶级的先锋队共产党的领导，没有共产党在人民群众中所进行的长期艰巨而且细致的思想政治工作，包括农民在内的广大人民是不可能真正认识到自己的根本利益的。即使是工人阶级，也只有在自己的先锋队的领导下，用社会主义思想武装起来，才能形成统一的有组织的力量，并使自己的意志正确反映社会发展的客观要求。因此，共产党的领导对于工人阶级和广大人民共同意志的形成，具有决定性的意义。

总之，我国社会主义法律既有鲜明的阶级性，又有广泛的人民性，是阶级性和人民性的统一。这种统一的基础是工人阶级和广大人民根本利益的一致，统一的保证是共产党的领导。

如果说阶级性和人民性的统一是我国社会主义法律的一个重要特点的话，那么，

国家强制性和人民自觉遵守法律相统一,则是我国社会主义法律的另一个重要特点。众所周知,法律是由国家强制力保证其实施的。由于国家的阶级本质不同,法律的国家强制性在性质上迥然有别。一切剥削阶级国家都是少数剥削者对广大劳动人民的专政,因此,剥削阶级法律的强制,实际上是少数剥削者对广大被剥削劳动群众的强制,它的锋芒始终是指向广大劳动人民的。我国是人民民主专政的国家,在人民内部实行民主,对敌人实行专政。因此,社会主义法律强制的锋芒是针对极少数敌视和破坏社会主义的敌对分子以及严重危害社会治安的刑事犯罪分子的。这种强制实质上是对人民的敌人的专政,强制的目的在于维护有利于人民的社会关系和社会秩序,确保社会主义制度。当然,这并不是说人民中就不会出现违法犯罪现象,也不是说社会主义法律对于人民就不具有强制性。人民中也会出现违法犯罪分子,他们的违法犯罪行为也要受到法律的制裁。不过这种强制同对敌人的专政在性质上是不同的。它和说服教育相辅相成,是说服教育的一种辅助手段。它所体现的不是人民对敌人的专政关系,而是人民内部民主与集中、自由与纪律的辩证关系。它有利于教育人民自觉遵守法律,正确处理个人利益与集体利益、目前利益与根本利益之间的关系。所以,社会主义法律的实施,虽然也以国家强制力为保证,但更重要的是依靠人民群众的自觉遵守。这种国家强制性和人民自觉遵守法律相统一,也正是我国社会主义法律区别于剥削阶级法律的另一重要特点。

二、我国社会主义法律和共产党的政策

共产党的政策是党组织为了完成一定历史时期的任务而制定的活动准则。它和法律都承担着建设与实现社会主义的历史任务,因而二者有着密切的联系。

党的政策与社会主义法律的关系,说到底就是工人阶级的先锋队与全体人民的关系、党与国家的关系(党政关系)。党的政策与社会主义法律的关系问题,可以从以下几个方面来说明:

(一)党的政策指导社会主义法律的制定和实施

党是国家的领导者。这种领导主要是政策的领导,即政治的领导、重大决策的领导。党的政策本身是以马克思主义为指导,根据社会发展的客观规律,适应国家革命和建设形势的需要,在总结人民群众实践经验的基础上提出和制定的,它集中反映了人民的利益和意志。因此,党的政策就成为国家一切活动的出发点和归宿点。这就是说,党的政策决定法律的性质、任务、内容和方向。社会主义法律正是根据党的政策制定的,是党的政策的定型化、条文化、具体化。如同江泽民在庆祝中国共产党成立七十周年大会上的讲话所说的那样,党的路线、方针、政策是体现人民利益的,应该通过法定程序和法律形式,把党的主张变为国家意志。社会主义法律要是离开党的政策的指导就会走偏方向。不了解党的政策的精神实质,就不可能正确地理解和适用法律。

（二）社会主义法律是实现党的政策的重要手段

社会主义法律在贯彻党的政策中，起着特殊的、不可取代的作用。

①由于法律是党的政策的定型化、条文化，明确、具体地规定了人们的权利和义务，告诉人们应该做什么，不应该做什么，可以做什么，不可以做什么，这就便于人民群众和国家机关工作人员了解、遵守和执行党的政策。②由于法律是一种国家意志，具有普遍的约束力，党的政策体现为法律后，就具有国家意志的属性，成为各种组织和全体公民必须遵守的行为准则。③由于法律具有国家强制力的属性，这就使党的政策的实施不仅可以得到党的纪律的保证，而且还得到了国家强制力的保证。所以，法律对贯彻党的政策具有十分重要的意义，是实现党的政策的最有效手段之一。

（三）党的政策不能代替社会主义法律

党和国家政权在性质、职能、组织形式和工作方式诸方面都是不同的，因此党的政策和国家的法律也必然有所不同。当我们强调党的政策对社会主义法律的指导作用时，丝毫不意味着政策就等于法律。二者的区别如下：①党的政策是工人阶级先锋队意志的体现；法律是国家意志即全体人民群众意志的体现。党的政策要成为法律，还需要经过将先锋队意志转化为国家意志的过程。②党的政策由党组织提出和制定；法律则由国家制定或认可。③党的政策更多地带有一般的号召性和原则的指导性；而法律的规定则比较明确、具体和详尽。④党的政策不具有国家的强制性。党不能代替国家直接向人民发号施令，不能强制人民遵守它的政策；而法律则对一切公民都具有国家强制性。⑤党的政策的内容极为广泛，不是所有党的政策都有必要通过国家制定为法律。例如，一些纯粹是为了解决党内问题的政策，就无需制定为法律。至于党的哪些政策要制定为相应的法律，以及制定成为怎样的法律，则应根据客观形势和实际的需要，以及广大群众的觉悟程度来确定。可见，党的政策和社会主义法律是两种既有联系又有区别的社会现象，既不能把二者对立起来，也不能把二者混为一谈。以党的政策代替国家的法律，就必然导致以党代政。这既不利于加强党的领导，也不利于在新时期发挥法律在国家建设和改革中的作用，对于这种倾向必须予以纠正。

特别需要强调的是，我国法律在建设中国特色社会主义的过程中，最重要的问题是切实有效地贯彻实施党的总政策即基本路线。邓小平指出，要坚持十一届三中全会以来的路线、方针、政策，关键是坚持"一个中心、两个基本点"。基本路线要管一百年，动摇不得。改革开放以来，我们立的章程并不少，而且是全方位的。经济、政治、科技、教育、文化、军事、外交等各个方面都有明确的方针和政策，而且有准确的表述语言①。这种情况非常有利于把政策法律化。反过来说，这些政策，尤其是基本路线，只有法律化了，才能保证其长期稳定和真正实现。

---

① 参见《邓小平文选》第3卷，人民出版社1993年版，第370—371页。

三、我国社会主义法律和社会主义道德

社会主义法律和社会主义道德都是社会主义经济基础的上层建筑。它们都以马克思主义为指导,体现工人阶级和广大人民群众的利益和意志,而且都担负着消灭阶级、消灭剥削,实现社会主义和共产主义的历史使命,所以二者的基本内容、阶级本质和根本任务是一致的。

由于社会主义法律和社会主义道德之间的一致性,它们必然互相作用、互相影响并互为补充。社会主义道德常常渗透到社会主义法律意识之中,对法律的制定、适用和遵守产生重大的影响。社会主义法律则源源不断地从社会主义道德那里汲取内容,使之上升为法律规范;反过来,又借助法律规范来维护和传播社会主义道德。加强社会主义道德教育和加强社会主义法制教育是相互促进、相辅相成的。

但是,由于社会主义法律和社会主义道德在调整的范围和实施手段等方面有很大的区别,因此二者又不能互相代替。在社会主义社会中,社会主义道德固然是必需的,但光靠道德不行,还必须有法律来同一切违法犯罪现象作斗争。当然,如果只看到法律的作用,忽视社会主义道德的作用,以为运用法律手段就可以解决一切问题,同样也是错误的。必须正确地运用社会主义法律和社会主义道德这两类规范,把"依法治国"和"以德治国"很好地结合起来。

此外,在实践中还应划清违法行为和违反道德行为之间的界限。凡是违反社会主义法律的行为,它一般地也违反社会主义道德,因而这种行为既要受到法律的制裁,也会受到社会舆论的谴责。但是,并非所有违反社会主义道德的行为都是违法的行为,都要追究法律责任。如果混淆了二者的界限,把应追究法律责任的行为仅仅视为违反了道德规范而不予追究,或者把仅仅违反道德规范的行为视为违法行为,进而追究法律责任,都会使社会主义法制遭到破坏。

四、社会主义法律与客观规律

规律,或称法则,是事物发展过程中的本质联系和必然趋势。它规定事物发展的基本过程和方向,具有普遍性和重复性的特点。规律是客观的,是事物本身所固有的,人们既不能创造它,也不能任意加以改变或消灭。但是,人们可以认识它并利用它来改造自然、改造社会。

法律与客观规律不同。法律是由国家根据统治阶级的意志创制的,是人们意识的产物。法律要在社会生活中发挥作用,就必须使它的内容符合客观规律的要求。马克思说过:"法律只是在自由的无意识的自然规律变成有意识的国家法律时才起真正法

律的作用。"①因此,任何一种法律在社会生活中究竟能发挥多大的作用,最终取决于它在何种程度上反映了客观规律的要求。

当剥削阶级处在上升阶段时,由于它们的利益在一定程度上反映了社会发展规律的客观要求,因此体现它们意志的法律能够起到促进社会发展的作用,尽管对于剥削阶级来说,这并不是自觉的。但是当剥削阶级走向腐朽、没落阶段时,它们的法律就成了它们用来抵制客观规律的工具。剥削阶级凭借手中的国家权力,虽然可以延缓社会的发展于一时,但最终仍无法逃避彻底覆灭的命运。这是社会按其自身规律发展的必然结果。

社会主义法律是工人阶级和广大人民意志的体现。工人阶级和广大人民的根本利益同社会发展客观规律的要求是一致的,这就为工人阶级和广大人民自觉地认识和利用客观规律,为社会主义法律充分反映客观规律的要求,提供了可能。实践证明,在社会主义制度下,人们不仅可以把属于主观意志范畴的法律和客观规律的要求一致起来,而且应该自觉地运用法律手段,为某些规律实现自己的要求开辟广阔的场所,或限制其作用的程度和范围。

但是,即使在社会主义制度下,人们对客观规律的认识也不可能始终是正确的。由于受到主观和客观种种条件的限制,人们的认识同客观规律的要求不相一致的情况是时有发生的。因此,社会主义法律在制定时,就必须以马克思主义为指导,充分发扬民主,加强调查研究,并在实施的过程中,不断总结经验,结合实际情况,适时进行修改和补充。只有这样,才能使社会主义法律尽可能地反映客观规律的要求,成为改造社会、造福人民的有力工具。

第三节　我国社会主义法律的制定

一、社会主义法律制定的概念

社会主义法律的制定或称社会主义立法,是指社会主义国家机关依照法律规定的权限和程序,制定、修改和废止法律的活动。

（一）社会主义法律的制定是社会主义国家特有的活动之一

我们说只有国家才能进行法律制定的活动,这并不意味着所有国家机关都拥有这方面的权限,也不意味着有权制定法律的国家机关的权限范围都一样。根据我国宪法的规定,只有全国人民代表大会及其常委会才拥有国家立法权,其他一切社会组织和个人都没有这种权力。但这并不是说,我国除了法律之外,不存在其他形式的具有法

---

① 《马克思恩格斯全集》第 1 卷,人民出版社 1956 年版,第 72 页。

律效力的规范性文件,也不是说我国所有具有法律效力的规范性文件由全国人大和它的常委会来制定。

(二)社会主义法律的制定要遵照一定的程序

这种程序由法律明文规定,任何违反法定程序而制定出来的法律,其本身就是非法的,当然就是无效的。强调法律制定程序,是保证法律规范的正确性、合法性和权威性所必需的,也是坚持民主集中制原则和社会主义法治的表现。

(三)社会主义法律的制定不仅包括创制新法律,也包括修改和废止过时的法律

修改和废止过时的法律,是法律的制定这一概念的题中应有之义,同创制新法律具有同等的意义。根据宪法和法律的规定,有关国家机关进行法律的创制、修改、废止这三个方面的活动的权限和程序,也往往是一致的。

(四)社会主义法律的制定,其实质是把人民的意志上升为国家意志的过程

社会主义国家是人民利益和意志的代表者,人民通过国家创制、修改和废止法律,目的是使自己的意志和利益上升为法律,取得明确的、肯定的和系统的形式,以保证其实现。所以,社会主义法律的制定,生动地体现了人民在国家中的主人翁地位。

二、我国社会主义法律制定的基本原则

在《中华人民共和国立法法》总则中直接规定的立法基本原则有如下五项:

(一)遵循宪法的原则

《中华人民共和国宪法》是我国的根本法,是其他一切立法的最终法律根据。因而,遵守宪法的基本原则就成为一条最高的立法原则。

宪法的基本原则是以经济建设为中心,坚持四项基本原则、坚持改革开放,即党和国家在社会主义初级阶段奉行的"一个中心,两个基本点"的基本路线。1982年宪法已体现了基本路线的精神。中共十四大、十五大、十六大对基本路线的内涵进行了充实和发展,相应地对宪法做了四次修改。我国的立法坚定地以基本路线为根据,才不至于偏离正确的大方向,从而才能引导全国人民建设富强、文明和民主的社会主义国家。

(二)维护社会主义法制的统一和尊严的原则

宪法第5条规定:"国家维护社会主义法制的统一和尊严。"法制的统一是社会主义民主集中制和法律权威的体现,是法治的前提条件和保证。特别是像我们这样一个疆域辽阔、人口众多的大国,如果法制不统一,各级立法机关各行其是,势必造成国家宪法和法律的破坏,法律的尊严也就荡然无存。具体地说,维护法制统一和尊严的重要意义在于:在政治上,它关系到党和国家的路线方针政策能否得到贯彻的大问题。在经济上,它关系到能否适应社会主义市场经济对法治的需要,能否形成统一、开放、

有序的市场和公平的大问题。

维护法制的统一和尊严,要求在制定法律、行政法规、部门规章、地方性法规和规章时,从国家整体利益出发,从全体人民的全局利益出发,防止和杜绝任何狭隘的部门主义和地方主义偏向。

(三)保障人民通过各种途径参与立法活动的原则

这项基本原则的精神在于如何在立法过程中发扬社会主义民主。人民是社会主义国家的主权者,法律是人民意志的体现,是广大群众自己治理自己国家的规准。他们对国家需要制定什么法律以及为什么要制定这些法律有切身的体验,因而最有发言权。参与制定法律的人民代表和国家机关,都是人民的受托者。他们的立法活动如果脱离人民群众,就不可能制定出真正体现人民意志和利益以及符合社会实际情况的法律,从而便不能期望这些法律得到群众的拥护和切实的实施。

人民群众通过各种途径参与立法活动,其实质是充分发扬社会主义立法民主。包括由群众提出立法建议,立法机关征询群众对立法活动的意见,群众对法律案的各种形式的讨论,必要时进行全民公决,等等。

(四)科学和合理地规范社会关系的原则

《立法法》第6条规定,"立法应当从实际出发,科学合理地规定公民、法人和其他组织的权利和义务、国家机关的权力与责任。"这个规定的核心问题是如何提高立法的质量。

立法从实际出发是指立法者要从我国现实的社会主义建设和社会关系变动的客观需要出发,确定制定什么样的法律和法律规范,避免闭门造车。所谓立法的科学性,就是它符合客观社会发展的规律和需要。

社会主体间的权利和义务和国家机关的权力与责任,乃是法律规范和法律关系的主要内容。它们属于社会利益分配即正义问题。合理的利益分配就符合正义,不合理的利益分配就不符合正义。

科学性与合理性的统一,符合客观情况或规律与符合正义的统一,就是理想的立法。

(五)依照法定的权限和程序立法的原则

立法中的法定权限,指宪法和立法法赋予不同国家机关制定法律的权力范围。超越法定权限制定的法律是违法的,因而也是无效的。

法定的立法程序也很重要。立法程序是立法精神的生命形式,越是民主的国家就越强调立法的程序。因为没有严格的程序,就会导致立法质量的低劣、法律体系的混乱乃至对公民权益的损害。

我国社会主义法律制定的原则除上述《立法法》直接规定的立法的基本原则外,还可以总结和推导出以下几项派生的原则:原则性和灵活性相结合的原则;法律的稳定性、连续性和适时的立改废相结合的原则;现实性和纲领性相结合的原则。

三、我国社会主义法律制定的权限

法律制定的权限即立法权限,是指宪法和法律赋予的有关国家机关分别能够制定什么级别和种类的规范性文件的权力范围。

依据宪法和法律的规定,我国实行的是中央统一领导和一定程度分权、多级并存、多类结合的立法权限划分体制。

(一)法律的制定权限

根据宪法的规定,作为国家最高权力机关的全国人民代表大会及其常务委员会统一行使国家立法权。全国人民代表大会制定和修改基本法律。全国人民代表大会常务委员会制定和修改除应由全国人民代表大会制定的法律以外的其他法律;在全国人大闭会期间,对全国人大制定的法律得进行部分补充和修改,但不得同该法律的基本原则相抵触。可见,我国的法律就其内容和制定机关而言,可分为基本法律和其他法律。基本法律规定国家某一方面的基本制度,如有关国家机构组织和刑事、民事、诉讼等方面基本制度的法律,由全国人大制定。其他法律指基本法律以外的各种法律。这些法律由全国人大常委会制定,如森林法、商标法、海关法、食品卫生法、消费者权益保护法等。

此外,全国人大及其常委会还有权就有关问题作出规范性决议或决定,其效力与法律相同。

《立法法》进一步就全国人大及其常委会的专属立法事项作了具体规定,即:①国家主权事项。其中主要指国防、外交等方面的事项。②各级人民代表大会、人民政府、人民法院和人民检察院的产生、组织和职权。这属于国家根本政治制度问题,在宪法中已有明确规定。③民族区域自治制度、特别行政区制度、基层群众自治制度。这是关系到国家统一,少数民族权利,维护"一国两制",基层群众当家作主和自己管理自己的具体事务的大事。④犯罪和刑罚。⑤对公民政治权利的剥夺、限制人身自由的强制措施和处罚。(④、⑤两项,属于对有过错公民的人权进行的干预,同时也是对无过错公民的人权的保障。)⑥对非国有财产的征收。这一事项是关于国家权力对私人经济利益的干预,其基本精神在于,既要维护国家的整体需要,又要确保公民的财产权不受损害。⑦民事基本制度。目的是要实现正常的社会民事交往和国民经济流转。⑧基本经济制度以及财政、税收、海关、金融和外贸的基本制度。基本经济制度是国家的经济基础;财政、税收、海关、金融、外贸等基本制度直接影响到全民的经济利益,所以属于国家统一控制的领域。⑨诉讼和仲裁制度。诉讼制度包括刑事诉讼、民事诉讼和行政诉讼。⑩必须由全国人民代表大会及其常务委员会制定法律的其他事项。

需要说明的是,"只能"由法律加以规定的 10 个方面的专属事项,不同于"可以"由法律加以规定的事项,后者的外延大于前者。如文化、科技、教育等方面的制度,就没有明确列入 10 个专属事项当中。但是,如果全国人民代表大会及其常务委员会认为它们必须被制定为法律时,就属于第⑩项中的内容。

（二）行政法规的制定权限

《宪法》规定,国务院有权制定行政法规。国务院负责的国家行政管理涉及国家和社会生活的广阔领域,其中包括许多专业性的事务。全国人民代表大会及其常务委员会不可能也没必要把它们都制定为法律。为此,除法律外,还需要由国务院根据宪法和法律来制定行政法规。

《立法法》还规定,省、自治区、直辖市和较大的市的人民政府,可以根据法律、行政法规和本省、自治区、直辖市的地方性法规制定规章,这就是地方政府规章。地方政府规章规定的事项应是:①为执行法律、行政法规、地方性法规的规定需要制定规章的事项;②属于本行政区域的具体行政管理事项。

（三）关于授权立法

授权立法,主要是指有权制定法律的国家机关把本属自己的立法权,部分地授予行政机关(总统或内阁等);但有时也指对地方国家机关授权。在西方,自 20 世纪,特别是第二次世界大战以来,随着经济的突飞猛进、持续发展和社会生活的复杂化,授权立法呈现不断增长的趋势。在我国,授权立法是"文化大革命"结束后,从 1979 年开始,为了适应国家改革开放的新形势的要求出现的。全国人大及其常委会曾先后就有关利改税和税制改革、经济体制改革和对外开放以及经济特区等方面的问题,分别授权国务院和部分省、市人大及其常委会立法。

此次国家制定《立法法》时,根据 20 年来授权立法方面的经验,对授权国务院立法进行了规范,规定:①由全国人大及其常委会立法的专属事项尚未制定法律的,全国人大及其常委会有权作出决定,授权国务院可以根据实际需要,对其中的部分事项先制定行政法规,但是有关犯罪和刑罚、对公民政治权利的剥夺和限制人身自由的强制措施和处罚、司法制度等事项除外。②授权决定应明确授权的目的、范围。被授权机关应当严格按照授权目的和范围行使该项权力。③国务院根据授权制定的法规,应当报全国人大常委会备案。④被授权机关不得将该项权力转授给其他国家机关。⑤授权立法事项经过实践检验,制定法律条件成熟时,应由全国人大或其常委会及时制定法律。⑥法律制定后,相应立法事项的授权终止。

四、我国社会主义法律制定的程序

社会主义法律制定的程序,是指有权的国家机关制定、修改和废止法律的法定过程或步骤。严格按照法定程序进行立法活动,是社会主义法治原则的要求,也是保证立法质量的重要条件。

依据《立法法》对全国人大立法程序和全国人大常委会立法程序的规定,法律的立法程序分为以下四个步骤。

（一）法律案的提出

在法律案提出之前，先要起草。在实践中，基本法多由全国人大常委会起草，一般法律多由国务院起草。起草采取立法工作部门、实际工作部门和专家三者结合的形式。法律的起草部门不一定拥有法律案的提出权，提出权是法定的。

有权向全国人民代表大会提出法律案的有：①全国人民代表大会主席团。②全国人民代表大会常务委员会。③国务院。④中央军委。⑤最高人民法院和最高人民检察院。⑥全国人民代表大会各专门委员会。⑦一个代表团或者30名以上的代表联名。

有权向全国人民代表大会常务委员会提出法律案的有：①委员长会议。②国务院。③中央军委。④最高人民法院和最高人民检察院。⑤全国人民代表大会各专门委员会。⑥常务委员会组成人员10人以上联名。

法律案提出后，由大会主席团或者委员长会议决定是否列入大会或者常委会的议程。如果认为法律案有重大问题，属于常委会组成人员联名提出的，可决定不列入议程，但应向常委会报告或者向提案人说明；属于中央国家机关和专门委员会提出的，委员长会议可以建议提案人修改完善后再向常委会提出。

向全国人大及其常委会提出的法律案，在列入会议议程之前，提案人有权撤回；已列入人大会议或常委会会议议程的法律案，在交付表决前，提案人要求撤回的，应当说明理由，经主席团或委员长会议同意，并向大会或常委会报告，对此法律案的审议便告终止。

（二）对法律案的审议

列入全国人大会议议程的法律案，一般先由有关的专门委员会审议并提出审议意见。随后，法律委员会根据各代表团和有关专门委员会的审议意见，对法律案进行统一审议，向主席团提出审议结果报告和法律草案修改报告，对重要的不同意见应当在审议结果报告中说明。

列入常委会会议议程的法律案，法律委员会、有关的专门委员会和常委会工作机构可采用座谈会、论证会、听证会等多种形式，听取多方面意见。常委会工作机构应将法律草案送发有关机关、组织、专家征求意见。列入常委会会议议程的法律案，一般应当经过三次常委会会议审议后再交付表决。

（三）法律案的表决

在全国人大会议期间，法律草案修改稿经各代表团审议，由法律委员会根据各代表团审议的意见进行修改，提出法律草案表决稿，由主席团提请大会全体会议表决，由全体代表的过半数通过。在人大常委会，法律草案修改稿经会议审议，由法律委员会根据常委组成人员的审议意见进行修改，提出法律草案表决稿，由委员长会议提请常委会全体会议表决,由常委会全体组成人员的过半数通过。

全国人大和人大常委会的议事规则规定,法律案的表决采取投票、举手或其他方式。现在通常采用按电钮的无记名方式表决。

(四)法律案的公布

《宪法》和《立法法》均规定,全国人大及其常委会通过的法律,一律由国家主席签署主席令予以公布。国家主席对于法定的由他公布的法律,没有否决权。法律一经公布就发生法律效力。

签署公布法律的主席令要载明该法律的制定机关、通过和施行的日期,并及时在全国人大常委会公报和全国范围内发行的报纸上刊登,其中以常委会公报刊登的文本为标准文本。

经过上述四个步骤,法律的创制即立法过程便告终结。

此外,《立法法》对行政法规、地方性法规、部门规章和地方政府规章的创制程序也作了具体的规定。

五、我国社会主义法律的渊源及其系统化

(一)我国社会主义法律的渊源

我国社会主义法律以规范性文件为其主要渊源。由于制定规范性文件的国家机关不同、规范性文件的名称、效力也不同,从而形成各种类别的法律渊源。

(1)宪法。宪法是国家的根本法,是其他一切法律的立法基础。它经过最严格的立法程序,由全国人民代表大会制定。它规定的是社会制度、国家制度的基本原则和国家的大政方针等带有根本性质的问题,具有最高的效力(详见本书第四章)。

(2)法律。法律也是由国家的最高权力机关制定的。我国宪法规定,唯有全国人大和它的常委会才能行使国家立法权,制定法律。

(3)行政法规。行政法规专指由国务院(国家最高行政机关即中央人民政府)根据宪法和法律所制定的规范性文件。它的效力及于全国范围。此外,国务院发布的决定和命令,凡属规范性的,也是我国法律的渊源,与行政法规具有同等效力。行政法规的效力仅次于宪法和法律。

(4)国务院的部门规章。这是指国务院所属的各部、各委员会及同级的各机构(署、行、办等),根据法律和国务院的行政法规、决定、命令,在其权限范围内所制定的规范性文件。1990年国务院的第48号令将这种规范性文件定名为"部门规章"。各部委的具有规范性的命令和指示,也包括在部门规章的范围之内。部门规章的法律效力低于行政法规,但也在全国有效。

(5)军事法规和规章。我国军事立法包括:①中央军委制定的军事法规,与行政法规属于同一级别;②中央军委所属部级机关制定的军事规章,其效力相当于国务院各

部委的部门规章;③国务院与中央军委联合制定的军事法规;④中央军委部级机关与国务院的部级机关联合制定的军事规章。

(6)地方性法规和地方规章。地方性法规专指省、自治区、直辖市以及省级人民政府所在地的市、经国务院批准的较大的市的人大及其常委会,在不同宪法、法律、行政法规相抵触的前提下制定,并报全国人大常委会备案的规范性文件。

省、自治区、直辖市以及省级人民政府所在地的市和经国务院批准的较大的市的人民政府可以制定规章(即"地方政府规章")以及具有规范性的决定、命令。它的效力只及于本地方政府的管辖范围。

地方各级人大及其常委会在自己职权范围内通过和发布的决议,县以上地方各级人民政府发布的决定和命令,只要是规范性的,就属于我国法律的渊源之一。

(7)自治条例和单行条例。由民族自治地方的人民代表大会根据宪法和法律,依照当地民族的政治、经济和文化等特点制定。自治区的自治条例和单行条例,报全国人大常委会批准后生效。自治州、自治县的自治条例和单行条例,报省或者自治区的人大常委会批准后生效,并报全国人大常委会备案。民族自治地方的自治条例和单行条例在所辖区域内有效。

(8)特别行政区的法律。香港和澳门两个特别行政区的基本法都规定,特别行政区的立法机关享有立法权,可以根据特别行政区基本法,制定、修改和废除法律。这种法律要报全国人民代表大会常委会备案,备案不影响该法律的生效。

由于历史形成的特殊情况,特别行政区还有其他的法律渊源。在香港特别行政区,除香港立法会制定的法律以外,还保留原有的、不同基本法律相抵触的法律,包括普通法(判例法)、衡平法、条例、附属立法、习惯法。在澳门特别行政区,除特别行政区立法机关制定的法律之外,还保留不同基本法律相抵触的原有法律、法令、行政法规及其他规范性文件。

(9)经济特区的单行经济法规。全国人大常委会先后授予深圳、汕头、珠海、厦门诸经济特区以制定单行经济法规的权力。这种单行经济法规同一般的地方性法规和规章相比,有其特殊性。

(10)国家认可的习惯。在我国,由国家机关认可的习惯,也是法律的一个渊源。把习惯当作法律渊源,主要目的在于照顾我国人民群众特别是少数民族中间长期形成的、同社会主义法律的本质不相抵触的风俗习惯。但国家机关认可的习惯数量极少,而且仅存在于新中国成立初期。

(11)国际条约和国际惯例。作为我国法律渊源的国际条约,包括我国同各国签署或宣布参加的国际条约。这些条约对于各缔约国和参加国都有约束力。国际惯例只有我国承认的才对我国有约束力。

(二)我国社会主义规范性文件的系统化

我国有关的国家机关,在不同的历史时期,针对不同问题,以不同的形式,颁布过大量的法律和其他规范性文件。为了便于法律的查阅、适用和在制定新法律时参照，就需要对已经颁布过的法律和其他规范性文件进行加工整理，使之系统化。系统化的方式有两种，即法律汇编和法律编纂。

（1）法律汇编。法律汇编就是按照现行规范性文件所属的法律部门、颁布的年代或其他分类方法，分门别类地加以编排，并汇成书册，而不改变法律规范的内容。法律汇编属于技术性工作，不是立法工作。这项工作本身也不具有任何法律上的权威性和约束性。

（2）法律编纂。法律编纂不同于法律汇编。在法律编纂的过程中，要按照宪法的精神和法制统一的原则，将一个法律部门的所有规范，重新进行审查，从内容上加以整理，或增删或修改，然后编纂成为一部结构严密、规范之间协调统一、内容系统完整的法律文件，即法典。法律编纂包括法律规范的创制、修改、废止等工作。这就是说，要以新规范填补空白，消除原有规范之间的相互冲突或不一致之处，修正那些含糊不清的、过时的和个别疏漏的地方，废止已经不适用的规范。由此可见，法律编纂实际上是用一部完整的部门法文件，来代替以前的有关法律和其他规范性文件，这只能由具有相应立法权的国家机关来进行。

六、我国社会主义法律体系

（一）社会主义法律体系的概念

社会主义法律体系，是指由社会主义国家各个法律部门的所有现行规范所组成的有机统一的整体。

社会主义国家的法律是作为统一整体而存在的，构成这个整体的是各个不同的法律部门，各个法律部门又包括不同层次的法律、法规。这些法律部门和不同层次的法律、法规，有主有次，相互关联，相互照应，形成一个有机整体。

社会主义法律各个部门的划分，以客观存在的社会主义社会关系的多样性为基础，而不是由人们任意确定的。在这方面，立法机关的任务就在于正确反映多样的社会关系的要求，及时制定出相应的法律规范，来调整这些社会关系。所谓法律部门，就是调整某一类或几类社会关系的那些法律规范的总和。所以，划分法律部门的主要标准，是该法律规范所调整的对象即社会关系的性质。通常把调整同一类性质的社会关系的法律规范归并为一类，构成一个部门法律。但这并不是说某一类社会关系只由一个部门法律来调整。这是由社会关系的复杂性决定的。由于各种社会关系往往相互交错，因而调整各类社会关系的部门法也往往出现交叉和部分重叠的状况。例如，财产关系这类社会关系就同时受宪法、民法、经济法、行政法、刑法等好几个部门法律的调整，只不过它们对财产关系的调整各有其侧重的方面，调整的方法也不尽相同。

需要指出的是，调整对象虽然是划分法律部门的主要标准，但并不是唯一的标准。

有时调整的方法也是划分法律部门的重要根据。例如,刑法调整的范围涉及社会关系的各个主要方面,它之所以成为一个独立的法律部门,原因就在于它以刑罚方法(刑事制裁)作为手段来实现对社会关系的调整任务。此外,在划分法律部门时,还应考虑调整对象的广泛程度和相应的法律规范的数量。

还需要看到,在社会主义事业的发展过程中,不可避免地会不断产生出一些新的社会关系,当这些社会关系发展到一定程度的时候,就会有新的与之相适应的法律制度或法律部门产生,经济法就是一例。

一个特定的社会主义国家的法律体系,同任何其他国家的法律体系一样,不包括国际法这个特殊的法律部门。这是由国际法本身的性质和特点所决定的。

(二)我国社会主义法律部门

我国社会主义法律体系究竟包括哪些法律部门,目前法学界的意见还不尽一致。一般认为,我国的法律体系包括:宪法、行政法、刑法、民法、商法、经济法、环境保护法、劳动和社会保障法、军事法、诉讼法等法律部门。有的法学论著把劳动和社会保障法与经济法合并,把商法与民法合并,把婚姻家庭法从民法中分离出来成为一个独立的法律部门。

第四节 我国社会主义法律的实施

一、社会主义法律实施的概念

社会主义法律的实施,是指社会主义法律在现实生活中的贯彻和实现。社会主义法律是广大人民意志的体现,因此,社会主义法律的实施,实质上就是把广大人民的意志,转化为人们的行为。具体地说,就是把法律上的权利义务关系转化成为现实生活中的权利义务关系,即把法律规范变成现实的法律关系。

法律的实施与法律的制定是密不可分的。没有法律的制定固然谈不上法律的实施,但是法律制定后,在现实生活中如果得不到贯彻、实现,那么,法律的制定就成为毫无意义的了。所以,从某种意义上来说,法律的实施比法律的制定对于维护国家政权具有更加直接、更加重要的意义,因而历来的统治者都十分重视法律的实施。

我国社会主义法律实施的方式有两种,即法律的适用和法律的遵守。

二、社会主义法律的适用

法律的适用即通常所说的执法,是指被授予专门职权的国家机关及其工作人员,按照法定的程序,实现法律对特定的社会关系的调整活动①。其特点在于:①法律适用的主体是被授予专门职权的国家机关,它以国家的名义进行活动。②这种活动必须严格地在法定权限范围内并按照法定的程序进行。③国家机关及其工作人员适用法律的目的,是为了实现法律对某一特定的社会关系的调整。

在我国,审判机关、检察机关以及某些行政机关是法律适用的专门机关,是专门的执法机关。它们的主要任务就是监督和保证法律的正确实施,解决法律纠纷,处理违法事件。因此,它们对于社会主义法律的适用,发挥着特别重要的作用。

法律适用最能表现法律的阶级本质。在私有制社会,不论是奴隶制社会、封建制社会还是资本主义社会,法律适用的本质都是为维护剥削制度服务的,因而得不到广大人民的拥护和支持,具有很大的局限性。恩格斯指出,"在这方面,法律的运用比法律本身还要不人道得多。"②相反,社会主义法律的适用则是直接实现人民群众的利益和意志,因而,它有极其深厚和广泛的社会基础。

社会主义法律的适用,总的要求是正确、合法、及时。要做到正确,首先要求事实清楚,证据确凿;二是要求对案件的定性准确;三是要求对案件的处理适当;四是要求有错必纠。所谓合法,就是要求执法机关依法办事,审理每个案件,不仅定性、处理要符合法律的规定,在程序上也要合乎法律的要求;所谓及时,就是要求执法机关在正确、合法的前提下,不断提高办案效率,尽量缩短办案时间,尽快终结案件,正确、合法、及时是统一不可分割的。只强调其中的某一方面,而忽视其他方面,都有悖于法律适用的基本要求。

根据法律的规定,我国社会主义法律的适用必须遵循下述一般原则:

（一）公民在法律面前一律平等的原则

这项原则要求每一个公民都必须遵守法律,享受法律规定的权利和履行法律规定的义务,不允许任何人有超越法律之外和凌驾于法律之上的特权。无论是谁,只要违反了法律,都要平等地受到追究。这就是说,凡属我国公民,无论其民族、种族、性别、职业、宗教信仰、教育程度、财产状况、居住期限有何差别,无论其家庭出身、本人成分、社会地位和政治历史有何不同,执法机关在适用法律时,应一视同仁,平等对待。

公民在法律适用上一律平等的原则,同社会主义法律的阶级性是完全一致的。因为,社会主义法律作为打击敌人、保护人民和保障国家经济建设的工具,其本身就具有十分鲜明的阶级性。国家机关及其工作人员,只要能够不偏不倚地对每个公民平等地适用法律,就是坚持了社会主义法律的阶级性。与此相反,倘若借口坚持法律的阶级性,对于同一性质的案件,因人而异地适用法律,势必破坏法律的统一标准,还会给特

---

① 有的学者认为,"执法"专指国家行政机关实施法律,而"法律的适用"则专指国家司法机关实施法律。

② 《马克思恩格斯全集》第1卷,人民出版社1956年版,第703页。

权思想和各种枉法行为,甚至给一小撮敌对分子的破坏捣乱大开方便之门。

（二）以事实为根据,以法律为准绳的原则

我国社会主义法律的适用,必须坚持以事实为根据,以法律为准绳的原则。

坚持以事实为根据,就是坚持辩证唯物主义认识论。因为构成案件的事实是客观的存在,对于负有处理案件责任的国家机关工作人员来说,案件事实是他们必须认识的首要对象。这些事实不以案件关系人的任何一方或国家机关工作人员的意志为转移,国家机关工作人员首先必须忠实于事实真相。这就要求他们深入实际,深入群众,调查研究,重证据而不轻信口供,查明事实真相,坚决摒弃一切先入为主、偏听偏信等主观主义、粗枝大叶和各种不正之风。

以法律为准绳,是指国家机关工作人员要忠实于法律。这包括两层意思:一是在查明案件事实的过程中,必须遵照法律规定的程序;二是对案件所作的处理结论必须以法律的规定为标准。只有以法律为准绳,才能划清合法与非法、违法的性质、罪与非罪、此罪与彼罪、处罚的轻重等方面的界限。为此,就要求国家机关工作人员千万不可以自己的想法代替法律,滥用法律,坚决摒弃各种枉法行为。

以事实为根据和以法律为准绳,二者作为一项法律适用原则,是相互依存的。案件事实是构成案件本身的东西,所谓法律适用,就是根据案件的事实,运用法律去解决案件当中的问题。所以,离开客观事实,就不可能以法律为准绳,就谈不上正确适用法律。另一方面,离开法律这个准绳,即使弄清了案件的事实,也不能对案件作出正确的处理。

（三）正确掌握各种规范性文件相互关系的原则

在法律的适用中,必须考虑和明确各种不同的规范性文件之间的关系,特别是要把握它们的效力等级以及同等级的规范性文件效力的确定,从而作出正确的选择。这也属于法律适用的原则问题,即对法律规则适用的原则。根据《立法法》的规定,这些原则包括:

（1）上位法的效力高于下位法。宪法具有最高的法律效力,包括法律在内的其他一切规范性文件均不得同宪法相抵触。法律的效力高于行政法规、地方性法规、自治条例和单行条例、部门规章与地方规章。行政法规的效力高于地方性法规和规章。地方性法规的效力高于本级和下级地方政府规章。省、自治区的人民政府制定的规章的效力高于本行政区域内较大的市的人民政府制定的规章。

（2）同位法中特别法的效力优于一般法。这通常是指特别法的规定与一般法相冲突时出现的情况。例如《合同法》规定:"其他法律对合同法另有规定的,依照其规定。"所谓"其他法律"就是相对合同法这个一般法而言的特别法。原因在于,特别法是针对特别情况制定的,而且其内容更详细,操作性更强。

（3）同位法中新法优于旧法。这是指新法的规定与旧法相冲突时如何适用法律的问题。因为,新法是根据新形势的要求制定的,更具有现实性和合理性,故应优先适用新法,除非法律另有规定。

(4)不溯及既往。按照《立法法》的规定,我国的规范性文件一般不溯及既往。但为了更好地保护公民、法人和其他组织的权利和利益而作出的规定除外。这就是说,对以往的行为应适用当时的法律规定。除外的情况,是出于对主体的权益有利的考虑,刑法中的"从旧兼从轻"原则便是如此。

(5)"变通规定"的法律效力。自治条例和单行条例依法对法律、行政法规、地方性法规作变通规定的,在本自治地区适用自治条例和单行条例。经济特区法规根据授权对法律、行政法规、地方性法规作变通规定的,在本经济特区适用经济特区法规。这两种"变通规定"都是法律授权的,从而是合法的。

(6)法律冲突的解决。

①新的一般法与旧的特别法的冲突。如属于法律之间的事项,由人大常委会裁决;如属于其他的同一机关制定的规范性文件之间的事项,原则上由制定的机关裁决。

②地方性法规与部门规章之间的法律冲突。由国务院提出意见。如果国务院认为应适用地方性法规时,国务院可以裁决;如果国务院认为应适用部门规章时,提请全国人大常委会裁决。这是由于只有全国人大常委会才有改变或撤销地方性法规的权力。

③部门规章之间、部门规章与地方政府规章之间的法律冲突。如出现这种情况,由国务院裁决。

④授权立法与法律的冲突。由全国人大常委会裁决。

《立法法》在解决法律冲突问题上,还详细地规定了关于改变或者撤销各种规范性文件的权限。

三、社会主义法律的遵守

法律的遵守,是指一切国家机关、企业事业组织、社会团体和公民恪守法律的规定,严格依法办事,即守法。

(一)遵守法律的主体

宪法规定,中华人民共和国公民必须遵守宪法和法律,一切国家机关和武装力量、各政党和各社会团体、各企事业组织都必须遵守宪法和法律。由此可知,守法的主体有公民个人和社会组织两大类。这就是说,守法并不只是公民个人的事,也是包括国家机关在内的所有社会组织的事。

守法是每个公民的义务。它是同宪法和法律规定的广泛的民主自由权利相对应的。在公民守法问题上,最根本的一点在于弄清个人利益和人民整体利益的一致性。遵守法律就意味着服从包括个人利益在内的整体利益即根本利益和长远利益。只有树立这样的观念,才会有守法的自觉性。有人认为法律只是让敌人来遵守的,人民自己可以不遵守,或者认为守法是对个人自由的限制,这些看法都是不正确的。

国家干部要带头守法,尤其是各级领导干部更应该以身作则,模范地遵守法律,执行法律,严格依法办事。这不仅因为只有干部恪守法律,才能要求和带动群众守法,而且还因为各级干部都掌握着一定的权力,掌管一定范围的工作,他们守法与否,直接关系到广大人民群众的切身利益,关系到国家政权的巩固。在干部守法问题上,最主要的是要抵制封建特权思想的流毒,树立人民公仆的观念。

国家机关的守法主要是正确适用法律,但也包括其他方面(如作为民事法律关系主体)的法律活动。

(二)遵守法律的范围

遵守法律,不仅包括遵守宪法和法律,也包括遵守其他各个层次和各种形式的法律规范。这是因为,在我国,法律体系是统一的,所有其他层次和形式的法律规范都由宪法和法律派生,并且都是为了实现宪法和法律,因而都不允许违反。

四、社会主义法律的效力

法律的效力,是指法律在什么地方,什么时间内,对什么人有约束力,包括法律的空间效力、时间效力和对人的效力。

(一)空间效力

法律的空间效力,是指法律在什么地域范围内有约束力。我国宪法、法律、行政法规,除有特殊规定外,其效力及于我国的全部领域(包括陆地、水域及其领土和上空,还包括延伸意义上的领域,即驻外使馆与领域外的本国船舶和飞机)。地方国家机关制定的规范性文件,如地方性法规、自治条例和单行条例等,只在其管辖范围内发生效力。

我国法律和他国法律相互间的局部的域外效力问题,需要通过有关国家的具体协议来规定。

(二)时间效力

法律的时间效力,是指法律何时开始生效、何时终止生效以及是否具有溯及力。

我国法律规范开始生效的日期,一般都在法律文件中作出明文规定。这里有两种情况:一是规定从公布之日起生效;二是规定从以后的某个特定的日期起生效。

我国法律终止生效的日期,大体情况是:或者由法律本身明文规定终止生效的日期;或者因新的法律的颁布,原有法律当然地终止生效;或者由有关国家机关作出特别的决定,宣布废止某些法律及其废止日期。

在我国,按一般原则,新颁布的法律对于过去发生的行为是没有溯及既往的效力的。新法律只适用于生效后发生的事件和行为。这有利于保持社会关系的稳定,保护公民的权利和自由,也有利于社会主义法制的建设。但在个别情况下,为维护国家和人民的利益,有些新法律也溯及既往。

（三）对人的效力

法律对人的效力,是指法律对哪些人有约束力。

根据国家主权原则,我国法律适用于居留在我国领域内所有的人,包括我国公民、居留在我国的外国人和无国籍人。在我国领土范围内的我国公民适用我国法律是天经地义的。但是,我国公民在外国,其适用法律的问题比较复杂。我国法律原则上对他们是适用的,但又存在适用所在国法律的问题。妥善的解决办法往往要依靠两国协商。

在我国领域的外国人或无国籍人,除享有外交特权和豁免权者外,都适用我国的法律。

享有外交特权和豁免权者有违反我国法律的行为,对其责任的追究,通过外交途径解决。外国人在外国侵犯我国国家或公民的利益的行为,构成犯罪的,依照我国法律的有关规定,我国有权适用自己的法律。

五、社会主义法律的解释

法律的解释,是指对法律条文的含义和适用条件所作的理解和说明。

国家机关在制定法律时,虽力求全面、明确,但法律条文毕竟比较概括、简约,而社会生活是极其复杂的,要把比较概括、定型的法律规范,正确地用来调整复杂多变的社会关系,法律解释是不可缺少的一环。它对于法律的正确实施和法制的健全,具有重要意义。

法律解释从不同角度可作不同的分类。

（一）从解释的主体上分类

（1）正式解释。包括立法解释、司法解释和行政解释。

立法解释,是指享有立法权的国家机关对法律所作的解释。我国宪法规定,解释宪法和法律的权力属于全国人大常委会。从广义上说,制定某项规范性文件的国家机关对该项规范性文件所作的解释,也可以属于立法解释的范围,如省人大常委会对其制定的地方性法规所作的解释,就属于立法解释。

司法解释,是指最高国家审判机关即最高人民法院和最高国家检察机关即最高人民检察院在适用法律过程中对具体应用法律问题所作的解释。最高人民法院和最高人民检察院所作的解释应协调一致,而不应相互矛盾。上述两机关的解释如果有原则分歧时,应报请全国人大常委会解释或决定。

行政解释,是指最高国家行政机关即国务院及其主管部门对不属于审判和检察工作中的其他如何具体应用法律的问题所作的解释。

正式解释具有法律上的约束力,所以也称为有权解释。

(2)非正式解释。包括学理解释和任意解释。

学理解释,一般是指学术研究部门、文化教育部门、宣传部门、报刊等对法律所作的理论性的、法制宣传性的解释。

任意解释,是私人性质的解释。与正式解释不同,非正式解释没有法律上的约束力,所以又称为无权解释。

(二)从解释的外延上分类

可以划分为扩充解释、限制解释和字面解释。其中,字面解释最为常见。不论哪种解释,都必须符合法律的原意。

(三)从解释的方法上分类

可以划分为文法解释、逻辑解释、历史解释(通过对该项法律规范规定的历史条件的分析所作的解释)和系统解释(通过阐述该项法律规范在一定法律体系中的地位所作的解释)。

六、违法与法律制裁

(一)违法的概念

违法是指违反法律的规定,依法应承担法律责任的行为。其中有的是同法律规范的要求相对立的行为,有的是超越法律规范允许范围的行为。

研究违法问题的意义在于使人们能够确切地了解什么是违法、违法与合法的界限,从而能更好地帮助人们树立牢固的守法观念。其次,研究违法,可以使人们洞悉违法的社会历史条件、违法的客观原因和主观原因,有利于积极地防止违法行为,有效地同违法现象作斗争。

(二)违法构成的要件和种类

某种行为是否属于违法,只能根据法律规定的各种违法要件的总和即违法构成来确定。

违法构成的要件包括:①违法的客体,即违法行为所损害的而为法律所保护的一定的社会主义社会关系。②违法的客观要件,即构成违法所必须具备的外部条件。其中包括违法行为、违法的结果、行为与结果之间的因果关系,有时还包括违法的时间、空间和违法行为的对象等。③违法的主体,即实施违法行为并要对其承担法律责任的人。违法主体有时因法律关系性质的不同而有所区别,如在某些法律关系中,除自然人之外,法人或社会组织也可以成为违法主体。不过,任何违法主体,都要具备行为能力或责任能力。④违法的主观要件,即实施违法行为人在实施违法行为时的心理状态。这在刑法中称为罪过,在其他部门法中称为过错。

违法行为按其对社会所造成的危害的大小,可以区分为一般违法行为和严重违法行为。严重违法行为即犯罪。违法行为按其所违反的法律的性质,可分为刑事违法行为、民事违法行为和行政违法行为。

(三)法律责任和法律制裁

法律责任,是指由违法行为引起的依法所应承担的带有强制性的责任。

行为违法是承担法律责任的前提和依据,没有违法行为就不发生承担法律责任的问题。按照违法行为的性质,法律责任可分为刑事法律责任、民事法律责任和行政法律责任。

法律制裁是指特定的国家机关对应承担法律责任的违法者依法所采取的带有强制性的惩戒措施。法律制裁的性质与严厉程度应同法律责任的性质和大小相适应,它们又都最终取决于违法行为的性质及其危害社会的程度。不依据违法行为而任意追究法律责任,或者不以法律责任为依据而滥用法律制裁,都是对社会主义法治的破坏,也都是违法的。

与法律责任相适应,法律制裁可分为刑事制裁、民事制裁和行政制裁。

七、社会主义法律关系

(一)社会主义法律关系的概念

社会主义法律关系,是指受社会主义法律规范调整的社会关系,表现为人们之间的权利义务关系。

社会主义法律关系有如下的特点:

(1)社会关系分为物质关系和思想关系。法律关系是由经济基础决定的上层建筑关系,属于思想关系范畴。在思想关系中,法律关系又有自己独特的表现形式:①用来调整这种社会关系的法律规范本身就是国家意志;②这样那样的具体法律关系,一般都是由它的参加者的意志(思想)所引起的。

(2)社会主义法律关系是由社会主义法律规范所调整的社会关系。

法律关系以法律规范的存在为前提,假若缺乏某一方面的法律规范,便不会产生相应的法律关系。换个说法也一样,即某一种社会关系,如果不是由相应的法律规范加以调整,那么它就不是法律关系,如友谊关系、爱情关系等。因为这类社会关系无需由法律加以调整,因而参与这类关系的各方,也就没有什么法律意义上的权利和义务关系。

(3)社会主义法律关系通过人们之间的权利义务关系获得表现。

法律关系作为一种特殊的社会关系,其特征在于,这种关系的参与者是作为法律所规定的权利享有者和义务承担者而受到国家强制力的保护和约束的。

(二)社会主义法律关系的结构

社会主义法律关系由主体、客体和内容三要素构成。

(1)法律关系的主体。

法律关系的主体(亦称权利主体)是法律关系的参与者,即法律关系中权利的享有者和义务的承担者。

作为法律关系的主体,要具备权利能力。权利能力是指依法享有权利和承担义务的资格。但是,法律关系的主体要以自己的行为参加到某一具体法律关系中去,还必须具备行为能力。所谓行为能力,是指能以自己的行为行使权利和承担义务,从而使法律关系发生、变更和消灭的资格。凡具有行为能力的人都具有权利能力,但具有权利能力的人却不一定具有行为能力,如未成年人、精神病患者等。

权利主体的范围,因社会性质不同而异。我国社会主义法律关系主体的范围很广泛,大体上有:①公民。②作为整体的国家,它不仅是国际法律关系的主体,也是某些重要的国内法律关系的主体,如它是全民所有财产的主体。③各种国家机关、企事业单位以及其他各种社会组织。④一些外国人和无国籍人,按照我国法律或有关的国际条约,也可以成为我国某些法律关系的主体。

(2)法律关系的客体。

法律关系的客体(亦即权利客体)是指法律关系主体的权利、义务所指向的对象或标的。

由于社会性质或国家性质不同,权利客体的内容也不尽相同。我国社会主义法律关系的客体有:①物,即有一定使用价值的并能为人们所支配的物质财富。②智力成果,即精神财富,是人们从事脑力劳动,发挥智慧和才能所取得的成果,如著作、发明等。③行为,即人们有意识的活动。行为的方式有两种:作为和不作为。前者要求主体作出一定的活动,后者要求主体抑制一定的活动。④人体,是指由人的全部生理器官组成的有机体。它是人的生命的载体,也是人的精神利益的物质体现。随着现代科技和医学的发展,输血,器官移植,精子、卵子的提取,人体解剖等现象已越来越普遍,因而人体器官的捐赠甚至买卖等活动也日趋频繁。人体(部分或整体)成为法律关系的客体已成为不争的事实。作为法律关系客体的人体不同于物,它与人的生命密切联系,但在社会主义制度下,不论在何种性质的法律关系中,当人体(部分或整体)成为该法律关系客体时,均不得危及人的生命,否则将为法律所禁止,同时,认可人体为法律关系的客体,也绝不意味有生命的人可以成为法律关系的客体。

(3)法律关系的内容。

法律关系的内容是指法律关系主体之间的权利和义务。法律关系就其内容来说,就是权利和义务之间的关系。

法律上的权利是指法律关系的主体依法享有的权能和利益。它表现为权利的享有者可以自己作出一定的行为或者要求他人作出一定的行为。法律上的义务是指法律关系的主体依法应尽的责任。它表现为义务的承担者必须为或不为一定的行为。

法律上的权利和义务关系是对立统一的关系。正如马克思所指出的："没有无义务的权利，也没有无权利的义务。"①但是，在剥削阶级类型的国家里，权利和义务的一致仅仅表现在法律形式上。事实是，这种社会"几乎把一切权利赋予一个阶级，另一方面却几乎把义务推给另一个阶级"②。在社会主义国家里，由于建立了生产资料社会主义公有制，消灭了剥削阶级和剥削制度，从而也就消灭了权利和义务之间的阶级对立，实现了法律面前人人平等及公民权利和义务的统一。这种权利和义务的一致性，在社会主义法律关系中表现为：①权利和义务发生的同时性。在某些法律关系中，主体在取得了权利的同时，也就承担了义务。他没有取得权利，就谈不上承担义务；反之，他不承担义务，也就不享有权利。②权利和义务的对应性。法律关系的一方主体的权利，正是另一方主体的义务。③权利和义务的相对性。法律关系主体的特定行为，既是行使权利，又是履行义务。例如，行政机关对被治理人行使权利，对于国家来说则是履行义务。

（三）法律事实

法律规范所调整的社会关系是法律关系，但这并不是说法律规范创造了法律关系。法律关系的发生、变更和消灭必须有法律规定的一定的情况存在。那些能引起法律关系产生、变更和消灭的情况，叫做法律事实。

法律事实包括两类：①事件。它是不以人们意志为转移而发生的客观现象，如死亡、天灾、人祸、时间的推移等。②行为。它是人们有意识的活动，是引起法律关系发生、变更和消灭的最普遍的法律事实。作为法律事实的行为，可以是合法行为，即符合法律要求的行为，也可以是违法行为，即违反法律规范要求的行为。

如果法律事实不是一个，而是两个以上，则称之为"事实构成"。

---

① 《马克思恩格斯全集》第 16 卷，人民出版社 1964 年版，第 16 页。
② 《马克思恩格斯选集》第 4 卷，人民出版社 1972 年版，第 174 页。

第三章　我国社会主义法制和法治

第一节　社会主义法制的概念及其基本要求

一、社会主义法制的概念

"法制"是个多义词,人们常常在不同的意义上使用,对于法制的概念也众说不一。归纳起来,对法制大体上有四种界定:①法制是国家的法律与国家制度的简称。这里的"法律"是整个国家的法律规范体系;"国家制度"是根据法律而相应地建立起来的组织机构和活动方式。②法制就是国家法律规范体系即各个部门法组成的系统的静态含义和立法、司法、守法、法律监督等的动态含义这两者的统一。③法制等同于法律制度,而"法律制度"的含义又指法律规范、法律意识和法律实践的整体。④法制等同于法治,也就是说,所制定的法律是良法,而这种良法又能得到切实的遵守和执行。前三种意义上的法制,主要是在国家的统治和管理的工具的意义上使用它,即英文中的Rule by law。这种法制是古今中外的任何国家都存在的,因为有国家就必然有法律,必然离不开法律这一工具。而第四种意义上的法制即法治,指"法律的统治"(rule of law),是与一人治国或少数贤人治国的"人治"相对应或相对立的。它仅存在于近代以来的资产阶级民主制国家和社会主义国家。

近年来,我国法学界对法制的概念展开了讨论,虽然至今尚无统一的意见,但一般认为,社会主义法制的概念应包括如下几个方面的含义:①法制是国家所确立的法律和制度。这是对法制阶级本质的揭示。②法制包括立法、执法、守法和监督法的实施。这是对法制内容的概括。③法制的中心环节是依法办事。这是对法制的要求的集中表述。④法制的目的在于维护统治阶级的统治所必不可少的法律程序。这是建立法制的出发点和归宿。

二、社会主义法制的基本要求

我国社会主义法制的基本要求是:有法可依、有法必依、执法必严、违法必究。这是党的十一届三中全会根据我国社会主义法制建设正反两个方面的经验所作的科学总结和概括。

江泽民在庆祝中国共产党成立七十周年大会上的讲话中又一次强调指出,进一步健全社会主义法制,加强对群众特别是各级干部的法制教育,做到有法可依、有法必依、执法必严、违法必究,切实保障人民群众依法管理国家事务、经济事务、社会事务的权利和其他民主权利,保障各项事业在社会主义法制的轨道上健康发展。

有法可依、有法必依、执法必严、违法必究,这四个方面是统一的,相互联系和相互制约的。

（一）有法可依

有法可依是建立和健全社会主义法制的前提。它要求社会主义国家高度重视和加强立法工作,制定完备的法律,使人们在社会生活的各个方面都有章可循、有法可依。这是因为,有了法,才能谈到国家的法律和制度完善与否的问题;有了法,才能谈到依法办事和守法即法治的问题。所以,要加强社会主义法制,就必须适应形势发展的需要,及时进行立法,使社会主义的法律体系尽快地日益完备起来。

（二）有法必依

有法必依是健全社会主义法制的中心环节。法制制定出来,就要付诸实施。有法不依,等于无法。再好的法律,如果不能为人们所遵守,无异于一纸空文。

有法必依首先要求一切执法人员及其工作人员必须依法办事。在处理人民内部矛盾问题时,固然要切实保障人民群众的合法权益,即使在处理敌我矛盾问题时,也要按照法律的规定办事。其次,还要求全体公民遵守法律,使自己的言行符合法律的规定和要求。

（三）执法必严

执法必严是健全社会主义法制的重要条件。它是指执法机关和执法人员在执行法律时必须做到严格、严肃、严明,切实依据法律规定的内容、精神和程序办事,一丝不苟地维护法律的尊严和权威。反之,执法不严,以言代法,以权乱法,徇私枉法,不仅法律的权威和尊严得不到维护,而且会从根本上损害国家和人民的利益。

（四）违法必究

违法必究是健全社会主义法制的保证。这项要求的核心在于反对特权,也就是对一切违法犯罪分子都必须依法追究法律责任,并予以制裁,任何组织和个人都不能例外。如果对违法者听之任之,或者对国家公职人员犯法和群众犯法不平等看待,或者对领导干部犯法不能绳之以法,那么,国家和人民的利益就会受到损害,社会主义法制的权威就会丧失殆尽。

以上四个方面是不可分割的统一体,它们密切联系在一起,成为法制健全的标准和尺度,我们不能片面强调某一方面,而忽视其他方面。

第二节　社会主义民主与社会主义法制

一、社会主义民主的概念

民主一词来源于希腊语,原意是"人民的权力""人民的统治"。列宁说:"民主是一种国家形式,一种国家形态。"①民主作为一种国家制度,包含着两个不可分割的方面,即国体和政体。国体是民主的内容,是说明哪个阶级享受民主,享受什么样的民主。政体是民主的形式,是指与民主内容相适应的政权组织形式。民主的内容决定民主的形式,民主的形式服务于民主的内容。

社会主义民主,即人民民主,就是全体人民真正享有各项公民权利,享有管理国家和社会事务的权力的一种国家制度。同资产阶级民主相比,社会主义民主的优越性主要在于:①社会主义民主是供绝大多数人享受的民主。②社会主义民主的内容是极其广泛的,它不仅包括政治方面,而且还包括经济、文化、思想等方面。③社会主义民主是有物质保障的,因为它是建立在以公有制为基础的社会主义经济基础之上的。

二、社会主义民主与社会主义法制的辩证关系

社会主义民主和社会主义法制是不可分割的,它们都是社会主义经济基础的上层建筑,都为社会主义经济基础服务。在整个社会主义社会的发展过程中,它们相互依存、相互促进。

社会主义民主与社会主义法制的辩证关系具体表现在以下两个方面:

(一)社会主义民主是社会主义法制的前提和基础

社会主义民主同法制相比,是第一位的、决定性的。

(1)从社会主义法制的产生来看,它是随着社会主义民主即人民民主权的产生而产生的。只有当工人阶级和广大人民掌握了国家政权,才能使自己的意志上升为法律,才能建立起自己的法制。从这个意义上讲,社会主义法制的建立,是以社会主义民主的存在为前提的。

(2)从社会主义法制的性质和内容来看,有什么性质的民主,就有什么性质的法制。社会主义国家是新型民主与新型专政相结合的国家,这就决定了作为治国工具的法制必须保障和实现人民民主,这是它不可动摇的政治原则;尤其是保障人民行使管理国家的权力,是社会主义法制的出发点和归宿。可见,法制的性质取决于民主的性

---

① 《列宁选集》第3卷,人民出版社1972年版,第257页。

质;法制作用的大小,是与民主的发展程度完全一致的。

（3）从社会主义法制的健全和发展方向来看,同样不能离开民主。这是因为,只有充分发扬民主,才能集中人民群众的正确意见,制定出反映广大人民意志的法律;只有这样的法律,才能得到人民的拥护并为人民自觉遵守,也才能充分发挥社会主义法制的作用。民主的范围越扩大,民主的内容越丰富,法制也就越健全。法制发展的程度,完全取决于民主发展的状况。

（二）社会主义法制是社会主义民主的确认和保障

由社会主义民主所决定的法制,怎样来确认和保障民主呢?

（1）社会主义法制把民主作为人民斗争的胜利成果,系统地、明确地、具体地记载和固定下来,以确认民主。宪法和法律则是确认民主的基本手段和主要形式。只有借助这种手段和形式,才足以表示这种确认具有最高权威性和民主成果的不可侵犯性。否则,人民当家作主的民主权利就得不到保障,甚至会得而复失。

（2）社会主义法制通过本身的指导作用,向国家机关、国家工作人员和公民指明,怎样做是符合民主要求的,怎样做是违反民主要求的,从而保证社会主义民主的正确实现。

（3）社会主义法制通过惩罚各种违法和犯罪行为,维护人民民主权利,以捍卫民主。社会主义社会的初级阶段,由于阶级斗争还在一定范围内长期存在,剥削阶级思想和其他非无产阶级思想影响的存在,不可避免地会产生侵犯民主和公民权利的违法和犯罪行为。这些行为不仅来自敌人,也来自人民内部的违法犯罪分子。法制既要对为数极少的敌对分子实行专政,也要惩治、教育人民内部的违法犯罪分子,以捍卫社会主义的民主制度。

总之,必须把社会主义民主和法制的建设结合起来。离开民主讲法制,法制就失去依据;离开法制讲民主,民主就失去保障。

三、社会主义民主的制度化、法律化

社会主义民主的建设和社会主义法制的建设二者紧密相结合的最根本的表现,就是努力使社会主义民主制度化、法律化。社会主义民主的制度化、法律化,从根本上说,就是把人民经过艰苦奋斗而取得的国家权力和各项民主自由权利,用国家的制度和法律的形式加以肯定和确认,使之条文化、定型化、规范化。其目的在于使社会主义民主制度作为一种具有最高权威的、最稳定和最明确的制度,为全体国家机关、社会团体、公职人员和公民所了解和严格遵守。如果有谁敢于侵犯和破坏它,应当依法予以追究和制裁。社会主义民主的制度化、法律化,既然是直接关系到维护、发展人民民主专政的国家政权和国家根本制度的大事,当然也就是社会主义法制建设的一项根本的和首要的任务。

江泽民在庆祝中华人民共和国成立四十周年大会上的讲话中指出:"建设高度的

社会主义民主和完备的社会主义法制,是我国社会主义现代化建设的一个重要目标和任务,是党和人民群众的共同愿望。新中国建立以来特别是近十年来,我国的民主和法制建设取得了显著成就,在国家和社会生活的主要方面已经基本有法可依。同时要看到,我国的民主、法制建设仍是一项十分艰巨的任务。没有民主就没有社会主义。社会主义法制是社会主义民主的体现和保障。破坏社会主义法制必然危害社会主义民主。"这段讲话,对于我国当前社会主义民主和法制建设的意义和方向作了深刻的阐述,必须认真地、坚持不懈地加以贯彻。

第三节　社会主义法律意识与社会主义法制

一、社会主义法律意识的概念

社会主义法律意识是无产阶级法律观点的总和,它包括人们对法律的基本看法,对法律的要求和态度,对人们行为合法性的评价,也包括人们关于法律的知识和修养等。

法律意识是社会意识形态的组成部分,是一定社会经济基础的上层建筑现象,因而具有鲜明的阶级性。不同阶级的法律意识是不同的,有的甚至是针锋相对的。不过,在任何社会中,占统治地位的法律意识,都是统治阶级的法律意识。尽管统治阶级内部的各个集团和各个成员出于自身利害的考虑而形成法律意识上这样那样的分歧,但在根本方面是一致的。

社会主义法律意识在本质上是与剥削阶级法律意识相对立的,它是马克思主义科学世界观的指导下,在反对剥削制度的长期斗争中逐渐形成和发展起来的,是工人阶级和广大人民群众对法律要求的体现。在工人阶级未取得政权以前,其法律意识集中在反对旧的法律和制度上。在工人阶级夺取政权之后,根据自己的法律意识,领导人民群众建立起社会主义法制,并以社会主义法律意识为指导,努力加强社会主义法制建设,使社会主义法制日臻完备。

二、社会主义法律意识对于社会主义法制建设的重要作用

社会主义法律意识对于社会主义法制建设具有重要意义。

第一,对社会主义法律的制定和适用的作用。

制定任何一项法律,都要依靠法律意识的指导,从这个意义上说,社会主义法律是社会主义法律意识的产物。同时,由于法律的规定具有概括性的特点,执法人员在适用法律时,就需要运用社会主义法律意识,正确地理解和适用法律,做到公开、公正、廉洁和效能。特别是在立法还不完备的情况下,法律意识对于司法人员正确处理案件就

更具有不可忽视的作用。

第二,对社会主义法律遵守的作用。

社会主义法律之所以能为广大人民群众自觉遵守,是与他们的法律意识密切联系着的。一个公民如果不知法,不懂法,法律意识淡薄,就不可能指望他会很好地遵守社会主义法律。

第三,对清除旧法律意识的作用。

社会主义法律意识的本质决定了它必然要积极地引导全社会去同轻视法律、以言代法、以权抗法、有法不依等剥削阶级法律意识作斗争,清除旧法律意识的影响,以巩固社会主义法律意识的统治地位。

三、在全社会普及法律知识是培养公民社会主义法律意识的有效办法

社会主义法制建设必须同全体公民的社会主义法律意识的培养和提高同步进行,才能收到应有的成效。

以马克思主义法律理论为指导的社会主义法律意识,是不可能自发产生的,它需要向人民进行灌输。自党的十一届三中全会以来,党和国家非常重视对公民开展法制宣传教育,以提高公民的社会主义法律意识。1986 年,中共中央作出的《关于向全体公民普及基本法律常识的决议》,是适应国家四化建设的要求,培养公民社会主义法律意识的重要文件。按照有关的部署,普法教育取得显著的效果。为了巩固和发展"一五"普法成果,1991 年初,中共中央、国务院就批转中共中央宣传部、司法部《关于在公民中开展法制宣传教育的第二个五年规划》发出通知,七届全国人大常委会第十八次会议也通过了《关于深入开展法制宣传教育的决议》,八届全国人大常委会第十九次会议又通过了《关于继续开展法制宣传教育的决议》。这充分体现了党和国家对健全我国社会主义民主与法制,提高公民社会主义法律意识的高度重视。

旧中国是一个半殖民地半封建社会,缺乏法制的传统,封建主义、官僚主义、特权思想、家长制以及汪洋大海般的小生产者涣散无纪律的积习都严重存在。新中国成立以后,又长期对法制问题缺乏应有的重视。尤其在"文化大革命"期间,林彪、"四人帮"等竭力鼓吹法律虚无主义、极端无政府主义,使社会主义法制遭到严重破坏。因而,开展法制宣传教育,增强公民的法律意识,具有更加紧迫的意义。

进行法制宣传教育和普及法律知识,首要的问题在于培养人民群众的法律意识。要使全体公民都懂得什么是社会主义法制,为什么要加强法制和怎样加强法制,从而使人人都能够自觉遵守法律,监督法律的执行,并敢于同一切违法现象作斗争。

向全社会普及法律知识,除了要坚持深入、持久地在人民群众中开展法制宣传外,中央还提出要在小学、中学、大学和各类学校中设置法制教育课程。这是加强社会主义精神文明建设的一项战略措施,具有重要的现实意义和深远的历史意义。

第四节　依法治国,建设社会主义法治国家

一、法治的含义及其与法制的联系与区别

"法治"一词由来已久,它相对"人治"而言。古希腊思想家亚里士多德极力主张法治即"法律的统治",并从多方面论证"法治应当优于一人之治",他说:"法治就是已有的法律得到普遍的遵守,而被遵守的法律又是良好的。"①这是对法治的经典界定。及至近代,随着资本主义商品经济的发展,法制则成为日益壮大的资产阶级反对封建专制、等级特权,鼓吹君主立宪、自由、平等、民主共和国等政治主张的理论武器。

我国先秦时期的法家学派很早便广泛地使用"法治"一词,但它与西方的"法治"的含义不同。法家的"法治"仅把法律单纯地当作统治国家的工具或手段,即所谓的"以法治国",从而替王权或皇权的专制主义的人治服务。所以,今人称之为"人治底下的法治"。总之,法治就是"依法治国",指的是在民主国家中法律具有最高的权威地位,而法律本身是反映社会正义的良好法律,全社会都必须认同和遵守法律,依照法律办事。

"法制"与"法治"既有联系又有区别。法制和法治作为法现象的社会上层建筑,都是社会经济基础的产物;而相同阶级本质的法制和法治,其经济基础也是相同的,并共同地服务于这个经济基础。两者之间的紧密联系,主要表现在:第一,法制是法治的必要前提条件。因为,有了国家的法律和制度这个工具,才能谈到依法治国即法治问题。第二,法治本身反过来又要求有详备的、反映社会正义的、良好的国家法律和制度。

法制与法治之间的区别在于:第一,固有的属性不同。法制作为法律制度,是相对于社会、经济、政治、道德、文化各领域的制度而言的,是横向的制度性的社会上层建筑结构的要素之一。法治是相对于人治而言的,是个纵向的、动态的社会调整过程。第二,在治国中的地位不同。如前所述,人们通常把法制当作是治理国家的工具,即"以法治国"。在这里,人被置于治国的首位,是主词;法则是一种工具,是宾词。治国者可能受他自己制定的法律所约束,也可能凌驾于法律之上。法治则是"法的统治"或"依法治国";法是主词,人是宾词。法被置于治国的首位,治国者本身也要被法治,服从法律。第三,与民主政治的关系不同。法制与民主政治之间没有必然的联系,实行民主政治的国家需要法制,实行专制主义政治的国家也需要法制。但是,法治必须是"良法"的统治。所谓良法,最重要的就是与民主政治相伴的法律。由此可知,在以人身依附关系为基础的奴隶社会和封建社会,不可能存在真正的法治;只有在资产阶级民主制国家和社会主义国家,才有真正的法治。所以,真正的法治仅仅是近代以来的概念。

---

① 亚里士多德:《政治学》,吴寿彭译,商务印书馆 1965 年版,第 199 页。

第四，经济条件的不同。从经济条件的角度来考察，与民主制一样，法治是大规模的市场经济的客观产物。因为，没有法治，市场经济是不可能形成、维持和发展的。这就是通常所说的"市场经济是法治经济"的根据。

总的来说，有法制不等于有法治，但有法治则不可以没有法制。

二、依法治国基本方略的提出

我国的封建专制统治延绵两千余年，实行的是地地道道的人治。新中国的建立，迎来了社会主义民主与法制的新纪元。但是，新中国的民主与法制建设却经历了曲折的道路。"文化大革命"期间，民主与法制遭到严重破坏。"文化大革命"后，深受其害的广大人民群众和干部，强烈呼唤民主与法制，如何对待法治已成为不容回避的问题。

1987 年，邓小平在一次讲话中指出："为了保障人民民主，必须加强法制。必须使民主制度化、法律化，使这种制度和法律不因领导人的改变而改变，不因领导人的看法和注意力的改变而改变。"他还针对当时的情况，提出了"有法可依，有法必依，执法必严，违法必究"十六字方针①。此后，他曾反复强调要发展社会主义民主，严格遵守社会主义法制。

以江泽民为核心的第三代领导集体形成后，不断坚持和发展邓小平的法制理论。1996 年，江泽民发表《实行和坚持依法治国，保障国家长治久安》的重要讲话；同年 3 月，八届全国人大四次会议批准的《国民经济和社会发展"九五"计划和 2010 年远景目标纲要》将"依法治国，建设社会主义法制国家"作为战略目标加以规定。江泽民在讲话中指出："依法治国，是邓小平同志建设有中国特色社会主义理论的重要组成部分。"②1997 年，党的十五大报告中，江泽民对法制建设问题作了精辟论述，明确提出"依法治国，建设社会主义法治国家"，把"法制国家"这一表述改为"法治国家"。"法治"与"法制"虽然只是一字之差，但二者的内涵和外延却是有区别的。法治强调的是通过法制对国家和社会事务的管理，它与人治是直接对立的。报告中还把"依法治国"确定为"党领导人民治理国家的基本方略"。1999 年，九届全国人大二次会议通过宪法修正案，用根本法的形式把这一治国基本方略固定下来。这是我国社会主义法制建设中的一个重要里程碑。

三、依法治国的概念和必要性

(一) 依法治国的概念

中国共产党的十五大提出了"依法治国，建设社会主义法治国家"的基本方略。那

---

① 《邓小平文选》，人民出版社 1983 年版，第 136 页。
② 载《人民日报》1996 年 2 月 6 日第 1 版。

么,什么是"依法治国"呢?

江泽民在党的十五大报告中指出:"依法治国,就是广大人民群众在党的领导下,依照宪法和法律规定,通过各种途径和形式管理国家事务,管理经济文化事业,管理社会事务,保证国家各项工作都依法进行,逐步实现社会主义民主的制度化、法律化,使这种制度和法律不因领导人的改变而改变,不因领导人看法和注意力的改变而改变。"贯彻"依法治国,建设社会主义法治国家"的基本方略,就必须清楚为什么要"依法治国",即依法治国的必要性。

(1)依法治国是建立和完善社会主义市场经济,发展社会主义物质文明的需要。

党的十四大提出的我国经济体制改革的目标是建立社会主义市场经济体制,以利于进一步解放和发展生产力。几十年来,我国社会生产力的迅猛发展,表明了社会主义市场经济体制的建立和逐步完善,对于解放和发展我国社会生产力,促进社会主义物质文明建设,起到了难以估量的作用。

马克思在《资本论》中指出,商品交换一开始就包含着"人的法律因素"。但在不发达的商品交换的条件下,交换行为和秩序主要依靠习惯和道德来维系,法律的作用比较有限。当商品经济得到广泛的发展而形成大规模即市场经济的时候,法律的作用就极大地提高了。近代的史实证明,市场经济必须是法治经济。这个道理对于社会主义市场经济而言,也是适合的。社会主义市场经济离开法治便不可能建立,即使建立起来,也不可能坚持下去。

具体地说,社会主义市场经济之所以是法治经济,主要表现在:①法律确定市场主体(角色)的资格(定位)。不论是自然人或法人,均应具备相互独立、地位平等以及有行为能力和责任能力等基本条件,才能作为主体进入市场。②法律规范市场主体的行为。法律保障主体的产权的拥有,维护自由的合同制度,反对任何不正当的竞争行为。③法律要实现国家对市场的宏观调控,以避免可能出现的市场乃至整个国民经济的失衡。但是,这种调控仅限于宏观经济领域,在微观经济领域中,国家的干预则应尽量退出,交由市场自身来调节。④法律要完善社会公平的社会保障制度。市场的竞争具有自发性,因而其后果对一些人来说可能是残酷的。对于那些竞争中的失败者、沦为穷困的人、失业者以及老人、妇女、儿童和各种弱者,法律必须提供必要的社会救济,尽可能地缩小两极分化的恶果。过分的社会分配的不公平必将挫伤广大劳动人民的积极性,也不符合人道主义精神和社会主义制度的本性。⑤法律要建立有利于市场正常发育和成长的社会环境,如法制的统一、产权的安全、交易的合理。还包括对侵权行为和犯罪的及时惩处。这种社会环境也就是建立市场秩序的条件。

(2)依法治国是扩大社会主义民主,实现国家政治体制改革,建设社会主义政治文明的需要。

社会主义国家是人民当家作主的国家,它当然要求民主制。所谓政治体制改革,其核心就在于扩大和完善社会主义民主制。不过,民主制并不是由每个公民个人自行其是地来决定国家大事,而必须靠体现人民整体意志的法律来管理国家。这就是民主的法律化、制度化。唯有在法律的统一的、正确的指引之下,人民才可能有序地参政议政。这包括人民按照法定的程序选举自己信任的代表组成国家权力机关,并通过权力机关制定的法律组成行政机关和司法机关,使公职人员充当人民的公仆;实行共产党领导下的多党合作和政治协商制度,团结最广泛的人民来管理国家事务、经济文化事业和社会事务;切实保障人民的自由和权利,实行对国家机关和公职人员的有效监督;当这些权益遭到侵害时,依靠法律获得救济。所以,依法治国是发展社会主义民主,促进政治文明建设,使人民真正成为国家主人翁的有力手段。

(3)依法治国是建设社会主义精神文明的需要。

邓小平指出:"我们要在建设高度物质文明的同时,提高全民族的科学文化水平,发展高尚的丰富多彩的文化生活,建设高度的社会主义精神文明。"[1]"不加强精神文明的建设,物质文明的建设也要受破坏,走弯路。光靠物质条件,我们的革命和建设都不可能胜利。"[2]所以,在社会主义现代化建设中,必须使物质文明、政治文明和精神文明协调发展,这才是"有中国特色的社会主义"。法治是政治文明的重要内容,它对精神文明建设起着巨大的推动作用。社会主义制度高于资本主义制度的重要标志之一,是人的精神面貌的高尚。社会主义法治承担着引导全体公民进行精神文明建设的使命。它要启发人们树立社会主义道德观念,摆脱利己主义、享乐主义和极端的个人主义;培养公民的遵纪守法风气,克服社会生活中的散乱状态;繁荣文学艺术,涤荡精神污秽。法治还要借助于提高和普及公民的教育和科学的水平,使之掌握现代的科学技术,以促进生产力获得迅速的增长。这是法治贯彻"科教兴国"战略方针的体现。

总之,正如党的十五大报告中所指出的:"依法治国,是党领导人民治理国家的基本方略,是发展社会主义市场经济的客观需要,是社会文明进步的重要标志,是国家长治久安的重要保障。"

四、实现法治必备的条件

法治的实现必须具备一定的条件,这些条件主要是:

(1)维护法律的极大权威。法律的极大权威表现在内在和外在两个方面。内在方面是人们普遍地对法律的正义、自由、效益、秩序诸价值的认同,以及由于崇尚法律而形成的情结即法律信仰。外在方面是人们普遍地借助自觉的行为来实践法律。有了这两个方面的统一,法律就会成为毋庸置疑、不容动摇的社会调整力量。

(2)完善法律体系。法治就是依法治国,因而法律就成为绝对必需的基本手段,而

---

[1] 《邓小平文选》第2卷,人民出版社1994年版,第208页。

[2] 《邓小平文选》第3卷,人民出版社1993年版,第144页。

且法律的体系也必须是完善的。这就要求在社会生活的各个领域中,都有事先制定出来的法律的调整,并尽量避免法律的空白和漏洞。任何法律的空白和漏洞,都会使人们的正常行为因无所遵循而不知所措,更会使不轨者得到可乘之机。在这种情况下,或者不能形成应有的法治状态,甚或使已有的正常法治状态遭到破坏。

(3)强化民主法治。法治国家的法律是人民意志的集中体现和人民主权的产物。所以,法治和民主是密切相关的。没有民主就没有法治,没有法治也就意味着没有民主。民主对法律的要求在于:首先要使法律体现人民的意志和利益,又要使法律的创制符合严格的程序。只有通过忠诚于选民的人民代表遵照民主程序制定出来的法律,才能被认为具有合法性与合理性。由此不难看出,不论实体民主或者程序民主,对于法律进而对于法治都是极端重要的。

(4)坚持依法行政。国家的行政机关和公务员是人民公仆,其手中的权力完全来自于法律。一切行政行为只能在法律规定的界限内遵照法律规定的程序实施,因滥用行政权力而给行政相对人造成损害的,应依法加以赔偿,并对滥用权力的相关责任人依法追究责任。

(5)保障公正司法。司法是公民权益受到非法侵害而得到法律救济的最后关口。所以公正司法对于维护公民的权益进而对于国家的法治非常重要。保障公正司法,取决于各种因素,但集中起来说,就是司法机关及其工作人员严守法律标准线,既不夹杂任何私利,又绝不屈从或迁就任何外来力量的强制和干预。为此,就需要有真正的司法独立制度;有在政治思想、道德品质和业务能力上过硬的高素质的司法人员队伍;有对于司法机关及其人员行使权力的严格的监督机制和纠错机制。

(6)搞好法律监督。从广义上说,法律监督指一切法律关系主体,包括党、国家机关、社会团体、企业事业单位及广大公民,对各种主体行为是否合乎法律要求实行的监督。其中,狭义的法律监督,亦即国家机关之间法定的监督,是具有直接法律效力的监督。法律监督,特别是人民群众的监督,对于国家机关和公职人员公正、廉洁、有效地开展工作,对于全社会一体地守法都是极为重要的。因而,它是实现法治的重要保证。

* 载于全国高等教育自学考试教材《法学概论》,武汉大学出版社 1999 年。

第三篇

现代西方法理学

前　言

从 19 世纪末到 20 世纪初,伴随着自由资本主义向帝国主义过渡,西方涌现出好多法学流派。在这些法学流派中,比较重要的主要有三大主流派。第一是复兴自然法学。复兴自然法学有两个支派:一个是世俗的;一个是神学的。在这两派中,神学主义复兴自然法学占主导地位,影响也较大。第二是分析规范主义法学,也就是大家知道的现代概念法学。它包括两次世界大战之间的德国实证法学,以凯尔逊为首的维也纳法学派,也就是纯粹法学派,以及以英国哈特为首的牛津法学派,也就是分析法学派。第三是现代社会学法学。社会学法学导源于德国叶林(耶林)倡导的目的法学。后来发展成为以爱尔维希(埃利希)所倡导的自由法学。这样就形成了德国社会学法学。此外有以狄骥为首的法国社会学法学,这就是大家熟知的社会连带主义法学派。还有美国实用主义法学。美国实用主义法学首先导源于霍姆斯大法官,后来分为两派:一派是以佛朗克和列维林为首的美国实在主义法学;另一派是以庞德为首的美国社会法学。此外还有北欧斯堪的纳维亚实在主义法学。在所有现代西方社会法学这一主流派中,法国的社会连带主义和美国实用主义法学影响比较大。

除以上三大主流派外,其他一些大大小小的法学流派需要引起我们的注意。在这些流派中,有这样几个流派影响较大。第一是综合法学派,也有人称综合法理学。随着三大流派的靠拢,产生了一股希望综合三大主流派的力量。具体说,就是有人主张将自然法所倡导的理性、价值判断、正义、道德和分析规范主义法学所倡导的法律规范的实证主义,以及社会学法学所鼓吹的社会学的实证主义结合在一起。于是产生了综合法学这一新的派别。第二是现象学法学和存在主义法学。战后西方法学发展的另一趋向是,随着现代西方哲学对法学的渗透,在法学中就逐渐形成了一些带有很浓厚的哲学色彩的法学流派。在这些富有哲学色彩的法学流派中,势力比较大的是现象法学和存在主义法学。在蓬勃发展的自然科学,特别是在三论——系统论、控制论、信息论的刺激下,有越来越多的人,热衷于把自然科学的成果引进法学中来。在这方面,以行为科学为直接依据的所谓行为主义法学就逐渐形成,并一度拥有很大势力。最后需要说明的是,在西方,法学分类问题的研究也一直很受重视,并不断取得成果。

以上我们对西方法理学作了概括的介绍。下面我们就对西方法理学各流派主义进行具体介绍。由于大家对这一学科都有一定的了解,大家已经熟悉的东西这里就不重复或简略带过,重点提供一些新的材料。

第一章　复兴自然法学

一、复兴自然法的概况

（一）自然法学是怎样复兴起来的

在17—18世纪资产阶级革命时期，自然法理论曾是资产阶级进行革命的强有力的武器。古典自然法的特点之一，是它的基本倾向是世俗的，也就是理性的自然法。这些古典自然法学的鼓吹者有时也讲神意，但神意在他们那里不过是装饰品而已。古典自然法的第二个特点是它提出法律形式上的平等性、普遍性和合理性，并同时把它们确定为法律内容，即把平等性、普遍性和合理性确定为事实上的东西，并以此作为他们自己理论上的出发点。第三个特点是它断然否定维护中世纪特权的一些不合理的实定法，追求所谓法的统治，即依法办事的法治。总的看来，古典自然法在历史上是进步的。但是，在资产阶级夺取政权以后，古典自然法所信仰的理性的法律形式和内容相统一的那种法律，遇到了各方面的反对。首先遇到的是德国历史法学派的反对，接着遇到的是在西方一度占统治地位的形式或概念法学的反对，还受到只强调法的社会内容、忽视法律形式的社会法学派的反对。在这种情况下，自然法学派便一蹶不振。直到19世纪末20世纪初，自然法学才开始复兴起来。这就是所谓的复兴自然法学或现代自然法学。

自然法学为什么会重新复兴起来呢？原因就在于，它适应了垄断资产阶级的需要，适应了垄断资产阶级要摆脱19世纪自由资本主义法治主义的需要。自然法复兴经过两次高潮。第一次是在19世纪末20世纪初，这次复兴是以世俗自然法为主。第二次高潮是在第二次世界大战以后。导致第二次高潮的直接诱因，是作为对法西斯主义，特别是德国纳粹主义的批判，也是对德国实证主义的惩罚。德国纳粹主义分子蔑视正义和人道，制定了一些实定法。这些实定法不仅引起了人民对法西斯主义的憎恨，也引起了人民对资产阶级实定法体系的信仰危机。第二次世界大战以后，人民对理想的法律制度追求很容易引起他们关于正义、人道、理性、公共的善等这一套抽象观念的产生。但实际上，这些正是传统的自然法的观念。与此相关，作为概念法学支派之一的，拒绝一切实定法以外要素的德国实证主义法学，就被人看成是在战争期间为纳粹法西斯主义反动法律制度效劳的工具。战后，实证主义法学成为理想的法律制度建立的绊脚石，因为它主张恶法亦是法，恶法也要执行。在另一方面，在审判纳粹分子的过程中，人民也要求不要按照什么实定法审判，而要本着正义、人道、理性来进行司法实践。这一点更加推动了自然法观念的发展。

(二)复兴自然法学提出的几个问题

1.法(自然法)和法律(实定法)的区别。

复兴自然法在司法实践中,首先强调的是法官同法律,也就是同实定法的对立性。它把垄断资产阶级不满意的实定法一概宣布为不法的法律。他们认为,法官应独立于这些实定法,而仅仅服从自然法。实际上,他们是把法官个人意志当成自然法,当成真正的法。为说明这些问题,下面引证一些西方法学家,特别是战后西德一些法学家的说法。

首先介绍一下考夫曼。他写了一本书《现代法哲学诸问题》。在这本书里,他说:"所谓法官独立,讲的是接受同法无关的影响的自由,因而加强使法官屈从于不法律,那他实际上就是不独立的。"还有一个叫希比尔的,他强调司法权不是司法律权。司法律权意味着法院将成为立法机关的一种执行机关。这样来掌握司法权,是同法的观念相反的。希比尔这句话的意思就是,法官不应受法律约束,也不应受立法机关约束。法官应当只服从道义,即所谓真正的法。我们不难看出,这个理论是赤裸裸地反对现代代议机关权力,反对实定法,是赤裸裸的为司法专横进行鼓吹的理论。

那么复兴自然法学所鼓吹的法官,果真是正义、人道精神的化身吗? 西方学家 W. 威鲍德 1959 年写了一本书《自然法意识形态在德国法庭实践中的作用》。他在书中说:"法官和检察官直到希特勒最后时刻,都是国家的忠实仆从。那种恐怖行为公然依靠德国非法学的支持。这种法官的百分之九十,照例成为西德(战后联邦德国)的法官。他们也知道纳粹国崩溃以后反法西斯声浪的扩展,是从现有的意识形态的各种倾向的武器库里取出古老的武器,挂起现代的反法西斯招牌。这种武器之一,就是复兴的自然法的意识形态。"他的这段话很精彩,对于这个问题,这里我们就不多说了。需要补充的是,不仅德国法官这样,西方各国法官大体也是如此。

2.绝对自然法和相对自然法。

从前,西方对自然法的使用没有限定意义。战后,随着自然法的复兴,逐渐分成两种类型的自然法。法学家梅涅克夫曾写了一本书《历史主义的建立》,他在这本书中有段话:"过去在归结于斯多葛派自然法的思考中,把神给予的人类理性行为源泉。它(指古典自然法)的说教是作为无时间限制的,把绝对自然性的自然法,和原则上不否认这些规范本身,但是考虑到人类本性事实上不完全,以及社会生活多样性,和特殊的相对的有差别等情况的自然法。这两者应该是公开的。"可见,梅涅克夫把斯多葛以来的自然法分为两种。第一种类型的自然法叫绝对自然法,这就是古典自然法。在西方,有一位很有名的法学家 W. 罗森堡说:"这种自然法是独立于一切实在法的,它的内容绝对不变,所以又是超历史的。只有以理性的手段才能认识这种自然法。"还有一位法学家 H. 威鲁斯说:"这样来把握自然法的内容,迄今为止的实践都未超出无内容的形式概念和含糊的抽象性。"因此,一进入 19 世纪中期,绝对自然法就受到历史法学派的攻击,接着又受到反历史的所谓科学实证主义的攻击,很快退出历史舞台。第二种类型的自然法,叫相对自然法,也称复兴自然法或现代自然法。所谓相对自然法理论,是由 19 世纪下半期新康德主义法学派的代表人物什坦姆列尔(施塔姆勒)创立的。这就是所谓内容可变的自然法。战后复兴自然法学,正是沿着什坦姆列尔的口号和方向前进的。所以,我们追溯现代自然法学派可追溯到什坦姆列尔。

下面我们引用现代复兴自然法学派一个重要人物布伦纳的一段话。布伦纳说,挥舞抽象狂热的正义论,不但不能改善事态,反之,越要不陷入恶化窘境,就越要充分地考虑到人类事实上的状态。还有一个重要人物 H. 印吉斯哈,他 1953 年写了一本书叫《凝结我们时代的法和法科学精神中的概念》。在这本书中,他非常概括地提出,所谓相对自然法是什么呢? 就是"现在、在这里的自然法"。这句话是极为精彩的,它的精彩之处在于它一语道破复兴自然法的基本特征。为什么要强调自然法的内容是可变的呢? 就是因为启蒙思想家的自然法已不适应帝国主义时期的需要。那么,什么是"现在、在这里的自然法"呢? 就是适应帝国主义时代、适应各帝国主义国家具体需要的自然法。总之,绝对自然法和相对自然法的这种划分,其根本意义在于表明复兴自然法学同古典自然法学是对立的,是一种历史的倒退。

(三)复兴自然法学的没落

喧闹一时的复兴自然法运动进入 20 世纪 50 年代以后,就急转直下转入沉寂。这是为什么呢? 这个问题我们可以从西方法学家的分析中找出答案。

第一个原因是,该复兴运动是以新托马斯主义为主导的,即神学主义的自然法派显示了其前近代性的落后。在这个问题上,日本法学家野留良知在他写的一本书《现代自然法》中指出,托马斯自然法是以中世纪自然法为前提的。这个等级的中世纪社会的形象,被绝对化为一切人类社会的模型。就是说,复兴自然法学是按照中世纪制度来改造当前社会的。W. 罗森堡指出,在托马斯主义自然法当中,秩序优先于自由,或者说,自由是被固定在秩序的框框里。而这种秩序是统治者以神的名义,自上而下压下来的,所以必然造成更严重的官僚主义国家政权,使人民更没有自由。还有一些西方法学家,他们也谈到,托马斯主义法学强调调合,但是,在它的这套调合理论背后,隐藏着深深的反共产主义原理。

复兴自然法学没落的第二个原因,是复兴自然法学带来了不能容忍的法官专横。既然实定法被抛在一边,那么只能听任法官的任性来作出司法判决。这些法官在大的方面,可以随心所欲对正直人士进行迫害;中的方面,可以进行敲诈勒索;在小的方面,他们会作出荒唐的错误决定。正是鉴于这种情况,罗森堡把这种现象叫做价值的暴政,也就是在价值判断名义下实行暴政。也有的法学家把它叫做片面的伦理判断的任意专横,也就是说,这些胡作非为,都是在所谓伦理、道德、正义的名义下做出来的。也有学者认为,这些行径完全可以同 1945 年以前纳粹法官的行径相比拟,二者的不同之处在于,一个是以所谓民族共同体准则为口实做出的;另一个是以所谓绝对的伦理规则为口实做出的。这一切不仅为广大人民所不容,也为一切有正义感的资产阶级思想家所唾弃。

复兴自然法学没落的第三个原因,是垄断资产阶级破坏宪法和法制的要求,已经逐步在新实定法当中得以实现。所以他们向自然法求救的呼声就越来越低了。在这里,我再来引证一段考夫曼的话。他说,1950年以来,以司法为中心的自然法理论之所以倾向于沉寂化,原因在于,一方面集权主义的恣意、国家的法律形式的不法,从我们秩序中被驱逐出去。在基本法和其他实定法整顿过程中,这些主张的一部分,已变为实定法的一部分。另一方面,在这种情况下,再继续使用自然法那样的咒语来进行呼唤,就几乎是必然地召来新的实证主义。考夫曼所讲的新实证主义,并不是本来意义上的实证主义,而是指自由资产阶级的法制主义。他的意思是,在此情况下,再用自然法来进行专横,不但对垄断资产阶级没有好处,反而会刺激人民的法制要求,这就是为什么复兴自然法学吃不开的道理。

二、复兴自然法学的几个主要代表人物

(一)惹尼(Francois Geny,1861—1944)

惹尼是现代复兴自然法运动的重要先驱者之一。他1861年生于法国巴卡拉。他先后在阿尔及尔大学和狄龙大学教过书。后来,转至南锡大学法学院。这时,他当选为法国科学院的通讯院士。惹尼在司法方面,主要是民法方面的研究很有造诣。他曾参加过战前波兰民法法典的编纂工作。他对瑞士民法典债权部分也提出过重要意见。惹尼一生有很多著作。与我们有关的,一本是《私法、实在法的解释方法和渊源》(1899),一本是《书信方面的权力》(1911),还有一本是《私法、实在法的科学和技术》(1914—1924)。此外,他还担任过法国《民法季刊》和《法律周刊》等杂志的编辑工作。下面我们就来介绍他的一些主要理论观点。

1. 法律解释论。

惹尼在《私法、实在法的解释方法和渊源》这本书中所宣扬的重要观点之一,就是法律解释论问题。惹尼也正是在这个问题上一举而成名。在这本书中,他对19世纪发生的,比利时的注释法学派所运用的那一套对民法典的传统的解释方法进行了批判。这个学派注重于法律的逻辑解释,而对立法者在立法时的意图或立法精神以及当时社会实际需要是不重视的。对于这样的方法,惹尼进行了严厉的批判。惹尼的批判和叶林以来的社会学的批判是很接近的。但惹尼又使自己这套理论远远离开社会学法学的思想,同社会学法学划清界限。因为惹尼反对不顾立法者立法精神,而仅仅借口变化了的社会关系的需要来自由解释成文法律。惹尼捍卫这样一种观点,他主张必须根据立法者立法时的意图来解释成文法律,必须根据当时存在的社会需要和社会关系来解释成文法律。惹尼认为,法律的形式渊源,不可能包括法律所应该规定的所有东西,总要有一定自由裁量的权限留给法官,使法官有一些创造性精神活动。但他又

声明,这种权限不能根据法官的个人的不受限制的任性来行使,而必须以客观原则为依据。法官应给诉讼当事人的愿望以最大限度的满足。怎样完成这一任务呢?他说,要承认一切冲突着的利益,要估计他们之间各自的力量,要以正义的标准衡量他们。这样给予有社会标准测定的最主要的利益以优势,最终在各种社会利益中造成一种平衡。在惹尼看来,为了产生在各种利益之间的正义的平衡,法官必须观察普遍的社会道德感情。要研究特定时间和地点的社会条件和经济条件。法官应尊重契约、遗嘱和其他形式表现出来的诉讼当事人的独立意志。但是,当事人的这种独立意志又不能同公共意志的基本原则相冲突。为了尊重立法者在制定法律时的意志和意图,对成文法进行类推适用是不能允许的。他认为情况一旦发生变化,法律解释在这里便没有意义了。在此情况下,就应认定这一法律不能再被运用了。这时,习惯就是法律。根据惹尼的说法,习惯是仅次于立法的法律形式渊源之一。他认为在现代法律制度中,成文法律和习惯法律不是等同的。也就是说,从政治学和社会学角度看,成文法律应优越于习惯法律。很明显,当他把法律形式特征归结为立法和习惯时,惹尼运用了实证主义的法律渊源理论。根据惹尼的说法,在缺少立法和习惯的情况下,权威和传统就开始发挥作用。什么是权威,他说的权威包括法律理论和司法判决。如果这种权威经过长时间沿续,就会变为传统。惹尼声明,显然权威和传统也有形式上的特征,但它们的地位低于成文法和习惯法,从属于立法和习惯法。惹尼说,权威和传统只能对成文法律,特别是只能对习惯法律的创立作出贡献,它们只是受法律意识支配的习惯法的基础。他继续说道,当权威和传统所支配的立法和习惯不充分时怎么办,在此情况下,就产生了所谓自由的科学研究。这种研究之所以被说成是自由的,就是因为它不受法律形式渊源的约束,它是独立的。它能为制定法律寻找一个指南,能集中客观数据,或者能够集中人类社会的事物的本性。惹尼要在自由的科学研究中发现正义和平等的基本原则,他主张类推应在这个领域内起作用。

惹尼不主张人们去建立一个法官政府,因为法官的创意性,在事实上仅仅是限于他们所要解决的那个案件。法官的自由探索,仅仅是立法本身的补充,不能代替法律。总之,惹尼的法律解释论在法律的形式渊源方面,始终是强调这样一个严格的顺序:立法、习惯、权威和传统,最后是自由科学研究。这就是惹尼的法律解释论。

2. 惹尼的法哲学基础。

惹尼认为,他在《私法、实在法的解释方法和渊源》这本书中所宣扬的法律解释论是不够成熟的,认为自己这本书缺少必要性的哲学基础,特别是缺少思辨的哲学。在谈到这点时,他非常遗憾地说:我的书的重要脱漏,引起了我深深的懊悔。惹尼试图在他第二部重要著作《私法、实在法的科学和技术》这本书中加以弥补,因而在这后一本书中,很明显地加强了新托马斯主义的色彩。惹尼的法律理论的哲学基础是很复杂的。他从各式各样的哲学中吸收成分,但又不能把这些不同成分的哲学思想材料融为一体。他是在苏格拉底、柏拉图、亚里士多德古典哲学家的哲学当中建立自己的理论出发点的。他认为,这些哲学家的思想是由他们的后继者来完成的。惹尼说,他们的哲学尽管受到一些人的攻击,但他们仍然构成人类普遍意识的基础。所以惹尼把他们称为共同意识的哲学。他强调这套哲学不是静态的,而是动态的,是活的,是在变化发展着的。他试图把这些古典哲学同现代哲学运动的成果结合在一起。他甚至希望把它们同孔德的实证主义社会学结合在一起。然而,惹尼毕竟是一个虔诚的天主教徒,他的哲学信仰大部分是托马斯主义的东西。他希望从宗教之中,发现一些指导性的原则,以便对法官有所指导。惹尼否认只有理性才能解决人世间的问题。他强调直觉在人类掌握现实中也很有用。他相信人和其他创造物有区别,相信灵魂不灭,相信上帝存在,相信上帝和人间有交往,等等。但是,惹尼并不想从这些原则当中得出详细的规则。他主张法学家可在事物本性规定的范围内来自由地发挥作用,这些原则必须由法官建设性的工作加以作用。

3. 社会的"已给"(givens)。

什么叫已给,就是已经、事先呈现在人们面前的,特别是法官和立法者面前的既定状态。惹尼区分了四种已给。

第一种是自然的已给,或叫现实的已给。就是使人类置身于其中的既有自然性质又有规范性的现实的实体所构成的。从哲学上讲实体指事物的现象和本质的统一。实体是事物的整体的规定性。现在,这个词在党中央决定中也用了,"法人"就是经济实体。康德的认识有三个阶段,其中感性认识就是现象,知性是本质,还有就是理性。

第二种已给,是在自然的基础上发展而成的历史的已给。这个历史的已给指事物持续一段时间后所产生的明显的结果,它作用于自然,而且给自然增加新的力量。这是第二个层次的已给。

第三种已给,是建立在自然已给和历史已给基础之上的理性的已给。理性的已给是人们的理想从人的本质和人与世界的关系中引申出来的。

第四种已给是理想的已给。这种已给由人的理想构成。这种理想是从感情和信念的力量出发,是从对身体的、心理的、道德的、宗教的、政治的和经济的秩序的一种全盘考虑出发产生出来的,这就构成了理想的已给。

我们看到惹尼对已给的分析是抽象的,为了使这个问题通俗化,举个例子,他以男女两性分类说明已给。第一,他说两性的差别就是自然的已给,立法者在订立婚姻法时就不能忽视世界上有男有女这个客观现实,立法者也无法使男同男、女同女结婚,总要想法让男女成婚。第二,人们的行为在任何情况下都应受一定的社会权威的控制,不是随心所欲的,通过婚姻这种形式实现的两性结合就是历史的已给。最早人们不懂得采取特定的婚姻形式来进行结合,为什么人们懂得了这一点呢? 就是历史作用的结果。第三,人的理性的必然推断使人们懂得了为了抑制人的情欲和对儿童的教育,人们就懂得婚姻必须是稳定的、持久的,这是人们理性中产生的。第四,立法必须承认人的灵感和理想,人还富于更广阔的理想力,而在这些理想中就产生这样一些追求,如婚姻是不可离异的,另外也形成了如一夫一妻制这类思想,等等。人们在婚姻问题上有了更广阔的想象力。

惹尼主张科学(或他说的自由的科学研究)应该把主要注意力集中在这些已给上边,并且应该力图从这些已给中引出实质性的法律原则。

惹尼以这四种"已给"的划分作为基础,提出了所谓基本法律原则和管理法律原则的区别。前三种形成"已给"以及在这三种"已给"基础之上建立的法律原则就是基本的法律原则,他强调基本法律原则是立法者制订有效的法律所不能忽视的。那么,在第四种"已给"的基础上或者说从第四种"已给"中所引导出的法律原则就是管理法律原则。管理法律原则是以基本法律原则为前提,并且在合法的生活中起着一种简练和深化的作用。例如像婚姻的不可逆性,一夫一妻制就能使婚姻的法律生活得到简练、深化。

4. 自然法的概念。

惹尼所设想的自然法就是包括基本法律原则和管理法律原则的实质性法律原则。这些原则构成了实证法律的基础,并且由法律的技术构成使这些原则变成一种在法律社会生活中可以实践的东西。惹尼认为实证的法律就是通过法律的技术构成使实质性法律原则实践化。惹尼认为,这些实质性法律原则就是自然法。但是和古典自然法理论不同,惹尼没有把现实法律的有效性归结为自然法的最低限度,也就是他没有把自然法当作现实的法律规范来对待。自然法就是实质性法律原则,并不是现实的法律。他认为自然法的规则仅仅是实证立法的一般的、笼统的指导。惹尼说,从这些"已给"中所能得出的准则,它没有掌握现实的东西,它不是现实法律,有时它们(这些法律原则)只是提供了空架子而已。

5. 法律技术理论。

惹尼认为"已给"产生这些实质性法律原则,它的观点的法律效率完全依赖于技术构成。技术构成是法律技术的基本组成部分,只有通过技术构成,法律原则才会变成对社会现实是可能的东西,即变成现实法律。惹尼对法律技术是这样描述的,他说,在全部实证法律中,它代表形式和内容的对立。这种形式是"已给"的人工构造物,是行为而不是理智的产物,在这里法学家的思想可以自由地运动,只受法律预定目的指导。"已给"的原则的法律效力和法律技术解释之间的关系是:"已给"原则的法律效力依存于法律技术解释,而这种解释的规范性法律性质,又是以这些原则为先决条件的,即立法者的任务是从这些法律原则出发,以这些法律原则为根据把它制定成法律。根据惹尼的观点,在法律技术的工具中,首先包括实证法律的形式渊源,也就是立法、习惯、权威和传统。再进一步看,法律技术还包括立法程序,包括法律形式的范畴,包括法律分类的现实范畴,包括法律的概念、法律的假设、法律的术语。

惹尼的法律理论可以用一句话来概括,全部实证法律的制定是以动态的实质性法律原则和法律技术构成作为基础的。他的理论有几个层次,首先是"已给","已给"又产生了几个法律原则,法律原则又通过法律技术构成然后变成现实法律。

（二）马里旦（Jacques Maritain,1882—1973）

马里旦是法国现代最有名的新托马斯主义法学家。他在大学受教育期间曾受过柏格森直觉主义的影响,他最早是个新教徒,后来成为一个罗马天主教徒,1914—1939年在巴黎天主教学院讲授现代哲学,1941—1944年在美国普林斯顿后又在哥伦比亚大学讲学,1945—1948年任法国驻梵蒂冈大使,1948—1960年任美国普林斯顿大学哲学教授。马里旦的哲学著作很多,有《真正的人道主义》(1930),还有一本同我们关系最密切的《人和国家》(1951)。我们想分以下几个小题介绍马里旦的法律学说。

1. 国家论。

西方资产阶级国家理论主要可分为两派,一派是自由主义国家论,还有一派是国家主义或叫绝对主义的国家理论。这两派区分的主要标准就是看怎么看国家和个人之间的关系,换句话就是国家是目的还是手段。自由主义国家学说倾向于认为国家是手段;相反,国家主义的国家学说倾向于国家本身就是目的。马里旦的国家理论强调国家是为人民服务的,也就是表现为倾向于自由主义国家学说,但他的国家学说同一般自由主义国家学说有区别,区别主要表现在:神学主义。马里旦主张把政治体同国家区别开来,他认为政治体不同于国家,但等同于政治社会,国家只是政治制度的一部分,并且主要是从事于整体利益的一部分。马里旦强调国家并不是一个人,它是联合成为一个最上层机构的制度,马里旦反对黑格尔和霍布斯的国家概念。黑格尔把国家看成理念的最高体现,个人必须以国家为目的,为国家服务,霍布斯则把国家看成一个集体的超人,一个巨人,个人必须绝对服从国家。马里旦认为这两种国家概念都是错误的。他说,国家不过是一个有资格使用权力和统治的并由公共秩序和福利方面的专家,或专门人才组成的机构,国家不过是一个为人服务的工具,相反的是人为这一工具服务的是政治上的败坏现象。人作为一个个体,是为政治体服务的,而政治体系是为作为一个人的人服务的,但人绝对不是为国家服务,而国家是为人服务的。马里旦的国家理论突出强调国家是一个维护法律、促进共同福利和公共秩序以及管理公共事务的一套机构,国家的目的就是为人服务的。

以马里旦为代表的新托马斯主义和老托马斯主义在国家问题上的联系和区别:

第一,老托马斯主义只讲上帝、教会同国家的关系问题,讲人是上帝的创造物,讲君权神授,国家是上帝的仆人,等等。新托马斯主义则是上帝和国家中间插了一个人民,就是讲上帝、国家和人民三者的关系。第二,老托马斯强调教权高于王权,而新托马斯则使资产阶级代议制民主制和上帝结合,说教会也是为代议制服务的。第三,在中世纪,科学是神学的奴仆;在帝国主义时期,新托马斯主义则强调,要结合科学与宗教、理性和信仰,大谈国家的理性的基础。第四,老托马斯主义强调人的原罪,强调在现世人要赎罪,强调现世和来世的区别,主张人应寄希望于来世而不是寄希望于现世的国家。这是老托马斯主义的陈词滥调。那么新托马斯主义则强调要改善现实生活,要改革国家机构，一句话，主要寄希望于现世国家，而不是寄希望于来世。这是以马里旦为代表的新托马斯和老托马斯在国家问题上观点的四点联系和区别。

2. 自然法论。

马里旦的自然法理论主要是继承中世纪托马斯主义的那一套自然法理论，而不是17—18世纪的资产阶级古典自然法理论。马里旦把法分为以下几类：一是永恒法，上帝统治整个宇宙的法律；二是自然法，就是人类对于永恒法的参加，人通过自然法参与了永恒法；三是实在法，包括社会中的习惯法，也包括制定法。除此而外，马里旦还提到了万民法和国际法，他说万民法和国际法是处在自然法和实在法之间的东西，这大致是抄了阿奎那的，没什么新鲜。马里旦认为，自然法是由两种因素构成的，一种是本体论要素，一种是认识论要素。我们先讲本体论要素，本体论可大体理解为本性，当然本体不等于本性，只能大致这样理解。本体论要素是指事物的本性所产生的必然性，人必然要这样，任何东西发生作用必然要这样，一切事物都有一种由他本性所产生的常态，这就是自然法。自然法就是由事物的本性产生的常态、规律。马里旦说我正在强调的是可以在自然法中看出的第一基本要素也就是本体论要素，我指的是以人这一存在的本质为一切发生作用的常态。因此我们不妨说在本体论方面自然法是有关行动的理想秩序，正当和不正当行为的分水岭。它依靠着人的本性或本质，以及源于这种本性或本质的不变的必然性。从这句话中，我们看到马里旦讲的自然法的本体论要素是从人的本性出发的，也就是说，从人的本性引导出自然法。自然法的认识论要素，是指人对自然法的认识，是通过一种先验的理性，通过一种道德的良知来实现的。自然法的概念主要是依赖于人们对它认识的能力和程度，因而这种认识是不断前进的，需要经过一个无限的系列过程，人们不能一下就完善这个认识。马里旦说，这样我们就要接触到自然法中要加以认识的第二基本要素，也就是已知的，因而就是在实际上衡量人的天赋理性的办法。自然法是一种不成文法，人们对自然法的知识是随着人的道德良知的发展而一点一滴增加的。我们自己的道德良知对于这一不成文法的知识无疑是不完备的，而且很可能只要人类存在，它将继续发展并继续变得更加紧密，只有等到福音渗透了人的本性体的最深之处，自然法才会开花并达到完善的境地。马里旦把自然法看成一种秩序或一种安排，他强调这种秩序或安排是人的理性可以发现的，而且根据这种秩序或安排，人类就会做出相应的行为。

3. 人权论。

马里旦很重视所谓人权问题，他曾参加过联合国世界人权委员会的工作。马里旦人权理论的中心思想就是认为人权理论的基础是自然法。人权思想在马里旦新托马斯主义思想体系中占有中心地位。马里旦说世界思想体系有三大类，一类是个人民主自由主义，二类是马克思主义，三类是他所鼓吹的人格主义或人道主义。这三种所谓思想体系的区分是根据什么呢？他认为是根据以下情况：个人自由主义鼓吹人类真理是每个人独立地处理自己的财富，就是资产阶级个人主义；共产主义的标志是通过集体力量使大家能共同享有财富;而他所鼓吹的人格主义认为财富要服从真正的道德的精神、福利,即升入天堂。这些思想虽然互相对立,但它们能在人权这个问题上达成协议。马里旦强调在理论观念上互相对立的人们可以取得在实践上对人权的一致性。马里旦指出,作为人权的理论根据和人权的实践,这个东西要区别开来,不要混为一谈。从纯粹理论上讲,不同的意识形态,不同的思想体系是不可能一致的,但是在实践的行为准则方面却是可以取得一致的意见。马里旦的人权具有一个独到之处,就在于把人权奠定在自然法理论上,完全从自然法出发来解释人权。马里旦说,不了解自然法的历史,不认识自然法就不能彻底了解人权。在马里旦那里,新托马斯的自然法是和17、18世纪的自然法截然划清界限的。马里旦说17、18世纪自然法是败坏的自然法,是滥用自然法来损害和践踏人权。他说他的自然法和资产阶级古典自然法有以下区别,表现在:

(1)对自然法来源的解释不同,古典自然法强调自然法来源于人的理性;他的自然法强调自然法来源于上帝。

(2)古典自然法只讲权利不讲义务;马里旦认为权利义务应该是一致的,讲自然法既要讲权利又要讲义务。

(3)古典自然法认为,实在法是自然法单纯的翻版;而他则认为这个观点过于简单化。自然法只是原则的规定,而实在法较具体,不能把实在法看成自然法的最低限度。

这是他自己分析他所代表的自然法理论和古典自然法理论的区别。

马里旦的人权论的主要论点可归纳为:

(1)关于自然法人权和实在法人权的区分。马里旦认为,有一些人权属于自然法范畴,而另一些则属于实在法范畴。如自由、生存、追求道德生活的完善这些都是自然法赋予人们的权利。另一些如物质财富的私有权,就要具体分析:如果说私有权指人人都有权享有财富这个意义上讲,那么就是自然法的规定,是来源于自然法的。如果谈到私有权的具体形式则是实在法规定的,属实在法范畴,就是说如果私有财产出现了问题,改良一下实在法就行了,如果有人垄断财富太多,颁布一个反垄断法就解决问题了。

(2)关于自然人格的不能让与性。马里旦把人权分为两类,第一类是绝对不能让与的,第二类是基本不能让与的人权。所谓绝对不能让与的就是指不受社会政治体限制的权利,这些权利也包括人的生存权利,人的追求幸福的权利,这是绝对不能让与的,任何政治体都不能干预的权利。所谓基本不能让与的权利指在享有上受到一定限制的权利,这些包括结社的权利、言论自由权利,结社到什么程度、言论自由到什么程度,这些就要受到政治体的一定限制,所以是基本不能让与的权利。

(3)关于权利的享有和权力的行使的区分。马里旦主张自然法权利的享有和行使不是一个东西。就享有来说,绝对不能让与的权利是不受限制的,但是就行使来说,即使绝对不能让与的权利也应该受到一定限制,不能为所欲为地行使这个权利。

（4）关于新旧权力可以调和。马里旦所说的旧权利是指财产权、契约自由权等；新权利指选举工作、组织工会、要求提高工资、增加社会福利等。那么按他的说法，两种权利之间有矛盾，但却可以调和。他说这两类权利似乎是不能调和的，这仅仅是因为两种对立的意识形态和政治制度之间存在着冲突。马里旦认为，人们应该摆脱这种认识，使这两种权利能够得到限制。他举例说，例如联合国1948年通过的人权宣言就是一个很好的新旧权利调和的法律文件（社会主义国家和资本主义国家都同意了）。

4. 主权和世界政府。

马里旦同其他的现代西方主要的法学流派的共同点是，他们都反对国家主权论，反对主权这样一个概念，主张一定要摆脱这样一个概念。我们知道西方法律思想史上讲国家主权的一个是布丹，一个是霍布斯，一个是卢梭。马里旦认为他们分析主权的思想本身就是错误的。这些人讲主权必须是和政治社会分开的，是独立的，或是一种超越的最高权力。这种权力是凌驾于社会之上的，是统治社会的一种权力。马里旦说，这样一种主权概念就是专制主义的国家学说，接受这种主权概念至少有三种危险：第一，任何国际法都无法想象；第二，对内讲主权论就是集权主义的国家理论，而不是多元论的自由主义；第三，这种主权概念会导致不负责任的行使国家的最高权力。马里旦认为主权概念本身在政治领域中是有害的，但在神学领域中是有效的，因为上帝确实享有主权，上帝和他的创造物同宇宙是分开的，是凌驾于宇宙之上的统治者。由于上帝享有主权，因此教会也应分享上帝这种主权，因为这样能使他超出世俗的世界之外。马里旦反对国家主权学说同他要求建立世界政权思想相一致。按他的说法，我们当前这个世界有两个前途：一是和平，一是毁灭。要维持这个世界的和平，就必须建立一个世界政府，是所有国家都处在世界政府之下，这样就能避免各个国家之间的战争，避免相互消灭，特别是避免核威胁。只有世界政府才能拯救人类于毁灭之中，带来一个和平的世界，而为了建立世界政府就必须坚决反对国家主权，最好从根本上取消国家主权这个概念。

（三）麦斯纳（Johannes Messner，1891—1984）

1891年生，奥地利法学家，天主教神学理论家，1928年在萨尔茨堡任家庭教师，1930年任维也纳大学讲师，1935年升任教授，在纳粹统治时，一直从事法律教学工作，同时还钻研天主教神学理论。在第二次世界大战后，由于受到新自然法学和社会学的影响，开始注重于研究法律、社会、道德这三者的关系，很快就成为新自然法的重要代表人物。在战争后自然法复兴运动中，麦斯纳占有特殊地位。麦斯纳的代表作叫《自然法》（1949）。在《自然法》这本书中，麦斯纳广泛研究了各种自然法理论，研究了实证主义的法学理论，在这个基础上，对于自然法学进行了新的阐述。这本书到1966年已出了五版，在出第五版时麦斯纳进行了全面的修改，增加了不少新内容，但基本观点没动摇。

下面简要把麦斯纳的自然法理论，特别是在《自然法》一书中阐述的自然法理论介绍一下。

1.存在目的和自然理性。

虽然麦斯纳也是从托马斯哲学和自然法理论出发,但是和那些把自然道德法律建立在实践理想基础之上的新托马斯理论不完全相同。对人们为什么会发现自然道德理论,为什么人们生来就有一种道德意识——这是一般的新托马斯主义理论的说法,在这个点上,麦斯纳同他们有所区别。麦斯纳极力求助于人的存在的目的。他认为这个实践理性是从这种存在目的当中了解到道德先验原则,人们是从自身的存在目的出发了解先天道德原则。理性命令或自然法概念中包含两个方面:一个方面是心理学的主观方向,就是人们的意识方面;另一个方面就是存在的命令或叫本体论的客观方面,也就是人的本性方面。这两个方面是相互联系、相互依存的。正由于和存在目的相联系,所以人们的实践理性不仅是对自然法原则的了解,而且也是作为一种意志来表达,同自然目的、自然倾向相一致,这样一种人的理性的完善。所以有两个方面的意志:一方面就是可以使人了解自然原则,另一方面也是使自己的理性不断得到完善。按麦斯纳的观点,人的自然理性是从家庭共同体的行为规则的经验中来的,从这里得到了关于自然道德法律原则。

2.自然道德法律概念。

麦斯纳效仿托马斯·阿奎那,区别了所谓自然道德和自然法。自然道德的最高原则就是要行善避恶,从这个最高原则中可以直接引出第一级道德原则。这一级原则包括避免过度、要给予每个人所应有的东西,己所不欲、勿施于人,尊敬父母,服从合法政府,遵守契约,信仰上帝。从第一级道德原则中又产生了第二级道德原则。第二级道德原则的内容就是圣经中讲的十诫。除此而外,还有第三级道德原则。麦斯纳把这叫做被运用的原则,这些原则不是直接的和明显的,只能据特殊的情况来定。如资本家发给雇员以公正的工资,把它看成无关紧要的,看成是自然道德的附属物,而不是自然道德的本质要素。这是老托马斯的观点。麦斯纳的看法正相反,自然道德法有普遍性,是在个别道德中才能得到具体化,离开了个别道德,就谈不到普遍道德。

3.自然道德法和社会。

麦斯纳强调人只能在社会和民族关系的范围内实现它的存在目的来完善道德。自然道德法也只能在这些社会关系中得到承认,就是说这个问题有两个方面:一方面,社会是建立在人的社会本性当中的;另一方面,人的道德的完善又必须依赖于社会,离开了社会,就谈不到什么人的道德完善。我们刚才讲了老托马斯主义是鼓吹社会普遍主义,把社会整体利益看成第一位的东西,把个人利益看成无关紧要的东西,是为集权主义政治统治服务的,是为君主专制主义服务的。这一点在麦斯纳理论中也有表现。麦斯纳认为个人特殊利益不管是从本体论方面(从人的本性方面)说还是从行而上学方面来说,都是共同利益的一部分。这个和老托马斯的观点有符合的一面,但是在具体认识当中,麦斯纳更多地强调个人的利益,强调社会不能替代个人利益,即在社会观方面麦斯纳和老托马斯观点有区别。

4.自然法概念。

按照麦斯纳的观点,自然法是自然道德法的一个组成部分,但是自然法和自然道德法有区别。这个区别主要表现在自然法不仅有自然道德法所包含的特征,而且有现实法律的特征,但它又不是现实法律。也就是说,自然法是处在自然道德法和现实法律之间的东西,是第二层次的。第一层次是自然道德法,第二层次是自然法,然后才是实定法,即国家制定的法。

麦斯纳在论述国家本质时,特别强调从人类存在的目的所蕴含的自我决定的全能,按照他的说法,法律就是人类在自我决定中的行为全能的秩序化。麦斯纳的意思是,这些全能在事实上等同于人的存在的目的即行为自由,换句话说,全能就是人为实现人的存在目的的行为自由。

麦斯纳把道德和法律做了如下区分,有四点不同:

(1)法律,只是和社会生活中行为的外部模式相关,换句话说法律是调整人们的外部行为。

(2)法律具有特定内容的义务。

(3)法律给予了实施那些规定行为的权利。

(4)为了保证法律的安全,它又赋予了社会以制定规范的权力。

麦斯纳讲道德和法律主要有这些区别。法律的这些特征和自然法的特征都是相一致的。但是自然法的遵守所表现出来的强制性是良心上的约束,是内在的压力,而不是国家的压力,这是法律和自然法的重大区别。

以上是根据麦斯纳的理论着重分析自然法到底是什么。它是自然道德的一个组成部分,所以有自然道德法的特征,就像我们讲法律规范和法的关系一样,法律规范是法的一个细胞,它当然有法的一些特征,都是国家制定、认可,由国家强制力保证实行的。其次,自然法同时有现实法律特征,但又不是现实法律。主要表现在那四个具体方面,可归结为它的怎么实施,靠什么强制力实施这点不同。

自然法也分为二级。第一级自然法是绝对的自然法。其绝对性表现在时间上是永恒不变的,还表现在人们对它无条件地遵守和履行。第一级自然法的原则,用麦斯纳的话说就是尊重每一个人的权利,避免不正义。第一级自然法特别注重人的生命和身体的完整性,也就是说第一级自然法包括了基本的人权。这些人权有:良心的自由,宗教的自由,生命的权利,人格的权利,结婚的权利,等等。通过麦斯纳这一番说教,他超过了托马斯主义,发展了关于基本人权的理论,而且把基本人权和社会权力结合在一起,譬如说,他认为为生活而去工作,这也是人权的内容之一。

第二级自然法,就是把第一级自然法运用到具体社会关系的结构所产生的一些法律原则。这种运用首先是在人的法律良心中实现的;其次也是通过习惯法、成文法、法律理论和法律的发展而实现的,这种实现表现为以自然法被采用而成为实证法的前提。就是指人的本性由于原罪而引起的损害。这种损害对法律产生两个重要的结果：第一，它大大扩大了国家制定实证的法律这方面的权能，也大大扩大了国家为保障法律安全而以强大武力来维护实证法中体现的自然法的权能。第二，它使得每一种证实的法律制度必然是不完善的。立法者也是人，也要受到原罪的污染，不可能是完善的。所制定的法律制度也是不完善的。麦斯纳使用法律实证主义这样一个词来表示原罪这两种结果。麦斯纳进一步说，第二级自然法也是被应用到国内法和国际法当中的自然法，这种应用是通过惯例而发生的。

5. 自然法和实证法关系。

自然法和实证法的关系是这样的，自然法代表了实证法的权能，反过来说，实证法直接或间接地依赖于自然法。也就是说，实证法的法律效力来源于自然法所代表的那个法律权能和原则。当实证法与自然法发生冲突时，怎么办呢？麦斯纳说，在这种情况下，良心的制裁就消灭了，实证法的约束力也就削弱了。围绕这个问题，他讨论了关于积极反抗的权利，用卢梭的话说，就是反抗权。麦斯纳承认这种情况下公民反对违反自然法的实证法。对这种反抗权力，麦斯纳划了一个界限。认为对这种恶法的抵制，对国家共同体造成的损害不能等于或大于将被废除的暴力权力所造成的损害。他还认为，自然法不仅是实证法的立法依据，而对于实证法的适用也起一种补充作用。举个不恰当的例子，如政策和法律的关系，在制定法律时要以政策为依据，在适用法时也要把政策作为参考依据。他的意思是说，自然法能够保证实证法接受共同利益的约束。最后他强调，法律原则即自然法和法律规范即实证法有紧密的联系，但毕竟还是有区别的。他并没有把自然法当作现实的法律来执行。

（四）布伦纳（Emil Brunerz，1889—1966）

布伦纳是德国的一位新教徒。他的名著就是《正义》（1943）这本书。该书在复兴自然法这个思潮中，也是很有代表性的。

1. 自然法概念。

布伦纳不求助于天主教派所鼓吹的反抗实证法的旧自然法概念。他所追随的是由宗教改革家，特别是路德和卡尔文所理解的那种基督教的自然法。按照他的说法，路德和卡尔文的自然法概念和中世纪的天主教理论是不同的。不同之处就在于基督教的自然法意味着一贯的正义原则，这和中世纪天主教会胡作非为迥然相异。这个原则建立在神的宇宙秩序之中。对这种自然法，有罪的人只有通过圣经中神的启示才能理解。布伦纳认为，人们如果不是这样理解自然法，那么就应该取消自然法概念。他强调说，根据现代人的一般观点，自然法意味着和国家的实证法相对抗。他说，这种观点是无论如何不能接受的，认为国家的法规具有法律效力和约束力的垄断权。在国家法律没有被破坏的情况下，自然法不能要求有现实的法律效力。在他看来只有实证法才有法律效力。按照布伦纳的说法，路德和卡尔文所宣传的自然法仅仅是应该在实证法律中实现的。自然法仅仅是提供了实证法的原则。他认为，为了保障不可侵犯的权利的有效性,人民对于专制政府的反抗是允许的和必要的,这种反抗权就是一种自然法的权利。他在反抗权问题上比麦斯纳要激进一些。

2. 正义和权利。

刚才我们讲的建立在神的、上帝的宇宙秩序的法律原则包含什么呢? 或者说自然法的内容是什么呢? 布伦纳说,一切人都是由上帝按照他自己的想象制造的,人都平等地对上帝负责。正是从这里可以发现人的尊严的原始权利的基础。在尊严上,人是完全平等的,都是上帝创造的。正是在这种基本平等的基础之上,布伦纳提出了共同正义的原则,反映人们原始的共同正义。除了这种基本平等以外,人又是不平等的被创造者,具有每个个人的特征。正因为如此,人生活在共同秩序中,人们互相补充,互相需要,因为每个人各有特长。在这种不平等之上,布伦纳提出了分配正义的原则。共同正义和分配正义这两种类型,它们都包含着每个人所应有的东西这样一个模式。人在平等目标和平等尊严这方面是平等的,也就是说,他们在被承认为是一个人这一点上是平等的。但这种尊严的平等性是和性情以及官能的不平等结合在一起的,这种不平等也是本质性的东西。总的说来,在神的秩序当中,平等和人的尊严这个范畴优越于不平等和共同关系这个范畴。

哪一些是在人的平等之上所建立起来的神的正义原则? 他认为有宗教自由,生命和身体的权利,私有财产权,性交权,工作权,人的发展权,受教育权,等等。他还主张把这些根本的自由权利和在日常生活中得到实证法承认的人权区别开来,比如说,出版自由这样的权利就不应看作是创造物的权利。除了这些自由权利以外,他认为还有共同体的权利。共同体包括婚姻共同体,家庭共同体,公司共同体,国家共同体等,这些共同体也是建立在上帝所安排的那些永恒不变的原则基础之上。因此,人和共同体或共同关系之间的关系是不平等的,个人永远要服从共同体,如夫妻二人中每人都要服从家庭共同体的关系。最后,他概括说:共同体在自由当中,自由在共同体当中。他认为自由和共同体的原则必须被运用到暂时被污染的现实当中。这种运用总是而且必然是创造物原则不完善的表现,因为人有原罪,不可能彻底地体谅上帝的旨意。实证法的强制性也依赖于在这些原则运用到罪恶现实的必然性当中。他说:"每一种正义的实证秩序,都是真正的公正和可能的公正之间的一种妥协。"最后需要说明一下,他把实证法律制度(相对的正义)称作动态的正义,这种正义永远不能穷尽真正的正义,而只能接近;但上帝的创造原则是静态正义,是永恒不变的。

(五)达班(Jean Dabin,1889—1971)

达班是比利时的法学家,他长期担任比利时鲁汶天主教大学的法学教授,主要著作有《实在法律制度哲学》(1929)、《国家总论》(1959)、《法学总论》(1944)、《民法研究》(1947)。他通过把奥斯丁分析法学观点和中世纪阿奎那的神学自然法思想结合起来,对新托马斯主义法律思想作出了重要贡献。

达班指出:"法律就是在公共强制的制裁下,文明社会为了在人们之中实现一种秩序,而制定的行为规则的总和。这种秩序是文明社会的目的和文明社会的维持所决定的,为达到文明社会的目的的手段。"我们把这个概念分解一下,它包括以下几个特征:第一,法是行为规则的总和;第二,这种行为规范是由文明社会制定的;第三,社会制定这种行为规则的目的是要实现一种秩序,而这种秩序又不过是达到文明社会目的的一种手段;第四,这种行为规则是以公共强制的制裁为后盾。概括说,法具有规范性、社会目的性、共同强制性、社会制定性。

下面我们分析一下。他强调法律规范因素,强调强制性是法律秩序的基本性质。从这点上说,他接近法律实证主义立场;另一方面,他以正义和公共目的来解释法的目的,从这方面看,他又具有自然法学和社会法学的色彩。他的观点具有折中的性质。达班认为在公共利益中,不可能包含和道德相悖的东西,这种信念就形成了他的公共利益的概念和他的自然法理论的联系,自然法不能和公共利益分开。在他看来,人的道德是在人受理性控制的基本倾向当中表现出来。现在有一个问题,就是当实证法和道德的这种最低要求有抵触时怎么办? 他说,每个人都承认同自然法相悖的民法是恶法(这个民法是市民法,不是现在狭义上的民法),甚至是不符合法律概念的。他又说自然法在这种意义上统治实证法,实证法可以对自然法进行补充甚至加以限制,但是不能与自然法相矛盾。托马斯曾经讲过,私有制不是自然法本身的要求,却是有意义的补充。达班这种说法反映了新托马斯主义的观点,根据这种观点,不道德的法律是恶法,必须看作是无效的。

关于正义的理论。他区分了三种不同性质的正义:交换正义、分配正义、政治正义或法律正义。

第一种,交换正义就在于对私人关系进行适当调整,特别是通过法律补救方法,在契约和民事侵权行为案件当中,在恢复被盗或遗失的财产案件当中,判处适当的财产赔偿。

第二种,分配正义决定着在集体当中,什么是个人所应得的,也就是决定了个人的权利、权力、荣誉、奖赏在法律上的分配。

第三种,政治正义或法律正义,这种正义要求个人应当向集体付出些什么,其目的在于为了共同体的利益而颁布法律。确定个人对社会整体的义务或责任,这种义务包括:纳税、服役、参加公共机构、服从法律和合法秩序等。他说:"法律正义对公共利益说来,是最必需的美德,因为法律正义的目的就在于公共利益。""在法律正义中,法律和道德是如此一致,以至于完全合一了。"按照他的观点,虽然法律正义是前两种正义不能解决问题时才起作用,但法律正义在和其他两种正义发生不可调和的冲突情况下,那么法律正义是优先的。这表明了达班的法学观点中的法律规范主义的色彩。

第二章　现代概念法学或现代分析规范主义法学

如果说在 17—18 世纪占统治地位的是启蒙思想家所宣扬的进步的理性的自然法学，那么在 19 世纪占统治地位的则是概念法学。这是因为，资产阶级在推翻封建统治后已牢固地确立了自身的统治地位，他们的意志已制定为实证的法律，按照他们的说法，自然法则、自由、平等等都已包括在实证法当中，如果再大谈自然法，就不合时宜了。实际上，这样做对他们也是不利的，因为现在面临的是怎样维护他们自己制定的法律。正是在这种情况下，概念法学应运而生。19 世纪概念法学的哲学基础主要是实证主义和新康德主义。它的主要组成部分，一个是德国和比利时的注释法学，其次是英美的分析法学，第三是德国的实证主义法学，第四是一定程度的新康德主义法学。

一、概念法学的一般特征

"概念法学"这个词是 19 世纪下半期德国著名法学家叶林奉送给法律实证主义的一个带有讽刺性的雅号，在他之后，人们普遍表示赞同。以后就把一切鼓吹法律形式主义和教条主义为法律特征的学说，都归到概念法学当中。这里需要说明的是，在西方法学界，目前已习惯用实证法学或实证主义法学来表达社会学法学和概念法学这两大主流派的特征。具体说是这样的，社会学法学是社会实证主义，片面强调社会这个实证现象的意义；而概念法学则是法律实证主义法学，它片面强调实定法规范这一实证现象的意义。要注意把二者区别开来。现在多数人把概念法学称作实证主义法学。

概念法学的特征：第一，概念法学所研究的对象只限于实定法。第二，概念法学的研究方法严格地限定于对实证法规范的认识，避免进行任何价值判断。对这种研究方法又可分为两类：第一类是法学的实证主义，也就是单纯地用逻辑法来从事于分析和构成实定法。其中包括几种情况，第一种是强调法学要创造法，以此为特征的叫做学理的实证主义；第二种是停留在对现存法律规范的逻辑操作这样的一种法律的实证主义。第二类是社会学法实证主义，是强调按因果方法来进行现象的研究。如果把概念法学的认识方法用于司法实践时，这个理论所塑造的法官的形象仅仅是操作法律，以便制造判决的一个活机器人；如果把这种认识方法作为法的一般理论时，就会得出恶法也是法这样一类的结论。第三，概念法学对现存实定法是否合法这个问题的判断只限于逻辑关联的分析，只满足于从法律权限和程序观点来确定其是否合法。通常我们讲西方法学鼓吹法律万能，这种说法不确切，只有概念法学才是这样，其他法学流派并不是这样。第四，概念法学的世界观是法律至上和法律万能论。第五，概念法学形式主义地强调法律体系的完整性和完备性。顺便说一下,现代西方大多数法学家不承认法律思潮的两分法:即凡不是自然法理论,就是实证主义法学理论,或者反过来说,不是实证主义法学理论就是自然法理论。我们认为两分法不符合事实,实际上,现代西方法学流派很复杂。

二、德国实证主义法学

(一)德国实证主义法学的历史发展

广义的实证主义法学或广义的概念法学是 19 世纪自由资本主义全盛时期占统治地位的法学思潮。而狭义的实证主义法学或狭义的概念法学纯粹是德国的特产。从概念法学的历史看,法国和比利时的注释法学派是在《拿破仑法典》基础上展开的,而该法典又是以个人主义为中心的、18 世纪自然法思想的实定化,所以,它是纯粹的资本主义性质。另外,以奥斯丁为创始人的英美分析法学派是与资产阶级的自由主义、功利主义密切联系在一起的。但德国实证主义法学却有所不同,它走着一条很不相同的曲折道路。情况是这样的,当英、美、法资产阶级已稳固地取得资产阶级统治时,德国还处于封建诸侯割据的四分五裂的状态。德国的落后性就决定了德国法学一开始就同启蒙个人主义的自然法思想相对立。一度在德国占统治地位的法学思想,最早是历史法学派,而德国实证主义法学是继历史法学派兴起的。它承袭了历史法学派贬低成文法、鼓吹习惯法的观点,但还是强调遵守法律规范;尽管认为法学对法干涉是不好的,但毕竟还承认法学对法的创造起作用,如此等等。如果我们把历史法学派这些大量的"但书"结合起来,加以系统化,并且排除其中抽象的民族精神和价值判断因素等,这样就足以造成一个新的法学流派,即实证主义法学流派。关于这个问题,我引证一些西方法学家的说法。叶林认为:"当法学仅限于原样的,依照立法者制定的形态作为对象素材来从事于接受和解释的时候,就是一种独立的法学流派。"尽管叶林反对这种思想,但他却能够准确地概括实证主义法学的基本特征。日本法学家野田在《现代自然法》一书中说:"德国实证主义同法国的不同,在现实上是不成熟的,但是它比之于完全受现实需要的制约,在观念处却可能使逻辑性更加彻底化。"那么,德国实证主义法学比概念法学的逻辑性上更加彻底化有什么表现呢? 第一,它使法和它所赖于存在的社会现实完全隔绝开来。这个学派宣布,社会现实的东西都由立法者把它们结晶成法的要素,体现在法体系当中;第二,它使法同历史完全隔绝,它宣布从法自身出发,就可以造成法的发展,所以没有必要去研究历史。对这种法学,西方法学家称为生产性的法学。当然,德国实证主义法学的产生和发展,更重要的是适应了当时德国形势的需要,不是完全凭空产生的。德国实证主义法学反映了当时在经济上逐渐展开自己实力的德国资产阶级的要求。具体根据在于:第一,它反映了资产阶级建立统一的德国实证法体系,以便促进德国经济发展的要求;第二,它反映了资产阶级确保所谓法的统治来代替强权政治或偶然的统治这种要求,也就是反封建要求;第三,它反映资产阶级为保障个人自由而使法有明确的界限,法的预测的可能以及法的稳定性要求。正是因此,19世纪后半期实证主义法学就代替历史法学派而在德国占据统治地位。德国实证主义法学主要代表人物有奥托·迈尔(1846—1924)、艾伯特·赫尔曼·波斯特(1839—1895)、阿道夫·约瑟夫·梅克尔(1836—1896)。此外,以施坦姆勒为首的德国新康德主义法学派也带有显著的实证主义法学色彩。

(二)有关德国实证主义法学几个问题的讨论

实证主义法学在19世纪自由资本主义时期一般地说适应了所谓法治国家的需要,至少在外表上坚持那个代替人治的法治,把国家特别是司法机关描绘成法律的逻辑机器,排斥一切法外的压力。这一情况当然是同资产阶级民主制度相一致,具有一定的历史进步性。但是,实证主义法学一开始就不能算是真正科学的。在这里,就德国实证主义法学即德国概念法学提出的几个关键问题(也是西方学术界长期争论的问题)进行讨论。

(1)法的价值判断和逻辑问题。概念法学要求法学家和法律工作者单纯根据逻辑关系的形式进行法的解释与法的适用,反对对法律进行任何价值判断。我们说这一主张完全是不可能的。这一点用马克思主义法学观点来看是可以理解的。因为任何法学家都具有自己的阶级立场和阶级意识,因此根本不可能做到对法律规范不表示出其个人的法律意识。退一步说,即使在法律规范的语言范围内,还有一个语言结构问题,有语言结构与其周围相关部分的关系问题。例如援用一条刑法规范,必然要把它与总则及其他条文的有关精神联系起来,这本身就包括价值判断问题,要求解释者作出主观的评价与判断。由此可见,一个法官永远不会成为法律判决的机器人。但不要因此有这样的误解,即我们轻视法解释与法适用中的逻辑问题。我们丝毫不能,至少不应当忽略法解释与法适用中的逻辑问题,相反,我倒觉得我们现在在这方面讲究得很不够。不仅如此,甚至立法中也有这一问题,有些法律条文互相矛盾,有很大弹性,这么解释也可以,那么解释也可以,这些问题都反映出立法者缺乏严格的法逻辑训练。问题在于没有什么价值判断的法逻辑研究是不可取的。

(2)关于法官忠诚于法律的问题。德国实证主义法学要求法官要忠诚法律,不要介入任何主观意志。我们认为这一要求也是不可能做到的。问题在于两点:

①法官在什么范围内介入自己的主观因素。一个忠诚法律的法官确实应以法律规定为尺度来判断,而这一尺度他不能作任意选择,他顶多是不超出立法精神的边缘。

②法官介入的是什么样的意志,这是指意志的性质问题。再具体地说是介入民主的还是反民主的、进步的还是反动的意志因素。

(3)所谓法学纯粹化的问题。德国实证主义法学要求法学作为纯粹研究法律自身的学问而存在,对这一要求我们也要加以分析。法学作为独立的科学部门,当然应以法律与法律制度为自己的固有对象,但它不应也不可能所谓纯粹化,即不可能为法律而研究法律,就法律而研究法律。如果法学抛开一切法外要素,不能充分地把握法的现实的功能,那么法就成为毫无意义的东西。法是以经济关系为基础,以政治关系为媒介的,并直接作为意识形态的表现而形成和存在的。所谓法学的纯粹化其实就是资产阶级法学家为掩盖法的阶级性的一种做法。

(4)合法性(妥当性)和合理性(正当性)。复兴自然法学在批判19世纪概念法学时曾提出过一个重要的问题,他们指出概念法学只考虑法规范的权限和程序方面的、形式上的合法性(妥当性)而不问内容上的合法性(正当、合理与否)。针对这一说法,西德法学家威采尔在《自然法与积极主义》一书中认为,概念法学的这种主张实际上是把上帝的权能给予了地上的立法者,立法者的见解都是绝对正确的。因此他说这种观点可称之为法学的神学。西德还有一位法学家 H. 康多罗维奇在《法的定义》一书中说,"实证主义法学的合法性原理不是基于正确内容的约束性,只是当作命令,也就是来源于承认它的起源的权威意志,因而承认它有约束性。"另一位法学家鲁卡奇进一步指出:"实证主义法学反映了资产阶级社会科学的一般倾向,尽管它在形式的概念构成方面的正确性增大了,即对规范本身的研究加强了,反之却逐步失去了整体的观察,即它离开社会现实越来越远了。"这是概念法学鼓吹的规范主义,即实定法的教条主义和形式主义所必然带来的问题。概念法学完全把合法性与合理性、妥当性与正当性对立起来,用前者来排斥后者。

该学派以后的发展:在统一时期的德国,封建主义保守力量仍然强大,不具备在法律上充分强调合法性原理的社会条件。不过随着资本主义的发展,随着资产阶级与无产阶级矛盾的日趋激剧,情况有了变化。1848年革命失败后,由于要求国家的统一和宪政主义、民主主义理想的破灭,资产阶级被迫后退,他们要求根本改变国体、由自己掌握政权的希望没有了。这时,德国资产阶级寄希望于国家法律体系的统一,寄希望于严格地按法律办事。19世纪后半期(从70年代开始),德国实证主义法学思潮达到高峰,作为德国概念法学的实证主义法学与先进国家的概念法学一样,都有追求合法性原理而排斥法的合理性原理的共性。有人可能要问有无个别法学家把合法性与合理性、妥当性与正面性紧密结合起来? 对于这一点我们不能绝对肯定或否定,但是有一点可以肯定,即若有法学家能做到两者的结合,他必须把法的民主内容作为首要的东西。因为我们讲的是近代的法律,所以是否合理正当,就要看它是否体现民主主义精神。果真如此,我们就不应再把这位法学家称作为纯粹实证主义法学家。

围绕合法性与合理性问题,在理论上还有许多争论。我们在讲概念法学时应当充分注意。如恶法是否是法? 需要研究。恶法本身就有个价值判断,这涉及角度问题。任何人都可能把良法称为恶法,这是不正确的。如果真是恶法,那么从合理性原理来看就不承认其为法。还有一个问题没解决,即第二次世界大战期间德国实证主义法学在司法实践中是纳粹德国的帮凶,这一命题能否成立,这在西方也有很多争论。

三、新分析规范主义法学

19世纪末20世纪初，概念法学的黄金时代已经过去，开始走下坡路，特别是第二次世界大战以后，这一思潮更加孤立。这是因为，第一，帝国主义政治要求的法外统治，不是法律规范、教条主义、形式主义这类东西；第二，战后概念法学特别是德国实证主义法学被戴上纳粹帮凶的帽子，因而遭到广泛而强烈的攻击。尽管如此，概念法学并没有也不会完全死亡，原因是虽然自由资本主义与帝国主义有所区别，但它们作为资产阶级意识形态都有其共同性，只要是资产阶级意识形态就不可避免地存在着程度不同的超阶级的表面色彩。这也是概念法学的藏身之处。正由于时代不同，概念法学不能老调重弹，它必然要适应形势变化，根据帝国主义的需要进行修改。于是变成为新概念法学也叫新分析规范主义法学，其中重要派别之一，就是以维也纳大学教授，后来移居到美国的凯尔森为首的维也纳法学派。这一学派把他们自己的理论叫做纯粹法学。它对规范的研究作出巨大贡献，但也存在颇大的问题。

（一）凯尔森（Kelsen Hans，1881—1973）

凯尔森认为法学应以实定法规范为对象。这意味着，第一，排除任何价值判断，特别是排除政治判断，认为法学应是超阶级的。第二，法学只讲究根据法律的"应当"。只过问法律规范的要求是什么或根据规范应当是怎样。法学不过问社会的、经济的、政治的各方面情况，因为这些情况都属于"实际"的范畴，不属于"应当"的范畴，同法律规范本身的研究没有关系。第三，纯粹法学派认为违法行为与它受到制裁的结果之间仅仅是一种法律的规则关系，也就是应当如此，而不说一定如此。法学理论仅仅承认规则论不承认因果论。凯尔森认为实际的科学如自然科学、社会学、经济学才适应因果论，法学不适用因果论。凯尔森的这种观点显然把因果论看成是一种先验的范畴，不是一种客观的规律。凯尔森鼓吹规则论的目的是为了宣扬纯粹法学的"纯粹性"。他的那套法学对象论中充满了新康德主义的哲学观点。

1.法律体系论。

凯尔森的法律体系论又叫法律规范的阶梯论，其模式可以这样表述：

基本规范 —含蕴→ 一般规范 —含蕴→ 个别规范

上级规范 —→ 下级规范

基本规范、一般规范、个别规范三者之间的关系是上级规范与下级的关系。对这一模式可作以下说明：

（1）从凯尔森的著作中看，基本规范是虚无的东西，相当于神命法，康德所说的绝对命令。他假定了一个基本规范，就为统治者的法律或法外专横留下了广阔的地盘。

（2）对一般规范和个别规范关系的认定，凯尔森强调要完全按照形式逻辑的办法来进行，即个别规范的合法性只要能够从一般规范中找到根据就能成立。

(3)个别规范的概念被凯尔森赋予了漫无边际的内容,也就是说从一个国家的小官吏的决定行为一直到个人之间的契约都被说成是所谓个别规范。凯尔森与其他法学流派一样,也反对主观权利或个人权利。这一点表明了现代法学与自由资本主义时期法学的很大区别。凯尔森认为权利是法律规范所特有的,只有法规才有权利,属于"公"的范围,公民个人则属于"私"的范围,他们只有义务没有权利。

2. 国家论。

凯尔森是这样表述国家的基本概念的:国家是一种法律体系或叫法律秩序(在他看来法律体系与法律秩序是同一概念)。他的理由是:第一,国家是一个权力体系(在他看来权力与权利很大程度上也是同一概念),而权力是法律所专有的,所以国家也就是一个法律体系。第二,国家是一个法律的发号施令的机关,国家之所以能成为这一机关,就是因为它是一个法律秩序的人格化。换句话说,国家是法律秩序的代表者,国家和法律秩序这两个概念在内涵与外延上是一致的,没有什么不同,因此可以说国家就是法律秩序。

总之,凯尔森的国家论是他的法律至上和法律万能观点表现得最突出的一个方面。

3. 国际法论。

凯尔森的国际法论的主要之点就是按照法律阶梯的模式,把国际法说成是处于基本规范与各国宪法之间的东西。他论证国际法优越于国内法,攻击国家主权原则。

(二)哈特(H. L. A. Hart,1907—1992)

哈特是英国牛津大学法理学教授,他的著作很多,主要有《权利和义务的归属》(1948—1949)、《法理学的定义和思想》(1953)、《自然权利是什么》(1955)、《二十世纪中的分析法理学——回答博登海默》(1957)、《法和道德的实证主义分析》(1958)、《法的起源》(1959)、《法的概念》(1961)、《法、自由和道德》(1963)、《社会连带责任和道德义务》(1967—1968)、《法哲学上的惩罚和责任》(1968)、《功利和权利之间的关系》(1969),等等。

哈特的新分析法学出现于第二次世界大战以后的60年代,它是在继承了奥斯丁、凯尔森的法律实证主义基础上发展起来的。哈特以逻辑证实主义哲学为理论基础,运用概念和语言分析方法来论述法学中的问题。逻辑实证主义哲学区别于旧实证主义或经验实证主义,它的基本观点是:第一,一切科学的命题都仅仅是感觉经验范围内的命题;第二,数学命题和逻辑命题都不判断事实,是先天的、必然的命题。逻辑实证主义仅仅承认这两个问题,对另一些问题如世界的本质是什么等,它认为不属于上述两个问题,仅仅是形而上学的虚妄,哲学的任务只是对科学语言进行语法和语义分析。

1. 法理学的对象。

奥斯丁曾把法分为两种,一种是"应当是这样的法",一种是"实际是这样的法",作为法理学研究对象的是"实际是这样的法"。哈特承认这两者之间的联系,也承认法与道德之间有联系,他甚至说社会越发展,这两者就越接近。但他坚持认为两者应当分开为好。"应当是这样的法"显然更多地体现着关于争议和道德的要求,而"实际是这样的法"更多地体现着在现实生活中发生效力的规范本身。他认为法律的效力不取决于道德规则,法律体现道德的要求也不是必然的、绝对的。反之,道德的效力也不取决于法律。哈特把"应当是这样的法"与"实际是这样的法"分开的目的在于反对宣扬理性、正义为标志的自然法理论,使人们不去对法进行价值判断。

2. 法的概念。

在奥斯丁的法律概念中包括三要素:主权者;命令;制裁。其中以命令为核心,这是命令说的法律概念。哈特对这一点持否定态度,他认为奥斯丁的观点会导致法律专制主义,有四大缺点:

(1)命令说不能说明法律是一切人都必须遵守的。因为命令总是上面对下面发出的。下达命令的人本身不可能是接受命令的人。

(2)命令说仅仅讲了义务与责任,而没有讲到权利与授权。

(3)命令说否定了法律渊源的多样性。因为命令仅仅是法律渊源之一,如英国的判例法就不好说它是命令,可见命令说不能概括出所有法律渊源。

(4)命令说未能指出法律到底是由谁制定的。因为主权者的概念在不同国家和不同时期的含义是不同的。

哈特的法律概念是:法律是直接或间接地为了决定什么行为将要受到公共权力的惩罚以及为什么要进行惩罚(惩罚、强制的目的)而使用的一种特殊的规则。哈特的概念的中心是规则,而不是命令。这是一种有效的法律规则,与道德、礼仪、风俗习惯和游戏等社会规则有区别。哈特说,有效的法律规则是法律无尽的保障,因为它把所有的案件全部清清楚楚地包括在其中了。如果有的案件找不到合适的法律规则怎么办?这时就只能由法官来行使自己的"自由裁量权",这一点实际上意味着由法官选出了条新的法律规则。他还说,规则表明了法律上的权利与义务,法律规则是由两级规则组成的,即第一级规则(主要规则)和第二级规则(次要规则)所组成的。规则的权威不是来自于规则制定者本身的肉体力量,而是来自两个方面:第一,它被人们或被社会团体所承认;第二,它自身有效力,能解决问题。哈特说明在原始社会只有第一级规则,它的效力来源于习惯。原始社会存在的这种规则仅仅是一般的社会规则,仅仅设定义务,而不授予权利,因此它还不具备法律的属性。只有当社会发展到产生第二级规则时才有真正的法律规则,它不仅设定义务也授予权利。

3. 主要规则与次要规则。

哈特认为法律是由两种规则构成的统一体,即主要规则和次要规则。主要规则也称第一级规则,是对社会成员设定义务的规则,如有人做了刑法上禁止做的行为,构成犯罪,就是违背了主要规则设定的义务。次要规则也称第二级规则,是指那些规定主要规则怎样,以及由谁制定、由谁承认、修改、废除的规则,是有关国家机关的组织和活动权限的规则。对次要规则的性质,哈特强调两点:第一,次要规则也可称为授予权力的规则,授予特定主体制定主要规则的权利。如规定国会如何组成,如何立法的规则,规定法院的组成及审判程序的规则等。第二,次要规则也可称承认的规则,因为它承认特定主体所制定的规则有法律效力。次要规则本身不能说是有效的,不能直接为社会成员设定义务,它只表明一系列的活动,如立法机关、法院、政府、检察机关等的活动。次要规则的权威在于依照宪法准则进行。事实上现代国家中,承认规则(次要规则)本身没有主要规则所具有的效力,但却有权力,因此有时可能更有力量。如法官有审判权,所制作的判决书本身就是一种规则,即判决规则。从哈特关于次要规则的阐述可看出他主要论证国家行政权与司法权的重要,主要规则和次要规则依各种情况变化而变化。

4. 最低限度内容的自然法。

在哈特的新分析法学中大量反映了同自然法学的分歧和对立,反映了法律实证主义传统倾向,但哈特又明显表现出对自然法学一定程度上的退让与妥协。哈特声明,法律关系的发展不可能不受道德因素影响,但法与道德不是一个东西。哈特承认所谓最低限度内容的自然法,它是建立在人性和人们的本性基础上的。具体说,是在补救人性的种种缺陷。他论证:①人有怯弱性。要求自我克制,保护自己的生命免受别人攻击,这些都是自然法的要求。②人与人之间在人格上是平等的,一个人不能长期无限地统治别人。这种人格平等要求相互之间妥协,最低限度自然法就是强迫人们做这样的妥协。③人有侵略特性,也有有限的利他主义。为控制前者而发扬后者,也需要自然法加以指导。④社会资源是有限的,为保障人类生存的最低限度财产份额,就需自然法加以保护。⑤人的智慧有限,人们要理解到相互尊重、自我节制、履行诺言、互相合作。这些光靠一个人本身智力是想不到的,不周全的,只有靠自然法的启示才能想到这些。哈特最后说:"最低限度自然法同国家制定法之间不是对立的,而是相辅相成的。"

第三章　现代社会学法学

19世纪后半期,概念法学受到各方面攻击,其中有复兴自然法学,也有社会学法学。复兴自然法学的法宝是抽象的正义、道德、理性,社会学法学凭借的武器是现实社会、社会价值、社会利益。因此社会学法学一出现,就在立脚点上高人一等。这就不难理解为何社会学法学攻击力强而持久,以至于有霸占法学阵地的趋势。

社会学法学开始于19世纪上半期的孔德,以后经德国叶林、英国斯宾塞等,得到进一步发展,但社会学法学形成一股强大思潮是在19世纪末20世纪初。

一、叶林(Rudolph von Jhering,1818—1892)

叶林是德国著名法学家、律师,早年毕业于海德堡大学,后在德国很多大学授课,1868年任维也纳大学罗马法教授,1872年被授予贵族称号。此前由于《罗马法精神》(1852—1865)一书的问世,叶林在德国民法界成为领袖人物,就像前半个世纪历史法学派萨维尼的处境一样。叶林还有《为权利而斗争》(1872)、《法律的目的》(二卷本)(1877—1883)。叶林生前没有完成独树一派的愿望,但他却是公认的社会利益法学的先驱。其主要观点如下:

(一)法学要面向社会

叶林努力使法学向社会靠拢,一再指出,此前的法学家大多限于法学本身的狭隘圈子,关于法对社会生活的意义则漠不关心。因此叶林决心使法学家跳出概念法学范围,力图把法学从孤立状态中解脱出来,把法学放到社会的洪流中。叶林提出法学面向社会的口号是可取的,同概念法学相比,有号召力,问题在于叶林所指的社会是什么社会。

(二)个人和社会(世界)

叶林坚持,个人或利己主义是一切法律不可回避的出发点。叶林说:对某个人法律权利的侵犯同时就是对他人格的侮辱,个人有回击这种侵犯的道义上的责任。另一方面,叶林强调法律是个人对社会所负责任的规范,个人同社会之间在需要这方面可以调和。世界给予个人以他所需要的东西,而又责成他为世界服务,只要社会能吸引个人倾向于它,就能实现个人相互之间的合作。叶林强调,这种要求个人为社会服务正是文明的基础。叶林提出关于个人与社会关系的问题的三个前提,这是其法律思想的三个支柱。

（1）我为我自己而存在,从这一前提出发,可推导出全部有关人的法律。

（2）世界为我而存在,从此前提中可引出财产法、家庭法、义务法。财产、家庭、社会成员的普遍义务,这些都是我生存的条件。

（3）我为世界而存在,由此前提可引导出责任的概念。

最后,叶林还专门比较了社会、国家和法律的地位。按他的看法,社会是至高无上的概念,国家是处于次要地位的。国家通过法律手段进行的种种干涉,只不过是为维护社会秩序,实现社会目的,这一目的是法律的创造者。叶林的社会学倾向强烈。

（三）财产要隶属于社会需要

叶林对财产的态度新颖别致。叶林是德国贵族、罗马法学家,毫无疑义要捍卫私有财产的权利。但叶林又提出所谓通过罗马法而超越罗马法的口号,即不能把处分财产权利绝对归属于财产所有者,财产处分权必须要隶属社会需要。另外,叶林又批判资本主义社会典型的一种观点,认为财产占有全凭个人自由意志决定。叶林指出,在历史上决定和保护占有权的是社会因素。叶林关于财产占有的观点包含许多合理因素,属于法律范畴的财产权利的确要以社会制度为转移。

但更重要一点,所谓社会需要首先是社会中占统治地位的那些人的需要。

（四）目的法学

按叶林说法,国家是实行强制手段的机器。法律是国内现行有效的各种强制规范的总和。国家和法律所具有的强制性都是为了社会目的（社会利益）。权利是被保护的利益,这种保护归根结底也是为了社会利益。随着历史发展,社会目的将不断地促使国家政权及其武装力量进行自我限制。叶林在其著作中把社会目的（利益）作为主要术语不断提出。值得注意的是,叶林是德国大资产阶级的代表人物。这个阶级又同在国家政权中占统治地位的封建容克勾结在一起,压迫人民。

二、德国的自由法学与利益法学

这是西方最早的现代社会学法学的思潮,到德国魏玛共和国时期,这股思潮已从法学领域渗透到司法领域,并在司法实践中占主导地位。这完全是德国社会内部阶级力量对比关系变化的产物。在德国 1848 年革命中,中产阶级曾一度掌握过国家政权,但革命失败后,这个阶级不得不进一步依从封建阶级。在德国法官内部,绝大多数出身德国大资产阶级和中产阶级,政治上必然与德国资产阶级保持平衡。1848 年,他们的自由因素表现强烈。革命失败后,这些法官也和一般国家官吏一样趋向保守和后退到第一次世界大战时期。封建帝国垮台后,资产阶级独占国家政权（即 1919 年的魏玛共和国）。魏玛共和国时期,司法界占统治地位的观点是自由法学和利益法学。这一背景如下:

（1）魏玛共和国是由于战争失败而无产阶级利用这一失败颠覆君主制后出现的,

它是一个违法变革的产物。这种情况下,刚掌握政权的资产阶级既不能利用君主制定的法律,又没有自己的法律可利用,资产阶级必然求助于法外因素对付无产阶级。

（2）魏玛时期无产阶级有很大政治力量,他们对法律制度常能施加强大影响,因此即使制定出了法律,也不可能完全符合资产阶级口味。

（3）魏玛时期多元的政治力量对比,使法律成为各种势力相互妥协相互对抗的产物。这不仅要损害法律形式上的严密性,也会失去法律内容上的统一性（一义性）,这种情况下,法官很容易自认为超党派的力量,是国家法律统一性的承担者,他们不仅有争到一切案件的权利,而且要求拥有违宪审查权,力图凌驾于国会之上。

（4）更重要的是,德国经济有浓厚封建性,君主主义的垄断资本占统治地位,这个垄断资本在第一次世界大战中遭到打击,但仍远远优越于德国中产阶级,这决定了中产阶级独占国家政权仅仅是昙花一现,实权很快转到垄断资本手里,而垄断资本与所谓法律的统治要求不相容。由此可见,德国从魏玛时期以来,自由法学与利益法学轻而易举地在司法中代替了实证主义法学的统治地位。

以艾尔利希为代表的自由法学和以赫克为代表的利益法学是德国社会学法学中两个非常接近的大的派别,两派都反对理性主义法学（自然法学）,反对分析规范主义法学（概念法学）,都无限夸大法的社会性的侧面。两者区别主要在于:自由法学强调法律的政治意义,强调所谓社会秩序;利益法学强调法律的经济意义（社会利益）。自由法学强调法官为维护社会秩序而去自由地发现法,发现存在于社会本身中的活的法;利益法学强调法官为维护社会利益而尽可能地发挥自己的评价作用,发挥法官的自由意志。德国社会学法学是整个现代西方社会法学的正统策源地。

三、法国的社会连带主义法学

法国社会学法学的特点是鼓吹社会连带主义、协作主义、团体主义或称组合主义。理论上,法国社会学法学有较多的法律实证主义色彩,是法律实证主义与社会实证主义相结合,以社会实证为主的派别,是孔德理论的更纯粹的发展。法国社会学法学代表人物是狄骥（1859—1928）。

（一）法国社会连带主义法学的渊源

法国社会连带主义法学直接继承和发挥了孔德社会协作关系的思想,沿着这一思路,最后伴随着自由资本主义向帝国主义转变,形成完整的现代法学理论体系。

19世纪末法国社会学家杜尔克姆说过:在法国社会结构中,最基本的要素是建立在职业分工基础上的集团,社会基础不是阶级关系和阶级斗争,而是团体的分工和协作。此后,又一社会学家布尔茹阿说,由于人的联合的本性和人只有联合起来才能得到利益这一事实,决定了社会不是由单个人构成,只能由人的联合或团体构成,社会本身也是一个团体（最大的团体）。由这一前提出发,布尔茹阿说,唯有团体才有权利,而单个人只有义务,只有对整个社会、对团体的义务,没有权利。应制定一部义务宣言,代替《权利宣言》,以克服法国 18 世纪以来个人权利的传统片面性。

狄骥的连带主义法学集上述各种观点之大成。需要指出,法国的连带主义法学与德国社会学法学形成的途径不同。德国社会学法学是资本主义经济曲折畸形发展的产物。法国社会学法学是资本主义经济较充分发展的产物。法国社会学法学不是强调司法权的绝对自由,而是资产阶级的改良主义,带有渐进性质,带有许多实证主义法学的痕迹。

(二)狄骥的观点

1. 社会论。

社会是建立在职业性的人们之间连带关系基础上的,而连带关系又由人的先天感觉而决定。

$$\text{连带关系}\begin{cases}\text{社会性——合作感觉,社交感觉}\\ \\ \text{个人性——分工感觉,公平感觉}\end{cases}$$

狄骥说:所有人都有倾向社会连带关系的本性,这并不是说人人在这一关系中的地位和作用都是等同的。财富越多的人越富有连带关系,对社会贡献越大;社会越发达,连带关系就越紧密。在全部人类社会历史中,垄断资本主义就是人们连带关系最紧密的社会形态,而垄断资本所有者当然是最富有社会连带关系的感觉。狄骥这一观点,从根本上说表达了高度发达的资本主义经济领域中的社会性,是社会化大生产的产物。

2. 国家学说。

关于国家起源和本质,狄骥从弱者服从强者是人的天性的观点出发,认为国家是强者和弱者分化的产物(从有了这种分化就产生了国家),国家是强者对弱者的一种统治。但另一方面,这种统治是为弱者利益着想。狄骥反对个人权利论,强调社会团体是每个个人最大的利益所在,个人必须绝对服从团体。从根本上讲,一切权利都属于团体而不属于个人,个人只有对团体的义务,没有权利。狄骥反对国家主权论,目的是一箭双雕,一方面反对人民主权论,另一方面反对国家主权论,否定国家是国际关系中的主体。

3. 工团论(团体论)。

狄骥强调国家是个组合团体,现代社会是由多元团体组成,国家和组成社会的团体都有政治权利。从现代社会发展趋势看,各种社会团体的政治力量越来越大,相反,国家这一组合团体的政治力量会越来越小,最终会完全消失。这意味着国家权利在逐步退还给各种各样的社会职业团体,退还给社会本身。狄骥的目的是论证现代国家不再是凌驾于社会之上的统治阶级特殊权力,而是要变成社会本身的一种权力,变成社会全体成员的权利。狄骥所讲的工团不是工人团体,而是工作者的职业团体。狄骥强调,现代化社会最重要的工团有两种,资本家团体与工人团体。一个最理想的国家应由这两种团体结合而成,原因是这两种工团是最强大的社会经济理想所在,也应拥有最强大的政治力量。狄骥把工人阶级与资产阶级团结合作、互助的这种资产阶级改良主义,资产阶级社会主义鼓吹的阶级调和论做了极大发挥;相反,狄骥对马克思主义工人运动表示仇恨,要坚决镇压(白刀子进去红刀子出来)。正因为狄骥工团论有鲜明的垄断特征,它很快成为意大利法西斯理论的重要组成部分。

4.法律论。

第一,狄骥的客观法。

所谓客观法也就是客观的社会连带关系中的纪律,既然社会是连带关系造成的,那么,有社会就有法律。法律包含着经济规范、道德规范和法律规范,这三类规范是按照严格的顺序形成的。

经济规范,狄骥说经济规范是建立在人们之间经济连带关系的事实之上,规定人们有关财务的生产、流通、消费的一切行为,确保满足人类的需要。若有人违背了经济规范的义务,就要受到经济制裁。

道德规范,狄骥首先声明,他对道德的理解是实证的,非形而上学的,如果把道德规范理解为先天的原则,或者看作是判断事物好坏的标准,这些观点都是超出了实证科学以外的东西。所以狄骥说我不打算讨论这类问题。他认为道德规范是强迫人在生活上必须遵循的全部风俗习惯,其中也包括宗教规则。他说如果人们违反了道德规范,在社会生活中就要引起自发的,但却是强有力的反映,这种反映包括受人讥笑、受人攻讦、被人驱逐出境这样的惩罚。

法律规范是最高的规范。在这里狄骥显然是用了黑格尔《法哲学》中的正、反、合的公式。经济规范调整的是经济关系,道德规范是对经济规范的一种否定,只调整思想关系,而法律规范是否定的否定,它使规范又回到客观规律,使经济规范和道德规范在更高的形式上获得统一。

第二,狄骥说,无论是经济规范或者是道德规范,它们本身不等于法律规范,而一切法律规范却都是道德规范或经济规范。他强调必须确定经济规范和道德规范在何时转变成为法律规范。这一转变时机,就是社会的每一个成员都意识到或感觉到必须由自己的团体,或自己团体的领袖人物对破坏经济规范和道德规范的行为需要采取制裁时。他强调这个时机就是当人们在政治上组织起来的时候,国家仅仅是人们组织起来的一种形式。

狄骥在研究法律规范的约束力由何而来时,他是站在实证主义的立场上,强调他是遵循他的导师杜尔克姆的教导的。为此,他表示:

(1)反对以黑格尔为代表的国家主义观点,他认为国家主义派颠倒了国家与法律的关系。因为国家主义派认为法律的强制力来自国家,而狄骥却相反,认为国家是由法律产生的。

（2）狄骥反对自然法论者的形而上学观点,也就是他谴责自然法学派是采取非实证的态度。

（3）狄骥认为德国历史法学派强调法律的约束力不是来自国家,而是来自民族精神,这种观点大有可取之处,但他指出他们太过分地看重了集体感觉而忽略了每个个人的感觉。

狄骥在国际法方面的观点,可以说是他的社会连带主义法学的简单套用,没有什么可吸引之处。

（三）小结

孔德的理论,按他自己的概括叫做实证主义社会学,它包括实证主义哲学和社会学两大部分。在法学领域中,这两个要素,长期以来被西方后来的法学家分割开来运用,实证主义的一面被概念法学充分加以发挥了,社会学的一面则被社会学法学发挥了,这包括德国社会学法学派、美国社会法学派和实在(现实)主义法学派。但只有法国的社会学法学,特别是社会连带主义法学能完整地把孔德的理论运用到法学中来。社会学同法学的紧密结合,这是法国社会学法学的一大特点,这是很值得研究的问题。

四、美国社会法学

19世纪在美国法学阵地上占据统治地位的是概念法学中的分析法学,到帝国主义时期这一学派被新的来势凶猛的一股法学潮流所取代。这个潮流就是美国所特有的实用主义哲学指导下的社会法学派,著名代表人物霍姆斯大法官。在他之后,分成两大派:一是美国社会法学派,一是美国实在主义法学。

社会法学派的代表人物庞德(1870—1964)的主要观点介绍如下:

（一）社会工程论

庞德基本上奉行孔德的社会学思想,此外又吸入了德国和法国的社会学法学的一些东西,由这些东西加工而成。

庞德说,法律是实现社会工程的一个强有力手段,一个理想的社会应当是统一的、和谐的。为完成统一和谐的局面,就要依靠不同社会集团之间的人物共同合作。法律就是要维护不同集团人物之间的合作,排除对社会合作的障碍。社会合作的障碍,主要来自人的本性。庞德同意狄骥的说法,人有两重性,社会性和个人性。但庞德对个人性的解释与狄骥不同,他把它描写成对他人的侵略性;正是个人性的存在,所以社会才经常处在一切人反对一切人的危险之中,这就势必破坏了人的社会性所要求的自然秩序。这种情况决定了法律必然要把社会监督作为维护社会合作的主要方面。这意味着法律代表全体成员社会性的那一面,而同个人的侵略性行为作斗争,这样就能实现两个方面的平衡:一是社会成员的共同安全和发挥社会成员每个人的积极性,另外也能实现每个人本身的两重性——社会性和个人性之间的平衡。法律社会工程的目的,就是实现社会利益。所谓社会利益,庞德所强调的是社会当中每个人的利益。社会利益有哪些呢?庞德列举了许多,但总体来说,他没有离开德国的利益法学派赫克的内容,基本上没有什么独创。

总的看来,庞德的社会工程理论中,影响最大的可以说是社会监督论,后来资产阶级法学者热衷于研究法的社会控制功能,是导源于庞德,受庞德的法律监督论的影响。

(二)"无法司法"与"法官立法"

庞德的"无法司法""法官立法",可以说是完全来源于埃尔利希的自由主义法学,同时又反映了美国的实用主义特点。

实用主义的真理是指凡是能够给人带来好处或效益的就是真理。

在帝国主义时期,资产阶级追求法外专横,因而美国的社会法学就在司法方面大做文章,力图证明司法有代替立法机关的特权。庞德鼓吹"无法司法"就是为了达到这一目的。

从形式上说,庞德并未完全否定立法机关所制定的法律。甚至说,这种法律是法官和行政官应当加以考虑的。问题在于庞德有但书:法律只是法的一部分,而且是很小的一部分,法律原则所提供的是法律适用的一个假设前提,严格地说他并不是真正的法。那么最大量的真正的法是什么? 庞德说相当于埃尔利希的活的法律。庞德把这个活的法律叫做法官和行政官员的行动中的法。其实就是法官用于解决实际案件的主观意志或主观经验。根据以上法的概念,庞德就顺理成章地鼓吹,应当在行动中来研究法,有时或多或少地采取"无法司法"是必要的,鼓吹法官在发现生活中的法律方面有重大作用,一句话就是在鼓吹法律虚无主义。

西方的一些法学家极力歌颂庞德在现代法律适用和法律解释方面所做的贡献,这一问题很值得研究。我认为,这一问题,我们要看到庞德在这方面的贡献,但也要看到庞德在法律解释、法的适用后面隐藏着一个很突出的法律虚无主义,有某种否定和蔑视法律的一面。

(三)预防犯罪论

预防犯罪论在这里略去不讲。

五、美国实在主义法学

美国实在主义法学的代表人物是弗兰克(1869—1957)和列维林(1892—1962)。

这一学派形成的时间比美国社会法学稍晚,但发展却是很快的。美国实在主义法学在哲学基础方面、政治立场方面,以及在打着社会旗号方面,同美国社会法学都没有什么原则区别。它的最大特点表现在带有浓厚的心理学法学的色彩,从而把社会学法学极端要素推向更极端。

实在主义法学所说的实在(现实)主要是指实用,它以美国的实用主义哲学为指导来进行法学研究。在实在主义法学者看来,法学领域最实在的问题是法的适用和法律解释问题,因而把司法作为法学的中心课题。他们的这套理论就是庞德所宣扬的法律虚无主义的东西。如果说他们之间有什么区别,那就是实在主义法学走得更远。

实在主义法学有三点特别需要加以注意:

(一)对法律规范的态度

实在主义法学认为活的法律是最健全的法律,而活的法律就是指法官的判决。立法机关所制定的法律仅仅是法官审理案件中的材料,而且是可有可无的;判决之前无法律,或者说没有确定的法律,只有法官作出判决后才有法律。可见美国实在主义法学对法律规范的态度就是法律虚无主义。

(二)对案件事实的态度

实在主义法学不仅鼓吹法律的虚无主义,也鼓吹法律案件事实的虚无主义,也是强烈的主观主义。他们认为,案件不是一种客观、实在,而是法官认识的一种客观存在,是由法官的头脑所产生、创造的。因此,美国实在主义法学强调判决中的事实,不一定是要客观的事实。

(三)所谓法官的个人特征

美国实在主义法学的另一个特征就是非理性主义,推行心理学法学与行为主义法学。他们所说的法官判决,包括法律解释和事实认定,纯粹是一种任意行为,如说法官一顿不愉快的早餐会影响判断的正确性。他们强调判断是否正确取决于法官对外界能否作正确的反映,所以说:美国实在主义法学的模式就是"刺激—反映"的模式。

实在主义法学的产生是帝国主义政治理论的表现,但其改革的思维对罗斯福新政有着重要推动作用。美国实在主义法学已成为目前美国司法界官方法学,在整个西方法学界有着举足轻重的影响。

六、斯堪的纳维亚实在主义法学(也称北欧的实在主义法学)

该派由瑞典的乌普萨拉大学法哲学的教授哈盖尔斯特列姆(A. Hagerstrom,1868—1939)首先创始,这个学派也称乌普萨拉法学派。另外一些代表人物有:瑞典的伦德斯德特(A. Yilhelm Lumdsted,1882—1959)、奥列维克罗纳(Karl Olivercrona,1897—1980),丹麦的罗斯(Aef Ross,1898—1979)。哈盖尔斯特列姆的主要著作是《法律和道德本身的研究》(1953),伦德斯德特的主要著作是《法律思想修正》(1956),奥列维克罗纳的主要著作是《作为事实的法律》(1939),罗斯的主要著作是《向实在主义法理学前进——法学二元论批判》(1946)、《论法律和正义》(1959)。

北欧的实在主义法学是从20世纪30年代起形成的,30年代后,在北欧各国这一法学派占据统治地位,目前它的影响已超出了北欧,成为现代西方主要法学流派之一。

（一）法律的本质和效力

北欧的法学派反对自然法理论，也反对分析实证主义法学观点，他们倾向于把法律看成是事实的组合体，而不是规范或命令的组合体。哈盖尔斯特列姆认为法律的本质是为了维护社会安全而建立的一架庞大的机器，要理解什么是法律就必须正确理解法律和社会是什么关系。他的《法律秩序只是一种社会机器》这本教科书，从标题上可以看到他的社会学实证主义倾向。奥列维克罗纳主张，要理解法律就必须把它作为一种社会事实来研究。他说，法律不是别的，仅仅是一系列社会事实。他对法律的规范性质一面，基本上是抱着蔑视的态度，他不否定法具有独立命令的一面特征，但他强调这种特征不过是基督教"十戒"一样，徒有命令的语言形式。他说，基督教当中的世界可以作为法律独立命令的一个例子。但不能说，摩西命令我们做这做那——据说是上帝的命令。实际上是祈使句，是几千年前制定的，并通过口语和书面形式流传了很多世纪；他们不是任何人的命令，尽管有命令特征的语言形式。法律规则就是和这种情况相似。从奥列维克罗纳的观点出发，法律科学的任务就是去研究社会的实际工作，研究作为客观事实的法律制度。罗斯在批判关于法的抽象的规范主义定义时，他认为这样一种定义只能在经验事实和法律规范之间，造成无法解决的二元论。罗斯主张从心理学方面来认识法的概念，他提出设想，法的现象取决于心理上的两种冲动的结合，也就是感兴趣的冲动和不感兴趣的冲动。

关于暴力的问题，特别是暴力的使用，北欧的法学家绝大多数认为，暴力的使用是法律的一个构成要素。其中有的学者强调暴力的实际使用是法律的主要构成要素；有的法学家只强调法的暴力的潜在使用（威慑）。奥列维克罗纳说："我们被证明是正确的，我们把法律看成是关于暴力的规则，因为每一件事件都转向了暴力的有规律的使用。"罗斯说：法律是权力的一种工具，而且那些决定什么是法律的人们和那些服从法律的人们之间的关系是权力关系，法律就是由关于暴力使用的那些规则所构成的。

北欧法学家一般认为，社会上的大多数人是在没有使用暴力的情况下来服从法律的，但他们把暴力的最终威胁看成是一种保证服从的心理因素。在他们看来，在人们意识到不服从法律就一定会受到镇压时就不会去触犯法律。

北欧法学派对法律效力问题的解答：他们认为除非对全体居民和执法者实行一种心理学的影响，否则就不能说法律在任何意义上有约束力。奥列维克罗纳说：法律的约束力量只是作为人的头脑中的一种思想是现实，在外在世界中，没有任何事件是和这种思想相适应的。在奥列维克罗纳看来，赋予法律约束力是这样的一种事实，也就是不愉快的后果容易出现在非法行为所产生的情形中，才使法律具有约束力。按照奥列维克罗纳的认识，在法律秩序和暴力统治这两者之间没有明确的区分，法律秩序就是一种暴力统治。罗斯说，立法者所制定的法律仅仅是为法院的行为提供规则，而不是为公民个人的行为提供规范，也就是只是告诉法院如何判案，而不是告诉公民如何行动。这时法律应具有预测性。如果在未来的处理案件中，法院预料到适用这一法律规范的话,法律规范是有效的,反之则不然。不仅要对法官过去的行为,而且对影响他推理的一系列规范性思想也必须加以考虑。在此,罗斯的观点和霍姆斯所讲的法律预测论同美国实在主义法学以及和当前的行为主义法学理论都是十分接近的。

(二)对分析法学概念的攻击

分析法学的传统概念,特别是权利和义务的概念,受到了北欧法学派的全面攻击,这一攻击首先是由哈盖尔斯特列姆发起的。他要摧毁权利义务这个概念,他坚决否认法律义务具有客观现实性。他首先攻击了传统的权利概念,他提出了两方面的论据:第一,他认为不能说权利是表现了国家对人民的财产要求的保护,只是在这些权利受到侵犯以后,才受到国家的保护。第二,如果我们不能成功地提出证明来支持自己的要求,那么,我们的权利也就是毫无意义的东西。在哈盖尔斯特列姆看来,离开补救方法和执行措施来谈权利就没有什么意义。

权利是虚无的,义务也是虚无的。用哈盖尔斯特列姆的话来说,义务这个概念是缺乏现实性的形而上学的概念,义务的概念没有逻辑意义。义务仅仅是感情的表达,这样一种感情只能从心理学上解释,而在法律角度的逻辑中没有什么感情,这些感情是在社会中发现的,感情不能作为法律的根据,他们仅仅是法律适用的结果。哈盖尔斯特列姆是著名的罗马法学家,他通过对罗马法的研究,经常散布这样一种观点,在传统的法学中,大量使用了语词魔术,来激发人们的责任和义务的感情。他认为义务这个概念纯属感情领域的东西,它既不是科学的东西,也不是客观的或逻辑的东西。

对传统法学的攻击,到伦德斯德特的著作中达到了登峰造极的地步,对基本的法律概念、非法、有罪等概念,统统加以否定。认为这些概念只在感情领域起作用,没有任何的客观意义。按照伦德斯德特的观点说,认定被告人已违背某种义务,这种主张就是一种价值判断,因而也是一种感情的表达,而不是客观实在。他说义务只是一个人的感情或者意见,也就是他应该以一定的方式来行为,结果就是某种主观的东西。这种主观因素,法学家逼迫把它们变成了相反的东西,变成了奇怪的矛盾——客观义务。

罗斯也抱有相同的观点,他说,权利这个词没有什么根据,它只是表象技术中的一种工具。权利它不可以被看作是一种实存的实体,罗斯为了证明把权利当作是实体是错误的,他做了一系列实验和观察。罗斯说,直到我的孩子们到了十岁年龄,我才能够以我们共同满意的方式来安排,使孩子们想到在他们的花园里应该有某一群花,同时我也为我保留了决定孩子们应该做什么的控制权利。所以义务也好,权利也好,在北欧学派看来都是心理学上的概念,没有客观标准。

(三)对所谓正义方法的攻击

斯堪的纳维亚实在主义法学主张要在法学领域中把价值判断清除出去。为此,他们对于被他们称作"正义的方法"进行了不懈的斗争。哈盖尔斯特列姆说:价值判断仅仅是一种语言形式的判断。他认为"应该的科学"是不可能的。法学不能研究法律应该是什么,而要研究法律实际是怎样的。哈氏认为,探讨正义原则是没有任何意义的、虚妄的、徒劳的。根据斯堪的纳维亚实在主义法学的说法，法律不是以正义为基础，而是由社会集团的压力，或说由不可避免的社会需要产生。奥利维克罗纳在批判那种认为法律以正义为基础的观点时写道：几乎没有必要专门驳斥、反驳认为法律是以抽象正义为基础的观点，这种观点明显的是由迷信而引起的。根据他的说法，正义只是人们关于法律的感情。这种感情是由认为法律秩序应是令人满意的习惯看法引起的。但他说，正义的感情不能指导法律，相反，他们是被法律所指导的。丹麦的罗斯认为，如果说正义概念有什么意义的话，那么，可能只是在某种程度上对法官有些意义。法官应正确地运用法律而不能专横，这即叫正义。其次，伦德斯德特把正义的方法说成完全无用的，他在法学中引进了他自己的所谓社会福利的方法来代替正义法。他认为社会福利方法摆脱了道德的价值观念，而且社会福利观念仅仅涉及在特定社会、时间之下的人们认为是有益的。他强调对社会有用就是被当作一种社会利益。为了维护人类社会，法律是必不可少的。但是，法律不需要其他的基础，也就是说不需要更高级的说明或批准。而按照自然法的观点，法律本身是要有道德法和正义等来说明的。法律的内容应是由社会福利的要求所决定，所谓权利和义务仅仅是法律的维护所产生的副产品，而不是法律所保护的东西。权利义务不能说明和论证法律本身的正义性。法律科学应将法律看成有其自己的目的和逻辑要求的东西。只有这样，才能发展一种真正的法律科学，才能得到一种关于法律和社会事实的一种现实主义观点。但是，很可惜，他并未向我们说明他的社会福利方法具体内容是什么，以及它是怎样被使用的。

价值怀疑主义和虚无主义被罗斯推向极端。罗斯认为，那种奠定自然法哲学基础的关于人的存在和人的本质的基本规定的理论，是完全由人任意编造的。因此，在这基础上发展起来的自然法或道德法当然也是任意的。他认为，价值哲学仅仅是为了证明某一种政治利益或阶级利益的意识形态。没有一种合理的论点能向我们证明我们相互之间到底应是兄弟或者是强者压迫弱者。一切关于正确或错误的判断都是建立在不合理性的感性之上。为了任何原因都可呼吁正义，可见正义是虚伪的东西。他说，宣称一种法律是非正义的，并不含有真正特性，不含有对任何标准的一种参考价值，不含有论证。他说，诱发人的正义的感情就像诱发一个人敲桌子一样，这是没有意义的。

以上是斯堪的纳维亚派对自然法学派的正义方法的反驳。在现代西方三大法学流派中，斯堪的纳维亚派本源于社会法学派，所以它要与自然法学和分析法学划清界限。但它所倡导的这些观点，特别是价值虚无主义观点受到日益强烈的反对。如丹麦的著名教授克鲁塞强烈批判了这种观点，号召建立以实验方法为基础的规范法学和道德法学。克鲁塞力图纠正斯堪的纳维亚派的理论，他要在科学的基础上发展道德和正义的基本原理。挪威的卡斯特贝尔格同样认为法律科学永远不能放弃对于正确和错误问题的回答，即永不能回避价值判断。因为共同体中对正义的要求是植根于我们精神的本质当中。正如我们思想中需要逻辑联系一样，也需要正义理论。他俩都强调需要正义、价值判断，认为法学家不过问法律的正义是不可能的。

第四章　综合法学

在现代西方法学中,有一个重要问题,即它的基本发展趋向是什么? 有哪些新的特点? 它在自己的演变过程中同现存的各个法学流派,特别是同三大主流派相互间是一种什么关系? 诸如此类的问题,应该说是当前法学研究中的一个重要课题。但可惜到现在为止,国际上在这方面的研究还很缓慢,成效甚微。

我们认为,现在西方世界正在兴起的综合法学的思潮同我们提到的这个主题有十分密切的关系。因为近几十年来,综合法学的产生和发展大体上是和作为整体的西方法学发展动向同步前进的。因此,综合法学必然是很敏感地反映着当代西方法学所带有的种种新的特点。如果进一步说的话,综合法学本身也可看成当代西方法学的重要发展趋向之一。在这里,基于这种想法,把当代综合法学发展情况简单介绍一下。

一、历史回顾

从根本上说,综合法学是以现实的资本主义社会矛盾的发展为历史背景的。资本主义社会深刻的社会危机使很多学者开始自我反省,对资本主义制度产生怀疑动摇,战后特别明显。在意识形态占统治地位的资产阶级学说也不断地从政治、经济、法律等方面来寻找挽救资本主义经济危机的出路。在法学方面,西方法学中原有的三大主流派之间一直在进行漫无休止的论战,好像势不两立。各个流派都坚持法律研究的某一侧面,对它的意义无限加以扩大。同时又尽量贬低和抹杀其他流派。在这种长期、复杂的斗争中,有的派别遭到削弱,有的得到加强。

自然法学早在19世纪就受到历史法学和分析法学的猛烈抨击,已接近崩溃。到20世纪末,又有复兴征兆。但由于社会学法学和各种实证法学的迅猛发展,自然法学的影响还是有限的。分析法学在19世纪是占主导地位的法学流派,但在19世纪末,特别是20世纪开始,它被称作概念法学而遭到普遍反对,势力分布也不平衡,除英国外几乎没有阵地。社会学法学可称为20世纪西方法学的台柱,其力量发展和规模都是其他法学所远远赶不上的。这个学派产生后一再向前发展,目前还是如此,这是它很大一个特点。但尽管如此,它也没处于独霸独尊地位。在西方资产阶级主要法学流派中,没有一个流派被彻底消灭或独霸法学阵地。这一现象值得我们深思。从出现以来,这些流派都是垄断资本主义的意识形态。他们之间的差别仅仅在于分别地适应垄断资产阶级在不同经济、政治情况下的具体要求。因此我们说,只要垄断资产阶级还存在,只要这个阶级内部的裂痕还存在(这是不可避免的),各流派就都有其观点存在的社会基础。我们再从方法上看,各流派所采取的都是攻其一点,不及其余,把问题绝对化的形而上学。这也是共同的,三大主流派就像是瞎子摸象一样,攻其一点,不及其余。

正因为西方各法学流派本质上一致,所以它们在互相斗争、互相妥协的过程中逐渐出现一种互相之间在理论观点上越来越接近的趋势。也就是说,有越来越多的西方法学家用公开的形式来号召互相团结,实行联合;或者用隐藏形式不断修改各自的理论观点,自觉和不自觉地吸收其他派别的观点,向其他派别靠拢。西方法学各流派之间这种互相靠拢的趋势,最早的权威性预见家就是庞德。庞德早在20世纪20年代就从推崇社会法学的立场出发,对现代西方的法学发展趋势作了预测。他指出,以19世纪末开始,所有的西方法学家都隐隐约约感觉到,单靠某一流派方法和观点是不可能完成法学所应该完成的全部任务。他不仅是这种趋向的预言家,也是这种动向最早的号召家,直接发出了各派大联合的号召,甚至包括法学和其他社会科学的联合。根据庞德的说法,当时法学的研究方法主要有以下几种:

第一种是历史的方法,这种方法注重于法律起源、制度变迁及原理的"演进"。

第二种是哲理的方法,这种方法不仅要探讨法律制度的伦理基础,而且要探讨法律制度的哲学基础。

第三种是分析方法,这是要解剖法律结构、内容和原理,而且还要通过比较,进一步了解法律制度之间的异同优劣。

第四种是社会学方法,是把法律当作社会工具加以研究,强调法律自身是为社会而存在的,并以此为衡量各种法律制度及其原则的标准。

第五种是批评方法,也可称综合的方法。具体说是以历史的哲理、分析的学理以及社会的实际需要为根据。不但了解法律的当然,而且进一步了解其所以然。

庞德接着说,由于这几种方法不同,法学家往往各有偏重,所以产生了历史法学家、分析法学家、哲学法学家和社会法学家的称呼。

庞德认为,这几种方法都是科学的方法,都应当成为法理学的正当的研究方法。庞德关于西方法学发展趋势所作的预测和号召表达了相当一批西方法学家的观点。他们已经很清楚地认识到西方资产阶级法学已处在危机中,如还按老调子唱下去,就不能适应垄断资本主义新的需要。特别是第二次世界大战后,西方世界越来越多的法学家都指责三大法学流派的片面性和排他性,倡导各流派互相结合和互相补充,要建立一套新的、全面型的法理体系,即建立综合的法理体系。历史情况大致如此。

二、综合法学代表人物的主张

综合法学成员之间并非有一个统一的或明确的形式。与其他法学流派比较,综合法学理论显得更为杂乱无章。除了此学派创始人哈尔曾经明确使用过综合法学或综合法理学概念外,其他成员大都是自觉或不自觉地将综合作为自己的理论原则或精神。所谓综合不外就是这些法学家根据自己主观臆想在现代西方三大主流派之间,尽可能起到一种斡旋、调和作用。力图发现这三派可以综合贯通的理论因素,以便凑成一个比较新颖的理论体系。

(一)哈尔(Hall)的综合理论

现代西方法学的三大主流派之间相互结合的趋势首先表现在哈尔提出的综合理论中。他的主要著作有《综合法学》(1947)、《民主社会的活的法律》(1948)、《关注实证法律的本质》(1949)。

综合法学派的名称就是直接来自哈尔的《综合法学》书名。哈尔把自然法学和法学实证主义结合起来,主张重新认识实证法律的概念。哈尔很关心理性和道德是不是法律本质这一问题,他对这一问题的回答是肯定的。他建议要采用一种关于实证法律的限制性定义,把实证法律这一术语限制成为"实际伦理权力规范",而排除纯粹权力规范的概念。为了给所谓民主的自然法奠定基础,哈尔认为民主观念应包括在实证法律的本质当中。他说,特别是应该把被统治者的同意以及全部的民主程序的内容都包含在法律规范的本质当中。所谓被统治者的同意就是使公民能积极地参加政府的活动过程。哈尔用被统治者同意掩盖了法律及社会的政治统治的本质。按他的说法,好像资本主义社会中统治者和被统治者根本利益是一致,没有冲突。但实际上资产阶级法律维护的仅仅是资产阶级民主。哈尔出自对资产阶级法律进行改革的动机,反对实证主义法学忽略法律价值的做法。他强调价值应是法律的重要构成因素。哈尔提出,法律是形式、价值和事实的特殊结合。哈尔的法律概念中所提到的三种因素正好就是分析法学、自然法学和社会法学所侧重研究的问题。我们知道,分析法学从奥斯丁以来,一贯强调对法律规范的逻辑分析而轻视法律的社会目的和价值研究。自然法学的传统是强调法律所应实现的价值即自然法的原则和精神,而不注重对实证法律,即法律规范本身的研究。社会法学主要是从社会事实出发研究,而忽略对法律规范和价值因素的研究。哈尔将这三大主流派结合起来,把形式、价值、事实都看成是法律的不可缺少的要素。在这一基础上,就提出应创立一种综合法学。

哈尔1947年发表的《综合法学》及《法学中的理性和现实》都是为了创立综合法学而写的。在这些著作中,他严厉批判了所谓法学中完全忠于一派的错误,特别是那种把法律的形式因素、价值因素、事实因素这三者彼此分离开来的错误。在他看来,今天所需要的是一种分析法学、关于社会和文化事实的现实主义解释即社会法学以及自然法学这三者当中有意义的成分的综合。哈尔还申明,法学的所有这些部门都是互相联系和依赖的。哈尔的理论和三大主流派代表人物相比较确有高明之处,主要表现在他看到法律形式因素、价值因素和事实因素是统一的、不允许分开的。但哈尔没有看到,作为特定社会阶级国家手段的法,其中所表达的价值观念、所反映的社会事实,以及所采取的结构形式,这些东西都具有特定的阶级性和时代性。资产阶级社会的法律首先表达的是资产阶级的社会观念。作为统治阶级,资产阶级是尽力将本阶级的道德意识和价值观念通过法律而确定下来。资产阶级还要用法律来维护和巩固私有制度这一社会事实。所以我们看到,资产阶级法律的形式因素和资本主义社会的价值观念及社会事实是完全一致的。所以它们事实上是不可能决然分开的。

(二)拉斯维尔(H. Lasswell)和麦克道格尔(Macdougal)倡导的"法律政策学"

西方法学的三大学派相结合的趋势也反映在这两位法学家身上,反映在他们所倡导的政策科学法律理论。他们共同致力于发展法律政策学,认为自己的法律政策学不同于自然法学,也不同于社会法学和分析法学。他们说法律政策学理论为法律的研究提供了一种价值学说,而不仅仅是一种社会事实的描写。这二人主要从政治学角度来研究法律。特别是拉斯维尔,是现代西方行为主义政治学派的一个重要代表人物。他们所开始的行为主义政治学注重于经验的研究,反对政治学传统的法律形式主义。也就是说,他们把可观察到的人类的行为作为基本的研究对象。这里的行为不仅包括人们的政治的、法律的活动,而且也包括作为行为动机的心理活动。拉斯维尔和一般行为主义理论家不同处在于:他除了强调经验的研究方法外,还比较重视价值问题的研究。而一般的行为主义者都排斥价值判断,只强调事实判断。

其次,拉斯维尔把权力作为政治学的一个中心研究课题。政治科学就是权力科学,以各种权力关系为研究对象。拉斯维尔把政策看作为一种权力的决策,权力毕竟要表现为一定形式的决策。为此,他特别注重政策学研究。他认为,由于各人的态度、动机、价值观和认识这些心理因素,都会对政策的形成有着重大影响。他在第二次世界大战后更加强调要把价值观点的研究和经验分析的研究密切地结合起来。他和麦克道格尔都认为,法律是权力价值的一种形式,他们把法律描写成为"在一个共同体中权力决策的总和"。法律政策学这样一个法律概念,不仅有自然法学强调价值的特点,有分析法学强调法律是国家或主权者命令的特点,另外也明显地具有社会学法学把法律看作是一种司法程序和社会控制的特点。也就是说,在二人看来,法律政策主要是通过国家机关的制裁来实现的。并强调,对于制定决策的这个法律程序来说,最根本的在于要用一种保证这些决策能够执行的这样一些有效的控制手段。由此产生一系列的决策,它的目的是要增进共同体,即社会和国家的价值。这样,立法过程就被看作是制定政策的一个过程,或被看作是一个决策的过程。法律是政策的总和,而不是法律规则体,即法律规范的总和。拉斯维尔等人的一个基本观点就是认为共同体成员应参加价值的分配和享有。或者说,法律的目的就是为了促进价值在人们当中最大范围的共享。他们说,法律控制的最终目标是一个世界的共同体,只有在世界的共同体当中,价值的民主分配才能够在最大范围内和最大程度上得到鼓励和增进,才能使人的尊严被看成是社会政策的一个最高目标。我们将他们的说教进行归纳:①法律等于政策的总和;②政策等于权力决策;③权力决策等于社会共同体的价值,乃至世界共同体的价值。

这样一种法律政策学恰好能适应帝国主义时期资产阶级的需要。在资本主义国家,法律是资产阶级定型化的政策。法律和政策都反映着这一特定阶级统治的要求。正因为如此,拉斯维尔等人在理论上提出了"法律与政策一体化"的观点。他们说,重要的法律概念应在民主生活的目标和重大问题的关系中得到解决。法律决策应当被看作是社会当中价值变化的一种反映。对于定义和规则的强调应当被目标的思想所代替。他们反对把法律和政策对立起来,他们认为法律学说应是起到符号的作用。这种符号是为方针政策服务的。麦克道格尔说,法规在具体案件中的每一种运用,事实上都要求进行政策选择。因为他们主张,当司法机关用以往司法经验作为指导时,应注意政策对共同体的未来可能性的影响。他们还强调关于决策过程的倾向未来的观点比对法律规范进行机械操作的观点要优越得多。拉斯维尔、麦克道格尔所倡导的法律政策学所承认的价值是与资产阶级的实际愿望相适应的。从这一点说,它具有经验主义和实证主义的特点。他们把法律看成一种权力决策,这一观点有分析法学的因素也有社会法学的因素。特别重要的是,他们主张价值的民主分配和享有以及倾向未来的理想的社会秩序,而这种秩序又是建立在作为最高价值的人的尊严基础之上。这些显然都是自然法学派的特征。所以在西方著作中不少人将拉斯维尔、麦克道格尔归于自然法学家中,但他们本人不承认法律政策学属于自然法范畴,道理在于法律政策学基本倾向还是社会法学。

(三)斯通的"三部曲"

西方三大法学主流派相结合的趋势在斯通(J. Stone)的著作中有突出的表现,斯通是把社会学法学介绍到澳大利亚的最初的一个学者,也是当代西方法学家当中最有影响的人物。他对西方法学各个流派的理论,一个总的看法集中表现在下面一段话当中:"二十世纪中叶,严肃的学者们已不再为坚持或反对分析逻辑方法、正义—伦理学方法或社会学方法,这三者中任何一个的绝对统治而辩论了,不管法学是否在某种科学意义上是一个单一的领域,或者是否定它的统一性在于,有必要为那些涉及制定、适用和改建或为一般理解法律的人提供智力上的需求,所有上述这些范围都被包括在其中了。"斯通力图综合各派理论的尝试是明显地表现在他的被称作"三部曲"的三部有名的著作中,即①《法律制度和法学家推论》(1964);②《人类法律和人类正义》(1965);③《法律和正义的社会性》(1966)。这三部书是和作者于1964年所撰写的《法律的范围和功能》一书中的三个部分相对应的。斯通这三部书的主题就在于,强调要理解根据法律的正义是什么,就必须知道:①法律的结构和作用;②正义意味着什么;③为了取得正义而利用社会中所存在的法律。这三个问题正是西方三大主流派所侧重研究的问题。斯通是把这三个方面综合起来加以考察的,下面分别加以说明:

(1)《法律制度和法学家推论》,在这部著作中,斯通表明作为规范的法律现象,是通过逻辑和推理所控制的语言当中连接起来的。作者强调逻辑和法律之间必不可分的联系。斯通从分析整体的法律体系结构出发,认为关于法律体系结构的思想客观上具有一种统一性,并且分析了形成这种统一性的各种因素。在作者看来,在一个固定的法律体系当中,各种因素都在起作用,为了提示这些因素,就需要运用逻辑分析的方法,逻辑分析可以向人们提供抽象的思想模式,并且是法学家可以获得对各种各样的法律假定的最大限度的自我统一性。此外,逻辑分析还有助于分类和精神上的训练,使法律能够具有说服力。分析的方法可以启发人们的思想,推动人们去认识法律所存在的弱点,等等。

(2)《人类法律和人类正义》,在这部书当中,作者着重研究正义问题,并且借此来论述了自然法的意义。作者讨论了各种自然法理论,提出了正义是人们判断行为的一种不可缺少的标准,并且还提出了几种准绝对的正义原则,如包括人们自由地形成和主张自己利益的原则,人们之间平等的原则,对非正义的纠正的原则,犯罪和刑罚之间的合理比例关系的原则。

(3)《法律与正义的社会学》,在这部书中集中地讨论了社会学法学的问题。作者研究了社会学法学的范围,强调经验的社会学的研究对于法律研究的重要性,特别强调了法社会学的重要性。斯通在这本书中考察各种法社会学的理论,并且探讨法律对相互冲突的社会利益的调整问题。

斯通这三部曲表明,这三大主流派对法律研究都很重要,只有把这三者结合起来,相互补充,才能构成一个完整的法律体系。

斯通的法理学具有综合的特点,在他关于法学方法论的理论当中也得到了清晰的表现。斯通认为,法学没有自己独具的适当的科学方法,法学必须依靠其他部门科学取得的成果来研究法律的概念、规则和技术。他说:"我们仍然认为,法学是根据法学家的外倾被认识的,它是法学家对法律的规则、概念和技术,根据现代科学知识所进行的考察。"在这些科学知识当中包括逻辑学、历史学、心理学、社会学,等等。法学是从实践经验出发把这些科学成果和法律联系起来的,也就是说综合西方法学家各种关于法的概念的解释,提出了法的基本性质和特征。斯通认为,有关法律概念这个问题有几种观点已得到公认:①一般的法学家把法律制度和现代国家联系起来。②尽管法律规范和道德规范在某种程度是互相交叉的,但这两个领域又是有区别的。③定义方法虽然有困难,但是还是适宜的。④法律应当看作是一个单一的整体,是一种法律体系,而不是单个法律简单的相加。

根据这几个基本观点,斯通对什么是法律作了回答,他提出法律具有如下七种主要性质和特征:①法律是许多现象的复杂整体。②法律现象包括规范,这些规范通过指定禁止和准许等方式来规定人们的行为,它们是就行为作出判断的人们的一种指南。③法律所包括的行为作为一个由复杂统一体的规范来调整的对象,这些规范是社会规范,它们一般地规定一个社会成员对其他多个社会成员的行为。④这种法律的复杂整体是一种有秩序的整体。⑤这种秩序是强制的,而强制应该理解成为是一种外在的强制,包括剥夺生命、健康或财产,或对这样一些利益加以限制。⑥强制是被制度化了的,也就是说,这些强制必须是根据已经建立的规范产生的。⑦这种制度化了的社会规范的强制秩序应该有一定的效力,能够维护它自身。斯通认为,法律所有这些性质和特征尽管没有构成一个精确的定义,但却形成了一个大纲、索引或目录,阐述了那些为了理解法律而应该讨论的问题。从斯通所讲的关于法律的七个性质和特征当中,我们可以看到他对法律概念的理解是地地道道综合性的,其中三大主流派各派的因素都有。

(四)博登海默

在西方各个法学流派中间,综合的趋势在博登海默(Edgar Bodenheimer)、帕顿(G. Paton)、费希纳(E. Fechner)等人的著作当中有明显的反映,特别是博登海默在其《法理学》当中,直接鼓吹要建立一种综合法学。他把法律形象地比喻为一个由许多大厅、房间、角落所组成的大厦。他认为法学家的错误往往是看到这座法律大厦的一部分,而忽视了其他部分。他说:"随着我们知识的不断增进,我们必须努力去构成一种综合法学,这种综合法学利用了过去的全部贡献。"他坚决反对任何用绝对的、单一的因素来解释法律的做法。他认为社会的、经济的、心理的、历史的和文化的因素以及价值判断等都影响法律的制定和执行。所以他主张,法学研究应该研究同法学有关的各种各样的因素。博登海默反对三大主流派的偏见是有一定道理的,但他自己也不能够建立一个理想的法科学体系。如果说三大主流派失之抓住一点,不及其余的话,那么博登海默则失之面面俱到,不分轻重,因而他也没有对法律的概念作一个科学的解释。

小结

经过长期的修琢,综合法学的思潮正在一步一步地推进,它在一定程度上可以说,取得了相对于三大主流派的独立地位,并且产生了某些影响。这种影响对于各主流派亦不例外。到了 20 世纪 80 年代,西方大多数法学家都已不同程度地接受了综合法学的原则。大家都认为,三大法学派的方法对推动法学的发展都是重要的,不可缺少的。综合法学作为一个法学流派虽然还没有一个明确的理论体系,但它已经在西方法学当中有了大批的同情者。我们也应该花一些精力去研究它。

第五章　存在主义法学

　　存在主义法学是第二次世界大战以后新兴起的一支法学流派,也是当代西方法学当中影响比较大,发展比较快的一个流派。一开始这个学派就形成了一个独立的法学理论体系,而且已经渗入到当代三大主流派当中,特别是对复兴自然法学派的渗透更多。存在主义法学是直接建立在存在主义哲学基础上的。所谓存在主义哲学是帝国主义时期资产阶级、小资产阶级对于人的存在的危机感的一种产物。这种哲学的基本倾向是主观唯心主义和非理性主义的。这个哲学流派所研究的对象就是所谓人的价值,具体说,就是研究人的伦理,人的心理状态。存在主义者声称,人不知道自己为什么被扔到这个世界上来,人生没有目的,没有意义,人的存在是偶然的和荒谬的。人生是什么呢? 存在主义者认为人生就是对自己生活的不断设计和选择,也就是碰运气。所谓存在也是指个人,即人的自我或人的内在的自我,在他们看来,每一个自我都是同这个世界相对立的,所以时时刻刻都感到恐怖,时时刻刻都在为自己的存在而进行挣扎。存在主义哲学最初的代表人物是克尔凯郭尔、海德格尔、雅斯贝尔斯。第二次世界大战后法国作家马塞尔和萨特把存在主义哲学推向了高峰。存在主义法学就是运用存在主义哲学来构造自己的法学理论,它的基本观点是主张从自我存在的角度上来认识法律现象。

一、迈霍菲尔(Werner Maihofer)

　　迈霍菲尔的主要著作是《法与存在》(1954),这本书的核心就是对所谓存在的两种形式的分析。

(一)"成为自我"

　　迈霍菲尔说,自我存在首先是一种单一的、无比较的、绝对的存在。每个人都以自己为目的和意义,对自己的命运和生活来进行选择和设计,这样一种自我存在就是使自己成为自身,即使自己是本来面目的自己,纯粹的自己。但是,自我又要通过外在的世界来认识自己和显现自己。这个外在的世界分为两个领域:第一是物的领域,即直接满足自我需要的领域;第二是他人的领域,即自我要实现对物的需要的满足,就必须使自己同别人打交道。这种联系就是一种契约关系,这种契约关系表现了每个自我的自治。此外,他还宣布,最初的或原始的人类国家就是由自我自治的,成为自身的人们所组成的自然国家。自然国家中的法律就是存在的自然法,这种自然法又区别于后来的制度的自然法,它表达和确定了来自于人性的各种基本的自由或权利,如生存权、财产权、契约权等。

(二)"成为角色"

自我存在除了单一的、无比较的、绝对的形式之外,还可以表现为社会的、可比较的、相对的形式,这种形式也叫做自我的社会存在。在社会存在当中,这种自我被放到一定的身份和地位上,即得到了定位。这样一来,它就超出了成为自身的界限而发展到他治。成为角色是什么意思呢? 就是自我成为可比较的、相对的自我,是作为一个男人或女人,或作为父母或作为儿女,或作为所有者、占有者、买者、承租者等这样一些角色,这都是作为一种角色而发挥自己的作用的。在成为角色的人当中有两种秩序:第一种是深入秩序,它假定人们是处于不平等的关系,比如佃户和地主的关系,佣仆和主人的关系;第二种是平均秩序,它假定人们之间是身份上或人格上的平等关系。这两种秩序就决定了两种法律正义,第一种就是深入秩序当中产生的分配正义,也就是按照人们之间的不平等身份关系来分配利益;第二种就是从平均秩序当中产生出来的交换正义,也就是给予人们以平等的自由和权利。表达这两种正义的法律就叫做制度的自然法。在成为角色的情况下,自治的自然国家就发展到了他治的政治国家。这个过程是同存在自然法发展到制度的自然法相一致的。从以上的介绍可以看出,迈霍菲尔的理论完全是关于国家和法的历史的主观唯心主义的杜撰,他所描绘的成为自身情况下的自然国家以及存在的自然法,都应该看作是资产阶级和小资产阶级的王国。而他所描绘的成为角色情况下的他治国家以及制度自然法则是对于现实的资本主义政治关系、法律关系,特别是经济关系的一个特别真实的写照。具体说,所谓深入秩序和分配的法律正义则无非就是论证按照资本的多少来分配权力,所谓平均秩序和交换的法律正义无非就是资本主义商品交换方面的平等正义。

二、霍梅斯(Ulrich Hommes)

霍梅斯的主要著作是《存在和法律》(1962)。他的理论核心是论证存在与法律之间的所谓辩证关系。他认为,法律有两个主要的矛盾属性:第一,法律只能从个人存在的超然性(也就是自由)之中以及存在于个人存在之间的交往之中才能够获得意义;第二,法律又有超出了个人存在的超然性,而具有自身的客观性和普遍有效性。霍梅斯的全部理论都是建立在这种所谓辩证关系的基础上的。

(一)法律的概念

霍梅斯认为,法律就是个人同他人共存的合理而有效的模式,在其中个人存在使自己制度化和组织化,这样一来法律就决定和规定了个人和他人的存在。按照霍梅斯本人的解释,这样一个法律概念所赖以建立的前提就是把人归宿于国家的法律;同时离开了人的自由和人们之间的交往,国家的法律又不可能被认识。所以霍梅斯说,正如个人的实现只能存在于国家之中,因而国家的现实性只存在于个人的现实性之中。不过从霍梅斯所表述的法律概念中,我们可以看到在法律和存在的相互关系当中,法律的重要性超出了存在的重要性。法律决定个人的存在,个人存在必须在法律当中得到实现。

（二）实证法律的实证性和超实证性

霍梅斯认为,具有客观性和普遍有效性的法律只能够是实证的法律,从这个角度上说,他和法律实证主义者的观点是一致的。但另一方面,霍梅斯认为法律实证主义者是有缺点的,即完全把实证法律和存在的超然性分离出来。从而法律本身就被当成了机械的死东西,忽视了人的价值和自由。按照霍梅斯的观点,实际上在法律之先,存在（自我）就有它的先天命令,存在的先天命令不是以实证法律为转移,相反地是它决定了实证法律的合法性和范围。所以存在的先天命令就是实证法律的超实证性的基础。一句话,实证法律的实证性就表现为它本身的客观性和普遍有效性。实证法律的超实证性就表现为它是受着存在的先天命令的制约。霍梅斯没有明确说明存在的先天命令是个什么东西。这个东西有点像康德的道德的绝对命令,也有点像自然法学者讲的上帝的命令或人的理性的命令。可见在霍梅斯的理论中,有法律实证主义的因素,但是也兼有羞羞答答的关于自然法的因素。既然霍梅斯把实证法律的客观性和普遍有效性看作是和存在无关的一面,那么他就可以把这一点叫做存在的例外,任何人违背了这种存在的例外就要受到惩罚。但是在对于人的违法行为问题的评论上,霍梅斯基本上是沿袭了康德,特别是黑格尔的观点,即他说存在就是人、存在是自由的,违法是人的自由意志的表现,人有权利自由地去违法,而实证法律的客观性和普遍有效性则有权利惩罚违法行为,这就是法律和存在、自由之间的矛盾。

（三）法律原罪

霍梅斯说,从实证法律所包含的二重性当中（即反映法律客观性和普遍有效性的实证性和法律受到存在的先天命令所制约的超实证性）,自然而然地产生了人的罪过,即产生了法律原罪。因为实证法律代表社会整体利益,从实证法律的角度上说,个人存在、自由的实现必然要排斥他人的存在和自由,这就是一种罪过,存在、自由和罪过之间的不可分割的联系是人所无法摆脱的一种法律原罪。接着霍梅斯又说,启发人们认清这样一种法律原罪还是有意义的,它可以引导人们去自觉地承担法律所规定的义务,而尽可能避免法律所规定的罪行。最后霍梅斯又强调,尽管法律原罪当中包含着合法与非法的统一,但法律必须维护它作为法律的自身。这也就是说,法律最终还是坚持合法,而排斥非法,使人们能够遵守和服从它,这很明显是法律实证主义观点的表现。

三、西奇斯(Luis Recasens Siches)

西奇斯的主要著作是《人类生活:社会和法律》(1948)。按照西奇斯的说法,人是两个世界的公民,一个是存在于时空之中的可经验的自然世界;另一个是理想的只能够通过自我内心感受或知觉的价值世界,比如真理、美德、正义、安全等都属价值世界的东西。价值虽然是非自然的,但是都要求具有客观的和优先的效力。西奇斯说,他的法理学所承担的任务就是要为沟通这两个世界而架起桥梁,填平两个世界之间的鸿沟。

(一)法律的目的

西奇斯说,就法律本身而言,它不是一种价值,而是实现一定价值的规范制度。人们创造法律的最初目的就在于要保障自己在集体生活中的安全,主要是人身和财产的安全。但法律还有其最高的目的,即实现正义。由此可见,仅仅能够保障安全和具有不可侵犯性的规范性的法律不等于正义的法律。反过来说,不代表一种安全性的法律肯定不成其为一种法律,但是不具有正义性的法律却仍然可以成为一种法律。

(二)法律评价

西奇斯说,法律评价的任务是发现实定法律内容中的价值标准。他认为,法律的最高价值标准就是绝对地保护单个的人,因此他强烈地反对凌驾于个人主义之上的集体主义哲学。他说,集体主义往往把人看作生产文化产品的工具或者是看成为国家服务的关系。体现最高的价值的法律就是正义的法律,这种正义的法律的职能就是保障自由、人身不可侵犯性和个人最低限度的物质享受,从而使每个人都发展他的人格,实现他自己作为一个人的真正的使命。

西奇斯法理学的特点如下:①没有直接使用存在主义哲学的术语,它是把存在主义的基本精神(主要是抽象的人、人格、个人主义的观点)渗透到自己的理论中去。②西奇斯的理论在法学流派的倾向方面是自然法观点和法律实证主义观点的一种混合。具体说,当他强调所谓法律的最高价值标准时,显然是倾向于自然法的观点;而当他强调非正义的法律也是法律,也应当服从时,显然他是倾向于法律实证主义,即倾向于"恶法亦法"的观点。③西奇斯的理论的基本命题之间存在着很多相互矛盾的地方。比如,他说正义的法律就是能够保障安全,但他又说任何法律包括非正义法律也能保障安全,这样他就取消了正义法律和非正义法律的界限。另外,他对法律的最初目的和最高目的这两个概念的界限也说得很不清楚,存在许多矛盾。可见,西奇斯的理论是相当混乱的,西奇斯的理论中所包含的矛盾和他在法学流派上的折中主义倾向是相一致的,他既想鼓吹超阶级的人性自由论,又想维护现行的资产阶级的实证法律,这两种东西实际上是调和不到一起的。所以说,西奇斯的理论是小资产阶级"跪着造反"精神的典型表现。

四、柯恩(Helmut Coing)

柯恩的主要代表作是《法哲学原理》(1950)。根据柯恩的说法,存在的尊严及其自由是一种先于法律而存在的绝对价值,包括人的一系列的自然权利,如身体完整、私人财产、个人隐私、保护名誉、言论自由、集会自由、教育自由,等等。这些权利构成了最高的法律原则。

另一方面,柯恩又强调这个最高原则不能完全地或无限制地被法律加以实证化。就是说,为了保证社会的普遍福利,就必须对法律最高原则给予一定限制。这样一来就必然导致最高法律原则(或存在的绝对价值)与实证法律之间的矛盾冲突(相当于霍梅斯所说的"法律原罪")。他认为,实证法律对最高法律原则的限制如果不影响最高法律原则的根本性质则是正当的;如果实证法律破坏了最高法律原罪的根本性质,法律是无效的。他说:"如果在极端的情况下出现了人民和法律执行机关的抵抗,应该看作是正当的。"一个法官在遇到破坏最高法律原则时应维护最高原则,而不应当维护实证法律。或者说,法官应维护普遍尊严和自由,而不要维护普遍的社会正义原则。退一步讲,如果法官在这个矛盾中进退维谷,则干脆辞职。

柯恩的主张基本上是以个人自由为中心的自然法理论。他把个人自由说成是最高法律原则。这一点从表面上看有一定的激进性,但实际上,柯恩美化了西方资产阶级现行法律。因为根据柯恩的观点,除了当年纳粹的法律以外,其他各个发达资本主义国家的法律都是维护个人自由的。

小结

存在主义法学在20世纪50年代已经进入高潮,受其影响最大的是西欧,其次是拉丁美洲的一些国家(巴西、墨西哥等),20世纪60年代开始在美国扩散。至今,这个学派的发展趋势很引人注意。从这个意义上说,对此加以研究还是很必要的。

第六章　行为主义法学

行为主义法学是西方最晚进的一个法学流派,它是由一般的行为科学经过行为主义政治学作为媒介到 20 世纪 70 年代才形成起来的。这个学派在美国最为发达。至今,行为主义法学席卷了整个西方世界(包括日本)的法学阵地,成为一股最有势力的法学思潮。

一、什么是行为主义法学

行为主义法学或简称为"行为法学"。这个学派是借助于一般的行为科学的理论和方法来研究法律现象的。它是研究人的法律行为,特别是研究法官的审判行为的科学。其目的在于要最大限度地发挥法律的社会控制作用,帮助国家当局制定适当的司法政策,以便建成一种理想化的法律秩序,维护社会的安定状态。

行为主义的倡导者很多。在美国,主要代表人物及其著作如下:

G.舒伯特(Schubert):《司法行为的量的分析》(1959)、《司法政策的制定》(1965)、《最高法官的法律思想、态度和意识形态》(1965)。

R.劳勒(Lawlor):《计算机能做什么:司法判决的分析和预测》(1962)。

D.达勒斯基(Danelski):《比较司法行为》(1969)。

大体上,行为法学的理论渊源表现在三个方面:①经验实证主义。行为主义法学仅仅追随着一般的行为科学,强调要经验地、实证地,从量的角度上来分析和预测人的行为,反对价值判断;强调所谓"纯粹"的研究。日本著名法学家川岛武宜曾评述说:这种研究方法"就是在日常的用语和思考中,把被当作质的东西在量的差异中来观察、分析,这是科学的目标。近几年来,行为主义法学越来越突出地强调数学模型方法,即用符号、数学公式以及图表对于法律现象和人们的法律行为来进行描述。为此,这个以所谓'最新自然科学的法学'自居的行为主义法学,也叫做实验法学、计量法学,或者更广义地叫做经验法学,也就是作为经验科学的法学"。②结构功能主义。在西方现代的社会学中,以美国的 T.帕森斯(Parsons)为代表的结构功能主义社会学,它的研究对象是整体社会,重点是研究形成社会结构的各要素之间的关系。这个学派认为:稳定的社会秩序的建立,有赖于发现它的要求(功能)的各种手段(结构)。帕森斯说:"社会体系既成状态,就是两个或两个以上单独行为者的补充性的相互作用过程。在这一过程中,双方当中的每一方对另一方(他或他们)的一些期待表现出自己的适应性。"归根结底,社会秩序就是依靠这种人们之间的相互期待行为的适应性来实现的。结构功能主义的基调正好与行为主义法学的理论宗旨和方法是完全投合的。因此,行为主义法学也可叫做结构功能主义法学。③美国实在主义法学。作为最极端的现代社会学法学——美国实在主义法学,把法律的社会控制理论集中地表现为法官的社会控制论。因而,具有最鲜明的法官行为倾向性。例如早在 20 世纪 30 年代,这个学派的领袖人物之一列维林就指出:"法学研究的重点应转移到官方行为和受官方行为影响的行为之间的关系和相互作用的领域。"这里所谓"官方行为"包括行政行为和司法行为(特别是法官行为)。另一位代表人物弗兰克强调运用"行为—反映"这一模式。他说:"要把司法实践中的'法律×事实=判决'改为'刺激×法官性格=判决'的公式。"正是鉴于这种情况,有些法学家,特别是美国的达卫得指出:"在当代,法律行为主义的假定和概念与实证主义的假定和概念进行比较,你就会被它们的相似惊得目瞪口呆。"

在行为法学的体系中,还有重要的一点,就是它对西方现代法社会学的依赖关系。行为法学认为:法社会学是建立整个法律经验科学的一种基础操作,也就是用以表现法律社会控制的理论模型。意思就是说,在法学体系中,法社会学是最根本的法学领域,因为它直接研究法律社会控制这样一个最有意义的问题,其他法学领域,如法政策学、法解释学、法史学、法哲学、比较法学等都要以法社会学作为出发点,这是一个理由。另外,法社会学又是社会学的一个部门。社会学在研究法律社会控制这一问题时必须以法律社会学作为根据,这是因为只有法社会学才能直接回答这个问题。

二、结构功能主义的法律社会控制论

行为主义法学把结构功能主义社会学理论搬进法学领域来构造自己的模型论,基本上有两大类:一是法律的社会控制模型;二是法律纠纷模型。

(一)法律社会控制模型

法律社会控制模型是以个人之间的相互期待行为来说明法律的社会控制的作用。换言之,法律社会控制的程度和效果如何要取决于个人之间相互期待行为的适应程度。现在就对这个模型作一点说明:假如用 I 表示"社会平衡状态"或"法律秩序的正常状态";用 K_1 来表示社会经济要素(即社会经济领域中的法律行为的适应性)在整个社会平衡状态中所占的比率;用 K_2 表示社会政治要素(即政治领域当中法律行为的适应性)在整个社会平衡状态中所占的比率;用 K_3 表示道德要素(即社会道德领域中的法律行为的适应性)在整个社会平衡状态中所占的比率。还可以用一系列的假定 K_4、K_5、K_6……K_n 表示其他要素。从而得出下列公式:

$I = K_1 + K_2 + K_3 …… + K_n$(整个社会的平衡等于各要素的集合)

即 $$I = \sum_{i=1}^{n} K_i (i 表示项)$$

(二)法律纠纷模型

为了保证人们之间相互期待行为的适应性,行为主义法学又进一步假定了解决纠纷的"法律必要功能"这个概念,建立一套法律纠纷模型。具体来说,当某一项社会结构的要素发生功能不足时,社会就将陷入不平衡,就要造成社会秩序的混乱。这时就需要向这个有关社会要素中注入"必要功能"(C_i),以使社会状态重新归于平衡,使法律秩序复归正常。用公式表示即:

$$I = \sum_{i=1}^{n} (C_i + K_i)$$

　　法律社会控制模型和法律纠纷模型是什么关系? 比较起来,上述两种模型的关系是:第一种模型(即法律社会控制模型)集中描述怎样发挥社会控制作用;第二种模型(即法律纠纷模型)是描述如何保证发挥社会控制作用。换句话说,第二种模型从属于第一种模型。行为主义法学认为:只要建立起这两种模型就可以形成严格的社会法律秩序,实现整个社会的稳定。

　　行为主义法学所宣扬的这套结构功能主义的"法律模型论"毛病很多,主要有以下几点:①形而上学性。行为主义法学对法律现象的结构和功能的分析仅仅限于量的关系(大小、多少、程度等)和函数关系的处理,而回避了各种现象和结构之间的质的关系、因果关系、内部关系。②它采取的是所谓"第三条道路"。这个学派是以价值虚无主义的社会观和法律观自居,认为:各种阶级本质上相互对立的社会理论和法律理论,如果都把它们译成可观察的、可经验的那些事物的语言和符号的话,那么对立就会随之消逝,存在的只是程度的差别。③社会有机体论和社会连带主义观点。他们认为,资本主义社会中每个人群结构(或职业集团)都担负一定的社会功能,相互之间是一种分工、协作的关系,这是社会赖以存在的基本条件。这完全是斯宾塞和狄骥的观点。④平衡论和改良主义。维持社会体系的均衡和法律秩序是它的出发点和目的。如果这种均衡和法律秩序遭到破坏,就要由执政党和国家机关等借助于政策和立法等手段向社会体系当中注入"必要功能",重新导致秩序和均衡状态;如果有人企图从根本上破坏这个体系而代之以全新的体系,则是绝对不允许的。

三、"自动探测仪的审判过程"论

　　行为主义法学认为,审判预测的可能性要依靠控制审判的方法来提高。那么,控制方法是什么呢? 行为主义的理论家们普遍地倾向于"自动探测仪"的方法,即把审判过程中不能直接观察、经验的法官心理,理论地、在数量上来表现法官的预测现象,也就是变成电子计算机的活动过程。人们向这架自动探测仪来输入有关案件的法律规范、案件事实以及不确定信息(即杂音),然后从这里来获得法律决定,进而再从输入和输出关系上作出数量处理的模型,即作出解决各类案件的典型方案。

　　这种"自动探测仪"方法对初步认识案件的情况是很有意义的。例如把一个国家的一部分刑法典变成总程序贮存电脑中;然后把具体案件的各种情况(有关的立法规定、证据事实和其他情况)汇集起来变成具体程序输送计算机中,就可以作出答案:被告行为是否具备犯罪构成? 犯的什么罪? 处什么刑罚? 这些结论可以给法官作参考。

这种方法的好处表现在:①这是一种高效能地、准确地提供案件资料的手段;②这种方法容易避免一些法官通常难以避免的足以影响作出正确判断和决定的情况:人事关系、个人心理因素;③在理论上和实践上都进一步冲击着概念法学那一套法律形式主义的僵死的框框,能开阔地使司法工作者从各个角度上对案件进行考察。而且,"自动探测仪"的确胜过一个自然人(有时人根本不能做到,如每秒运算几亿次等)。无疑,对这种方法简单轻率地加以否定是错误的。我们认为,行为主义法学的"自动探测仪"这种审判过程中的错误丝毫不在于方法本身,而在于把这种方法加以绝对化。

具体来说:①把法官的行为方式看作是与环境之间的单纯的输入、输出的数量关系,信息交换过程,就抹杀法官历史的阶级的规定性。②把社会、法律关系与法官的审判过程都还原为电子计算机的计算过程。这种做法是以量代质,以低级物理学运动形式来代替高级的运动形式(思维活动)。③"自动探测仪"到底还是由法官自己操纵的,即究竟建立什么样的审判过程模型同法官其人对事实的认定,对法律规范的理解,以及对信息(情报)的处理分不开的。更明确地说,所谓审判预测实际上一开始就把国家统治当局的司法政策及其他领域的政策作为前提。

四、司法政策制定论

行为主义法学家们很清楚地知道:通过审判实现的法律社会控制是一个连续的、不间断的、有指导的活动。因此,由国家当局经常不断地适应形势来调整和制定司法政策是十分必要的。特别要强调指出:舒伯特《司法政策的制定》这本书,正是在行为主义审判过程论基础上进一步研究司法政策制定这一问题的。在这本书中,它是以图表来表示司法政策制定的整体模型,这一模型是行为主义法学关于司法政策论的简要而集中的概括。如图所示。

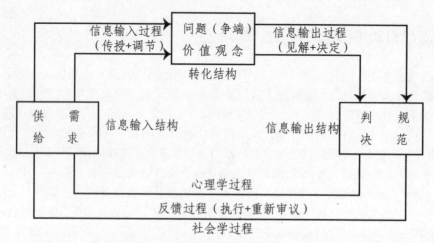

图1 司法政策制定的整体模型

按照舒伯特的解释,这一模型之所以是整体的,是因为它描述了三个规定的结构相互之间功能上的关系,这种关系是相对稳定的,各个结构通过输入和输出结构联结着,转换结构为中枢环节。输出结构通过反馈过程又同输入结构发生相互作用。

(1)输入结构。司法人员主观上对于案件的有关客观事实(供给)的选择(需求)。它作为传授和调节信息而进入输入过程。

(2)转换结构。司法人员依靠自身的价值观念认识案件中的问题和争端之所在,它作为间接或绝对信息而进入输出过程。

(3)输出结构。司法人员及法官借助法律规范而作出案件判断和决定。至此,法官对一案的处理基本结束,但没有完全结束,因为还有待判决执行和案件重审的反馈过程中来验证判决,进而验证法律规范的正确性。国家的一项司法政策,甚至相应的法律规范的维持或废除、修改、订立,正是依靠这个模型对许许多多的案件处理所提供的资料作为基础的。

舒伯特的图表模式论明显地包含上述行为主义的审判过程论的基本精神。但它们又是完全不同的模型体系,它们的差别主要在于它们表现两种不同的目的:审判过程模型是为了解决具体案件审判的预测问题,而舒伯特模型是为了解决国家当局确定或调整司法政策问题,或它是在更高的程度上,更广的范围内,更深入地去实现法律的社会控制。

一般地讲,上述的司法政策论,审判过程论的评价也适合于舒伯特这套理论。在这方面,根据舒伯特以及其积极支持者罗林格(C. Loeringer)一再声称,有两个问题特别突出:

(1)首先在理论上,舒氏的司法政策制定论是以现代折中主义的综合法学的姿态出现的。罗林格说,他的模型既避免了片面追求规范中逻辑关系的那套传统理论,也就是法律实证主义倾向,又避免了片面地注意法官和其他行为者之间的相互影响的常规法学的倾向,即社会实证主义的倾向。罗林格进一步说:"这一理论还避免了一种理想模型或法律秩序的古典法学的倾向。另一方面,这一理论又结合了古典法学(自然法学)、传统法学(法律实证主义)和常规法学(社会学法学)三大流派的长处。"

可以说,舒氏的司法政策论确实具有综合法学倾向。但是,像我们所知道的,综合法学鼓吹者往往以三大流派中的某一派为主体来综合或吞掉其他流派。舒伯特和罗林格等人也不例外,尽管他们口头上那样讲,但他们实际上没有脱离社会学法学的窠臼。例如舒伯特强调:"法官在司法政策制定过程中是一种应急的独立的变量。"这无形地夸大了法官在司法政策制定过程中的作用,它甚至有以此取代立法者的倾向。罗林格极力强调:"社会学法学的研究能够为司法判决提供政策内容的规范的渊源,所不足的仅仅在于:社会学法学(特别是美国的社会法学和实在主义法学)没有发展方法论而已。"很清楚,这里美国法官法学在起作用。

(2)舒伯特司法政策制定整体模型论的阶级性质问题。舒伯特说:"这个模型非常普遍,当然它适用于美国联邦和州的各种司法制度。它也可以用于分析其他国家的司法制度。的确,以这种抽象程度,该模型不可能分析不同制度的差异;但它可以用于经验观察,而在这种经验观察的基础上,就能进一步作出区分。"

我们知道,资产阶级社会科学有一个普遍特点:以回避具体阶级分析的抽象性质出现。舒伯特的司法政策制定整体模型论也不例外。但是,只要我们深入作点分析便可以看到:舒伯特的理论所承担的首要任务,是替美国垄断资产阶级的国家制度,特别是司法制度服务的。这一点,对其他西方国家也是可以直接搬来适用的,即舒伯特所提供的模式可以直接为西方国家的政治制度尤其是司法制度服务,因为它们的司法制度在本质上都是一样的。

五、争论的情况

虽然行为主义法学在西方法学阵地上的发展大有锐不可当的趋势,但是这个学派也不断地遭到一部分社会学家、政治学家和法学家的不满和攻击。我们把这些人物中比较有名的人和著作作一简单介绍。

T. 斯特林(Stoing):《政治科学论文集》(纽约1962)。

C. 查里士沃斯(Chailesworth):《政治科学中行为主义的界限,费尔得菲亚讨论会:美国政治与社会科学论文集》(1962)。

A. 麦克依(Mecoy):《非政治的政治学,行为主义批判》(纽约1967)。

以上是一些行为主义法学批判家的一些代表著作。

行为主义法学批判家的意见主要表现在以下几个方面:

第一,社会上的法律行为是非常复杂的,不能凭借客观的科学方法来分析,只能依靠主观的体验和观察来把握。也就是反对行为主义法学主张实证的、经验的分析问题的方法。

第二,法律现象大多都涉及价值问题。行为主义法学否定或基本否定价值判断,这种做法是绕开了对许多重大法律问题的研究。

第三,行为主义法学专门注重于对可观察或者可经验的量的分析。也即我们曾读到过的,行为主义法学注重用实证的方法研究问题。事实上,许多法律行为是由各种各样的因素所构成的,很难仅仅用量的标准来衡量、来判定。因此,行为主义法学批评家们说:行为主义法学的鼓吹者们的用意是避难趋易,也就是说专挑容易的事来办,而故意忽略或避开对那些不容易或不能够进行数量分析的问题的研究。

行为主义法学批评家们的共同观点就是以上这几点。

针对以上的批评,行为主义法学家们或先或后,或多或少,或深或浅都进行过申辩。通过这种论争我们可以看到,行为主义法学的批评家们,他们确实是指出了一些正确的,很重要的道理。我们所说的正确的,很重要的道理是指把量的分析绝对化的问题。行为主义法学把量的分析绝对化,这一点来自它的对立面的批评是有根据的。另外,他们否定价值判断,这也是其错误。我们说这个批评很中肯。

与此同时,也暴露出了批评家们自身的错误。这个错误最突出地表现就是不承认对法律行为能够而且必须进行客观的科学分析的一种唯心主义倾向。特别应当指出的是,行为主义法学批评家与行为主义法学家有共同点即:他们都缺乏辩证的观点。

当然,我们这样来评论行为主义法学批评家,是就一般情况来说的。就是说,我们也不否认在西方世界中有些法学家能够用马克思主义观点来对行为主义法学进行评论。例如日本广岛大学副教授伊藤护也在他的著作《行为科学批判》中,着重地批判了行为主义法学,其中应用了马克思主义的观点。

下面介绍一下现代刑法学中的模式论。我们暂称作现代刑法学中模式论举例。在其中我们可以看到行为主义法学在部门法学中是如何被运用的。

(一)刑罚目的论模式

在西方关于刑罚目的的理论有很多流派,归纳起来,其中有两大主要流派:其一是报复主义刑罚理论(如黑格尔);另一派是保护主义刑罚目的论。对于这两派理论我们可以使用规则循环图表的模式来加以说明,如图2、图3所示。

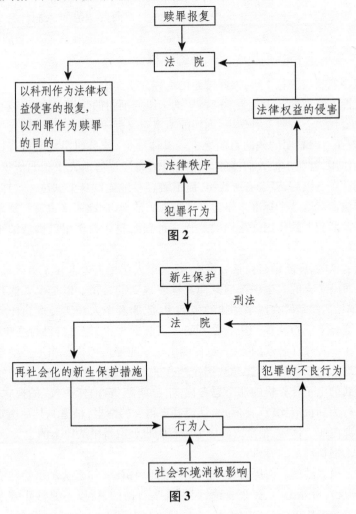

图2

图3

说明：在以上两个图表模式中，图2是客观的行为主义刑罚论，主张刑罚的目的在于报复和赎罪。

图3是主观的强调行为者的行为人主义刑罚论。这一理论主张刑罚的目的在于感化个人和保护社会。

这是两种不同的模式，但它们之间有共同点，即把一种抽象的法律秩序或者个人正常的社会适应规则的存在作为理论前提。即是说它们都假定在人以外有一种社会客观秩序存在，所以才产生行为者侵犯此种客观社会秩序的问题。法律秩序一旦遭到不法行为的破坏，或者是由于行为人社会适应性的缺乏而使社会失去平衡，在这个时候就要排除障碍，恢复正常社会秩序，也就是使社会秩序复归于平衡。这是法律的社会功能的根本任务，这也是刑罚的目的。这样一种法律功能的实现，一方面要依靠法律的否定之否定这样一种所谓正义平衡作用；另一方面要依靠对人们社会责任感的培养和教育。

（二）关于一般预防刑罚学说的博弈论模式

博弈就是竞技、打赌、下棋，因此博弈论也称为比赛论。

在现代西方有一种运用社会学的博弈论来研究刑罚的学说，其中要以相对主义的刑罚论为主要代表。按照这种学说，刑罚的本来意义并不表现在刑罚制度本身的作用之上，而表现在一般犯罪的预防目的之上。具体地说，就是刑罚之所以有警戒和威吓一般人民的作用，就在于使人们能够衡量刑罚的痛苦百倍地大于犯罪所得到的享乐。人们认识到这一点以后，就会有所畏惧，而不敢轻易地去以身来试法。这样，就使每一个人能够用法律规范这个标准来作为自己行为的准绳，如此一来也就广泛地在社会上产生了一种预防犯罪的作用。法律的这样一种预防犯罪的作用就被借助于博弈论来加以说明。

博弈论者认为，在所谓自由社会当中，每一个人都尽力追求对于自己最有利、最有意义的事。每一个人的人生中都因此而充满着成功的希望。但是个人的行为却都具有一定的界限，这就是说在国家法律的生活中，犯罪者个人和实施刑罚任务的国家之间就好比是竞技表演的伙伴。从竞争者的个人方面来说，他对自己行为价值的估计，可能仅仅出于一种社会游戏的考虑，也可能出自于犯罪的考虑。当他借助于博弈论而进行犯罪活动的时候，那么就要导致国家当作犯罪问题来处理。所以，例如把个人作为一种自律式的电子计算机的那个思考模式，也就是"自动探测仪"的模式，就可以帮助他从自己行为的价值比较（比值）去认清利害得失的情报（信息），然后决定自己值不值得进行这项犯罪。这样，他个人的思考和行为也就取得了法律上的意义。

对博弈论刑罚理论的分析：

这一刑罚模式的理论前提是资产阶级的威吓刑罚论（如老费尔巴哈是威吓刑罚论者，黑格尔则反对威吓论，主张报复论，因为人是自由的，所以不能够吓唬人。不能把刑罚与人的关系当作棍子与狗的关系，人是具有自由意志的，而狗却没有）。我们可以看到博弈论刑罚模式的理论前提是威吓刑罚论和资产阶级功利主义的一种结合。这是很明显的,犯罪与否要看值不值得以及好处的权衡,这是功利的表现。

　　这一理论(博弈论)的最大特点就是把具有强烈社会阶级根源的犯罪现象,还原成为单纯个人的功利的考虑,甚至于还原成为所谓社会游戏。我们认为这种定位本身就是不能成立的,甚至是荒谬的。因此我们不能够期望这种理论得出科学的结论来。

第七章 当代西方法学分类论

当前西方法学界对于广义法学理论应包括哪些学术领域(学科),以及这些具体学术领域之间有什么联系一直是学者们比较关心的问题。这个问题实际上也是现代法学的课题之一。概括地讲,按照研究的目的的不同和认识方法的不同,广义的法学可以从不同的角度分作以下几个不同种类的一些领域。这种分类主要有三种:

第一,应用法学和理论法学;

第二,公法学、私法学和社会法学;

第三,国际公法学和国际私法学。

一、应用法学

(一)什么是应用法学

所谓应用法学是指以应用到法律的制定和法律的适用为直接目的这样一个学术领域。这个定义表明,应用法学在内容上有两个方面:一方面是有关法律制定方面的学问,在西方称立法学或法政策学;第二方面是有关法律适用方面的学问,大多数西方学者称为审判学或法解释学。这两方面都是关系到法律实践和法律技术运用的科学。

应用法学的目的在于:直接地把理论法学和其他社会科学所探索到的有关的理论上和经验上的成果运用到法律的社会控制的实践中去。在这种情况下,为了尽可能地把法律制定和法律适用变为科学的、合理的并且有效能的、自然而然的,就要求对法律技术问题和作为法律控制对象的人的行为的问题,提到科学的高度上来加以研究。也就是说,应用法学中的应用性,必须和一定的科学性结合起来。值得注意的是,应用科学中的应用性(实用性)同科学性结合的方法,和自然科学中的工程技术是不同的;表现在它是以人的政治立场、观点和价值判断作为媒介的,是一种间接的关系。

(二)法解释学

法解释学是以现有的法律和法律规范作为认识对象,尤其是从法律的运用功能方面,也可以说从如何正确发挥法律作用方面作为出发点来把握的学问。由此可见,和其他法学部门相比较,我们看到法解释学,它本身就不能不表示出最显著的应用的性质(应用性)。法律作为一种社会控制手段,我们说它一开始就具有实际运用和操作技术的性质,从而法解释学的方法必然要看到法律所固有的这种性质的制约。但是,我们又要知道,这样一种制约并不否定法解释方法的科学性。相反地,正是通过确立这种科学性,使法解释本身也成为一种科学的东西,也即变成了法解释学的一门学问。

概念法学的反科学性,突出地表现为法解释的错误:形式主义的解释方法。我们说,法律是统治阶级的意志,解释法律的人(法官)受到他本人法律意识的支配,故法律解释的方法带有极深刻的阶级性质。但是,即使如此,毕竟还存在一个如何使法解释能够符合立法精神,能够更准确地实现立法精神的问题。也就是说,这里存在一个值得研究的问题,一个科学的命题。

(三)法政策学

这是研究如何把统治当局的一定的理想,在现实中制定成为法律的一门学科,所以,它也叫立法学。法政策学主要包含三大要件:

(1)立法政策问题。即要认清使立法成为必要的那样一个社会的、政治的、经济的和文化的状态,以及沿着什么方向来调整这样一个状态。这是法政策学的一个要素。

(2)立法方法问题。即根据既定的立法政策采取相应的办法进行立法,并且能够预测到由于立法引起的结果。

(3)立法技术问题。即立法者对于这种在思想上进行加工整理的和期望的法体系用恰当的语言(包括文字)进行表达,这就是立法技术问题。

上述三点对于法律的立、改、废,都是不可缺少的。需要强调指出的是:第一个要件与其是应用法学所本身固有的问题,不如说,它是属于政治判断问题。也即政治价值判断问题。因此,在资产阶级国家中立法政策必然要同所谓党派的意识形态纠缠在一起,这必然会给作为一门学问的法政策学的建立,造成一种不可克服的障碍。如在英国,工党执政,则它就必然会体现着工党的意识形态。

法政策学作为一门学问,不仅需要以法的基本理论为基础,而且需要对现行的法体系以及最基本的社会状况具备足够的知识,还需要掌握一定的有关外国法的知识。

二、理论法学

(一)什么是理论法学

它是把法作为相对独立的社会现象之一来掌握,并从理论上对它加以认识为目的的一种学术领域。它是同现实的实践的处理法为目的的应用法学相对应而存在的。理论法学与应用法学的区别主要是:研究的目的和方法不同。但是注意,不能由此而导致理论与实践的二元论,即导致两者决然对立和隔离。实际上,两者是密切联系的,理论法学通过阐述应用法学的应用性在一定社会关系中所具有的意义、作用和界限,对应用法学加以指导,使它能够在理论上获得一个稳定的立足点。另外,应用法学它又向理论法学提出实际问题,即提出研究的方向,这就是两者的联系。

理论法学包括三个部门:①法学的经验科学(实证科学)的基础部门,其中有法社会学、法史学、比较法学,等等,都是把法现象当作一个经验的(实证的)现象加以研究。

②法学的哲学基础部门，即法哲学。③介于前两者之间的，或者说兼有前两者特征的法的一般理论，以及社会主义国家所开设的国家和法的理论。

(二)法社会学

法社会学一般指研究法和社会的关系，尤其是研究法的社会意义的一种学问。现在很多西方学者认为，在把法律现象当作历史现象来加以掌握和研究的法学领域中，最首要的就是法社会学。它是经验的(或实证的)社会科学之一。按照西方法学家和社会学家的解释，法社会学不仅要研究社会生活中的法是什么，而且要探索与法有关的社会中非规范的一些事实，研究法和社会以及与国家之间相互的关系。明确地说，法社会学研究的对象最根本的就是研究产生这样一种法并支持它的现实社会关系的一些内在的法。简单地说，就是埃尔利希所说的"活的法"。另外，诸如法是什么样的社会的、经济的、政治的和文化的要求出发，法是受什么样的社会意识的支持，法在什么样的支持和反对中建立起来的，法发挥什么样的功能，等等，对这样一些问题的研究，也是法社会学研究的一些重要课题。

我们认为，法律作为社会制度和国家制度的产物，的确存在和社会之间的相对关系问题，因此，研究这种关系，尤其是研究法的社会意义是极为重要的。从这个角度来说，法社会学作为一门新兴的独立的科学，必须加以足够的重视。

(三)法史学

通常指研究法制度和法思想发展历史的一门学问。作为经验科学的理论法学，不仅要分析现状，也要研究历史，因为，不弄清现代社会的历史就不能最终弄清现代社会。恩格斯说：一切社会科学都是历史科学。广义的法学是社会科学，所以它也必须具有历史科学的性质。但是，专门对法现象进行历史研究的学问正是法史学。

法史学和法社会学都是经验科学，两者在记述、说明和预测作为社会事实的法现象方面都是一致的，没有区别的，区别仅在于各自重点面向的时间不同。具体说，法史学也是属于历史学的一个特殊部门，所以其研究重点和对象当然在于过去的法和法现象。法史学在认识过去的事实中，各种有关的历史资料是起着媒介的作用，而探求和研究这些资料又要求具备高度的熟悉和足够的特殊的知识。于是在研究过程中，我们看到了产生法史学家和法社会学家的分工。但是正如法社会学不能完全同过去的法现象相脱离一样，法史学也不能单纯以过去为课题，主要通过认识过去社会中的法律事实，来把握有关现代社会法律现象的一些基本观点，并以此推动法的变革和发展。我们说的意思是：过去、现在和未来，都是历史链条上的一环，不能把它们决然隔开。在这个问题上，重要的是如何坚持唯物史观的问题。

(四)比较法学

一般地说，它是指对不同国家的法律制度、学说的特点进行比较研究的学问。研究外国的法律制度和法律理论，指它同本国的加以比较。这可以出自各种目的。但是,多年以来,这种研究方法的必要性越来越得到国际学术界的肯定。比较研究,除了作为一个独立的学术领域以外,还有的把它包括在法史学、法哲学等部门中来进行研究。也有的因涉外的问题,而把它放在国际公法和国际私法的领域中附带地加以研究,如李浩培的比较国际法。比较研究有时也为研究外国法的学者所运用;用在法解释学(法适用学)领域;在各个部门法学领域中也有程度不同的,附带地进行这方面的研究。不论如何,我们认为,单纯作为一种学术方法,比较不同的现象和概念,一般地说也是很有益处的,而且是常常不可缺少的。现在在法学界,尤其是在西方法学界,普遍认为,比较法学是从孟德斯鸠的《论法的精神》这本书开始的,但它作为一门独立的、法的经验科学部门则是在 20 世纪初以来逐步确立的。比较法学必须以现实和历史的法和法现象的资料为基础,即以法社会学和法史学为基础。另外,它还必须运用法律逻辑这样一种思维工具。

比较法学的意义是什么呢? 第一,它有利于解决本国应用法学的问题。它是法的解释和立法研究的一种辅助方法。它以本国法律和法律制度同他国同类的法律和法律制度进行比较,就会有利于对本国法和法律制度的正确的说明、评价和批判。但是在资产阶级的比较法学的研究中,这种比较往往是形式上的、表面的和量的比较,往往是对于固定法律条文文字解释上的比较,忽略法律的现实功能,忽略生动的实际运用的情况。实际上,孟德斯鸠早在《论法的精神》一文中指出,比较不是部门的比较,而应当是整体的综合的比较,也即是说要把各个法制度所具有的实际的社会意义和政治意义以及它们同其他法律制度之间的联系,都应考虑在内。这样做才是科学的比较。

第二,比较法学的研究有利于理论法学的建设。理论法学要形成一套经得起考验的普遍有效的理论,必须广泛地从各外国法律制度中汲取有关的资料,然后再进行抽样(象),这一过程包含着反复的交叉的比较研究。在社会主义国家中,在这方面经常有许多干扰,如,有人认为凡是社会经济制度不同的国家,他们的法律和法律制度绝对不能进行比较,这种看法显然是不正确的。我们认为,只要运用唯物史观作指导,采取科学的方法,那么,本质不同的法(异质的法)之间是可以比较的。这是干扰之一。也有人认为,不管本国实际情况如何,盲目地照搬和照抄外国的法和法律制度,缺乏批判的科学态度,这种倾向也是不正确的,它本身不符合比较科学的方法论(有比较就要有鉴别)。

(五)法哲学

法哲学一般指用哲学的观点和方法来研究法和法现象的学问。在西方世界,符合这样一种概念的资产阶级法哲学体系是由黑格尔《法哲学原理》这本书首先完成的。更现实地说,在西方法学家的实践中,法哲学所处理的问题主要有两大方面:第一属于法学认识论方面的问题,包括像研究法律的基础、目的、内容是什么;第二是属于法学方法论方面的问题,这也就是叙述人们掌握法学对象的方法,叙述人们在概念上怎样表达所研究的对象。譬如说是采取唯心主义的方法,或是采取机械的方法,或唯物的方法,等等。从理论上讲法哲学在法学的各个部门中处于最基础的地位。在法哲学中,法和正义的关系,法的理念和现实问题(法的理念就是法的概念和法的客观现实即定在之间的统一),恶法和反抗权问题,这些都是法哲学应探讨的问题。但是法哲学承担的更主要的任务是给法学提供一种理论上的构成方法,以及对象规定方法。如黑格尔是采取思辨的方法,我们也称之为否定之否定方法或正反合方法。另外,法哲学要阐明法学研究的功能,这里有两个问题必须指出:①作为法哲学的法学方法论不是研究法学家的活动,而是对法学家的活动进行反省和探讨,也即对这些活动进行解释和评价。因为,研究法学家如何活动这属于经验科学的范畴,面对法学家的活动进行反省、评价和解释,这属于抽象科学的范畴。②法哲学的主题不应该以现存的概念来掌握法,而应该把这个概念本身作为一种问题。前一种方法是唯心主义方法,后一种方法是唯物主义方法。

另外,法哲学归根到底来自实践,它不能同经验的领域(实证的领域)绝对隔开:法哲学如果不进行法律的经验分析,它就无法得出关于现存的法和法现象的概念;如果不是从经验的分析法和法现象着手,而是从概念出发,就会变成一种抽象的毫无意义的语言游戏。法哲学不仅要同法社会学为首的经验的法的各个部门保持密切联系,而且要坚持不懈地广泛地从经济学、历史学和社会学等领域中汲取成果。

(六)法的一般理论

在西方的法学中,法的一般理论这个学术领域虽然历史很长,但是它既无稳定的内容,也无统一的名称,有的称之为法学概论,也有的称之为法学总论、法学通论、法学绪论等。在英美国家称之为法理学,而在大陆国家则趋向于把法的一般理论与法哲学混为一谈。因此,要注意现在讲的法哲学,不是黑格尔意义上的法哲学,很大程度上是讲法的一般理论。

法的一般理论内容大体包括:法在社会历史中是怎样的一种现象,法的功能是什么,法和政治、经济、社会相互间是处于一种什么样的结构关系中,法的形式如何,法的形成和变革的条件是什么,等等。

(七)国家和法的理论

西方的许多政治学家和法学家,尤其是一些左派人士,认为各个社会主义国家所建立的国家与法的理论是法学中的一种新的尝试,这个学术部门的特殊之点在于非常自觉地把国家和法两种社会现象密切结合起来,进行统一的研究。这种概括是有一定道理的,他们认为这种国家和法的理论同现代西方流行的法哲学部门在内容上是最接近的。

对国家和法两种现象是统一起来研究还是分开研究为好呢?再或者把两者看作为一个法学部门研究,或者分开研究的情况下,怎么样能够同法哲学和法社会学实行分工。诸如这些我们都应该加以探讨。

三、公法学、私法学

（一）法学的另一种分类方法

上面所说的应用法学和理论法学，它是以研究的目的和方法作为标准划分的。除此以外，我们还可以以法所调整的社会关系为标准把法学区分为公法学和私法学，以及社会法学三个领域。显然，这样一种划分的客观基础是一个国家内部的法体系中存在着公法、私法和社会法的实际区分。在西方，区分公法和私法的理论标准是不统一的，尽管如此，他们把它看成是一种尝试。如把宪法、刑法、行政法、诉讼法等归属于公法领域，而把民法、商法、婚姻家庭法等法归属于私法领域；与之相应的，研究他们的学问就有公法学和私法学两种。

（二）公法和私法区分的历史沿革

它最早是罗马法学家划分的。但是，由于罗马是一个庞大的地域国家，不是一个稳定的共同体，特别是由于当时生产力水平的限制，这就决定了区分公法和私法的基础是很薄弱的。在中世纪封建国家里，不仅国家统治没有规范化（法律化），就是私人之间的社会关系也存在着严重的国家权力的介入。因此，在中世纪，公法与私法的划分是根本没有条件的。在中世纪末期的民主国家里，才出现了公法和私法划分的征兆，在强调直接凭借国家权力的公法统治的同时，伴随资本主义经济的发生、发展，以私人所有和个人独立为支柱的私法性的东西受到了国家一定程度的保护，只是到了市民社会，公法、私法的区分才得到了完善化。这种区分的意义在于承认国民个人的人格，确认从国民一直到国家政权都处在法律统治之下，开始承认私人所有权的不可侵犯、契约的自由以及对国民基本人权的广泛保障。这就是说从这个时候起，在私法这个领域被确立的同时，也确认了不受专制主义权力统治，包含明确的权利义务关系的公法领域，即是说在公民与国家之间也存在着权利义务关系。

（三）社会法

与公法、私法相并列，近几年来，正形成第三个法域——社会法。首先要说明，社会法这个概念本身含混不清，加上西方法学家对它有各种解释，因此，对它意义的理解是很困难的。在西方，社会法首先包括劳动法，但它比劳动法的内容广泛得多，社会法往往是在这种意义采用的：从希望解决资本主义社会中的某一社会问题的想法作为出发点，和劳动法相区别而发展起来。如果要对社会法进行更广泛的理解，我们可以把它概括为三个方面的内容：

（1）劳动法方面的内容：它以保障工人劳动权和集体行动权为本质的劳动关系的各种法，如工会法、职业安定法、最低工资法、公共企业组织等方面的劳动关系法等。

（2）社会保障方面的内容，即指使国民生存权的保障得以具体化的社会保险和社会政策关系方面的一些立法。如生活保护法、儿童福利法、国民健康保险法、国民年金法、农业基本法等。

（3）经济法方面的内容。指用以控制管理经济为目的的经济关系方面的各种立法。如关于禁止私人垄断以及确保公平交易法（简称为反垄断法）、不正当竞争防止法、中小企业基本法、证券交易法等。

与之相适应，广义的社会法学也就包括劳动法学、社会保障法学和经济法学。

（四）社会法学的本质（社会法学，非指庞德的社会学法学）

首先要了解资本主义社会、社会法的本质功能和作用。

社会法是资本主义发展到一定阶段的产物。随着垄断资本主义经济的形成和发展，必然要求国家权力对经济的控制，必然要求对国民生活的过程进行管理，与此同时，社会中又出现了贫富分化的加深，失业的增长以及劳资继续成为经常不断的现象。于是，劳动人民开展的社会、政治、经济的斗争发展成为有组织的斗争。在这种情况下，一种新的法的领域——即用社会法这个名称概括起来的那个法的领域就应运而生。不难看出，社会法作为现代资产阶级法体系的一个组成部分，一开始就具有固有的资产阶级性质。社会法的出现，可以看作是对于构成资产阶级民法原理基础的无限的私有权、无限的契约自由等概念的一种修正。

社会法的基本特征在于：政治上的社会力量的对比关系，直接影响到具体的权利关系，它比其他一些法律部门领域更敏锐更鲜明地表现出社会阶级之间的对立关系。在某一个国家的某一时间，当工人阶级的力量强大，斗争越发展时，这个地方的社会法也就越发达。由此可见，社会法是垄断资产阶级国家对于工人阶级争取权利的斗争所作出的一种让步的结果，并非资产阶级自愿搞这样的法。

四、国际法学

（一）国内法和国际法

如果我们把法施行的地域范围作为标准的话，可把法分为国际法和国内法。这种分类方法，国际上没有争论，但有关国际法与国内法的关系的问题上，人们一直在争论不休，归纳起来，有三种观点：

（1）国内法上位论，认为国际法是调整同别国关系的一种国内法。

（2）国际法上位论，认为国际法和国内法构成一个统一的法体系，其中国际法处于上位，国内法处于下位，国内法的合法性从国际法中引申出来。

（3）二元论，认为国际法和国内法渊源不同，调整对象不同，本质不同，两者完全是分别的法，各自具有独立的效力。在英美法系国家中，有国际法是国内法的一部分的这样一种习惯法原则。国际法是否构成国内法的一部分，这并不是由国际法决定的，而是由各国宪法和宪法习惯决定的。当前，在宪法的明文上或宪法的习惯上承认条约具有国内法效力的国家是很多的,但是大多数国家都是把条约缔结以后,国会的承认或批准作为条件。我们说,国际法与国内法调整对象确实不同,但是由于国际生活和国内生活有密切关系,因此这两者也是互相联系的,互相影响的,特别需要强调指出的是在西方发达国家中,国际法对国内法的渗透力越来越强大。

（二）国际私法问题

在学术上通常把国际法划分为国际公法和国际私法两大部门。不过,这种分类与把国内法分为公法和私法是不同的,不是一回事。所谓国际私法是指一个国家在私法的涉外关系方面制定必须适用的准据法的法律规范的总和。它与国际公法不同,它不是直接调整国际社会中的法律关系的法,而是指定调整国际社会法律关系的法,也就是指定某一国家的民法、商法、婚姻家庭法等私法。它的调整方式不是直接的而是间接的。至今,国际上没有统一的法律规定国际私法的规范,而完全依靠各国国内立法的指定。因此,在私法前加上"国际"两字只是表明它调整的对象是国际上的私法事件,但它的规范完全是各国的国内法规范。这是因为,在国际公法中,存在着国家主权原则。这种观点为西方大多数法学家承认,但是有人设想,在不违背国家主权原则下使国际私法逐步达到国际范围内的统一。这种想法有一定道理,但由于世界各国的千差万别,这种想法实现的可能性是很渺茫的。有一点必须指出,这与帝国主义鼓吹的世界法律不是一回事。

* 1980—1984 年对中国政法大学、西北政法大学研究生的讲课稿,中国政法大学研究院整理出版。

附　录　辞书条目

《中国人权百科全书》

中国大百科全书出版社 1998 年

爱奥尼亚学派（Ionian School）　又称"伊奥尼亚学派"。古希腊最早的哲学学派，因位于小亚细亚西海岸的爱奥尼亚地区而得名。这一地区包括米利都和爱非斯两个希腊殖民地城邦，以这两个城邦为中心，形成了两个著名的自然哲学流派，即米利都学派和爱非斯学派。

米利都学派　约产生于公元前 6 世纪，公元前 496 年因米利都城在希波战争中被波斯军队烧毁而告结束。主要代表人物是泰勒斯、阿那克西曼德和阿那克西梅讷斯，他们都出生和活动在米利都城。这一学派从其创始人泰勒斯开始，就在哲学基本问题上提出"物质始基（本体）说"。泰勒斯认为，水是万物的始基与原则，万物都离不开水这一元素。阿那克西曼德认为，万物的本原是"阿派朗"（apeiron，无限），万物由它产生，最后又复归于它。阿那克西梅讷斯则认为，万物的本原是气，气通过稀散和凝聚而成为不同的实体。当它稀薄的时候，便成为火；当它浓密的时候，便成为风和云；当它更浓密的时候，就成为水、土、石头和别的东西。水、阿派朗和气都是物质性元素。米利都学派的哲学家们从这些可感觉或经验的东西中去寻求万物的本原，他们试图对世界进行一种合理的、非神话的解释。这就突破了过去人们一直用超自然的力量来解释自然的传统，体现出一种强烈的科学精神和明显的反迷信思想，在西方哲学史上揭开了唯物主义的序幕。这对于人们从思想上摆脱神的束缚，把注意力从神转移到自然和人本身，具有重要意义。

爱非斯学派　约存在于公元前 6 世纪至公元前 5 世纪。主要代表人物是赫拉克利特。赫拉克利特的主要著作是《论自然》，现仅存残篇。他认为，宇宙万物的本原是自然界自我生成的火，是过去、现在和将来都不断燃烧的活火。火的燃烧使万物生成，并使万物相互转化。与米利都学派的思想家一样，赫拉克利特也具有朴素唯物主义的思想，反对传统的神和宗教，从自然的东西中去寻求万物的本原。所不同的是，赫拉克利特认为，火是宇宙有序性的基础，也是宇宙和其中产生的一切过程与现象的原则和尺度。永恒的火支配着一切，区分并联系宇宙种种现象。宇宙的构成即世界的有序化，与"火的不足"（这是下降之路）有关；"火的多余"（这是上升之路）导致宇宙的焚烧和覆灭。变化着的火的尺度,就是普遍规律,奠定世界万物之基础的永恒的"逻各斯"。正义和法是为了遵循普遍的神圣的逻各斯而存在的。这个神圣的逻各斯是最高的智慧。通过这种泛神论,他将宗教的神改造为理性的神,为使神权让位给人权作了论证。

赫拉克利特的辩证法对于人权学说也很重要。他认为,世界上的万物都处于永久的运动、变化、斗争与更新之中,"人不可能两次踏进同一条河流""太阳每天都是新的"。现有的一切都不是永驻的,都将转换成它的对立面,而这种转换要通过斗争来实现。斗争是绝对的,静止(和谐)是相对的。斗争推动社会的发展也推动人本身的改变,"斗争使一些人成为神,一些人成为人,使一些人成为奴隶,一些人成为自由人。"这就把现存的统治与被统治的秩序解释为斗争的结果。但是,按照赫拉克利特的逻辑,现存的秩序又将为下一场斗争的结果所改变和取代。就是说,处于社会最下层的绝对无权状态的广大人民,能够借助前仆后继的斗争而获得作为一个人所应有的权利。

同米利都学派一样,赫拉克利特也十分重视感觉经验。他提出,"思想是人人共同的""人人都能认识自己和健全思想"。还说,人人有共同的智慧,"智慧,就是按自然行事。"从这些观点可以进一步看出,赫拉克利特不仅重视人和人的价值,而且认为人在理智上是平等的,不应当存在特权。

(吕世伦　彭汉英)

彼特拉克(Francesco Petrarca,1304—1374)　意大利诗人,欧洲文艺复兴时期人文主义的先驱。生于佛罗伦萨附近阿雷佐城的一个律师家庭,早先学习法律,后改攻文学,被誉为"桂冠诗人"。其代表作是《抒情诗集》(或称《歌集》),该书集中地表达了他的人文主义人权思想。

彼特拉克所处的时代正是中世纪末期,封建的神权统治极为严酷,而资本主义经济已有一定程度的发展。在那里,神学扼杀着科学,神权压抑着人权。这种状况与新兴资产阶级的要求格格不入,于是反封建的以人文主义为中心的文艺复兴运动发生了。作为这场运动急先锋的彼特拉克以文学为武器,兼用其法律知识,积极倡导要发掘几千年来被神埋没了的人,重新发现人,解放人和人的思想。他热情赞颂人格即人的尊严和人的价值,反对宗教统治,反对神对人的统治。他第一次系统地从理论上提出和论述了"人学"与"神学"的对立,严厉谴责罗马教廷束缚人们思想的经院哲学,驳斥人是神的奴仆的说教。他提出:"凡人要关心世间的事。"世俗世界的中心是人而不是神,真实的生活领域是现实的环境而不是神灵的幻境,人是自己的主人而不是上帝的奴仆。彼特拉克猛烈抨击宗教对世俗的统治,无情揭露罗马教廷的罪行,将其描绘为"悲哀的逆境、恶毒的寺院、异端的教堂和谬误的学校""各种谎言的熔炉、阴暗的牢狱"。

他崇尚人的自由,追求人生幸福,反对宗教的禁欲主义,号召人们把自己的思想、感情、才智从神学的束缚下解放出来。他说:"我不想变成上帝,或者居住在永恒中,或者把天地抱在怀抱里。属于人的那种光荣对于我就够了,这是我所祈求的一切,我自己是凡人,我只要求凡人的幸福""我们在人间所能希望的光荣,我们在人间的时候去追求它是对的。"在意大利的诗歌史上,彼特拉克的《歌集》有力地把神的控制从人的情感生活中消除出去,把欢乐和痛苦归还给人。同样,在《歌集》中,爱情也第一次被描绘成现实生活中有血有肉的感情。彼特拉克笔下的主人公劳娜不再是流行文风中的"天使"或"圣母"形象,而是一个有鲜明个性和美好情感的新女性;他本人也不再是什么"圣使",而是具有七情六欲的活生生的人。

他颂扬人民的权利,反对封建君主专制主义。他认为暴政的罪恶就在于它否定人民的权利,践踏人民的自由。他用愤慨的诗句指责那些不顾人民死活、发动内战的统治者们:"命运把国家的政权/给了你们/你们对国家并无同情之心……/你们污辱了故乡/这块美好的土地/彼此互相残杀敌对无情……"他号召人民"挣脱你身上沉重的锁链",站起来拿起武器。当1347年罗马市民举行反对贵族暴虐统治的起义时,他热情地写信给起义首领表示支持。彼特拉克还拟定了改革君主政权的方案,提出君主不应当是臣民的主人,君主的职责是维护社会秩序和保障人民的安全等。

处于新旧交替时代的彼特拉克,在他头脑中也不可避免地反映着时代的矛盾。最明显的是,他一方面大力倡导资产阶级人权,另一方面又承认神的存在,保留着许多宗教的、封建的道德观念。但这些缺陷不影响他成为一位时代的巨人。他的资产阶级人文主义的人权学说,对17—18世纪古典自然法学派以及19世纪一大批哲学家、政治学家和文学家们产生了巨大的影响。

(吕世伦　李正斌)

但丁(Dante Alighieri,1265—1321)　意大利著名诗人,欧洲文艺复兴运动的伟大先驱。生于佛罗伦萨城的一个没落贵族家庭。年轻时受过良好教育,先后在波多瓦、波洛纳和巴黎大学深造。积极参加市民阶级反对封建贵族的政治斗争。1300年被选为佛罗伦萨共和国行政官,同时成为市民阶级政党(白党)的骨干。他反对封建教皇干涉内政,反对贵族把持政权,1320年,被以贪污和反对教皇的罪名,没收财产,判处终身流放。主要作品有:《新生》(1292—1293)、《宴会》(1304—1307)、《神曲》(1300—1321)和《论世界帝国》(1311)。

但丁反对宗教神学否定人的价值和现实生活意义的说教,提出人类有天赋的理性和自由意志,不像禽兽那样蒙昧无知,人类生活的目的就在于追求真理和至善。人因为有理智,才显示出他的高贵,"人的高贵,就其许许多多的成就而言,超过了天使的高贵。"在抒情诗集《新生》中,他通过歌颂理想中的爱人表达了对美好生活的渴望。在《神曲》里,但丁采用象征、隐喻的笔法来表现当时的社会和政治现实,表达了追求个性解放和幸福生活的强烈愿望。该书还大胆地提出了政教分离的思想,从而否定了教权高于俗权、教皇高于国王的至上信条。俗权的提出具有重要意义,它使人开始发现自己,从而有可能在尘世享有种种权利,而不再是神的忠顺奴仆。《炼狱》篇借引导者维吉尔之口说:"他追寻自由,自由是如何可贵,凡是为它舍弃生命的人都知道。"《天堂》

篇又以比亚德里斯的名义说:"上帝在当初创造万物的时候,他那最大、最与他自己的美德相似,而且最为他自己珍爱的恩赐,乃是意志的自由。他过去和现在都把意志的自由赋予一切有灵的造物,也唯独他们才有自由的意志。"《地狱》篇通过描写古希腊传说中的英雄奥德赛的事迹,宣扬"人不能像走兽一般活着,应当追求美德和知识"。但丁还认为,只要依靠上帝赐给人类的最伟大的恩惠——自由意志,人类就能享受到天堂般的快乐。

但丁在《论世界帝国》中,明确提出了"人权"概念。他指出,为了达到造就普天下的幸福的神圣目的,有必要尽快结束意大利分裂的可悲局面,仿效当年罗马共和国的样子来建立一个统一的世界帝国,而"帝国基石是人权"。他说,帝国"不能做任何违反人权的事","任何握有帝国权柄的人都无权分割帝国,毁灭帝国也是违反人权的",从而明确地把人权和理想政治制度、尤其和国家的统一紧密地结合在一起。在谈到自由时,但丁认为,人只有有自由,即能够按照自己的意志去判断是非,控制自己的感情,才能获得尘世和天国的幸福。但丁还把权力区分为宗教的权力和尘世的权力。他认为权力既来自上帝也来自人民。国王既是法律体系(国家)的首脑,又要受法律的约束。他的权力超过臣民的权力,但小于整个社会的权力。他的权力是理性的声音,而他之所以需要强制力,乃是为了使根据理性定出的规章具有力量。在这里,但丁不但认为臣民具有种种权力——虽然小于国王的权力,而且把上帝和人民同视为权力的来源。但丁主张以人为中心,追求人的自由、平等,倡导人在尘世中享有种种权利,对近代西方人权理论和实践有着重大影响。

(吕世伦　辛向前)

恩格斯(Friedrich Engels,1820—1895)　　马克思主义的创始人之一。在恩格斯的理论体系中,人权问题占有重要的地位。恩格斯和马克思一起实现了人权思想史上的根本变革。恩格斯阐发人权问题比较集中和闻名的著作有《大陆上社会主义改革运动的进展》(1843)、《英国状况·英国宪法》(1844)、《神圣家族》(1844,与马克思合作)、《英国工人阶级状况》(1844)、《给〈北极星报〉编辑的第三封信》(1846)、《德意志意识形态》(1845—1846,与马克思合作)、《共产主义原理》(1847)、《共产党宣言》(1848,与马克思合作)、《德国农民战争》(1850)、《反杜林论》(1876—1878)、《社会主义从空想到科学的发展》(1880)、《家庭、私有制和国家的起源》(1884)、《法学家的社会主义》(1886)、《路德维希·费尔巴哈和德国古典哲学的终结》(1886)、《对英国北方社会主义联盟纲领的修正》(1887)、《爱尔福特纲领草案的批判》(1891),以及晚年关于历史唯物主义的通信。

人权概念　　恩格斯提出的人权概念,既继承前人思想文化的成果,又赋予它以全新的性质。他认为,人权是指从人的共同点和其所及的范围引申出来,一切或至少是一个国家的一切公民、或一个社会的一切成员,都应当享有的平等地位和社会地位。但是,从共产主义的长远观点出发,现今的政治权利、私人特权及其一般形式,都将让位给人类的普遍权利。文明社会中的人权要求始终具有同特权相对立的性质,因此一旦人权的最终目的达到,它就失去了存在的意义。

人权的主要内容 恩格斯与马克思一样,特别重视人权的如下几个方面的内容:①人权的精神属性和人权的物质属性。人权的第一位属性是精神方面的,也就是人格及其自由。共产主义者的理想是使"人终于成为自己的社会结合的主人,从而也就成为自然界的主人,成为自己本身的主人——自由的人"。针对19世纪50年代英国人民缺乏基本公民权利的状况,恩格斯认为首先要实现出版自由、集会的权利、结社的权利、人身保护的权利、由平等的同类人来审讯的权利这样5项权利。当然,它们要有起码的物质条件保证。所以,资产阶级社会至少有责任保护每个社会成员的生命,使之摆脱"不能生存的境地"。人格自由权和生存权是统一的。②个人人权和集体人权。虽然人格和自由属于单一的人,但他离开群体便没有保障。《共产党宣言》说共产主义社会是"以各个人自由发展为一切人自由发展条件的联合体",非常清楚地表达了个人权利与群体权利的相互关系。正是在这种意义上,马克思和恩格斯才认为,只有在集体中,个人才能获得全面发展其才能的手段。也就是说,只有在集体中才可能有个人自由。但再重要的手段仍然是手段。③权利和义务。在氏族制度内部,由于分工的极端落后,权利与义务之间是没有什么差别的;人们按照习俗办事,如同吃饭、睡觉、狩猎一样,区分权利义务是荒谬的。但在阶级社会里情况则完全相反,"几乎把一切权利赋予一个阶级,另一方面却几乎把一切义务推给另一个阶级"。无产阶级所要求的应当是权利与义务的统一。在1891年,恩格斯根据马克思"没有无义务的权利,也没有无权利的义务"的观点,对《爱尔福特纲领草案》提出修正。他建议将"为了所有人的平等权利"改为"为了所有人的平等权利和平等义务",作为"对资产阶级民主的平等权利的一个特别重要的补充"。

人权与国家 恩格斯在人权和国家(主权)的相互关系问题上,侧重反对国家主义倾向。关于如何解决国家与社会、国家与个人的矛盾,黑格尔主张把社会和个人融于国家之中,而恩格斯与马克思则针锋相对地提出要消灭国家对社会的独立性,消灭个人对共同体的绝对依赖,消灭个性对偶然性的屈从。他们坚持认为,国家是社会的异化和压抑个性的最主要的力量,因此,国家和普遍人权是水火不容的。1875年恩格斯抨击拉萨尔派的"自由国家"论时,尖锐地指出,"自由国家"就是可以自由地对待本国公民的国家,即具有专制政府的国家。无产阶级之所以需要国家,并不是为了自由,而是为了镇压自己的敌人,一到有可能谈论自由的时候,国家本身就不再存在了。直到晚年,他仍然强调要同黑格尔法哲学散布的"对国家的迷信"的遗毒作斗争。当然,这并不排除恩格斯主张无产阶级在国家问题上采取灵活的斗争策略。他一生中都认为,通常民主共和制下有较多的人权;独立主权的国家对人权的保障有好处;但又不能幻想向资产阶级的主权国家乞求更多的东西。另外,在人权与主权关系上,恩格斯还指出,如果说资产阶级的人权一开始就是伴随着国际性的市场经济而出现的,那么,作为国际共产主义运动重要内容的无产阶级争取人权的运动更是一种国际现象,就是说它同实现国际主义、解放全人类、共产主义大同世界理想是一回事。

人权与公民权 恩格斯对于人权和公民权问题的探讨,同样是以马克思《1844年经济学—哲学手稿》提出的资本主义社会异化理论为基础的。所谓公民权,无非是国家这种冒充的、虚幻的政治共同体借助法律形式规定的"纯粹形式上的权利"。它是人在市民社会中的权利即人权的一种扭曲了的形态,也就是用"法律面前人人平等"来替代和掩饰社会不平等的事实。即使这种形式平等的法律,也是经过很长历史时期以后才逐渐确立下来的。例如,在素来以公民自由权利比较发达著称的英国,其宪法本身就没有权利条款。在那里,公民权之所以存在,或者由于习惯、或者由于个别跟宪法没有任何关系的法规。经常可以看到的情况是,出版自由的权利受到"诽谤""叛国""渎神"等威胁和限制;人民集会的权利形同虚设;结社权利只限定于为慈善和一般金钱目的才允许成立;人身保护的权利仍属富人的特权,穷人因交不起保证金只得进监狱。因此,以法律平等为前提的公民权是没有根基的。"大多数国家的信条都一开始就规定富贵贫贱在法律面前的不平等。"要实现真正的平等,只有使公民权返回人权(普遍权利),而这又要与国家返回社会同步地进行。

人权口号的作用 恩格斯一贯认为,无产阶级必须高举人权的旗帜。当年,资产阶级利用人权口号发动人民,推翻了封建的神权和专制主义政权。今天无产阶级的人权要求,应当从资产阶级人权的理论与实践中吸取或多或少正确的、可以进一步发展的成分,学会用资本家的主张作为发动群众反对资本家的鼓动手段。也就是要抓住他们的"话柄",把虚伪的人权变成真实的人权,把"特殊人权"变成"普遍人权"。恩格斯回顾说,在社会主义运动史上,无产阶级起初正是从敌人那里学习了法学的思维方式,并从中寻找反对资产阶级的思想武器。无产阶级的第一批政党组织,以及它们的理论代表都是完全站在法学的"权利基础"之上的,只不过是他们为自己奠定的"权利基础"和资产阶级的"权利基础"不同而已。但是,后来无产阶级懂得了,法学的"权利基础"显然是需要的,但却不能单纯停留在这上面;而应从根本上消灭作为这种"权利基础"的资本主义生产方式。

人权的本质 恩格斯与马克思一起建立的科学的人权学说,是同批判资产阶级历史唯心主义人权观紧密联系的,特别是同对于传统的"天赋人权"论或"自然权利"论的非历史主义,予以系统的、深刻的分析相联系的。马克思、恩格斯合写的《神圣家族》和《德意志意识形态》两部巨著都肯定了黑格尔对天赋人权论的非历史观点的批评,强调人权完全是社会生产方式发展历史的产物。在前资本主义社会,不平等比平等更被视为真理,所以人权论是没有社会基础的。到了近代,商品货币经济的发达,使欧美处于相同发展阶段的各独立国家形成广泛联系,于是自由和平等权利的要求也超出个别国家的范围,被宣布为"普遍的人权"。

最能表现这种人权性质的是美国宪法,它最早承认人权,同时确认有色人种的奴隶制;阶级特权受到法律的保护,种族特权也被神圣化了。资产阶级天赋人权论所反映的是资本的特权。从这个意义上说,现代国家承认人权同古代国家承认奴隶制是相同的。它通过宣布人权的办法来承认自己出生和存在的这种自然基础。由此人权和人权理论,无论以资产阶级形式还是以无产阶级形式出现,本身都是历史的产物,不是天赋的、自然的或永恒的。

(吕世伦　万其刚)

费希特(Johann Gottlieb Fichte,1762—1814)　德国古典唯心主义哲学家、法学家,先验唯心主义运动第一位主要代表人物。生于德国奥伯劳济兹的一个贫穷织工家庭。在耶拿、莱比锡和威登堡学过神学。1784 年起先后在萨克森、苏黎世、华沙等地任教。1809 年创办柏林大学并任哲学教授。费希特一生著述颇丰,主要有《一切启示的批判》(1792)、《向欧洲君主们索回至今被压制的思想自由》(1793)、《纠正公众对法国革命的评断》(1794)、《天赋人权的基础》(1796)、《权利学》(1802)、《国家学》(1803)、《对德意志民族的讲演集》(1808)等。

费希特的人权思想主要表现在关于人的自由和权利的论述中。在他的哲学体系里,自由意志是一个中心概念。费希特把自由分成三类,即先验的自由、宇宙的自由和政治的自由,并把自由视为人性的本质所在。在他看来,人的本质是理性,而理性的根本属性是自由和对自由的追求。所以他认为,人应被教化得认识到自由对人之所以为人的崇高意义,否则人就算不得有人性,只有奴性。他进一步指出,具有人性的人,不仅必须意识到自己的自由,而且更要尊重别人的自由。只有想让自己周围的一切人都有自由的那种人,自己才是自由的。而无视他人自由的人是没有人性,只有奴性的。在人的自由中,费希特尤其强调思想自由,认为思想自由是人固有的权利,一个人可以放弃一切,唯独思想自由不能放弃。因为,思想自由是构成具有自由意志的个人人格的组成部分,是人们精神生活和道德生活的基础。人任何时候都不能离开它,也不容许任何人以任何理由加以剥夺。费希特对封建专制制度限制和剥夺人们的思想自由极为不满,他甚至主张用强制手段对付君主对自由的剥夺。

费希特认为人之所以有绝对自由,因为人生来就有"原始权利"(自然权利),这个原始权利就是人的自由的基础。

在人权与国家关系问题上,费希特早期深受法国卢梭影响,认为国家起源于契约,是人们让渡了由自己的"原始权利"派生出来的"强制权利"和"制裁权利"的结果,或者说,国家是一个自我情愿借以划分其自由的法权共同体。国家必须奉行人民的"共同意志",国家的主权必须是人民的主权,"人民享有至高无上的权利,并且是其他一切权利的渊源"。由于人们把"强制权利"和"制裁权利"通过契约让渡给了国家,因此国家就务必保护个人的"原始权利"并不得侵犯它。否则,国家就丧失了存在的意义。人们完全有权随时宣布退出契约即退出国家,或通过行使人民的"监察权"而废除政府,甚至可以用暴力将其推翻。正是基于这种观点,费希特把法国革命描绘为"关于人权和人的尊严这些伟大的字眼的瑰丽的映象"。不过,到了中后期,费希特思想趋向国家主义。他深信国家本质上是伦理至善的一种体现,而人权是否得到保障则属于次要的事情。他用社会本位主义修正了社会自由主义,用国家主权论修正了人民主权论。

在人权与法律关系问题上,费希特深受古典自然法学派影响。他把法律看成先验的范畴,看成"纯粹理性形式",认为自然法的核心内容是承认和维护每个人生而具有的"原始权利"或"绝对的自由"。这种"原始权利"是自然法和实在法的基础。在他看来,法内在于理性的自由人格的群体之中,并表现在体现它们相互之间必然关系的诸法则和规则中,其目的是保障每个人都有机会实现自由,实现自己的权利。他还认为,既然宪法是经过人们的同意制定的,人们同样可以改变它,无论革命的或是渐进的改变方式都是合于法理的。

在人权与社会关系问题上,费希特的见解具有辩证成分。依照他的分析,在人类社会历史初期,个体发展不能本着自己的理性本能行动,于是不得不听从族类的权威支配;后来个体觉醒,反抗族类统治,导致无政府主义状态;然后个体基于理性的洞见,自愿服从族类的理性,而又不因此牺牲个体的自我价值。他深信理性的威力,认为依靠在科学文化上的努力,终有一天整个人类将自己掌握自己的命运。每个人将服从自己的理想,绝对自由地亲自做出他想做的一切。

费希特发挥了卢梭和康德关于"人是目的而不是工具"的思想,并由此出发,反复地论证资产阶级人权思想。这在当时具有重大的进步意义,对后世也有深远影响。

(吕世伦 李正斌)

马克思(Karl Marx,1818—1883) 马克思主义的创始人。在马克思的理论体系中,人权问题占有重要的地位。马克思和恩格斯一起实现了人权思想史上的根本变革。马克思阐发人权问题比较集中和闻名的著作有《评普鲁士最近的书报检查令》(1842)、《关于出版自由的辩论》(1842)、《关于林木盗窃法的辩论》(1842)、《摘自〈德法年鉴〉的书信》(1843)、《黑格尔法哲学批判》(1843)、《论犹太人问题》(1843)、《黑格尔法哲学批判导言》(1843—1844)、《经济学—哲学手稿》(1844)、《神圣家族》(1844,与恩格斯合作)、《德意志意识形态》(1845—1846,与恩格斯合作)、《哲学的贫困》(1847)、《共产党宣言》(1848,与恩格斯合作)以及《资本论》创作过程中的一些著作,如1857—1858年《经济学手稿》、1859年《政治经济学批判》,尤其是1867年《资本论》第1卷。

人权的概念和渊源 马克思提出深刻而完整的人权概念,并揭示人权的渊源。马克思认为,人权在宏观上指具有"人类的内容"而排斥"动物的形式"的权利。人是社会的存在物,因而从根本上说人权首先是社会性的权利。马克思以市民社会(资本主义社会)为例指出,作为这种社会成员的人权就是"脱离了人的本质和共同体的利己主义的人的权利"。除了这种狭义的人权外,还有广义的人权即还包括公民权;但公民权属于派生形态的人权。马克思之所以非常强调狭义的人权,是同他关于人权渊源的观点相一致的。权利本来是一种社会事实。它从经济的分工与交换关系中产生出来的"人的法律因素"以及"自由的因素"开始,逐渐形成为普遍的"习惯的权利"或"权利的习惯",最后才被国家提升为"国家的习惯"即法律。所以,任何离开社会经济关系去寻找人权渊源的观点都是错误的。

人权的主要内容 马克思对于人权的主要内容的论述,有这样几个特别重要的对应范畴:①人权的精神属性和人权的物质属性。从马克思的宏观的人权观念中可以知道,人权的第一要义是人格即人作为人的尊严和自由。这是因为,自由不仅包括我靠什么生存,而且也包括我怎样生存;不仅包括我实现着自由,而且也包括我在自由地实现自由。共产主义革命就是要使一切个人摆脱各种偶然性的统治,使个性获得真正的解放。马克思历来不赞成过分夸张人权的物质属性。他在评德国历史法学派否定人的理性而片面强调实证地研究人的做法时认为,他们追求的是"动物法"。1869年马克思在第一国际总委员会上批评无政府主义者时嘲笑说,动物也有享受自然资源的权利。但这样说,完全不排除生存权的重要性。因为,毕竟人格和人的自由只有同外部存在物、特别是物质生活条件相结合,才能获得表现和实现。所以,人的自由权是不能和人的生存权、发展权相脱离的。②个人人权和群体人权。人和人格是单一体,自由作为人的固有属性也是如此。个人权利是构成群体权利的细胞,群体权利是个人权利的共同条件和保障。《共产党宣言》所定义的共产主义社会就是"以各个人自由发展为一切人自由发展条件的联合体"。这就十分明确地说明了个人权利与群体权利的关系。但是,人不是孤立的存在,而是社会的存在,其中包括家庭、社团、阶级、民族乃至人类的存在。所以,在群体没有权利的情况下,个人权利就根本无法实现。对此,马克思说,在"类无用的时候,种能有什么用呢"?这就决定了,尽管群体权利是个人权利的衍生,但个人权利却必须通过群体权利才能实现。例如,压迫其他民族的民族是没有自由的;没有国家的独立,就没有公民的权利;无产阶级不解放全人类,自己就不能最终地得到解放。③权利和义务。权利不是绝对的,它要受到人的主观因素的制约,也要受客观因素即他人和社会群体的制约。因此,权利与义务是对立统一关系。针对几千年来按照阶级地位来分配权利、义务的现象,马克思对权利与义务的辩证关系作出科学的概括,就是"没有无义务的权利,也没有无权利的义务"。他给无产阶级规定的任务"是要争取平等的权利和义务,并消灭任何阶级统治"。

人权与公民权 马克思把人权和公民权关系视为人权和国家(主权)关系范畴之内的问题。如果说国家是社会的异化,那么公民权就是人权的异化。人权是社会权利;公民权是政治权利或由国家确认的"法定权利"。以资本主义制度下的情况而言,市民社会中的人权是每个人通过自由竞争而获得私利的权利,在人的相互之间这种权利是绝非平等的;国家中的公民权不同,它对于所有的人都是平等的即政治上和法律上的平等。可见,公民权是掩饰人权不平等这一真实内容的虚幻形式。在阶级社会中,大多数的人权不可避免地要采取公民权的形式,并以公民权来保障。因此,主张无产阶级应放弃争取和实现公民权的斗争是幼稚可笑的。但是,既然公民权利是政治权利,那么它最终还要仰赖公民的实际经济地位。在未来,只有当"社会解放"代替"政治解放",随着国家返回社会即返回构成社会主体的绝大多数的人之中,公民权也返回人权当中,使人和人之间的关系不再是法律形式上的平等、而是事实上平等的时候,才会有真正作为"普遍权利"的人权。

人权口号的作用 马克思一向重视人权口号对于无产阶级的意义。当年资产阶级利用人权口号动员了无产阶级和广大人民同封建制度作斗争;而今天,无产阶级则应当把人权口号当作反对资产阶级的武器。无产阶级对人权的呼吁是联合广大群众的手段。它要尽可能地迫使资产阶级作出某些让步,保障劳动人民起码的人格权和生存权。一旦具备革命的形式,就要不失时机把形式上的权利变成事实上的权利。在资本主义社会,无产阶级不是处于特殊的无权地位,而是处于一般的无权地位。因此,它所追求的人权就不可能是特殊的人权,而只能是普遍的人权。不过,这要经过无产阶级专政来逐步地实现。无产阶级专政和社会主义国家已不是本来意义上的国家,而是处于消亡中的国家,普遍人权在不断地实现。但是,在社会主义社会分配领域中还存在着承认个人天赋,承认人们之间形式平等而事实不平等的"资产阶级法权",还存在着镇压一小撮剥削分子反抗的任务,因而,国家与社会间、公民权与人权间的界限不能很快地消除。因此,社会主义社会还不是"自由平等的天然王国"。

人权的本质 马克思认为,资产阶级的人权是由资本主义经济关系所决定的,"平等地剥削劳动力,是资本的首要人权"。作为劳动力所有者的工人和资本家在流通领域,作为契约关系的主体是各自由和相互平等的;但他们在生产领域和所有制领域内,则毫无平等可言。所以对于资产阶级而言,人权本身就是"特权",即事实上的特权。资产阶级最典型的人权学说是17、18世纪启蒙运动思想家倡导的"天赋人权"论或"自然权利"论。这种观点抛开社会各历史阶段实际的经济来谈论人权,所以必然陷入主观任意性。《德意志意识形态》一书明确指出,人权概念"只要它们离开作为它们基础的经验的现实,就可以像手套一样地任意翻弄,这一点已经由黑格尔充分证明了。黑格尔曾运用这个方法来对付那些空洞的思想家,是有他的理由的"。从根本上讲,人权不是天赋的或自然取得的,也不是人赋的,而是社会生产方式发展的历史产物,并仍然随着生产方式的发展而变化。

(吕世伦 万其刚)

文艺复兴运动(Movement of Renaissance) 14—16世纪,欧洲新兴资产阶级和人民群众借助复兴古典文化的形式,在思想文化领域发动的一场思想解放运动。肇始于意大利。主要代表人物有但丁彼特拉克薄伽丘、达·芬奇等。

文艺复兴运动高举人文主义旗帜,强调人的自然本性、人的价值、人的自由意志以及世俗生活和世俗教育,反对君主专制主义、神权主义和禁欲主义,抨击等级特权制度。这个时期,比较明确地提出了人权思想和人权要求:①肯定人的价值,维护人的尊严,以人权反对神权。中世纪教会宣扬神是宇宙万物的主宰,人则卑微渺小,只能匍匐在神的脚下,忠顺地做神的奴仆,无权利可言。人文主义者针锋相对,主张以人而不是以神为中心。他们坚信,人有无比的力量和无穷的智慧,可以创造一切。因而必须尊重人,重视人的价值。但丁在自己的作品中热情讴歌人的自由、理想,人的情感和理性。他认为,人与动物的一个根本区别是人不仅有知觉而且有理智。正因为如此,人才显示出了他的高贵。就其创造的无限丰富的成果而言,人的高贵也超过了天使的高贵。但丁的名篇《神曲》集中表达了他对自由的渴望和对幸福的向往;他的著作《论世界帝国》明确提出了"人权"这一概念。②主张个性解放,提倡自由意志,反对禁欲主义。人文主义者把人的理性要求首先解释为意志的自由和个性的解放。但丁认为,禽兽只有欲望而没有判断,人能以判断克制自己的欲望,因此人是自由的。人可以按照判断,自由地选择生活的道路。意大利学者 L. 瓦拉在《自由意志谈》一书中明确地指出:每个人都有自己的思想自由;唯有独立的个性自由,才能创造人间的奇迹,造福于人;那些禁欲、神秘的虚幻,只会导致人类的灭亡。法国思想家 F. 拉伯雷在《巨人传》一书里抨击天主教会禁欲主义的做法。在他所设想的"德廉美修道院"里,那些清规戒律统统被抛弃。该院的规则只有一条:"想做什么便做什么""男女修士可以光明正大地结婚,人人都可拥有钱财,自由自在地生活",个人是完全自由的。③主张理性,反对蒙昧主义。人文主义者反对教会宣扬的愚昧便是德性的主张,竭力提倡科学的至高无上性,强调恢复理性的尊严和思维的价值。英国哲学家和法律学家 F. 培根鲜明地提出"知识就是力量"。某些人文主义者还公开地倡导共和制度和民主制度,认为这是最理想的政府形式,只有这种政治制度,才能开拓人的智慧,发挥人的才能,并使人能够平等地享有基本权利和自由。人文主义者把实现人权及自由平等同社会制度联系起来。

文艺复兴时期的人权思想尚未形成完整的体系,但具有开创性意义。

(吕世伦 辛向前)

伊壁鸠鲁(Epicurus,公元前341—前270) 古希腊唯物主义哲学家。生于雅典萨摩斯岛一个教师家庭。青年时代游历了许多希腊城邦,后定居雅典。在这里,他苦心钻研学问,有"庄园哲人"之誉;并在自己周围聚集一批志同道合者和学生。公元前306年,著名的伊壁鸠鲁学派或"庄园派"正式形成。伊壁鸠鲁是位多产作家。主要著作是《论自然》,由 37 卷组成,但传世的著作只有为数不多的残篇(几封信、一些片断和个别箴言)。

伊壁鸠鲁的人权观点集中表现在有关自由和安全的学说中。伊壁鸠鲁吸取德谟克利特的原子学说,提出"原子偏离"论,并以此为根据形成了"绝对自由"观。在他看来,整个世界都是由单个原子构成的,而个人作为社会单个的人必然是绝对独立和自由的。这种"绝对自由"就是人的自然的、基本的权利。在伦理学的意义上,伊壁鸠鲁认为,人的自由是对理智地选择自己生活方式所应负的责任。人的自由的范围,就是对自己应负责任的范围。在责任之外,或是不隶属于责任的必然性,或是变幻无常的偶然性。就自由的获得而言，"一切取决于我们自己"，而"不仰仗任何主人"。伊壁鸠鲁强调自由并不与必然性一致。他说："必然性是灾难，但是没有任何一种必然性是跟另一种必然性共处的。"当然，为了成为自由的人，人应该认识必然性和偶然性的范围。但是，一个理智的自由的人，要注意不要使自己成为必然性的奴隶。与同时代的芝诺倡导的禁欲主义不同，伊壁鸠鲁倡导"快乐主义"。他认为人应该尽力使自己的自然的、必需的愿望得到满足。但伊壁鸠鲁又主张这种追求应当有适当的限度，要用理性抑制情欲和奢望，满足于少量的东西，认为这是自由人的根本特征。"知足（限制奢望）的硕果是自由"。伊壁鸠鲁不把政治权利看作人权的必要组成部分，不提倡积极参加社会政治生活。他把人的自由解释为摆脱周围社会、摆脱"一般人"的意见。只有摆脱徒劳无益的政治倾轧和角逐，人才能达到自由和灵魂安宁的境界，从而使人在友谊团结中过上幸福而愉快的生活。

在他的人权学说中，与自由并列的另一要义是安全。他认为，人们之间的安全，就是克服相互恐惧，避免相互损害。真正的安全只有离群索居才能获得，在社会中这又难以做到，所以就要求国家政权来保证人们的安全。伊壁鸠鲁把国家和法律看作人们相互之间订立关于公共福利（相互安全）的社会契约的结果。伊壁鸠鲁把他的正义观也建立在这种通过社会契约而获得的安全的基础上。他说："渊源于自然的正义是关于利益的契约，其目的在于避免人们彼此伤害。"在自然界中，并没有任何自古就有的、永恒的、本身不可更改的、不以人们关于彼此安全交往的利益的约定为转移的正义。简言之，"正义本身并不是某种存在，它总是人们某种避免彼此伤害和受害的契约。"

他非常重视法律对人权的保障作用。认为伦理学的基本目的是快乐、自由、无惑、安宁而恬静的精神状态。这种精神状态是个人自觉努力的结果，是个人深刻地了解这些目的并实施与本性相适应的思想和行为方式的成果。而法律是人们相互安全的契约。如果有人违法，而又要人相信他始终未被察觉，这是不可能的，"因为他能否隐瞒到死，这是个未知数"。违法者的这种苦恼就变成一种恐惧，有了这种恐惧，人们的伦理自由和个人自治就难以实现了。伊壁鸠鲁还认为人权的实现所要求的是一种温和的民主制，而不是极端的民主制。

他坚信人权和迷信是不相容的。他从无神论出发，反对宗教神学，认为把天体作为神来崇拜，是与自我意识的绝对自由格格不入的，迷信只能将人引入占星术士的虚幻梦境之中。

伊壁鸠鲁的功利主义人权学说，不仅在古希腊末期，而且在古罗马都有很多信徒，对17—18世纪的资产阶级启蒙思想家、尤其是法国"百科全书派"思想家的影响更为突出。

（吕世伦　曹茂君）

芝诺（Zeno of Citium，公元前335—前263）　古希腊末期斯多葛学派的创始人。生于塞浦路斯岛的西提雍城。先受教于犬儒学派的克拉提，后又受教于麦加拉派的斯蒂尔波。公元前300年，他在雅典的斯多葛创立了自己的学派，并在这里终生讲学。主要著作有《论人的本性》《论自然》。

芝诺的人权学说集中反映在他关于人类精神平等和自由的观点中。芝诺继承德谟克利特的唯物主义原子论和赫拉克利特的辩证法,认为宇宙是由运动的物质构成。但他又承认"神的逻各斯"(最高理性)对人类的最终支配作用,并把辩证法引向所谓"一切都是必然的"宿命论。由此出发,芝诺提出了自然法理论。在他看来,自然法即理性法。它作为主宰和统治原则的命令,同时又是"宇宙理性",或被神圣法所控制的宇宙万物的法律,即过去、现在、将来都要据以发生的理性,"自然法是神圣的,拥有命令人正确行动和禁止人错误行动的力量"。在芝诺看来,作为人权的基本内容之一的平等原则,正是自然法——人类理性命题中的应有之义。

他拒绝柏拉图和亚里士多德关于人们自然不平等的观点,而采取昔尼克学派(Cynics,公元前4世纪)关于人们相互平等的观点。他认为,整个宇宙有一个最高理性(神的逻各斯)所产生的统一秩序,自然法就是把一切人联结起来的共同体的纽带。一切人,不论是奴隶,还是野蛮人,皆为神之子。人和人互为兄弟。神赋予每个人以相同的理性,故他们在本质上是平等的。至于现实中存在着有理性的人和没有理性的人这种差别,是后来种种原因造成的。由于性别、阶级、种族或国籍不同而对人进行歧视是非正义的,违背自然法的。平等在政治社会中表现为人们参与政治活动的平等,追求自己功利的平等。芝诺倡导的人权,是全人类共同的平等权利。他认为,国家既非个人创造的机构,亦非众人协议的结果,而是自然的创造物。从根本上说,自然法所要求的是一个法则、一个法律、一个国家,即世界国家。在这个世界国家中,只有一种公民,即宇宙的公民。它的法律靠人类的爱和神所赋予的普遍理性来维持,而不是靠政治性的法律和物理性的刑罚来维持。理性的法律,高于各国的法律和习惯。不言而喻,奴隶制是不合理的,它完全与自然法和宇宙公民资格相抵触。芝诺的平等论所强调的更多的是精神的因素,也就是抽象的"灵魂平等"。

在芝诺的人权学说中,与平等并列的是人的自由。他把自由与奴役对立起来,认为自由是人的精神和道德的特征,而不是人的社会政治地位和法律地位。贤人或有道德的人,即使被戴上手铐脚镣,也是自由的。而恶人则始终处于受奴役的状态。因此,任何人,不论是奴隶还是自由人,野蛮人还是文明人,只要顺从天命,安于自己在生活中所处的地位,对周围的事情淡然处之,就可以获得幸福和自由。国家也能保证行善的人们获得幸福和自由。作为早期斯多葛学派的代表人物,芝诺的学说对后世人权学说的产生有很大的影响。

(吕世伦　曹茂军)

《科学社会主义大辞典》

中国大百科全书出版社

社会主义法制（socialist legal system） 社会主义国家按照工人阶级和全体人民的意志制定和认可，并以国家强制力保证实施的法律和制度。包括制定法律、执行法律、遵守法律和法律监督，中心环节是依法办事。狭义上的社会主义法制，指社会主义社会中的守法性，人人严格按照法律办事或现实的法律状态。

社会主义法制的产生 它是无产阶级革命的产物，是在摧毁资产阶级法制的基础上建立起来的。中国的社会主义法制是在摧毁国民党的伪法统、伪"六法"以后，在中国共产党的领导下，在总结人民群众的革命和建设的实践经验的基础上建立和发展起来的。

社会主义法制的主要原则 ①人民民主原则。人民是社会主义国家的主人，人民按照民主集中制的原则行使管理国家的最高权力。在中国，人民行使国家最高权力的机关是全国人民代表大会，人民通过它制定宪法和法律。人民要广泛监督法律的实施。②社会主义原则。社会主义法制为确立、巩固和发展社会主义制度服务，为社会主义建设服务。它同一切损害和破坏社会主义制度、破坏社会主义建设事业的行为作斗争。③法律面前人人平等原则。人人都必须遵守法律，享有法律规定的权利，履行法律规定的义务，不允许任何人有超越于法律之外、凌驾于法律之上的特权。

社会主义法制的基本要求 即有法可依，有法必依，执法必严，违法必究。有法可依指立法，是建立社会主义法制的前提。有法必依指守法和执法，是健全社会主义法制的关键。执法必严和违法必究专指对国家机关（尤其公安、检察和司法机关）执法的要求，使他们在处理案件过程中能以事实为根据，以法律为准绳，严格按照法律规定办事，不受任何干扰，做到正确、合法、及时办案。

社会主义法制和社会主义民主 社会主义法制同社会主义民主是相互依存的辩证关系。主要表现在：①社会主义民主是社会主义法制的前提。广大人民只有在无产阶级政党的领导下组成为统治阶级，争得民主，才能把自己的意志上升为国家意志，制定出法律和制度。社会主义法制力量的源泉，寓于社会主义民主之中，社会主义民主发展的状况，决定着社会主义法制的健全或完备的程度。②社会主义法制是社会主义民主的保障。社会主义民主作为人民斗争的成果，只有通过法律和制度的形式才能得到系统、明确和具体的确认。社会主义法制借助自身的作用，告诉全体人民如何实现社会主义民主，并同各种违法和犯罪行为作斗争，捍卫社会主义民主。

加强社会主义法制　为了健全社会主义法制,必须把它同社会主义民主的建设紧密结合起来,使民主制度化、法律化。在无产阶级政党的领导下不断完备立法。无产阶级政党必须在宪法和法律的范围内活动,领导群众监督国家机关(尤其专门执法机关)及其工作人员严格按照法律办事,向广大群众广泛而经常地进行法制教育,培养守法观念。

参考书目

列宁:《论"双重"领导和法制》,《列宁全集》第2版,第43卷。

毛泽东:《关于中华人民共和国宪法草案》,《毛泽东著作选读》下册,人民出版社,北京,1986。

（吕世伦　董新民）

国家(state)　阶级社会中的政治上层建筑,一定阶级的统治机关。它是立足于阶级差别、阶级对立基础之上的、拥有特殊利益和特殊组织的政治权力机关。它维护本阶级利益,对被统治阶级实行专政,并调节社会各阶级、各阶层、各集团之间的利益关系,把人们的行动控制在法律所允许的"秩序"范围之内,必要时动用武装力量来达到这个目的,它也担负着组织公共生活和管理公共设施的任务。

起源和特征　国家不是从来就有的,而是阶级矛盾发展到不可调和时的产物。在原始公社末期,随着生产力的发展和私有制的产生,社会分裂为两大对抗阶级,在经济上占统治地位的阶级,为了巩固和发展这种地位,把阶级斗争限制在自己利益所容许的范围之内,便逐步地使原来的氏族组织的公共权力变成自己手中的工具,即变成国家。这种国家的特征是:①它已不是按血缘关系而是按地域来划分和组织自己的居民;②它是特殊的公共权力,即少数剥削阶级统治者们的整体权力,这个权力不仅包括官吏、政府机关和武装的人,而且还有法庭、监狱等物质附属物,以维持对于其他阶级的统治;③为了供养这个权力机构,它要向居民征收赋税。

类型　从阶级性质上划分,有剥削阶级国家和非剥削阶级国家两大类型。剥削阶级国家中按照历史顺序又有奴隶制国家、封建制国家和资本主义国家三种,其实质都是剥削阶级专政。非剥削阶级国家就是社会主义国家。社会主义国家是新型民主和新型专政的国家,它是劳动者多数对剥削者少数的统治,代表无产阶级及其领导下的劳动人民乃至全体人民的利益,与剥削阶级国家相比,社会主义国家已经不是"原来意义上的国家"了。国家类型的更替,通常是通过社会革命来实现的。

国体和政体　国家是国体和政体的统一。国体,指社会各阶级在国家中的地位,直接表现国家的本质。政体,指国家形式,包括两个方面:一是国家的管理形式,指整个国家机关,特别是最高权力机关的组织和活动的基本原则,它分为君主制和共和制。君主制分为绝对君主制、等级代议君主制和立宪君主制。共和制分为贵族制和民主制。近代以来的资产阶级国家最流行的政体原则,是所谓立法权、行政权、司法权的"三权分立"。二是国家的结构形式,指国家的中央权力和地方权力之间的关系,其中包括单一制、邦联制和联邦制三种。社会主义国家的政体,因具体国度和历史的不同而不同,但总的说都是建立在民主集中制原则之上的社会主义民主共和国。

职能　有对内、对外两种职能,对内职能是主要的,对外职能是对内职能的延长。国家类型不同,其职能也有区别。剥削阶级国家的对内职能主要是镇压劳动人民的反抗,并通过干预经济保护剥削者对劳动者的剥削,对外职能是侵略他国,或者保卫领土,防止他国的侵犯。社会主义国家的对内职能,在剥削阶级还存在的时期,首先是防范和镇压他们的反抗,同时组织和管理社会主义经济、文化教育和社会生活。随着剥削阶级的基本消灭,社会主义国家的镇压职能逐渐退居次要地位,管理经济、文化教育和社会生活的职能越来越成为主要的。对外职能是防止帝国主义和国际反动势力的侵略和颠覆,维护世界和平。

消亡　国家是个历史范畴,总要归于消亡。国家消亡需要很长的时期,这个时期的长短取决于共产主义高级阶段到来的速度。无产阶级夺取政权,建立无产阶级专政,是国家发展中的决定性的一环,只有从这时候起,才谈得上国家消亡的问题。剥削阶级国家只能被消灭,它是不会自行消亡的。无产阶级专政国家将逐渐地由政治国家转变为非政治国家,进而达到国家的完全消亡。国家消亡的经济基础是完全的共产主义。那时,生产力迅速发展,社会财富极大丰富,体力劳动和脑力劳动的分工归于消灭,劳动不是谋生手段而是生活的第一需要,社会将实行“各尽所能,按需分配”。政治上,彻底消灭了阶级和阶级差别,民主扩展到全体居民,国家的镇压职能失去任何对象,对人的管理被对物的管理所代替。在精神方面,人们已习惯于遵守公共生活的基本规则,并超出“资产阶级权利的狭隘眼界”,自愿地尽其所能地为社会工作。那时,国家就最后地完成了使命,同社会融为一体而消亡。

参考书目

恩格斯:《家庭、私有制和国家的起源》,《马克思恩格斯全集》第21卷。

列宁:《国家与革命》,《列宁全集》第2版,第31卷。

毛泽东:《论人民民主专政》,《毛泽东选集》第2版,第4卷。《关于正确处理人民内部矛盾的问题》,《毛泽东著作选读》下册,人民出版社,北京,1986。

（吕世伦　董新民）

人民民主专政(people's democratic dictatorship)　中国共产党在领导中国人民进行革命斗争的实践中,根据马克思主义的国家学说创建和发展起来的一种具有中国特色的政治理论和政治制度。作为政治制度,它是工人阶级领导的、以工农联盟为基础的、具有广泛统一战线的新型国家政权。它先后经历了新民主主义和社会主义两个不同的时期。在这两个时期,它肩负不同的历史任务,具有不同的性质。

人民民主专政的形成　人民民主专政是马克思主义的无产阶级专政理论,尤其是列宁关于工农民主专政的学说,同中国革命具体实践相结合的产物。它孕育于第一次国内革命战争末期和第二次国内革命战争时期,以后随着中国革命实践的发展逐渐形成和发展起来。

马克思和恩格斯曾认为,无产阶级革命取得胜利以后在英国可以直接建立"无产阶级的政治统治","因为那里的无产者现在已占人民的大多数,在法国和德国可以间接建立这种统治,因为这两个国家的大多数人民不仅是无产者而且还有小农和城市小资产者。"(《马克思恩格斯选集》第1卷第219页)列宁把这个思想运用于经济相对落后、农民和城市小资产者占人口多数的俄国,提出了工农民主专政的理论,认为在这样的落后国家,无产阶级领导的革命斗争必须先行解决资产阶级民主革命的任务,实行工农民主专政,然后才能过渡到无产阶级专政,并指出:"无产阶级专政是劳动者的先锋队——无产阶级同人数众多的非无产阶级的劳动阶层(小资产阶级、小业主、农民、知识分子等等)或同他们的大多数结成的特种形式的阶级联盟。"(《列宁全集》第2版第36卷第362页)这些都是人民民主专政的重要理论依据。

中国共产党人面对的这一个情况更加特殊的社会,即半殖民地半封建社会。正确分析这个社会的社会性质、阶级结构以及经济、政治和思想文化,提出切合中国实际的革命理论和策略,就成为中国共产党人必须解决的历史任务。解决这个任务的过程,在一定意义上也就是人民民主专政逐步形成的过程。

1926年前后,中国共产党人开始认识到:在中国,工人阶级人数不多,但有很强的革命性、集中性、组织性并同农民有天然联系,因而是革命的领导力量;占人口绝大多数的农民赞成革命,对革命有极端的重要性;广大城市小资产阶级也是革命的力量;中等资产阶级具有两面性;受帝国主义支持的大地主、大资产阶级是革命的对象。这种分析对尔后人民民主专政思想的萌发奠立了必要的基础。在第二次国内革命战争时期,由于大地主、大资产阶级完全控制城市,民族资产阶级附和反革命,中国共产党人被迫转入农村,在农村建立革命根据地,进行土地革命和革命战争,从而对农民在革命中的地位和作用、工农联盟的意义有了更进一步的认识。在这个时期建立的中华苏维埃共和国以及各红色区域的苏维埃政权,其性质都是工农民主专政。

在革命根据地建立的这种政权,起初叫做"工农小资产阶级民权独裁制"(有时也叫"工农民权独裁制"或"苏维埃政权"),在20世纪30年代以后改称(实际上是改译)为"工农民主专政"。这种称谓或提法直接来自共产国际。1926年11月底,共产国际执行委员会第七次全体扩大会议关于中国问题的决议案写道:"这个革命国家,不会是纯粹的资产阶级的民权国家,而将成为无产阶级、农民以及其他被剥削阶级的民权独裁制的国家。"(《中共中央文件选集》1927年第2册,中央档案馆编,中央党校出版社1989年8月第1版,第672页)"工农民主专政""苏维埃"这些提法一直沿用到抗日战争前夕。上述情况表明,中国在第二次国内革命战争时期建立的区域性革命政权,作为人民民主专政的雏形,无论在实质上还是形式上,几乎都与列宁所说的"工农民主专政"无异,具有照搬前苏联模式的特点。

人民民主专政作为真正具有中国特色的政权理论和政治制度,大体上是从抗日战争时期开始形成,并逐步得到论证和日益完善起来的。起初,中国共产党领导人民建立的抗日民主政权被概括为"各革命阶级在无产阶级领导之下的统一战线的专政""各革命阶级联合专政"等。1939年5月4日,毛泽东在《青年运动的方向》中提出要"建立一个人民民主的共和国"的思想。1940年1月,他在《新民主主义论》中进一步指出:"现在所要建立的中华民主共和国,只能是无产阶级领导下的一切反帝反封建的人民联合专政的共和国,这就是新民主主义的共和国。"(《毛泽东选集》第2版第2卷第675页)1945年,毛泽东在《论联合政府》中指出:"我们主张在彻底打败日本侵略者之后,建立一个以全国绝大多数人民为基础而在工人阶级领导之下的统一战线的民主联盟的国家制度,我们把这样的国家制度称之为新民主主义的国家制度。"(《毛泽东选集》第2版第3卷第1056页)这时,虽然还没有使用"人民民主专政"这样的提法,但是,比较系统的人民民主专政思想已经形成。"人民民主专政"这一提法,最早见于1948年6月中共中央宣传部关于重印列宁的《共产主义运动中的"左派"幼稚病》一书第二章的"前言"。其中有这样的说明:"列宁在书中所说的,是关于无产阶级专政。今天在我们中国,则不是建立无产阶级专政,而是建立人民民主专政。"随后,毛泽东在《将革命进行到底》《论人民民主专政》等著作中对人民民主专政作了系统论述。他指出:"总结我们的经验,集中到一点,就是工人阶级(经过共产党)领导的以工农联盟为基础的人民民主专政。这就是我们的公式,这就是我们的主要经验,这就是我们的主要纲领。"(《毛泽东选集》第2版第4卷第1480页)

人民民主专政的发展阶段　中国的人民民主专政,经历了两个大的发展阶段:第一阶段,即新民主主义阶段,包括民主革命时期和新民主主义社会时期;第二阶段,即社会主义阶段,包括从新民主主义到社会主义的过渡时期和社会主义社会时期。人民民主专政在两个不同的历史时期具有不同的性质和特点。

新民主主义时期的人民民主专政,从革命根据地建立区域性政权到逐步发展为全国性政权的整个新民主主义时期,其使命是进行反帝反封建的民族民主革命,建立和巩固新民主主义社会;按其阶级内容来说,它是工人阶级(经过共产党)领导的各革命阶级(包括民族资产阶级)的联合专政。因此,人民民主专政在这个历史时期,实质上是工农民主专政,即民主主义专政,还不是无产阶级专政。

在新民主主义时期,人民民主专政和工农民主专政是有差别的,但在基本方面是相同的:①它们都体现着革命的资产阶级性质或民主主义性质。其历史使命主要是反对封建主义,而并不触动资本主义的基础,并不消灭私有制经济。②它们都是几个革命阶级的联合专政,而不是一个阶级的专政。③在各革命阶级的内部关系上,它们都是工人阶级领导的、以工农联盟为基础的。人民民主专政和工农民主专政不同的是:①工农民主专政的主体不包括资产阶级在内;而人民民主专政的主体"人民"则把民族资产阶级也包括在内,因而较之工农民主专政具有更广泛的民主范围或更广泛的阶级基础。②就其社会经济内容来说,列宁所说的工农民主专政在于"使资本主义得到迅速的、自由的发展",因而具有民主主义性质,而没有提出既不同于资本主义、又不同于社会主义的"新民主主义社会"问题。以毛泽东为代表的中国共产党人则不仅明确提出了这个问题,而且建立起了一套完整的理论,并使之成为现实。这是对列宁工农民主专政思想的重大发展,也是对马克思主义无产阶级专政学说的重大发展。

从以"一化三改"为基本内容的过渡时期总路线的提出和执行起,人民民主专政就担负起社会主义革命和社会主义建设的任务,从而也就由工人阶级领导的各革命阶级联合专政的国家政权变成了实质上是无产阶级专政的国家政权。因为过渡时期总路线的提出和执行,在全国范围内把农民和手工业者以自己劳动为基础的私人所有制改造为社会主义的集体所有制,把以剥削工人的剩余劳动为基础的资本主义私人所有制改造为社会主义的全民所有制。这意味着中国人民民主专政的国家政权的历史使命已经在社会经济内容上发生了质的变化。只是中国由于新民主主义向社会主义的转变,不是通过政权的更替来实现,而是利用民主革命的伟大成果,由无产阶级(经过共产党)领导的原有国家政权进行的,因而人民民主专政的国家政权在表面上或形式上没有什么变化。

1953年12月19日中共中央针对一些干部的组织问题,在指示中说:"人民民主专政和无产阶级专政本无实质上的区别,省级以上高级干部了解这个问题是必要的。"1956年9月,中国共产党第八次全国代表大会明确指出:"我国现阶段的人民民主专政实质上是无产阶级专政的一种形式"。从此以后,中国的国家政权就比较多地被称为无产阶级专政(有时仍称人民民主专政)。20世纪80年代初,在修改中华人民共和国宪法时又重新提出和强调:"我国的人民民主专政实质上就是无产阶级专政"。1982年12月4日,中华人民共和国第五届全国人民代表大会第五次会议通过的新宪法确认:社会主义制度确立以后,中国的政权性质,是"工人阶级领导的、以工农联盟为基础的人民民主专政,实质上即无产阶级专政"。

人民民主专政在社会主义时期实质上就是无产阶级专政,主要由于:①人民民主专政和无产阶级专政一样,在本质上是无产阶级一个阶级的专政,而不再是各革命阶级的联合专政;②它和无产阶级专政一样,是工人阶级领导的,以工农联盟为基础的;③它和无产阶级专政一样,其主要任务和使命在过渡时期是实行对生产资料私有制的社会主义改造,实现向社会主义的过渡;在社会主义制度确立以后是保卫、巩固和完善社会主义制度,领导和组织社会主义建设。

人民民主专政的特点和优点 中国的人民民主专政作为无产阶级专政的一种特殊类型,有以下特点和优点:

①人民民主专政是一种较为灵活的国家类型,能够反映中国革命发展的实际进程。中国共产党人运用它把新民主主义革命任务和社会主义革命任务有机地连接起来,适应了中国民主革命和无产阶级社会主义革命两个时期的不同性质。

②人民民主专政能够充分反映中国政权阶级结构的特点,具有更加广泛的政治基

础。它不仅建立在工农联盟的基础之上,而且实现了工农劳动者同部分非劳动者的联盟。就是说,在人民民主专政制度下,存在着两个联盟。在实现社会主义以前,不仅存在着工农联盟,而且存在着工农劳动者同民族资产阶级以及其他爱国民主人士等非劳动者之间的联盟;在作为阶级的资产阶级被消灭以后,仍然存在着两个联盟,即工农两个社会主义劳动者阶级之间的联盟和社会主义劳动者、拥护社会主义的爱国者与拥护祖国统一的爱国者之间的联盟。

③实行中国共产党领导的多党合作和政治协商制度。这是人民民主专政具有广泛政治基础的具体表现。中国实行共产党领导、多党合作的政党体制,是人民民主专政的政治制度的一大特点和优点。它根本不同于西方资本主义国家的多党制或两党制,也有别于一些社会国家实行的一党制。它是马克思列宁主义同中国革命和建设相结合的一个创造。这种政治格局是在长期革命斗争和建设中形成和发展起来的。

人民民主专政的政权组织形式　中华人民共和国实行人民代表大会制度,完全符合中国的国情和历史,充分体现了人民民主专政的中国特色。它是继巴黎公社、俄国苏维埃之后,中国共产党领导中国人民创造的无产阶级专政的又一种新的政治形式。

中国的人民代表大会制度是根据马克思主义的国家学说特别是政体学说,在总结中国新民主主义时期区域性政权建设经验的基础上形成和建立起来的。第二次国内革命战争时期红色革命根据地的苏维埃即工农兵代表会议、抗日根据地的参议会以及解放战争时期的各界人民代表会议等区域性的政权组织形式,都为新中国在整个大陆上实行人民代表大会制度提供了宝贵经验。中华人民共和国成立前夕,中国人民政治协商会议通过的《中国人民政治协商会议共同纲领》,正式确定中华人民共和国实行人民代表大会制度。中国人民政治协商会议全体会议暂时代行人民代表大会的职权。经过5年的过渡,在普选和先行召开地方各级人民代表大会的基础上,1954年9月召开了第一届全国人民代表大会,制定了中华人民共和国宪法,宣告了人民代表大会制度的诞生。几十年来,经过曲折的发展,人民代表大会制度日益完善,特别是中国共产党十一届三中全会以来,随着政治体制改革的展开,人民代表大会制度进入了一个新的重要的历史发展时期。

实践证明,人民代表大会制度作为中华人民共和国的政权组织形式即政体,是与它的国体——人民民主专政相适应的。它为人民民主的充分发展提供了一种有效形式,从理论和实践两个方面丰富和发展了马克思主义的国家学说和无产阶级专政理论。

参考书目

毛泽东:《论人民民主专政》,《毛泽东选集》第2版,第4卷。《关于正确处理人民内部矛盾的问题》,《毛泽东著作选读》,下册,人民出版社,北京,1986。

邓小平:《新时期的统一战线和人民政协的任务》,《邓小平文选》(一九七五——一九八二),人民出版社,北京,1983。

（董新民　吕世伦）

实事求是（seeking truth from facts）　中国共产党倡导并坚持的思想路线和工作作风。无产阶级世界观的基础，毛泽东思想的活的灵魂。其基本精神就是一切从实际出发，理论联系实际，把马克思主义的普遍原理同中国革命和建设的具体实践相结合。

实事求是一语最早见于《汉书·河间献王传》："修学好古，实事求是。"颜师古注："务得审实，每求真是也。"毛泽东根据辩证唯物主义的基本原理，对这句话作了新的解释："'实事'就是客观存在着的一切事物，'是'就是客观事物的内部联系，即规律性，'求'，就是我们去研究。"马克思主义不是教条，而是行动的指南。毛泽东从这一原则出发，反对离开中国社会和中国革命的实际去研究马克思主义。1930年他就提出反对本本主义，强调调查研究是一切工作的第一步，没有调查就没有发言权。1941年他又指出，主观主义是共产党的大敌，是党性不纯的一种表现，强调理论必须联系实际。他在自己的著作中阐明辩证唯物主义认识论是能动的革命的反映论，系统地阐述了关于认识的源泉、发展过程、目的和真理标准的理论，指出正确认识的形成和发展，往往需要经过由物质到精神，由精神到物质，即由实践到认识，由认识到实践多次的反复；真理是同谬误相比较而存在、相斗争而发展的，实践是检验真理的唯一标准，认识是否符合客观实际最终只能通过社会实践来解决；不仅要研究矛盾的普遍性，尤其要研究矛盾的特殊性，对于不同性质的矛盾要用不同的方法去解决。因此，不能把辩证法看作可以死背硬套的公式，而必须把它同实践、同调查研究密切结合，加以灵活运用。总之，必须从客观存在的实际情况出发，应用马克思主义的立场、观点、方法进行分析研究，从中引出固有的而不是臆造的规律性，作为人们行动的向导。

历史经验表明，坚持实事求是的思想路线，必须随时随地注意研究新情况，解决新问题，既要反对理论脱离实际的教条主义，又要反对囿于狭隘经验的经验主义。

（董新民　吕世伦）

团结——批评——团结（unity—criticism—unity）　中国共产党用民主的方法解决党内矛盾和人民内部矛盾的具体公式。其含义是从团结的愿望出发，经过批评或者思想斗争，使矛盾得到解决，从而在新的基础上达到新的团结。

用民主的方法处理党内和人民内部矛盾是马克思主义的一项基本原则。马克思主义者从来认为，人民内部没有根本的利害冲突，人民内部的矛盾是非对抗性的矛盾。共产党人在人民群众中进行工作必须用民主的说服教育的方法，不允许命令主义和采取强制手段。从1927年中国共产党建立革命军队和革命根据地的时候起，就用这个方法处理党群关系、军民关系、官兵关系以及其他人民内部关系，取得了很好的效果。后来"左"倾教条主义者违反民主原则，在党内搞"残酷斗争，无情打击"，伤害了许多革命同志，毁坏了党的事业。延安整风运动中，中共中央用"惩前毖后，治病救人"的方法正确解决了党的历史上路线斗争的功过是非问题，达到了全党团结，促进了抗日战争和解放战争的胜利。这时，毛泽东把这个方法概括为"团结——批评——团结"的公式，提出要自觉地把它运用到全体人民中间去。运用这个公式，第一个团结很重要，因为它是出发点,如无团结的愿望,一斗争势必把事情斗乱,不可能有新的团结。批评也很重要,因为批评就是开展必要的思想斗争,就是用马克思主义分清是非,只有分清了是非才有新的团结的基础。这个方法既反对了"残酷斗争,无情打击"的"左"的倾向,又反对了取消思想斗争的自由主义态度。

(董新民　吕世伦)

知识分子与工农相结合(integration of the intellectuals with the masses of workers and peasants)　中国共产党关于知识分子、青年学生同工农群众关系的重要方针,知识分子发挥革命作用的必由之路,1939 年 5 月毛泽东在总结五四运动 20 年以来的经验时第一次提出这个方针。

毛泽东在分析中国民主革命的动力时指出:知识分子和青年学生并不是一个阶级或阶层。但就其家庭出身、所受教育、生活条件及政治立场来看,其中的多数可以归入小资产阶级的范畴。除一部分接近帝国主义和大资产阶级并为其服务而反对民众的外,多数知识分子是受压迫的,经常遭受失业和失学的威胁,他们有很大的革命性。在中国革命中,他们常常起着先锋和桥梁的作用。马克思列宁主义在中国的传播首先也是出现在这部分人中,革命力量的组织和革命事业的发展离开革命知识分子的参加,是不能成功的。但是,他们只是革命的方面军,还不是主力军。主力军是工农大众。在他们未和群众的革命斗争打成一片,未下决心为群众服务并同群众相结合的时候,往往带有主观主义和个人主义的倾向,思想往往是空虚的,行动往往是动摇的。他们的知识在实际应用于革命事业以前多半是书本上的不完全的知识。所以,他们一定要到工农群众中去,和工农结合在一块,变成一体,才能形成足以战胜强大敌人的革命大军。"看一个青年是不是革命的,拿什么做标准呢? 拿什么去辨别他呢? 只有一个标准,这就是看他愿意不愿意,并且实行不实行和广大的工农群众结合在一块。"在民主革命时期,这个方针把成千上万的知识分子引向了革命的道路。

在社会主义革命时期,知识分子与工农相结合的方针仍然指导着中国广大知识分子为工农兵服务,为社会主义事业服务。随着社会主义事业的发展,特别是生产资料所有制的社会主义改造基本完成以后,中国知识分子的情况发生了很大的变化。1956年 1 月,周恩来在中央召开的知识分子会议上肯定了中国知识界的巨大进步,认为知识分子中间的绝大多数"已经是工人阶级的一部分",批评了党内存在的对待知识分子的宗派主义倾向。20 世纪 50 年代后期以后,人们的思想没有跟上这个变化,在对知识分子问题方针的理解和执行上发生了"左"的错误,并在"文化大革命"中发展到极点。1978 年中国共产党十一届三中全会纠正了这个错误。邓小平指出:中国广大的知识分子,包括从旧社会过来的老知识分子的绝大多数,已经成为工人阶级的一部分,正在努力自觉地为社会主义事业服务。知识分子和工农的关系已经成为社会主义的脑力劳动者和体力劳动者互相学习,团结协作,为社会主义现代化建设共同奋斗的关系。

(董新民　吕世伦)

《中华法学大辞典》

中国检察出版社 1997 年

艾尔奇恩(Armen Alchian,1914—)　美国经济分析法学的创始人之一。主要著作有《经济力量的作用》《财产权制度的影响》等,在 20 世纪 60 至 70 年代之交,他对物权、侵权行为等所作的探索和研究已突破传统的法学概念的束缚,显示出新的风格,即形成法学的经济学化的雏形。进而,还把经济学原理和分析方法运用到不直接调整经济关系的法律部门。但主要仍限于有直接经济内容的法律现象。

（吕世伦）

艾伦(Sir Carle ton Kemp Allen,1887—1966)　奥地利出生的牛津大学法理学教授,罗德兹学院院长。著有《制定法中的法律》(1927)、《官行政治的胜利》(1931)、《法律与秩序》(1945)等许多书。

（吕世伦）

安兹劳蒂(Dionsio Anzilotti,1867—1950)　意大利实证国际法学的创始人,《国际法评论》创办人。著有《国际法教程》一书。1921—1930 年在国际常设法院任法官,1928—1932 年任院长。

（吕世伦）

奥列维克罗纳(Knut Hans Karl Olivecrona,1897—1980)　瑞典的斯堪的纳维亚实在主义法学的代表者,其名著是《作为事实的法律》(1939)。他主张,要理解法律,就必须把它当成一种社会现实来研究。他对法律的规范性基本上持轻蔑的态度,认为法学的任务就是研究社会的实际工作,研究社会的、作为客观事实的法律制度。奥列维克罗纳主张把法律看成是关于暴力的规则,因为每件事情都转向暴力的有规律的使用。暴力的最终威胁,是保证人们服从的重要心理因素。当人们意识到不服从法律势必会受到镇压时,就不会再去触犯它,因为当时人们知道对抗是无用的。他认为法律秩序与暴力统治没有什么区别。认为法以正义为基础是公然的迷信。奥列维克罗纳赤裸裸地指出法律背后的暴力,目的是让人民屈从资产阶级的统治,而不是为了科学地揭示法的本质。

（吕世伦）

巴劳德—巴列雷（Giorgio Balladore – Pallieri，1905—1980）　意大利法学家，欧洲人权法院法官、院长。著有《国际公法》（1937）、《宪法》等书。

（吕世伦）

保护主义的刑法目的论模型　主观地强调行为者的行为人主义刑罚论。它主张刑罚的目的在于感化个人和保护社会。这种模型是：

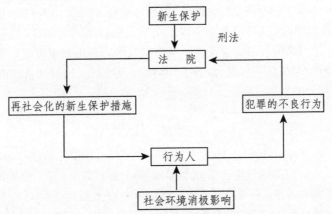

这种目的论模型的理论基础，是资产阶级人性论和人道义。它在资本主义社会是不可能真正实现的。

（吕世伦）

报复主义的刑法目的论模型　客观的行为主义刑罚论。它主张刑罚的目的在于报复和赎罪。这种模型是：

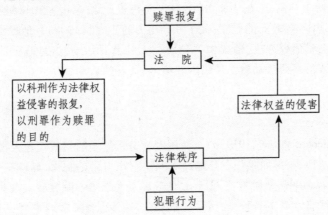

这种目的论模型是以康德和黑格尔的报复主义刑罚学说为基础，为资产阶级专政作辩解的。

（吕世伦）

鲍威尔（Richard Roy Beldlon Powell，1890—） 美国法学家。先后执教于哥伦比亚大学和哈佛大学,是研究财产法的权威。著有《财产法重述》(1923)、《有关信托财产和房地产案例文献选》(1933)、《论信托法》(1940)等书。

（吕世伦）

贝尔纳德（Luthern Lee Bernard，1881—1952） 美国社会学史专家、国家有机论者。芝加哥大学毕业。1917年任明尼苏达大学教授。著有《本能》(1924)、《社会心理学导论》(1926)、《社会制约》(1939)等书。贝尔纳德是斯宾塞的追随者,视国家为多细胞构成的有机体,把国家的发展规律说成同生物有机体的进化规律相似。贝尔纳德从社会有机体论和行为主义观点出发,发展了"集体行为"理论,论证社会的阶级合作和阶级和平。

（吕世伦）

贝克尔（Gary Stanley Becker，1930—） 美国经济学、经济分析法学的创始人之一。主要著作有《对人类行为的经济探索》《犯罪的惩罚:经济分析》等。他从20世纪60年代起同G.布莱克里斯等人一起,进一步从经济学角度上探讨法律对非市场领域的影响,开拓性地把福利经济学运用对法律现象的分析和研究。但他研究的范围主要是反托拉斯法、税法、公司法、公共运输法等明显调整经济关系的法律,而对于刑法等不直接调整经济的法律则刚刚开始思考。

（吕世伦）

本特利（Arthur Fisher Bentley，1870—1957） 美国哲学家和政治学家,法社会学家。1895年获博士学位,后在芝加哥《时报·先锋报》《纪录报·先锋报》任编辑和记者。最出名的著作是《政府的程序:关于社会压力的研究》(1908)。他提出对于政治和法律行为的社会学研究方法,即集中力量研究人的公开活动,这是政治法律程序的原始资料。他把政治法律活动看作是集团的活动、利益的表现和压力的运用三个方面的统一。

（吕世伦）

波斯纳（Richard Posner，1939—） 美国经济分析法学的权威代表人物。1962年毕业于哈佛大学法律系,继而担任联邦最高法院法官布里南的秘书、联邦政府法律顾问。1968年任斯坦福大学法学院教授,翌年起任芝加哥大学法学院教授。现为联邦第七巡回区上诉法院法官。其主要著作有《反托拉斯法》《司法经济学》《联邦法院:危机与改革》,影响最大的是1972年出版的《法的经济分析》一书。波斯纳素以研究反托拉斯法专家著称。但他对于经济分析法学的贡献,则集中于所谓"波斯纳原则",即法律要普遍地模拟市场的原则。它指出:当交易不能达到有效益的结果时,法律应当把某种权利分配给那些通过零交易市场能够买到这些权利的当事人。这些人是能赔偿所造成的损失,同时又能获得一定纯收入的人。不过,受益人补偿损失可以不是实际的,而是虚拟的;关键在于受益者有这个补偿能力。法律之所以要这样分配权利,是因为对整个社会有效益。波斯纳原则作为普遍的法律原则,对立法、司法都起着指导作用。按照波斯纳的想法,在一般情况下,市场可以有效地分配资源。但当市场失调时,就应当用法律加以干预,保证达到市场正常情况下所能达到的有效益的结果。

(吕世伦)

伯布(Friedrich Joseph Beber,1898—) 德国法学家。著有《国际法教程》及其他关于国际法和国际关系方面的书。

(吕世伦)

《布尔什维主义的政治理论》 纯粹法学家 H. 凯尔逊于 1948 年出版的著作。这本书和《共产主义的法律理论》(1955),是凯尔逊反马克思主义、反共的代表作。书中,凯尔逊以新康德主义哲学为基础,装出客观分析的样子,集中地“指出马克思国家学说中的矛盾”。这本小册子有两部分。第一部分,通过对国家概念、自由、民主及国家的价值论、国家消亡等问题的论述,诬蔑马克思主义政治学说、尤其国家学说是“无政府主义”、又是“极权主义”的。第二部分,通过对马克思主义经典作家关于民主与专政的思想及苏俄政治实践的论述,诽谤无产阶级专政国家“没有民主”“只有共产党专政”。该书的反动性,恰好表现在它对马克思主义的无产阶级专政理论的攻击和诬蔑上。

(吕世伦)

布伦纳(Emil Bruner,1889—1966) 瑞士神学派“复兴”自然法学家,名著《正义》(1943)一书的作者。布伦纳的理论同其他大多数现代神学派自然法学家的最大区别,在于他是喀尔文—路德新教派的自然法论,而非天主教派的自然法论。布伦纳声言自己的“基督教的自然法”坚持一贯的正义原则,即坚持维护合理的世俗政权的法。他反对要求自然法有实证效力的那种天主教会的传统观点,认为唯有实证法才具有现实的法律效力;至于自然法,不过是为实证法提供一种正义原则而已。但他承认人民对于专政的恶法有反抗权。布伦纳的正义论包括:一是共同正义(平均正义),要求人的尊严的平等性;二是分配正义,表现人与人之间在官能和性情方面的不平等性。此外,应认为共同体或共同关系优越于个人的地位。这种正义论意在掩盖资本主义社会中阶级间不平等关系,并为国家对私人生活的干预作论证。确实,布伦纳所代表的新教派自然法论比天主教派自然法论常有更多的世俗色彩,但都没有实质的区别。

(吕世伦)

布斯塔曼特—西尔文(Antonio Sanchezde Busta – mantey Sirven,1865—1951) 古

巴法学家。海牙常设仲裁法院成员,国际法院法官。他起草的《国际私法的布斯塔曼特法典》,1928 年已为 15 个拉美国家所采用。著有《国际常设法院》(1925)、《国际公法》(1933—1938)及其他书。

(吕世伦)

财产规范·责任规范·不可剥夺规范　经济分析法学家、美国耶鲁大学教授 G. 布莱克里斯和 D. 麦勒米德提出的关于保护权利的法律规范的分类。①财产规范:从静态上保护所有权主体的绝对权利的法律规范。所有权人得禁止任何减少其财产的经济价值的行为。只有他自愿地与别人交易或放弃权利时,才能例外。②责任规范:以最大社会经济效益为标准,维护强制性的财产权利转让的法律规范。这类规范允许那些较之所有权人更高地估价其财产权利的人,在交易成本太高的情况下,可以不经过交易而侵犯所有人的财产权利。但最后,受益人要以等于或稍大于权利人受到损害的价值,进行补偿。以责任规范代替财产规范的目的,在于鼓励加害人比受害人去创造和提供更高的经济效益。③不可剥夺规范:规定人的生命、自由和人格权利的法律规范。这些权利的转让,即使本人同意也是无效的。因为,任何有理性的人都不会赞成把这些权利作为市场交易的客体。坚持这一原则不会给社会效益造成任何损失。不可剥夺规范是比财产规范更为绝对性的规范。

(吕世伦)

程序法的经济分析　美国经济分析法学代表人物 R. 波斯纳的主张。他认为法律程序也包含着分配资源的市场机制。对许多诉讼,法官要决定的都是如何分配资源才能产生更大社会效益这样的问题。本来,这是由市场交易自行决定的;但当市场决定的成本可能超过法院决定的成本时,就应交给法院处理。法律程序和市场机制的一致之处,主要表现是:①法律采取同交易成本等同的价格来使当事人实现最大效益。当法院判决补偿性的赔偿金数额等于受害人之所失时,就意味强制加害人支付违法交易成本。如果赔偿少于非法所得,无异于鼓励他违法;反之,效益原理就会使他不再去违法。有了程序法,就能让人们主动地权衡违法行为的成本,决定自己要不要去违法。②程序法的实施取决于利己主义的个人或进行效益比较的个人,而不取决于利他主义的法官。要不要打官司以及如何打官司,由当事人自己决定。这和市场交易也是一致的。③程序法中也有市场的竞争机制。在英美法系中,这点尤为明显。法官在对抗制(辩论式)的诉讼程序中相当于一个消费者。被动地在多个激烈竞争者所推销的类似的商品(诉讼请求)中加以选择。法庭的判决决定于原先被告为争取胜诉而展开的竞争。④程序法没有人格性,这和市场上的人们认货不认人的道理相同。法官是中立的,他受法律与道德的约束而且有特定职业收入,同竞争双方没有任何利害关系。法官的信息仅仅从案件和当事人提出的问题中得来,他决断的根据仅仅是证据。波斯纳也注意到法制程序和市场交易的差别,即相比之下市场能更广泛和精确地分配资源和实现效益性。所以,市场是更有效的机制。许多西方学者认为,波斯纳的这种分析虽有某些合理之处,但其庸俗性、局限性也是十分明显的。

（吕世伦）

程序法学　20 世纪 50 年代兴起于美国的一股法学思潮,以哈佛大学为中心地。其代表人物和著作有:哈佛大学教授亨利和艾尔伯特的《法律程序:法律制定和法律实施中的基本问题》(1958),哈佛大学教授哈罗德与华盛顿大学教授威廉姆的《法律的性质和任务》(1966)等。该学派的基本观点在于认为法律是制度化地解决社会纠纷和矛盾的程序与原则。它能使社会建立起和平和秩序,而避免毁灭。法律通过程式的方法,将社会对自己成员的要求、成员间的协议变成社会本身的程序和制度。又由于这种制度化了的程序能够有效地实现社会的目的,因而比社会结构中的实质内容更重要。程序法学一定程度上继承了凯尔逊规范主义的传统,"法律即程序"的公式,并把法律和社会制度的体系、社会秩序等同起来。因此,它对法律只是现象的,而非本质的理解。

（吕世伦）

传统法学　社会法学创始人 R. 耶林、美国社会法学倡导者 R. 庞德等人对 19 世纪以来的英美分析主义法学的称谓。

（吕世伦）

存在的先天命令　荷兰存在主义法学家 V. 霍梅斯认为,在实证法律之先,存在(人)就有其与生俱来的自由这种超然性。对于法律说来,它就是一种"先天命令",即法律的超实证的基础。尽管如此,法律的重要性应是超过个人自由的重要性。这表明,霍梅斯从理性法观点出发,却以法律实证主义收场。

（吕世伦）

存在的制度化组织化　荷兰存在主义法学倡导者 V. 霍梅斯在《存在和法律》(1962)一书中,对什么是法律这个问题,作了如下的回答:法律就是存在与他人共存的合理而有效的模式,在其中存在使自己制度化和组织化。就是说,个人(存在)通过法律便成为国家的成员、成为公民,从而人与人的关系得到协调。霍梅斯对法律概念的理解,同 I. 康德是相一致的。实际上,公民是个人的一种异化和抽象,他的本质被掩盖起来。

（吕世伦）

存在和法律的辩证关系　荷兰存在主义法学倡导者 V. 霍梅斯在《存在和法律》(1962)一书中声言,论证存在与法律之间的"辩证关系"是其学说的核心。他认为,法律有两个方面的矛盾:第一,法律只能以存在的超然性(自由)及存在之间的交往之中,才能取得意义。第二,但是,法律又超出存在的超然性,而且具有自身的客观性与普遍性。霍梅斯以违法行为为例指出,违法是存在的超然性的表现即他有自由去违法;但实证法律则有权利惩罚他的违法行为。显然,霍梅斯把法律的权威置于第一位的,而个人自由只能是法律范围内的自由。就是说,归根结底还是要维护资本主义国家的实证法。

(吕世伦)

存在自然法与制度自然法　德国存在主义法学代表人物 V. 麦霍菲尔的主要观点。详见(自然国家与政治国家)。

(吕世伦)

存在主义法学　第二次世界大战后新兴起的法学派别,也是当代西方资产阶级法学中影响较大的流派之一。其代表人物主要有 V. 霍梅斯、W. 麦霍菲尔、H. 柯英、L. 西奇斯等人。它的理论基础是存在主义哲学,同时它又是建立在非理性主义和主观唯心主义基础上的一种法律理论。其基本观点就是主张从个人的存在和自由方面来认识法律。

(吕世伦)

达班(Jean Dabin,1889—1971)　比利时著名的天主教派"复兴"自然法学家,长期任鲁文天主教大学法学教授。主要著作有《实在法制度哲学》(1929)、《国家总论》(1939)、《法学总论》(1944)、《民法研究》(1947)。达班的自然法论是比较保守的,主要表现在认为神意的自然法具有实证的效力,而实证法律不过是"自然法的最低限度",一切违反正义的法律都是无效的恶法。达班自然法论的核心,是正义问题。他说,正义是上帝的法则,是人定法的原则;因而,自然法无非就是正义法。正义有三种:①交换正义,表现为财产交换中的平等关系。②分配正义,表现在经济、政治、荣誉分配方面的不平等关系。③政治(法律)正义,表现个人对群体、尤其对国家应尽的义务。政治正义是三种正义中最优先的。他还强调实证法规则的意义及其强制性,显然,达班也受到实证主义法学的影响。

(吕世伦)

达尔(Robert Alan Dahl,1915—)　美国多元政治的倡导人。耶鲁大学的学生、博士,直至教授。著有《民主学说导论》(1956)、《现代政治分析》(1963)、《大小与民主》(1973)等书。达尔认为,纯粹的民主政治必须有完善的权力分配,而且需要每个成员有相同的价值信仰。所以,这一点,尤其在大国里,是绝无可能实现的理想。在他看来,现实性的最优民主政治,应是多元民主主义。它的典型形式就是美国政制。他说,流行的观念认为美国民主是建立在多数原则基础上,并通过它达到全体同意,但这是错误的。实际上,美国政治之所以能经久不衰、长期和平,是靠社会中的多元权力的相互制衡。在美国,政府并不是唯一的权力中心,而是多种社会权力杂然并峙,没有一种权力独占主权。还说,虽然人民是合法主权者,但却并不是绝对的,多数表决也不应代表绝对主权。也就是,在任何情况下,各种社团都有一定的权力。由于依赖多元的权力中心的彼此制衡,既保证了权力不致滥用,又使诸权力中心的冲突能和平地解决;既尊重多数意见,又避免对少数意见的压迫,这样就使非专制的共和国得到实现。达尔的结论是,传统的民主政治仅解决了"宪法上"的分权与制衡,而多元的民主则解决了"社会上"的分权与制衡。达尔的多元民主论是替西方资产阶级国家的多党制、尤其美国的两党制作辩护的。很早以前恩格斯就戳穿了美国两党制的实质,指出:"我们在那里可以看到两大帮政治投机家,他们轮流执掌政权,用最肮脏的手段为卑鄙的目的运用这个政权,而国民却无力对付这两个大的政客集团,这些人表面上是替国民服务,实际上却是统治和掠夺国民的。"(《马克思恩格斯全集》第 22 卷,第 227—228 页)当代的事实继续证明这个论断的正确性。

(吕世伦)

达勒斯基(David Joseph Danelski,1930—) 美国行为主义法学流派的代表人物之一。主要著作是《比较司法行为》(1969)。详见〔行为主义法学〕。

(吕世伦)

达维德(René David,1906—) 法国出色的比较法研究学者。先后获得巴黎大学法学博士和英国剑桥大学哲学博士,并被意大利、芬兰、瑞士、加拿大、比利时、英国等国家的多所大学授予名誉博士。还担任法国格勒诺布尔、巴黎、埃克斯—马赛诸大学的法学教授,以及美国、伊朗、德国的几所大学的客座教授。他在 20 世纪 30 年代初任罗马私法统一化国际研究所副秘书长;伦敦律师协会名誉主管委员。20 世纪 50 年代曾替埃塞俄比亚和卢旺达两国起草民法典;20 世纪 60 年代为联合国国际商法委员会会议的法国代表团团长。达维德以法、英、德、意等国文字发表大量论著。他于 1964 年出版的《当代主要法律体系》一书是其代表作,影响很大。其他著作还有《比较民法本论》(1950)、《英国契约法》(1973)、《英国法》(1975),以及《世界法律体系:它们的比较和统一》、《国际贸易中的仲裁程序》、《一个比较法学家的成长》(自传体)、《英国私法研究导论》(合作)等。

(吕世伦)

丹宁(Alfred Thompson Denning,1899—) 英国第二次世界大战后负有盛誉的法学家和法律家。1923 年开始做律师,1944 年被任命为高等法院法官,1962 至 1982 年为英国上诉法院院长。他是国内外 10 余所大学的荣誉法学博士和牛津大学荣誉民法博士,身兼伦敦四大法学研究院中三个研究院的荣誉院士。1957 年被晋封为终身贵族、男爵。还曾任不列颠国际公法和比较法律学会主席和伯克贝克学院院长。丹宁在政治上表示自己是站在保守党和工党之外,维护"进步和自由","认为应该给每个人以平等的机会",倾向自由主义和改良主义政策。丹宁在学术上多有成就,反映其法律思想的主要著作有《法律下的自由》(1949)、《变化中的法律》(1953)、《通向正义之路》(1955)、《法律的训诫》(1979)、《法律的正当程序》(1980)、《法律的未来》(1982)等书。丹宁不赞成固守英国传统的分析主义法学观点,认为公平正义原则高于法律条文和既有的判例,应随着社会不断发展的新情况来解释与适用法律。他说,有人"认为最重要的目标是实现法律,而我认为是实现正义"。丹宁作为上诉法院院长,创造许多新的判案原则和诉讼程序及大部分的判决被后来法官作为判案的根据,有的还成为国会立法和修改法律的依据,有的被欧洲共同体的国际法院(欧洲法院)所肯定和确认。丹宁在这方面的成就,主要是:①根据订立契约时的情况和双方的意图,判断在现时双方应承担的义务,而不是仅依据契约上的字句来判案。②提出一系列的司法纠正行政机关和人员错误的行政法与行政诉讼法的原则。③作出防止跨国公司携款而逃的禁令。④对有关搜查、逮捕方面的法律的发展。⑤维护妇女在家庭财产中拥有合法份额,反对歧视妇女。此外,丹宁对法史学也有一定的研究。丹宁虽经常受到英国两大政党的攻击,但这并不抹杀他对英国资本主义制度的忠诚。

(吕世伦)

德国实证主义法学 19世纪下半期产生于德国的一个分析主义法学派别。其代表人物有J.梅克尔、A.波斯特、O.迈尔等。虽然这个学派晚于奥斯丁的分析法学,但却非以它为渊源,而主要是德国土生土长的东西。在当时落后的德国,这个学派是软弱的中产阶级的理证,经历了和该阶级相同的曲折道路。德国实证主义法学的主要特点是:所涉及的研究对象,限定于实证法;作为方法,严格地局限于对实证法的认识,避免价值判断,即坚持逻辑方法,排斥社会学派的同等方法和自然法学的方法;仅仅从规范的逻辑联系上、从法律的权限和程序上确定现行实定法的法律地位。因此,它必然导致"恶法亦法"的结论。正是这个原因,在第二次世界大战期间,德国实证主义法学成为纳粹统治的现成工具。社会学法学先驱者L.耶林曾把德国实证主义法学讥讽为"概念法学"。第二次世界大战后,由于背上法西斯主义帮凶的恶名,这个学派很快地消逝了。但它给西方法学家们遗留有不少引起争辩的问题。

(吕世伦)

德国哲理法学派 19世纪德国古典哲学家康德、费希特、谢林、黑格尔等人的法律思想的总称。其中,以康德和黑格尔两人的影响最大。德国哲理法学主要渊源于法国古典自然法学,特别是卢梭的法律思想。康德吸收和发展了卢梭法律思想中的自由主义成分,强调个人的自由、天赋人权和民主制。黑格尔则吸收和发展了卢梭的国家主义,认为理性自由的实体是群体,尤其是国家。国家是伦理理念的现实,个人必须绝对地从属国家。最好的国家政体是立宪君主制,反对民主制。德国哲理法学包含一套具有浓厚哲学色彩的法哲学体系。它代表德国新兴资产阶级的利益,是为在德国建立资产阶级国家制度制造的舆论,有一定的进步性。但另一方面,它也反映出德国资产阶级的软弱性。康德、黑格尔等人不敢像当年法国思想家们(尤其卢梭)那样直接呼吁革命行动,而只限于"正当理性""伦理理念"之类的空洞说教。德国哲理法学对 20 世纪的西方法哲学影响很大。所谓新康德主义法律思想和新黑格尔主义法律思想都是借助德国哲理法学家们的名义出现的。

(吕世伦)

德斯帕内(Frantz Clement René Despagnet,1857—1960)　法国法学家。著有《国际公法》(1894)、《第三共和国外交与国际法》(1904)、《论保护国》(1896)等国际法的书。

(吕世伦)

狄骥(Leon Duguit,1859—1928)　法国社会连带主义法学的创始人。自 1886 年起一直担任法国波尔多大学法学教授,并曾任该校法学院院长。主要著作有《公法研究》(1901—1903)、《私法的变迁》(1912)、《宪法论》五卷(1921—1925)、《公法的变迁》(1925)等书。狄骥的社会连带主义法学是直接作为资产阶级革命启蒙思想家的天赋人权、人民主权和国家主权等进步思想的对立物出现的。其渊源主要是 A. 孔德的实证主义哲学和社会学,社会学家 E. 杜尔克姆关于连带关系学说,以及其他法学流派的个别观点。狄骥主张要坚决摈弃探讨国家和法律本质的做法,宣扬"社会连带关系""社会服务",并以这套理论作为国家和法律的基础。他说社会连带关系不是道德义务,而是一个永恒不变的事实。即人们必须生活在社会之中这一点就要产生社会连带关系,其中包括同求连带关系和分工连带关系。社会连带关系是一切规范的基础。社会规范分为经济规范、道德规范、法律规范三种,其中法律规范是最高的。狄骥把自己的法律论称为"客观法"学说,客观法根源于不以人们意志为转移的、客观的社会连带关系,所以他说:"客观法是整个人类社会所固有的;只要人类社会存在,客观法就存在";"一切人类社会都势必服从社会的纪律,这种纪律构成社会的客观法。"客观法应高于国家制定和实行的实在法。狄骥认为,国家来自于社会中强者和弱者的分化,强者统治弱者是为了保证弱者的利益,因而是合理的。国家的目的在于实现客观法。狄骥还倡导工团主义,说社会是由团体(包括国家这个最大的团体)组合而成的,一切权力属于团体,个人只有对团体的义务而没有权利。现代国家应是"雇主团体""工人团体"这样的"工团"协调而成的"工团国家"或"组合国家"。关于国际法,它同样是以不同集团成员间的连带关系为基础的,国际法律关系的主体不是国家而是个人,国家主权论是不能成立的。狄骥的社会连带主义法学的主要特征,是宣传阶级合作。但当他把所谓社会连带关系当作"客观法"时,却意味着要把剥削与被剥削的阶级关系永恒化。至于他赤裸裸地强调国家是强者对弱者的统治、个人只有义务没有权利以及反对国家主权论,则显而易见地是帝国主义政治的需要。

(吕世伦)

地理环境论法律思想　泛指片面强调地理环境(地形、位置、气候、土壤、物产等)对于政治和法律的决定作用的观点。在欧洲,这种法律思想源远流长,而且常常是同自然法学说相关。古代的柏拉图、亚里士多德,中世纪后期的布丹,近代资产阶级启蒙思想家孟德斯鸠、卢梭等,都倡导过这种观点。现代西方法律思想家们中间,也有许多人受这种观点的影响。地理环境论法律思想所采取的是一种机械主义的方法论,没有看到社会生产方式对国家和法的决定性作用。

(吕世伦)

第一级规则和第二级规则　英国新分析法学的核心人物 H. 哈特认为,法律是主要规则和次要规则构成的统一体。主要规则也称第一级规则,指对社会成员规定义务、责任的规则,如果违反它就要受到法律的制裁或惩罚。次要规则也称第二级规则,指规定主要规则怎样以及由谁制定、由谁承认、修改、废除的规则,因而就是授予权力(利)的规则;次要规则包括承认规则、改变规则、审判规则三种。根据次要规则,人们可以引进新的主要规则,或修改、取消原有的主要规则,或决定主要规则的范围或控制其实施。哈特所讲的第一级规则和第二级规则指二者的相互关系,它们均由立法部门和法官分别以成文法形式和判例形式创制,均具有法律约束力,并依各种情况变化而变化。两级规则论同 H. 凯尔逊的法律规范阶梯论一样,都是法律实证主义的突出表现。

(吕世伦)

第一级自然法和第二级自然法　奥地利新托马斯主义法学家 J. 麦斯纳对自然法的划分。第一级自然法,是永远不变的、无条件的、必须履行的自然法。它的普通原则是尊重每个人的权利,避免不正义。其中包括基本的人权,诸如良心的自由、宗教的自由、生命的权利、人格的权利、结婚的权利等。第二级自然法,是被运用于国内法和国际法领域中的自然法,这首先是通过习惯和惯例发生的。所以,第二级自然法是以国内和国际各生活领域的经验为基础的,人类道德意识和法律意识不断发展的表现。同资产阶级人权论紧密结合,这是麦斯纳自然法学说的一大特点。

(吕世伦)

董必武的法律思想　作为我国杰出的马克思主义法学家,董必武从新民主主义革命时期到社会主义革命和建设时期,一贯重视人民的政权和法制建设;并且,他在法学上有精深的造诣,这方面的论著达 200 余篇。他不断地从马克思主义法律观和我国法制实践的结合上,阐述和发展科学的国家和法律学说。他在中共八大所作《进一步加强人民民主法制,保障社会主义建设》的发言,正确地指出我国生产资料社会主义改造基本完成后的社会主义法制的方向。董必武的法律思想,主要可概括为下列诸点:①关于人民的法制建设。其一,废除旧法。1949 年 3 月,为了在解放区实施《中共中央关于废除国民党六法全书和确定解放区的司法原则的指示》,当时是华北人民政府主席的董必武,亲自签署《废除国民党六法全书及其一切法令》的训令,在华北广大地区立即付诸实施,并号召司法工作人员认真学习马克思主义法律观。其二,依法办事。董必武提出"有法可依,有法必依,执法必严,违法必究"这一社会主义法制的著名公式。其中,他认为依法办事是加强社会主义法制的中心环节。其三,革命法制是对敌专政、保护人民的重要手段。其四,法制为经济建设服务。早在1953年4月,由董必武主持制定的《第二届全国司法会议的决议》就提出,法制作为社会主义社会的上层建筑,必须为经济基础服务,为经济建设服务,以增强国力、提高人民的生活水平。1957年起董必武担任最高人民法院院长后,采取一系列措施以保障和提高司法工作为经济建设服务的质量。其五,维护法律的权威。董必武经常强调法律的权威性,而且在立法、执法和司法中处处维护这种权威;对一些损害法律尊严的思想和行为,及时地进行批评。其六,重视法制教育和法学研究。董必武在新中国成立初期就系统地分析干部和群众中存在的忽略法律、藐视法律现象的历史根源、社会根源,认为解决这个问题的重要一环就是大力向广大干部和群众灌输社会主义法律意识,在全国范围内进行普及法制的教育。与此同时,他也极力倡导开展法学研究,创办各层次的法律学校。②关于政权建设。其一,新旧政权的关系。董必武指出,新民主主义政权与旧民主主义的政权的根本区别在于领导权。为此,必须坚持毛泽东关于新民主主义政权是工人阶级(通过共产党)领导的政权的科学论断。其二,政体。董必武在1948年所作《论新民主主义政权》的讲演,精辟地论证人民代表大会制度是最符合我国国情的政权组织形式的思想。而且,对于人民代表大会制度的特点和优越性,进行详细的分析。其三,人民民主统一战线。董必武一贯坚持我党的统一战线政策,并在理论上和实践上对党领导下的多党合作的政治制度作了巨大的贡献。

(李龙　吕世伦)

杜尔莱的赖特(Wright of Durley,1869—1964)　英国王室法律顾问,法官。法律修订委员会主席,联合国战争罪委员会主席。后一委员会为1945至1946年在纽伦堡国际法庭审判纳粹战犯收集材料。本人还是勋爵。

(吕世伦)

多元价值逻辑判断法学　又称"新修辞学法学"。比利时法哲学家C.佩雷尔曼(1912—)首倡的学说。法哲学应是价值分配和法律技术二者的统一,以前者为基础。从人的理智和心理特性出发便可发现,大家都赞成应当以相同方式对待人。这就是形式正义。法律必须按照形式正义原则进行社会的价值分配,以实现安宁状态和法律和平。但是法律要实现价值分配,离不开一定的技术保障,即法律逻辑。其方法不是形式逻辑方法,而是多元的价值判断方法,研究怎样提出各种价值的根据、怎样实现平衡、怎样达到各种价值的综合这样的实体性模式。它是法律家和法官为了实现正义,在说服社会公众的基础上,进行平衡和综合不同社会利益的一种智力手段。佩雷尔曼的多元价值逻辑判断学说出现以后,在西方产生了较大的影响。自然法学和社会学法学都从那里汲取新的营养,而分析主义法学却受到进一步的批判。作为一种法律思维方法,价值逻辑判断确实比简单的形式逻辑判断要合理。但是,价值逻辑判断则具有强烈的意识形态倾向。

(吕世伦)

多元论法学 20世纪70年代丹麦法学家、国际法哲学和社会哲学联合会的理事斯蒂格·乔根森(Stig Jogensen)首倡的一种学说,其代表作有《多元论法学》(1982)、《理性与现实》(1986)。该学说的主要内容是:①多元的法学方法论。今日社会是多元社会,而法本身又具有多方面功能,所以像传统的各法学派别那样采用一元方法来研究法,无异于"瞎子摸象"。硬让人们从"实在主义"或"理性主义"两种方法中择其一,是错误的。多元的法学方法即"兼容"各法学派别,尤其三大法学主流派学说中的合理成分,"兼容"其他社会科学的方法。②多元的法功能论。法总是具有不同的功能,其中一些是原本的,一些是随社会的发展而增加的。法的功能分为外部的与内部的两大类。法的外部功能,又称法的政治功能,包括维护社会生产和秩序、解决各种冲突、施行伦理道德影响、促进公益、进行社会批评五个方面。法的内部功能,主要指对正义的认识和期望,反映人类社会长期以来形成的价值观念。它有三个方面,一是形式正义,包括实体性正义即每人在法律面前平等和程序性正义即确保每人有公平的机会发表意见;二是实质正义,在平等的基础上兼顾合理、正当和公共荣誉等;三是义务,这是法本身所必然含有的内在成分。③多元的概念论。乔根森提出的法概念,实际上就是自然法学、分析主义法学和社会学法学三者观点的综合。后来,他又强调,法是一种社会的福利或救护的事业,其目的在于弥补社会的缺陷,应付社会的突发事件,而且也是社会组织得以存在和发挥作用的一个条件。多元论法学同战后西方的综合法学思潮有共同的趋向;但对比之下,它有一套多元法学方法论的理论基础,而不像综合法学那样给人以零乱之感。

(吕世伦)

多元民主主义 现代西方流行的一种政治法律思潮。这种理论声称,第二次世界大战以后,在发达的资本主义社会,阶级国家已转化为中立国家或非阶级国家。相应的,绝对的国家主权观念已经过时。从前是国家控制一切,而现在则是各种平等与相互合作的社会团体凭借影响和力量控制着国家;而国家自身也仅仅是一种社会团体。例如,美国政治学家R.达尔就说过,多元性民主政治同传统三权分立民主政治的区别就在于:后者属于宪法上的分权与制衡,前者则属于社会上的分权与制衡。概言之,多元民主主义表示一种特殊的政治系统,在它之下每个合法团体都能拥有政治权力,并且都能参加或影响国家的政治决策,使自己的意志和意见在国家实践和法律中获得表达。多元民主主义主要是为西方资产阶级多党制或两党制进行辩护的一种新说教,其核心是抹杀政党和国家的阶级性。

(吕世伦)

恩格斯的法律思想　历史唯物主义法学即马克思主义法学的组成部分。1837 年至 1844 年,是恩格斯法律思想的早期阶段。恩格斯从宗教虔诚主义、青年德意志派成员转而"走上了通向黑格尔主义的阳关大道",形成最激进的民主主义的、新理性批判主义的法律思想。代表著作有《谢林和启示》《〈刑法报〉的停刊》《普鲁士出版法批判》《集权和自由》《普鲁士国王弗里德里希—威廉四世》《国内危机》《谷物法》《伦敦来信》这些著作,猛烈地抨击普鲁士国家的旧法制,指出专制法律是对人类理性的涂炭;积极宣扬自由、理性、法制和人民主权;通过英国围绕谷物法的斗争,揭示法制背后掩盖的阶级斗争;认为法律应为穷人的物质利益服务;只有借助无产阶级的社会革命,才能建立崭新的法制。从 1844 年为《德法年鉴》撰写《政治经济学批判大纲》之时起,恩格斯也同马克思一样,实现了向历史唯物主义法律思想的转化。他和马克思合作的《德意志意识形态》是历史唯物主义法学体系的诞生地,而《共产党宣言》则是它的正式宣告。这一时期,恩格斯其他著名的法学作品还有《论住宅问题》《反杜林论》《家庭、私有制和国家的起源》《法学家的社会主义》《〈法兰西内战〉导言》《〈法兰西阶级斗争〉导言》《爱尔福特纲领草案批判》。特别是他晚年的历史唯物主义通信中,把马克思主义的法律观和方法论大大推进了一步。恩格斯对马克思主义法学体系所作的特殊贡献,主要是:①全面地论述法与经济基础的辩证关系。也就是,在充分阐发经济基础对法的决定作用的同时,又系统地阐发法的相对独立性及其对经济基础的有力的反作用和法同其他上层建筑之间的相互作用。此外,作为法的决定因素的经济关系,不仅包括生产关系,也包括生产和运输的技术装备、地理基础、旧经济关系的残余以及外部环境。在上层建筑中,国家和法最接近经济基础,而宗教、艺术、哲学则要通过国家和法才能作用于经济基础。法对社会生产力发展的反作用,可能有三种情况。即,或者起促进作用,或者起阻碍作用,或者改变其方向,即第三者归根结底为前两种情况中的一种。②科学地揭示法的起源和历史规律。在原始社会没有国家和法,那时最基本的社会组织是氏族,社会规范是习惯。法随着私有制、阶级和国家的产生而产生。与国家的历史形态一致,法也经历奴隶制的、封建的、资产阶级的三种历史类型。将来,伴随国家的消亡,法也将消亡。③法的本质和职能。法是上升为法律的统治阶级的共同意志。它为了维护统治阶级的共同生活条件,作为整体意志,与本阶级每个成员相对立,要求他们作出自我舍弃,但同时又主张对每个人都有效。维护他们个人利益是普遍的场合,而自我舍弃是在个别场合。法既执行阶级统治的职能,又执行社会公共职能。政治统治到处都以执行某种社会职能为基础,而且政治统治只有在它执行了它的这种职能时才能维持下去。④法与自由、平等、人权。平等观念经历了不同的历史发展阶段。资产阶级平等观是近代以来商品经济发达的产物,是法律形式上的平等。

它掩盖着资产阶级事实上的特权。无产阶级平等观的根本内容,是消灭阶级;否则必然流于荒谬。法受客观规律的制约,因而不是表达绝对的意志自由;但人能认识规律,所以法可以表达相对的意志自由。在政治社会中,自由通常要有法律的限制。法律维护个人自由与整体自由的统一,权利与义务的统一。人的意志自由,是其责任的基础。人权是历史地产生的。一旦社会进步把摆脱封建桎梏和通过消除封建不平等来确定权利平等的要求提到日程上来,这种要求就必定迅速地获得更大的规模,而自由平等也很自然被宣布为人权。而这种现象又以商品交换超出一国的界限这个经济条件为前提。⑤对部门法的研究。恩格斯广泛地涉及宪法、刑法、民法、婚姻法诸领域,有不少独到的见解。他对罗马法、英国法、古日耳曼法和教会法都有系统思考和学术造诣。⑥批判资产阶级的法律制度和法律思想。这反映了恩格斯法律思想的科学性、批判性和战斗性。恩格斯的法律思想对于实现无产阶级的法权要求、社会主义国家的法制建设和人类法文化,都有不可磨灭的功绩。

(吕世伦)

法的实证性和超实证性 荷兰存在主义法学家 V. 霍梅斯的主要观点之一,是在继承和批判法律实证主义观点的基础上发展起来的。霍梅斯认为,具有客观性和普遍有效性的法律只能够是实证的法律。但是,在实证法律之先,存在(自我)就有其先天命令。这个先天命令不以实证法律为转移,相反它决定了实证法律的合法性及其范围,它就是实证法律的超实证性的基础。实证法律的实证性就表现为它本身的客观性和普遍有效性;实证法律的超实证性就表现为它受着存在的先天命令的制约。霍梅斯所说的存在的先天命令,是人的价值、尊严、自由一类的东西。显然,这里清楚地流露出自然法的思想。

(吕世伦)

法的外部功能和内部功能 丹麦多元论法学家 S. 乔根森对法功能的分类。法的外部功能,是统治和管理的职能。它表现在维护社会的和平与秩序、解决各种冲突、实施伦理道德影响、促进公益和进行社会批评五方面。法的内部功能,指对正义的认识和期望,反映人类社会长期以来形成的价值观念。它表现为形式正义、实质正义和义务观念。乔根森把法的政治功能与道德功能结合一起进行考察有其合理性,但失之于脱离法的阶级性,所以不可能从本质上揭示法的功能。

(吕世伦)

法官的个人特性 实在主义法学家们抄袭弗洛伊德的精神分析学和行为主义,推行心理学法学。他们认为法官判决,包括法律解释和事实认定,纯粹是一种任意性行为。也就是倾向于主张法官不要逻辑、不要判断和推理,而主要凭借自己的"个人特性"来裁决案件。这种所谓法官的个人特性,是由法官本能的、下意识支配的各种动机、反感以及类似影响其心理状态与行为的一切情况所构成。裁决正确与否,取决于法官对外界能否作出正确的反应。这就是遵照"刺激——反应"的模式。此种法官个人特性论,是反理性主义"法官法学"的重要表现。

(吕世伦)

法官法学 对社会学法学夸大法官的作用和过分强调司法在法学研究中的地位这种观点的泛称。法官法学兴起于 20 世纪初的德国。自由法学家 E. 埃利希在抨击法律实证主义把法官看作法律的逻辑操作机器的观点时,主张应允许法官自由地去发现"活的法律"。另一位自由法学家 H. 康多路维奇也声言,法典的权威必须缩小到最小限度,而法官的人格的活动范围要扩大。继而利益法学家 P. 赫克强调,由于社会情况不断变化,立法者的决定常常会违反社会利益,为此只有介入法官的评价作用才能解决问题。此后,法官法学在美国获得了更大的发展。O. 霍姆斯说,法律即对法院(官)将要作出什么决定的预测。R. 庞德的无法司法论和法官立法论,赋予法官极大的权力。美国实在主义法学家公然宣布法官是"法律的中心"。法官法学反映了垄断资本破坏法制的趋向。

(吕世伦)

法国—比利时注释法学 近代分析主义法学的最早一个派别。它产生于 19 世纪始初,继承波伦亚学派的遗产,以注释 1804 年《拿破仑民法典》为主要任务。就其内容而言,可以说与古典自然法学的基本主张是一致的。它是在拿破仑法典所体现的个人自由为中心的、古典自然法实证化的基础上展开的。这个学派侧重的是对法典规范的逻辑解释,而对立法精神及当时的社会实际情况采取漠不关心的态度。正是这种逻辑主义的法学方法论,被尔后的分析主义法学家,首先是 J. 奥斯丁所着重加以运用和发挥了。

(吕世伦)

《法律的经济分析》 美国经济分析法学核心人物 R. 波斯纳撰写的影响最大的著作,1972 年出版,1977 和 1986 年再版,现已被译成多国语言。该书作为经济分析法学的代表作和经济分析方法在法学中最全面系统的运用,常常被美国法学院的各种教科书引以为据。书的主要内容是:简明扼要地总结经济分析法学的历史发展过程;概述经济分析法学的基本假定和研究方法,系统地阐明各个部门法的经济原理和经济逻辑;以及对有关法律制度改革问题发表了自己的评论。这些都是库斯定理的普遍化和进一步的发展。

(吕世伦)

法律的社会控制 美国社会法学倡导者 R. 庞德在《通过法律的社会控制》(1942)小册子中提出,法不仅是"社会工程"的工具,而且是"自然秩序"的稳定器。文明社会只有以法律作为基本手段,才能得到有效的控制。庞德认为,法律社会控制的目的是为维护和实现"社会利益",其中包括一般社会安全、有关社会制度的安全、一般道德的维护、自然资源的保存、政治经济文化的一般进步及个人生活。法律社会控制的锋芒,是同人类固有的自我扩张的侵略本性作斗争,以便发展人类相互合作的社会性,限制人性的任意发展,最终增强人对自然界的控制。按照庞德的观点,社会控制的手段有三种:道德、宗教和法律。在文明社会中,法律是最重要的社会控制手段。社会控制包括对外在物的物质自然界的控制和对人类内在的本性的控制。而在文明社会中,这两方面相互依存。社会控制本来是法律的任务,但现在已成为国家职能。这是由于法律有赖于强力,没有强力就实现不了社会控制的职能。庞德法律社会控制论的提出,同帝国主义国家加强对社会和个人生活的干预是相一致的。

（吕世伦）

法律的社会控制模型　行为主义法学结构功能主义法律控制论的重要模型之一。它以个人间的"相互期待行为"说明法律的社会控制的作用,即法律社会控制的效果如何取决于这些期待行为的顺应程度。假定,"I"表示社会平衡状态或法律秩序的正常状态,"K_1"表示社会经济要素(经济领域法律行为的顺应性)在平衡状态中所占的比例,"K_2"表示社会政治要素(政治领域法律行为的顺应性)在平衡状态中所占的比例,"K_3"表示社会道德要素(道德领域法律行为的顺应性)在平衡状态中所占的比例等,其公式便是:$I = K_1 + K_2 + K_3 + \cdots + K_n$,即 $I = \sum_{i=1}^{n} K_i$。该模型论的目的在于维护资本主义社会的正常存在,因而是保守主义的。

（吕世伦）

法律的生命不是逻辑而是经验　美国实用主义法学倡导者 O. 霍姆斯大法官的信条。他借此以说明实用主义法学同法律实证主义的区别和实用主义法学的基本特征,法律实证主义把法律规范的逻辑操作当成法学的主要内容,而漠视社会中经验的东西,显然是片面的。但是,霍姆斯以重视经验为由而漠视法律规范,则导向另一种极端。更重要的是,他所说的经验,并不是反映社会客观事实的东西,而是司法人员主观上觉得方便和有用的东西。由此可知,"法律的生命不是逻辑而是经验"这个命题,是唯心主义经验论或实用主义哲学的命题。

（吕世伦）

法律的稳定和法律的进步　美国社会学法学中"稳健派"代表 B. 卡多佐在《司法过程的性质》著作里,虽然强有力地批判概念法学,但也不赞成把法律当成一堆偶然的司法判决的产物这种法官法学倾向。他强调法律的普遍性和法律自身的内聚力。在卡多佐看来,由于有公认的等同标准和客观价值模式的存在,决定了法律也必然具有一定程度的统一性和连续性。所以,他坚持要维护法律"稳定"和法律的"进步"之间的平衡,维护法律的客观标准和法官主观判决之间的平衡。卡多佐这一观点来自孔德实证主义社会学关于维护社会"秩序"和社会"进步"之间平衡的学说,没有多少独创性,但他反对极端的法官法学倾向,则有可取之处。

(吕世伦)

法律的形式、价值和事实 综合法学的代表人物、美国的哈尔认为,现代西方三大法学主流派都只强调法律的一个方面的因素。分析法学强调法律的形式,即法律规范(规则);自然法学强调法律的价值,即超越实在法的法律理想;社会学法学强调法律的事实,即社会中"活的法律"。它们都不免失之偏颇。哈尔认为,对于法律而言,这三个要素是不可分割的,法律就是"形式、价值和事实的特殊的结合"。综合法学的任务,正在于要在这种结合的基础上,构筑一套新的理论。

(吕世伦 徐爱国)

法律规范的感知必然性特征 法国现象学法学家 P. 阿姆斯里克关于法律规范的学说。他从纯粹的技术观点出发,认为法律规范是一种判断的手段。法律规范的特征,要从感知的必然性中寻找,必然性观念构成实证的法律规范的逻辑本质,是先验的东西,它不以法律规范的具体内容为转移;相反,法律规范倒是建立在这种必然性的基础之上的。阿姆斯里克还明确地说,只要符合必然性观念,即使一项具有不合理或荒诞内容的法律规范,也是法律规范。对于法律规范的这种看法,事实上是把法律规范当作任意的、偶然的东西,这不仅抹杀它的客观性,而且也为"恶法亦法"的专横提供论据。

(吕世伦)

法律规范怀疑论 又称"法律规范的虚无主义",现代西方社会学法学的一种理论倾向。社会学法学在反对法律规范的实证主义的过程中走向另一极端,对实证的法律规范的存在意义也表示怀疑,甚至采取虚无主义态度。自德国自由法学倡导者 E. 埃利希等提出为了维护社会秩序而反对"死的法律",主张让法官"自由化"去发现"活的法律"之后,引起广泛而持久的响应。美国社会法学家 R. 庞德的"生活中的法"或"在行动中研究法"同"书本上的法"相对立,进而主张"无法司法"和"法官立法"。当代西方的实在主义法学思潮,从唯心主义心理学观点出发,强调法律主要地不是立法者制定的规范,而是各种"社会事实"(如习惯、判决、行政行为,乃至实际社会关系)。美国实在主义法学派中的 K. 列维林,是法律规范怀疑论的最突出的代表人物。这反映垄断资本主义政治中反法制主义的总趋向。

(吕世伦)

法律规则论 新分析法学的倡导者 H. 哈特关于法律概念的主张,他反对 J. 奥斯丁以来的法律命令论,认为它有四大缺点,即:"命令"只对下面的人起作用,对上面的人不起作用;它只讲到义务或责任,而不含有权利或授权的意义;否认法渊源的多样性;不能说明法是由谁制定的,因为"主权者"的含义因时因地而异。哈特参照 H. 凯尔逊的规范主义,针对法律命令论,提出自己的法律规则论。他所给出的法定义是:法就是直接地或间接地为了决定什么行为将受到公共权力处罚或者强制执行的目的,而使用的一种特别规则。从这一法概念出发,哈特推导出由一整套法律规则论构成的法理学体系。其实,法律规则论与法律命令论只抓住法概念中的个别要素,而且都把法的阶级本质问题抛开了。

(吕世伦)

法律和平　比利时新修辞学法学家 C. 佩雷尔曼的主张。他认为坚持法律正义,要贯彻"应以相同方式对待人"的原则,本着这个原则来对社会上的人们实行价值分配。这就能协调不同的人群或个人间的利益,即价值的平衡和综合,实现社会的安宁状态,达到法律和平的最终目的。法律和平论的实质,是阶级和平论。

(吕世伦)

法律命令论　西方资产阶级分析主义法学关于法律概念的主要观点之一。17 世纪霍布斯《利维坦》一书中就认为:法律是主权者对人民的命令,借助口头或书面文字表达的规则或意志,用以辨别是非,强制人民服从。直到 19 世纪,J. 奥斯丁才把这种法律概念加以系统的发挥,并成为其法理学的出发点。奥斯丁认为,实行法的明确、准确和肯定的定义,只能说它是掌握主权的人向在下面的人发出的命令,如果不服从这种命令就要受到制裁。按照这个定义,法的基本特征在于其命令性、义务性与制裁性的统一。在现代,纯粹法学家 H. 凯尔逊也采纳法律命令说。不过,在他看来,这种命令来自法律规范本身,而由国家来表达,所以国家"只能是实在的法律的发号施令机关"。当作一种法的概念,法律命令说完全抹杀法的阶级性。

(吕世伦)

法律实证主义　对资产阶级分析主义法学的另一种称谓。由于它把实证的法律规范作为唯一对象,并把实证的、逻辑的分析作为基本方法而得名。详见[分析主义法学]。

(吕世伦)

法律现象学和法律理论现象学　德国现象学法学的主要代表者 P. 阿姆斯里克对法学的分类。法律现象学,直接描述法律制度和法律行为。法律理论现象学,是法学家对于自我经验世界中的法律现象所进行的观点的分析。从认识论上说,法律现象学是法学家直接地感觉自己的感觉(直观的法律现象);法律理论现象学是间接地感觉自己的感觉(经验中的法律现象),这是一种表现现象学哲学的主观唯心主义的法学分类论。

（吕世伦）

法律虚无主义　泛指轻视、否定和践踏法律和法制的思潮。法律虚无主义的历史和社会根源,主要有两个方面:①剥削阶级的极端专制主义,包括现代的法西斯主义。②没落阶级的绝望与偏激情绪。在中国战国时代,庄周就认为世间不存在衡量是非、批判功罪的客观标准,主张取消一切制度和规范。近代西方无政府主义思潮也表现出强烈的法律虚无主义色彩。巴枯宁把权威、国家和法律视为万恶之源,要求建立"个人只管自己""个人绝对自由的无政府社会"。克鲁泡特金在其著作《一个反抗者的话》中认为,人类数千年是在强权与法律里面生活,而法律本身就是一部强权的历史。他疾呼,废除法律,驱逐法官,以反抗一切法律代替服从法律这种卑怯的言辞。法律虚无主义同马克思主义法律观是格格不入的。在资本主义制度下,它抹杀无产阶级的法权要求;而在社会主义制度下,则妨碍和破坏民主与法制的建设。

（吕世伦）

法律优先于经济　见[康芒斯]。

（吕世伦）

法律原则的还原　现象学法学关于发现法律原则的学说。德国 A. 顿纳赫说法律原则属于本质性东西,因此需要采用本质还原法,即把法律现象中多种附着于本质周围的象化杂质拂去,便可看到法的本质。但是,在这个过程中还要依靠先验范畴的帮助,也就是还要进行先验的还原,以民法而言,只要对承诺、诉讼权、合同等法律制度进行逻辑推理,就很容易发现诸如自愿、合意、平等、等价、有偿、诚信、践约的原则。顿纳赫还专门提到,作为 H. 凯尔森法律阶梯论开端的"基本规范",就是借助本质还原和实验还原的方法得到的。顿纳赫的观点全然是反科学的。作为法律本质的法律原则,不是存在于法律现象中,而是存在于法律现象的背后,法律原则的发现,不能靠主观主义地还原,只能在实践中进行科学的抽象。

（吕世伦）

法律原罪　存在主义法学家、荷兰人 V. 霍梅斯的主要观点之一。借此强调实证法律的重要作用。他认为,从实证法律所包含的实证性和超实证性的两重性之中,自然而然地会产生人的罪过,即法律原罪。因为,实证法律代表社会整体利益,从实证法律的角度上看,个人存在及其自由的实现必然要排斥他人的存在和自由,这就是一种罪过。存在、自由、罪过之间不可分割的联系,是人所无法摆脱的一种法律原罪。认识到法律原罪,可以引导人们去自觉地承担法律所规定的义务,尽力避免法律所禁止的罪行,虽然法律原罪当中包含合法与非法的统一,但法律必须维护它作为法律的本身。

它最终要坚持合法而排斥非法,使人们能够遵守和服从它。法律原罪论是建立在人性恶的观点和法律实证主义基础上的。

(吕世伦)

法律政策学 现代资产阶级法学派别之一,以强调适用法律时应当作政策选择为特征。创始者是美国 H. 拉斯维尔和麦克道格尔。他们认为价值是人们"希望的事件",价值体系主要包括权力、权利、财富、安宁、教化、技巧、感情、正直和尊严;民主的价值的最高表现是人的尊严和价值。法是权力价值的一种形式。权力即人们参与重要决策的制定,因此法是社会中权力决策的总和。社会成员应参与权力的分配和分享,法的目的在于使人们尽可能广泛地分享价值,最大限度地利用自然资源和维护人类尊严等,并使之成为社会政策的主要目标。为了促进价值民主化,法学应放弃主要依靠法律技术规则的传统,而代之以主要依靠政策;依靠这种传统不仅不能保证法的确定性,而且经常妨碍实现社会所希望的目的,依靠政策就要根据民主生活的目标和问题解释法律术语,将法律决定看作社会活动中的价值变革;对任何法律规范(制定法和习惯法)的适用,都看作政策措施,即注意对社会未来的影响,有的西方法学著作将法律政策学列为自然法学的范围,但该学说创始人予以否认。实际上,现代法律政策学的基本倾向是社会学法学。

(吕世伦)

法西斯主义 主张垄断资产阶级对内实行公开的恐怖统治,对外奉行极端沙文主义政策的反动思潮。法西斯主义是在第一次世界大战后帝国主义各国面临着危机的情况下出现的,其最露骨的形式有意大利墨索里尼倡导的法西斯主义,德国希特勒的纳粹主义论国家社会主义、日本的军国主义。法西斯主义并没有统一的、严格的体系,而是拼凑了种族主义、国家至上论、超人的"领袖原则"、地理政治或"生存空间"之类的反动观点,反对民主、自由、平等、法治以及国家主权与国际和平。法西斯主义的法学家有意大利的 A. 罗科,德国的 J. 宾法、K. 拉伦茨和 K. 施密特等人。在第二次世界大战中,法西斯主义给世界人民造成极大的灾难,因此遭到一致的谴责。

(吕世伦)

法学的实证主义 对资产阶级分析主义法学的一种表达。主要是强调它排斥价值判断,单纯以逻辑方法从事于分析和构成法律规范。法学的实证主义包括两种:一是强调法学创造法为特色的"法理的实证主义",一是限定于对现存法律进行逻辑操作的"法律的实证主义"。法学的实证主义也区别于按照因果定律进行法现象研究的社会学的法实证主义。

(吕世伦)

法学研究的还原法 现象学法学的基本方法,直接来源于现象学哲学。所谓还原是指,通过人的直觉来了解现象,即了解人的意识中的东西是什么。这其实就是把对意识的意识还给意识(现象)。德国现象学法学家 P. 阿姆斯里克强调,现象学还原法对法学极为重要,它会使我们排除先前的一切关于法律现象和法律本质的假设,不受那些模糊认识的迷惑。这样,法学家就能把研究方向集中到法律现象,专心致志地感觉自己的感觉,而不受任何干扰。法学研究的还原法,同所有的认识一样,其过程包括法律现象的还原、法律本质的还原和先验的还原三个层次。这是彻底的主观唯心主义的法学方法论。

(吕世伦)

《法哲学原理》(副题《自然法和国家学纲要》) 德国古典哲学家黑格尔的著作,1820 年出版。该书一问世即引起巨大震动。革命导师马克思先后发表过《黑格尔法哲学批判》和《〈黑格尔法哲学批判〉导言》。恩格斯也非常重视这本书,说它是人类知识的大厦,形式是唯心主义的,内容则是现实的。它是资产阶级古典法哲学的最高成就。黑格尔法哲学是以客观唯心主义为理论基础的,研究法理念的学说。法、意志、自由、权利,被视为实质上等同的东西。黑格尔按照三段论式构造其法哲学体系。①抽象法。这是以禁令为基础的抽象人格的权利,包括所有权、契约和不法三环节。犯罪是自在自为的不法,对犯罪施行的刑罚是报复(理智的报复)。②道德。这是客观的法能动地向着个人内心的发展即主观的法,包括故意和责任、意图和诱利、善和良心三环节。③伦理。这是通过群体(共同体)表现出来的法,包括家庭、市民社会、国家三环节。国家哲学是黑格尔法哲学的核心,也是其国家主义法律思想的集中体现。黑格尔主张国家应把权力自我区分为王权、行政权、立法权三个互相包含的环节。他把近代君主立宪制作为理想国家。国际法,是国内法的派生物。它是从主权国家关系中产生的,只能停留在应然上面。世界历史作为客观精神的法的自我认识,其过程是没有终结的。同康德一样,黑格尔法哲学也是法国革命的德国翻版,表达着软弱的德国资产阶级的愿望。在那里,充塞大量保守和庸俗的成分,但在当时的德国又具有进步性。尤其由于历史感和辩证法的驱使,黑格尔法哲学提供了其他资产阶级思想家(启蒙思想家在内)所没有的新成果。

(吕世伦)

反垄断法的经济分析 美国经济分析法学代表人物 R. 波斯纳提出的主张。他对权利的经济分析中,最负盛名的是对美国 19—20 世纪之交颁布的几部反垄断法的分析。按波斯纳的观点,市场交易是充分的自由竞争中的交易。只有自由竞争才能产生最大的经济效益。因为这能尽量发挥生产者的能动性,又使消费者能低成本地选择商品。相反,垄断是无效益的:①由于生产的垄断会使这种产品的数量下降,迫使消费者去买代替品,进而又推动一些企业越来越多地生产这种代替品。②垄断会使垄断者失去进取心,怠于积极采用更先进的技术。波斯纳还对价格垄断或价格协议(卡特尔),也作了权衡利弊的分析。关于反垄断的补偿问题,波斯纳主张原则上应是损害赔偿;但必要时还要辅之以禁令、剥夺财产、刑事罚金、监禁等处罚办法。波斯纳对反垄断法的经济分析的目的,在于借助一些法律手段和措施,保证垄断资本主义经济的更大发展。

(吕世伦)

费边主义 英国费边社提出的社会改良主义主张。费边社成立于 1884 年,骨干人物有维伯夫妇(悉德尼·维伯和比阿特里斯·维伯)、肖伯纳等知识分子。费边,是古罗马以待机缓进的军事战略而闻名的将领。费边社分子借用这个名称来表示其反对马克思主义的阶级斗争和革命的学说,宣扬阶级的和平与合作的观点。费边主义也叫费边社会主义或市政社会主义。因为,它所要求的大多限于改善城镇环境和生活方面的政策与措施,也增加不劳而获者的所得税,建立自来水、电灯、电车、码头等公共设施的市政所有制之类。费边主义没有超出资产阶级改良派的观点,没有什么社会主义性质可言。费边主义与英国工党的主张基本一致,所以 1830 年费边社便并入工党。

(吕世伦)

费希尔·威廉斯(Sir John Fischer Williams 1870—1947) 先后担任英国王室法律顾问,内务部法律顾问,赔偿委员会法律顾问。著有《关于现行国际法和国际联盟的若干章节》(1929)、《国际变化与国际和平》(1932)、《国际联盟的若干问题》(1934),以及《现代国际法问题》(1939)。

(吕世伦)

分析主义法学 与自然法学、社会法学并列的西方历史上三大法学思潮之一。其基本特征是把法律规范当作唯一的研究对象,采取实证主义的分析方法。分析主义法学的历史很悠久,仅次于自然法学。它的发展大体上可分为三个阶段:①前资本主义时期的分析主义法学,占统治地位的是注释法学。这种倾向,从罗马共和国的末期的平民法学家格伦卡留斯到帝国时期的普罗库鲁士学派、特别是三大法学家为代表的一派人物,已有表现。在中世纪即 11 到 15 世纪的近 500 年时间里,意大利的波伦亚注释法学派发挥了重大的影响。②自由资本主义时期的分析主义法学,包括:以解释《拿破仑民法典》为己任的法国—比利时注释法学;在 19 世纪占据统治地位的 J. 奥斯丁指导的分析法学,是适应资本间自由竞争需要的一种典型的法学思潮。③垄断资本主义时期的分析主义法学,即现代分析主义法学。先后出现过德国实证主义法学、H. 凯尔逊的纯粹法学或规范主义法学、H. L. A. 哈特的新分析主义法学派别。不过,在这个时期,除美国外,分析主义法学的主导地位已由社会学法学所取代。分析主义法学经历的历史阶段,都是适应各个时期剥削阶级统治的实际需要而出现的。它们对法律规范的研究作出了某种贡献,但又失之于把这种研究方法绝对化。

(吕世伦)

弗兰克（Jerome New Frank，1889—1957）　美国实在主义法学派的主要代表者之一，担任过律师、美国证券交易委员会主席和联邦第二巡回上诉法庭法官等职，曾辅助罗斯福总统推行"新政"。其主要著作有《法律和现代精神》（1930）、《初审法院：美国司法的神治和现实》（1949）、《无罪》（1957 年与其女巴巴拉·弗兰克合著）等。弗兰克以 O. 霍姆斯和 R. 庞德的实用主义法律思想、弗洛伊德的精神分析心理学、沃森的行为主义心理学为其思想渊源。他主张：法律的无确定性；传统的法律规范不是人们的行为规范；法律以法官的行为为准则；法官的人格和个性是决定裁判的主要因素。这四个方面构成其学说的重心。在美国实用主义法学派的代表人物中，弗兰克尤以法律事实的怀疑论而著称。

（吕世伦）

弗兰克福特（Felix Frankfuter，1882—1965）　奥地利出生，后移居美国。先后担任助理地区检察官，陆军岛屿事务局法律官员，哈佛大学教授和陆军部长助理，战时劳工政策委员会主席，美国最高法院大法官。长期以来，他一直是罗斯福总统的朋友和顾问。弗兰克福特倡导维护公民的自由权利，赞成司法限制和法院对于政治问题的不干预。他著有《萨科和范泽蒂案》（1926）、《最高法院实务》（1928）、《公众及其政府》（1930）、《霍姆斯法官先生和最高法院》（1938）、《法律与人类》（1956）等书。

（吕世伦）

弗里德曼（Wolfgang Fridman，1907—）　德国法学家，1930 年柏林大学毕业；1936 年获伦敦大学法学硕士学位，1938—1947 年在伦敦大学做讲师；1947 年获法学博士学位。1947—1950 年作为年墨尔本大学公法教授。然后去了北美。1950—1955 年在多伦多大学执教；继而任哥伦比亚大学法学教授和国际法教研室主任。1958—1961 年担任美国国际法协会执委，现在是美国科学艺术研究院院士。弗里德曼主要志趣是国际法和法理学这二领域。著作有《法律理论》2 卷（1949）、《法律和社会要素》（1951）、《变动社会中的法》（1959）、《法学理论》第四版（1960）、《澳大利亚行政法原理》（1962）等书。弗里德曼对第二次世界大战后的自然法复兴运动有深入的研究，并提出了颇有影响的见解。他指出：在这场自然法的复兴运动中，除经院主义自然法学派以外，一般都对正义的绝对主义持有怀疑态度，但其中都包含着对于人类进步的信条。他反对司法当局借助自然法来搞"价值暴政"。弗里德曼还有力地揭露现代自然法、尤其新托马斯主义自然法宣传家们的反共主义倾向。他是当代较为进步的民主主义法学家。

（吕世伦）

福利国家论　现代西方一种流行的政治思潮。它宣扬发达的资本主义国家是为全社会谋福利的工具。福利国家论反映垄断资本同国家政权的融合。它的渊源相当复杂，包括福利经济学、凯恩斯主义以及多元民主主义和各种改良主义的政治法律学说。从实践方面看,福利国家论分为两大类型。一是英国工党所代表的民主社会主义式的。即1945年它执政时期所采取的国有化政策、颁布的一批社会保障的法律和承认妇女普选权等民主自由权利的做法。二是美国罗斯福"新政"所代表的垄断资本主义式的。其中有强化反托拉斯法、高额累进税制和社会福利改革等做法。此外,战后的瑞典也被称道为福利国家的另一种模式。福利国家论的倡导者们说,在发达的资本主义国家里已经或正在实现着国家经济职能的革命,国有经济可以避免经济危机和保证充分就业,所有权、管理制度和收入分配均发生了根本变化,立法已主要执行社会职能。福利国家说完全是一种美化资产阶级国家、掩盖其阶级本质的理论。

（吕世伦）

复原性法律与镇压性法律　法国社会学家E.杜尔克姆对法律的一种分类。他认为社会关系有积极的社会关系和消极的社会关系两种。以此为根据,从其功能上说,法律便有复原性法律和镇压性法律的区别。复原性法律就是维护积极的社会关系的法律;镇压性法律就是对付消极的社会关系的法律。杜尔克姆这一学说,后来为法国社会连带主义法学提供了理论基础。

（吕世伦）

概念法学　19世纪下半期R.耶林(Thering)对于同期的德国实证主义法学派的讥称,用以表示反对该学派自认专以探讨各部分法学中的诸概念为己任的。耶林认为,概念法学事实上具有为法而研究法和就法而研究法的法律教条主义与法律形式主义的倾向。后来,概念法学这个词已作为对西方19—20世纪分析主义法学或法律实证主义的统称,而得到普遍采用。

（吕世伦）

格卢克(Shelclon Glneck,1986—)　美国哈佛大学R.庞德法学教授,犯罪学专家。著有《1000名少年犯》(1934)、《犯罪与公平》(1945)、《解决少年犯罪》(1950)、《预示少年犯罪及其类型》(1959)等书。这些犯罪学方面的研究成果都是和他的忠诚合作者埃莉诺·格卢克一起完成的。两位学者借助社会学和自然科学的方法,发展了一种预示犯罪人(特别是少年犯)犯罪后的行为的学说。这种研究能够提供大量有关犯罪经历的诸情节和情报,有利于探讨犯罪的社会原因、社会失控的原因,也有利于司法机关的定罪量刑。他们的局限性,根本在于不懂得社会阶级分析的观点和方法。

（吕世伦）

格特里奇(Havold Cooke Gulleridge,1876—1953)　英国剑桥大学比较法教授。著有《比较法》(1940)、《银行家的商业信贷》,以及许多论文。他的主要贡献在于,对比较法的分支问题进行系统的探讨和阐述。为此,他赢得国内外法学家们的广泛赞誉。

（吕世伦）

格威尔（Sir Maurice Gwyer,1878—1952） 英国国家保健委员会成员,卫生部法律顾问。编著有《安桑合同法》《宪法法律与习惯》等书。1926 年任政府法务官,1930 年任第一财政顾问。1937 年赴印度任首席法官,兼任德里大学副校长。曾在 1950 年印度宪法起草中起重要作用。

（吕世伦）

个人只有义务而没有权利 现代西方法律思潮中的一个重要的共同观点。在 19 世纪末 20 世纪初,随着自由资本主义完成向垄断资本主义的转变,法律思想领域中的个人本位倾向为社会本位倾向所取代,个人权利论被个人义务论所取代,自由主义的优势被国家主义的优势所取代。现代西方法学三大主流派(自然法学、分析主义法学、社会学法学)都有人宣传"个人只有义务而没有权利",便是明证。例如,美国"准自然法学家"孔兹教授论证,每个人都应树立对国家的"责任感",他生来就只有义务而没有权利。纯粹法学家 H. 凯尔逊和分析法学家 H. 哈特认为一切权利都属于法律或客观意志,而个人或主观意识所具有的则是义务和服从。社会连带主义法学家 L. 狄骥声言,一切权利属于"国体",个人权利或主观权利是不存在的。社会学法学家们更用"社会利益"贬低个人利益。总的来说,这种法律思潮是同帝国主义政治趋向相一致的。

（吕世伦）

更高层次的公平和正义 美国经济分析法学的法律正义理论。这是与抽象的平均正义观不同的、可计量的效益正义观。它承认效益和平等都是法律所追求的,但在社会财富有限的条件下,二者又常常相互冲突。这时就应把效益放在第一位,而不必去迁就平等。这样做确会助长贫富悬殊,但从最终结果上看却可以间接地使穷人得到好处。所以,这种违背传统道德和价值观念的办法即抛弃平均正义观,恰恰是在实现更高层次的公平和正义。对于这种正义观,一些西方学者都认为它是一种危险的"劫贫济富"的理论。

（吕世伦）

工具主义法学 美国社会法学家 R. 庞德对概念法学的称谓,意指它把法律规范的三段论式推导当作解决一切案件的万应工具。

（吕世伦）

工团主义 ①国际工人运动中的小资产阶级机会主义思潮,20 世纪初较广泛地流行于法、意、西等国,鼓吹工会高于一切,幻想以工会在经济上的联合体来代替国家政权,故又称"无政府工团主义"。②第二次世界大战前意大利法西斯统治的一种具体主张。法西斯主义的"工团国家"或"组合国家",实质上是代替资产阶级民主制的法西斯统治形式之一。法国社会连带主义法学倡导者 L. 狄骥所宣扬的工团主义,属于后一种思潮。他用"团体"来囊括社会中的一切。团体有政治团体、地方团体和自愿组成的团体三种。在政治团体中,国家是最大的团体。一切权力都属于团体,而不属于公民个人。现代国家应当是资本家团体和工人团体协调而成的"组合国家"或"团体国家",而坚决反对从事"布尔什维克运动"的团体的活动。狄骥的工团主义是在阶级调和的虚伪口号下,推行反共思想和反对公民个人权利的主张。它公然颂扬意大利墨索里尼法西斯主义工团运动,并且成为德国纳粹主义的重要理论来源之一。另外,它对当代西方的多元政治学说也有一定影响。

(吕世伦)

《共产主义的法律理论》 纯粹法学家 H. 凯尔逊所著,1948 年出版。1945 年凯尔逊在《法与国家的一般理论》一书中完成其纯粹法学体系之后,便开始运用它作为武器,全面地向马克思主义的国家和法的学说及社会主义国家和法律的实践发动攻击。为此,他首先于 1948 年出版了《布尔什维主义的政治理论》,接着又撰写《共产主义的法律理论》。《共产主义的法律理论》从"反驳"马克思主义经典作家们关于经济基础与上层建筑相互关系的理论入手,否定国家和法的社会上层建筑和社会意识形态的属性,而认为它们是单纯的规范现象。继而又指责马克思主义关于国家和法的起源、阶级本质、职能和作用,直至国家和法的消亡的学说是"非科学的"。该书的最后一部分借着"批判"马克思主义国际法论,大力宣扬帝国主义的世界主义观点。《共产主义的法律理论》还公然采取颠倒是非的手法,动辄"揭露"马克思主义国家和法的理论中的"矛盾"或"混淆",污蔑它是"陈旧的自然法学说""乌托邦""具有无政府主义性质""超道德主义"等不一而足。

(吕世伦)

古典自然法学 17、18 世纪欧美资产阶级启蒙思想家和革命家倡导的自然法学说,同古代自然法学说和现代(复兴)自然法学有区别。著名代表人物有荷兰的 H. 格劳秀斯、B. 斯宾诺莎,英国的 T. 霍布斯、J. 洛克,法国的伏尔泰、孟德斯鸠、卢梭,美国的 T. 杰弗逊、T. 潘恩,德国的普芬道夫等。他们宣扬理性主义的自然法思想;认为在人类的自然状态下,人们的生活受体现理性规律的自然法调整,后来人们又根据理性的要求,订立契约,建立国家。他们还指出,封建制度和神权政治违反自然法的精神,没有理性,扼杀天赋人权,因而应当改造或推翻。在他们提出的理想国家方案中,包括实现人的自由、天赋人权、法律平等及权力分立(特别是三权分立)等内容。古典自然法学是近代资产阶级革命的旗帜。美国的《独立宣言》、法国的《人权和公民权宣言》和法国大革命中产生的宪法,都体现了这一学说的精神。在 17—18 世纪,古典自然法学是欧洲和北美居统治地位的法律思潮。古典自然法学虽然具有巨大的历史进步性,但其资产阶级的阶级局限性也很明显,它所要建立的不过是资产阶级的国家和法律制度。进入 19 世纪,它的显赫地位便被其他法学思潮,尤其分析法学所取代。

(吕世伦)

古格海姆（Panl Guggehheim，1899—）　瑞士法学家，常设仲裁法院成员，国际法专家。著有《国际法教程》（1948—1951）、《论国际公法》（1953—1954）等书。

（吕世伦）

国家工具论　通常，持有自由主义法律思想的人都认为国家是为人服务的工具。但他们所讲的人，是个人。J. 马里旦继承了这一传统的观点，而又有所区别。他适应帝国主义时期政治统治的特点，渗有社会本位的倾向，还同时强调群体的人。马里旦批评黑格尔把国家当成超人，还批评 T. 霍布斯和 J. 奥斯丁夸大国家主权的意义。他认为：国家只不过是一个拥有权力和强制力的机构，是为人服务的工具。这就是工具主义的国家理论。任何使人为国家这一工具服务的做法，都是政治上的败坏现象。但这里的"人"，都被抽象化了，都是超阶级的人。

（吕世伦）

国家主义法律思想　自由主义法律思想的对称。一种强调社会本位（如国家、民族、集团及其他社会共同体的至上性）、强调集权，轻视个人地位和分权倾向的资产阶级意识形态。在西方，也如东方一样，国家主义法律思想是源远流长的，如古代的城邦主义、中世纪的专制主义。近代国家主义法律思想的先驱者是意大利 V. 马基雅弗利、法国的 J. 布丹。17—18 世纪的 T. 霍布斯、H. 格劳秀斯及一定程度上的 A. 汉密尔顿等人，19 世纪的法国历史法学派和后期的 J. 费希特亦属之。但影响最大的人物是黑格尔，他的法哲学实际上就是国家主义哲学。在帝国主义时代，与垄断资产阶级的政治特点尤其法制危机的总趋向相适应，国家主义法律思想得到迅速的发展。其最极端的表现，就是法西斯主义法律思想。以墨索里尼的《法西斯主义原理》和希特勒的《我的奋斗》为代表作。法西斯主义法律思想的理论基础是新黑格尔主义法学；此外还有 H. 特莱希克的国家至上论，尼采的种族主义、权力意志和超人论，H. 张伯伦的种族主义，K. 霍斯霍弗的地缘政治学等。法西斯主义法律思想受到一切有正义感的人们的同声谴责，遭到可耻的失败，但并没有灭绝。

（吕世伦）

哈尔（Jerome Hall，1901—）　美国法学家，综合法学的倡导者。他适应西方自然法学、分析主义法学、社会学法学三大法学主流派相互结合的趋向，首先提出"综合理论"，推动和促进了综合法学思潮的发展。其主要著作有《综合法学》（1947）、《民主社会的活的法律》（1949）、《关注实证法律的本质》（1949）。他抨击法学研究中"完全忠于一派"的做法，反对把法律的形式、事实、价值三因素彼此割裂的偏向。提倡自然法的价值观念应体现于实证法的形式中，最终又要见诸被统治者同意这样的社会事实。法律应当是形式、价值和事实的一种特殊结合体。而这三因素恰是自然法学、分析主义法学、社会学法学所分别侧重研究的东西。哈尔认为这三大主流派中包含的有意义的成分是互相联系不能截然分开的；今天需要的法学就是把这些成分综合到一起的理论。哈尔"综合"论在学术上是有一定道理的,但这丝毫不影响西方法学的资产阶级性质。

(吕世伦)

哈盖尔斯特列姆(Axel Häger‐ström,1868—1939)　瑞典人、斯堪的纳维亚实在主义法学创始人。瑞典乌普萨拉大学法哲学教授,代表作是《法律和道德的本质的研究》(1933)。他认为,法律在本质上是为了维护社会安全而建立的庞大机器。要理解什么是法律,就必须正确理解法律与社会的关系。他强调暴力的使用是法律概念的构成要素。哈盖尔斯特列姆发起对分析法学的传统概念、特别是权利义务的概念的攻击,主张摧毁权利义务概念和认为法律义务有任何客观实质性的观念。在他看来,离开补救方法和执行措施谈权利是没有意义的;而义务的概念纯属感情的东西,既非科学的、也非客观的或逻辑的。他还反对关于正义和价值判断的理论,宣称:研究"应有世界"的科学是不可能的,法学要研究法律是怎样的,而不是研究应该是什么;正义原则完全是无意义的、虚幻的。

(吕世伦)

哈克沃思(Green Haywood Hackworth,1883—1973)　美国国务院法律顾问,国际法院法官和院长。编有巨著《国际法摘要》(1940—1943)。

(吕世伦)

海德(Charles Cheney Hyde,1873—1952)　美国西北大学法学教授,国务院法务官,哥伦比亚大学国际法和外交学教授,海牙常设仲裁法庭成员。著有《主要由美国解释和适用的国际法》(1920)一书。

(吕世伦)

海因斯(Charles Grove Haines,1879—1948)　美国加利福尼亚大学洛杉矶分校政治学教授,美国宪法权威。著有《美国司法权力的冲突》(1909)、《自然法观点的复兴》(1930)、《美国的司法至上》(1932),最重要的是《联邦最高法院在美国政府和政治中的作用》(1944)一书。

(吕世伦)

合法性和合理性　见[妥当性和正当性]。

(吕世伦)

合同法的经济分析　美国经济分析法学代表人物 R. 波斯纳的主张。合同法的基本意义在于它是实现财产权转移的一种良好的有效形式。从经济功能上看:①通常,尤其是在交易不能立即完成的情况下,合同法能起到安定人心的作用,使每个交易主体消除对于对方不履行的担心,从而维护交易的顺利和低代价地进行。②合同法提供合同模式及一整套规范用语,使主体相互间减少交易中各种不必要的麻烦或提高交易成本。③一旦主体一方违约,能得到合理处理。就法院而言,如果违约会损害社会经济效益,必须强制践约;反之,如果认定一方违约是有效益的,向对方赔偿损失便可以了。

(吕世伦)

活的法律　德国自由法学的倡导者、奥地利人 E. 埃利希认为,事实上存在着"静止的法律"和"活的法律"的区分。在 19 世纪占据统治地位的概念法学所固守的国家实证法是"静止的法律",它常常赶不上社会前进的步伐。所以,法学应以探讨作为社会事实并实际起作用的"活的法律"为自己的任务。活的法律包括社会的风俗、习惯、传统、礼仪规则等,以及国家机关的决定、特别是法官的判决。在司法实践中,法官应当为了维护社会的秩序而去"自由地"发现这种活的法律。埃利希把活的法律当作法学研究基本对象的观点,对于整个现代西方社会学法学思潮的影响极大。例如,美国社会法学代表 R. 庞德也认为必须划清"书本上的法律"和"生活中的法律"之间的界限,渲染"生活中法律"的意义,还号召要"在行动中研究法"。活的法律论,事实上是社会学法学的核心问题。它虽然在批判法律实证主义方面起过积极作用,但也为垄断资本主义时期的"法官法学"奠定了基础。

(吕世伦)

霍顿(Earnest Albert Horton,1887—1954)　美国生物人类学家。著有《美国的犯罪》(1939)、《犯罪与个人》(1939)等书。霍顿承袭意大利的刑事人类学派的倡导者 C. 龙勃罗梭的遗风,着力于考察生理类型同个性之间、尤其同犯罪行为之间的关系。此外,霍顿的研究也为 20 世纪 20 年代开始的、英国 B. 马林诺夫斯基教授倡导的人类学法学作出了一定的贡献。尽管霍顿对某些法律现象的认识提供一些自然科学的根据,但其阶级局限性和方法论上的片面性都是显而易见的。

(吕世伦)

霍姆斯(Oliver Wendell Holmes,1841—1935)　美国实用主义法学的创始人。一生中担任法官之职有半个世纪,除在马萨诸塞州法院任职外,仅担任联邦法院大法官就达 30 年。此外,他还是美国负有盛名的法理学和法史学家。霍姆斯早年就读哈佛大学,后来参加第 20 马州志愿队。1864 年退伍,复又进入哈佛法学研究院至 1866 年。继而担任《美国法律论文集》的编辑和《美国法律评论》的编辑。1881 年《普通法》一书的出版,使他获得法学家的声望。翌年便受聘为哈佛大学菲尔德法学院的教授。不久又谋取马州法院副法官职位。《普通法》一书的主要思想倾向与他作为学者和法官的观点和方法相一致,即把实用主义哲学运用到法学研究。该书的核心,是论证"法律的

· 253 ·

生命不是逻辑,而一直是经验"的观点。霍姆斯坚持法官在政府的活动中只起有限的作用,法官必须给予宪法条款和议员的斟酌权限以充分活动的余地。在处理劳工案件中,由于霍姆斯不赞成阻挠工人为促进自己利益而互相合作,同联邦最高法院多数人的意见发生分歧。但当他被委派去联邦最高法院工作之后,又改变了对劳工问题的看法。霍姆斯的实用主义法学,分别被美国社会法学和美国实在主义法学两个派别所继承和发展。霍姆斯生活在美国完成从自由资本主义向垄断资本主义转变的最后时期。他在自己将近70个年头的法律生涯中,从实践到理论都率先垂范地紧紧追随这一转变的步伐。所以,他在美国甚至整个西方资产阶级法学界赢得巨大的声望是不难理解的。

(吕世伦)

霍斯霍弗(Karl Houshofer, 1869—1946)　德国慕尼黑大学教授,纳粹德国科学院院长,"地缘(理)政治学"的倡导者,希特勒的著作《我的奋斗》的主要执笔人之一。霍斯霍弗适应帝国主义侵略和扩张政策的需要,极力散播"地理政治学",宣称领土范围及其他地理条件是民族或国家政治生活的根本;为此,一个"优等"民族有资格为自己求得适当的"生存空间"。这种理论是纳粹德国全部对外政策的基石。

(吕世伦)

基本法律的神话　美国实在主义法学家 J. 弗兰克否定法律确定性的一种说法。在《法律和现代精神》(1930)一书中,他认为法律所处理的对象是变幻莫测的人生和最为复杂的人际关系。现代社会中不可能有一套能预料到一切可能的纠纷并事先加以解决的、包罗万象的、永恒不移的规则。所以,对法律确定性的渴望,意味着追求一种超于实际可能和必要的东西,追求某种不真实的东西。一切认为法律可以是静止或确定的观念都是神话,即"基本法律的神话"。这种观念产生的主要原因,在于一般人还未摆脱儿童时代依赖父亲的心理状态,而不自觉地将法律当作可以依赖的父亲加以崇拜。美国实在主义法学的另一位代表者 K. 列维林,在宣扬法律怀疑论这点上,比弗兰克走得更远。

(吕世伦)

基本法律原则和管理法律原则　法国天主教派"复兴"自然法学家 F. 惹尼提出:从自然、历史和理性的既定状态(已给)中引申出来的法律原则,对于现实社会关系的稳定有重要作用,因而是基本法律原则。这是立法者制定有效法律所必须考虑的。此外,还有从理性状态(已给)中引申出来的管理法律原则。它的基本法律原则为先决条件,是根据具体情况对基本法律原则的运用。由这两种原则构成的"实质性法律原则",就是自然法。自然法仅是实证法律的一般的指导,而不具有实证法律的效力。这表明惹尼的自然法学说已具有较浓厚的世俗色彩。

(吕世伦)

机械主义法学　美国社会法学家 R. 庞德等人对于 19 世纪英美分析主义法学提倡的法律形式主义和教条主义的讥称。

（吕世伦）

吉拉德（Paul Frédéric Girard, 1851—1962）　法国法学家、罗马法专家。著有《罗马法教程》（1896）、《罗马法文集》（1912—1923）及《司法制度史》（1913）等书。

（吕世伦）

杰塞普（Philph Carlyl Jessup, 1879—）　美国哥伦比亚大学法学教授，国际法院法官。著有《现代国际法》（1948）、《国际法的功用》（1954）、《跨国法》（1956）等书。杰塞普以"跨国法"理论闻名于国际法学界。他从 20 世纪 50 年代起就认为，现今是复杂的、不可分割的世界，越来越多的问题都是超出一个国家范围的法律问题，即习惯上称谓的"国际法问题"。但"国际法"的术语过于狭窄和易使人误解，应用"跨国法"来代替。跨国法概念泛指调整跨越一国国界的行为和事件的一切法律规范，包括国际公法、国际私法及国内法中的各种规范。跨国法律关系主体不限于国家和国际组织，也包括公司、个人及各种社团的跨国活动。这些活动都可方便地从这个破除了国际法与国内法、公法与私法界限的法律库获得相应的调整规范。杰塞普的跨国法理论，同他宣扬的组建"世界政府"，排除国家主权的"障碍"，"接受国际法优先国内法的地位"等说教，是紧紧结合一起的。这和现代西方法学的"世界主义"的共同特征相吻合。

（吕世伦）

结构功能主义的法律控制论　行为主义法学理论的一项重要内容。它把结构功能主义社会学理论搬入法学领域来构造自己的模型论。该模型论基本上有两类，也就是法律的社会控制模型和法律纠纷模型。前者用以描述如何发挥法律的社会控制作用；后者用以描述如何保证法律能够发挥其社会控制的作用。这种理论的倡导者们认为，只要建立起这两类法律模型，就可以形成严格的法律秩序，实现整个社会的稳定。这是一种将资产阶级法的功能理想化的主张。

（吕世伦）

近代自然法学　又称"古典自然法学"，17—18 世纪资产阶级启蒙思想家们倡导的理性主义自然法学，曾经充当了资产阶级反对神权主义和封建专制主义统治的强大思想武器。从具体的政治、法律主张上说，古典自然法学有两大派：一是以 T. 霍布斯、H. 格劳秀斯及一定程度上的美国联邦党人所代表的国家主义派；二是以 J. 洛克、B. 斯宾诺莎、孟德斯鸠、T. 杰弗逊、P. 潘恩所代表的自由主义派。而 J. 卢梭则在"公意"的基础上协调了两派的主张，从而成为古典自然法学的最高成就者。古典自然法学、尤其其中占优势地位的自由主义思想的理论体系包含有理性法论、自然状态论、国家契约论、天赋人权论（自然权利论）、权力分立论（尤其是三权分立论）、人民主权论、法律平均论,以及各种民主、法制和自由的主张。它是自然法学历史上最辉煌的一章,对于法学的发展起着巨大的推进作用,某些观点甚至对于革命无产阶级也有一定的启迪。尽管如此,古典的自然法学作为资产阶级的意识形态,不可避免地有其历史的和阶级的局限性。理性主义法律观,是一种唯心的历史观。它的根本目的在于确立和维护资本主义的私有制,其人权归根结底是资本的权利。它要达到的理想政治目标即卢梭的民主共和国,也只能是理想化了的资产阶级共和国。在 19 世纪,当欧美各主要国家的资产阶级稳固地确立了自己统治地位以后,古典的自然法学便退出历史的舞台。

(吕世伦)

经济分析法学　又称"经济法理学"或"法律经济学"等,20 世纪 60 年代兴起于美国,很快播散到整个西方世界,形成重大影响。其代表人物是一批经济学家和法学家,有 J. 康芒斯、J. 伯克、R. 波斯纳;此外,意大利人 V. 帕累托和英国人 N. 卡尔多、J. 希克斯等福利经济学家和制度经济学家的学说,也为该学派的产生作了重要贡献。其中,芝加哥大学教授波斯纳所著《法律的经济分析》(1977)一书,是集大成者,故该学派也被称为芝加哥法学派。经济分析法学的核心思想,是以期保证最合理地利用社会经济资源和最大限度地增加社会财富总量。它的方法论的特点,就是用经济学的理论来分析和评价一切法律现象。经济分析法学的观点比较集中地表现在以下几个方面:①库斯定理,包括第一定理和第二定理。②波斯纳原则,即法律要模拟市场的普遍原则。③克莱布里斯和麦勒米德的责任规范说。④关于法的概念、比较法、法律正义的理论。⑤对各部门法(所有权法、专利权法、著作权法、侵权法、反垄断法及刑法和程序法等)的经济分析。经济分析法学的产生和发展,反映美国社会矛盾和官方决策的需要,让法律完全适应资本主义市场经济规律去运行,以促进经济增长和效益。但是这样一来,必然进一步扩大社会的贫富差距,酿成更大的矛盾。

(吕世伦)

经济主义法律思想　注重从经济学方面观察和理解国家和法现象的理论倾向。至于经济如何影响国家和法以及影响到何种程度,其说法则因人而异。经济主义法律思想最早萌发于功利主义法学,而在社会学法学当中得到更广泛的发展。它的高峰则是当代的美国经济分析法学;该学派直接将边际效用论、制度经济学、福利经济学的原理运用于法学研究。经济主义法律思想的代表人物有斐迪南·拉萨尔、马克斯·韦伯及当代美国的库斯(Ronald Coase,1910—)和波斯纳(Richard Posner,1939—)等人。一般说,经济主义法律思想虽然承认经济同国家和法的密切关系但却没有或不承认一定的社会生产方式是国家和法的决定者,特别是排斥阶级分析方法。因此,经济主义法律思想是一股资产阶级法学思潮,与历史唯物主义法律思想有本质区别。

(吕世伦)

绝对不能让与的人权和基本不能让与的人权　新托马斯主义法学家 J. 马里旦对人权的一种划分方法。绝对不能让与的人权,就是生存权和追求幸福权。这种权利不受政治共同体的限制,因而是绝对的。基本不能让与的人权,就是结社权、言论自由权等。对这些自然权利的行使要在一定程度上受到政治共同体的限制,所以它们不是绝对的、只能说基本上是不能让与的。即结社权、言论自由权的行使,必须符合资产阶级的整体秩序。

（吕世伦）

绝对自然法和相对自然法　西方自然法学派中的两种理论倾向。凡坚持自然法在时间和空间上永恒不变的,就属于绝对自然法论。西方古代、中世纪和近代的自然法(古典自然法)理论,都是绝对自然法论。与此不同,相对自然法论主张自然法会随着时间、空间的条件变化而变化。最早,相对自然法论在托马斯·阿奎那的学说中显示出端倪。他明确地说,诸如私有制和奴隶制的现象不是来自自然法的,但经验证明它们于人类社会有用,因而便成为"对于自然法的有益的补充"。但这个观点长期间没有得到发挥。直至德国新康德主义法学家 R. 什坦姆列尔于 20 世纪世纪上半期提出所谓"日新月异地自然法""内容可变的自然法"以后,正式地开了相对自然法论的先河。在现代的自然法的学说中,相对自然法论占据主导的地位。这有利于垄断资产阶级灵活地利用自然法学说。

（吕世伦）

卡斯特贝尔格（Frede Castberg, 1893—）　挪威法学家,奥斯陆大学教授,国际法学会会员。著有《法哲学问题》(1939)、《法哲学》(1970),及有关法理学和国际法学方面的书。他反对斯堪的纳维亚实在主义法学派的观点,认为法律科学永远不能放弃对正确与错误的回答,因为"共同体中对正义的要求是植根于我们的精神的本质的,正如我们的思想中需要逻辑联系一样"。卡斯特贝尔格的观点及其产生的影响,是斯堪的纳维亚实在主义法学在北欧地区长期的一统天下局面发生动摇的一个标志。

（吕世伦）

康芒斯（John Rogers Commons, 1862—1945）　美国制度经济学的代表者、经济分析法学的奠基人之一。1888 年毕业于奥伯林学院,1915 年获该学院的法学博士学位。曾受威斯康星州长之委托为该州起草多种法案。同时,集中精力研究法律与经济的关系,写出许多著作,如《劳工立法原则》(1916)、《资本主义的法律基础》(1924)、《制度经济学》(1934)。康芒斯已经开始着手将经济学引入法学之中,并对法现象采取经济的分析方法。主要观点是:①制度(特别是法制)优先于经济。他认为法制不仅在历史上为资本主义的发展扫清道路,而且也为自由资本主义转向"管理的资本主义"起到重大作用。②法律能使资本主义社会中的利益冲突得以调和,产生秩序。③在美国,法律已使资本的所有权分散化,从而在大企业的经营上逐渐产生经营权与所有权相分离的现象。从总体上说,康芒斯的学说敏锐地体现了垄断资本主义时期国家对个人和经济的干涉,力图将其纳入法律的控制之下。

(吕世伦)

科恩(Felix S. Cohen,1907—1953) 美国法学家和政府法律顾问。《法律与社会秩序》(1933)一书的作者莫里斯·拉菲尔·科恩之子。著有《道德体系与法律概念》(1933)、父子合作撰写的《法学与法哲学读本》(1957),以及本人的论文集《法律良知》(1960)等。在第二次世界大战后,科恩的法哲学在美国有较大影响。

(吕世伦)

科温(Edward Samuel Corwin,1878—1963) 美国普林斯顿大学政治学和法理学教授,美国宪法和宪法史的权威。著有《司法审查学说》(1914)、《宪法及其当今意义》(1958)、《总统:职务与权力》(1958)。他还是官方《宪法注释》(1953)的负责人。

(吕世伦)

柯英(Helmut Coing,1912—) 德国法哲学家、存在主义法学的代表者,主要著作是《法哲学原理》(1950)。柯英的法学理论是建立在存在主义哲学的个人主义观点上的。他力图发展一种由自由观念所引申出来的自然法理论。按照他的说法,存在(个人)的尊严及自由是一种先于法律的绝对价值;当自由与社会主义原则之间发生尖锐冲突时,作为法律秩序最高价值的自由必须占上风。个人的基本权利包括由身体完整、私人财产、个人隐私、言论自由等所构成的最高法律原则。这些最高法律原则不能无限地绝对地实证化,而需要一定的限制。这种限制对于增进普遍的福利是必要的。于是就难免发生最高法律原则与实证法律之间的冲突。如果实证法律触犯了这种最高法律原则,该法律并不失去效力,但在极端的情况下,来自人民方面或者法律执行机关方面的抵抗也是正当的。如果法官面临这种两难境地,他应该照顾到最高法律原则而不是屈从于实证法律,或者作为一种选择而自动地辞去自己的职务。

(吕世伦)

客观主义法学世界观和形式主义法学世界观 美国某些批判法学家对于西方通行的法学世界观的概括。他们指出,迄今为止的繁杂纷纭的法学流派,尽管其名称各异,但大体上不外乎体现两种法学世界观。第一,客观主义法学世界观,指认为法律是一定社会结构的产物,或说它是社会历史发展的反映。即先把社会定型化,然后再去求证法律规范如何服务于每个社会发展阶段的职能要求。这是一种僵化的法律观。实际上,把社会和法律制度固定化,当然是一种形而上学的观点,但否认法律是一定社会结构的产物的观点也违背唯物史观。第二,形式主义法学世界观,即认为法律仅仅是一套规则体系,法律自主、中立而不带政治偏见。这种看法确实触及资产阶级法学的通病即超阶级的法律观。美国批判法学的批判,既有合理成分,也有不合理成分,其理论体系并不是马克思主义的。

(吕世伦)

克莱布里斯(Guido Calebresi,1918—) 美国经济学家、经济分析法学的创始人之一。1961 年于《耶鲁法学杂志》上发表《关于风险的分配和侵权法的思考》论文,属于西方第一批把经济学(福利经济学)运用于研究和分析法律现象的著作。同时还出版《法律现象的经济解释》一书。但其研究范围仅限于非市场性的反托拉斯法、税法、公司法、公共运输法等明显地调整经济关系的这样一些法律领域。

(吕世伦)

克罗齐(Benedetto Croce,1866—1952) 意大利新黑格尔主义的哲学家和历史学家。他根据黑格尔的理性主义模式,构造自己的哲学体系。在那里,国家和法同样地被当作某种确定的客观精神的体现。不过,精神的各个环节不是分解而是凝成历史行为为思想的循环流动;历史是全部精神环节的唯一的仲裁原则。反映他此种观点和方法的著作有《作为表现科学和一般语言学的美学》(1902)、《逻辑学》(1909)、《实践哲学——经济学和伦理学》(1909)、《历史:它的理论和实践》(1917)、《哲学、诗、历史》(1951)。在墨索里尼上台后,尽管克罗齐本人并不赞成法西斯主义的统治,但却为法西斯主义的种族精神论、领袖原则论等提供了哲学根据,特别是其弟子 G. 金蒂雷的法哲学,直接发展成为意大利法西斯主义哲学。

(吕世伦)

克鲁塞(Anders Vinding Druse,1921—) 丹麦法哲学教授。他批判斯堪的纳维亚实在主义法学派的价值虚无主义观点,号召建立以试验方法为基础的规范法学和道德法学,并力图纠正斯堪的纳维亚实在主义法学派的观点,要求在科学的基础上发展正义和道德的基本原理。克鲁塞是北欧地区新自然法学说的有力传播者,冲击着斯堪的纳维亚实在主义法学的垄断地位。

(吕世伦)

孔兹(Josef Laurenz Kunz,1890—1970) 美国国际法学者。他的著作有《国际法上国籍自决权》(1925—1928)、《国际法上对国家与政府的承认》(1928)、《国际关系》(1929)、《战争法与中立法》(1935)、《变更中的国际法》(1968)等。

(吕世伦)

库帕(Thomas Mackay Cooper,1892—1955) 苏格兰律师,王室法律顾问,下议院议员,及苏格兰检察长、高等司法法院副院长、最高民事法院院长。被册封为贵族。著有《苏格兰法律传统》《君主统治》及身后出版的《论文选集》(1957)。在判例法系国家的法学家和法律家中,库帕所制作的判决,以条理清晰、法律原则理由充分而著名。他对英国的法律制度史也有深入的研究。

(吕世伦)

库斯定理　美国经济分析法学的重要代表者库斯(Konald Coase,1910—)教授提出的理论。他在1960年发表在《法和经济杂志》上的《社会成本问题》及主要著作《社会与个人》《经济学中的灯塔》中,对法律现象中的经济问题进行系统的阐述。被称作库斯定理的,有两项结论,即:第一定理,在零交易成本而且当事人双方又能相互合作的情况下,法律权利的任何分配都有效益。但对于双方当事人的切身利益却有不同的影响。第二定理,在有交易成本(尤其成本高)的情况下,不是法律把权利授予双方当事人中的任何一方都能收到有效益的结果。此时,理想的法律应当是能把交易成本降到最低限度。迄今为止,库斯定理一直被大多数学者看作经济分析法学的基本组成部分之一。

(吕世伦)

拉德布鲁赫(Gustav Radbruch,1878—1949)　新康德主义弗莱堡学派(又称西南学派或巴登学派)的哲学家和法学家。先后担任海德堡大学、哥尼斯堡大学、基尔大学等大学教授。1921—1924年出任德国社会民主党的国会议员,两度出任司法部长。参与过《魏玛宪法》和刑法草案的起草。1933年遭纳粹驱逐,曾一度在英国牛津大学执教。1945年归国,积极参加对纳粹主义的批判。主要著作有《法学导论》(1910)、《法哲学要义》(1912)、《社会主义文化论》(1922)、《法哲学》(1932)。拉德布鲁赫的核心理论,是相对主义的法律价值论。他认为法律价值中应包括正义观念,以及作为其补充的便利观念与法律确定性观念三要素。但对于这三者间的比例关系,不同信仰的人会有不同的看法。个人主义者、超个人主义(群体主义)者、超人格主义者(强调文化价值的人),都有着自己的结论。拉德布鲁赫本人主张,法律确定性应是优先的要素。这是其法律实证主义倾向的表现。第二次世界大战以后,拉德布鲁赫在《规律性错误和超规律性的权力》(1952)一书中,转而批判法律实证主义。他说:"'命令就是命令','法律就是法律',采用这两个原则,纳粹就可以把那些一方面是军人,另方面是法官的纳粹仆从们紧紧地牵在手上。"人们认为,这是他改信自然法学的证明。

(吕世伦)

拉奇诺维奇(Sin Leon Radzinowicz,1906—)　波兰法学家,后移居英国,任剑桥大学犯罪学系副主任、犯罪学研究所所长,也是多种犯罪学社团的成员。著有《英国犯罪学研究》《英国刑法史(四卷本)》(1948—1968)的大部分。1970年晋封为爵士。

(吕世伦)

拉斯基(Harold Joseph Laski,1883—1950)　英国工党的政治学家和法学家。出生于犹太人家庭,牛津大学毕业。先后担任加拿大麦吉尔大学和美国哈佛大学讲师,继而任伦敦经济政治学院的政治学教授。1920年加入英国工党,并成为费边社执委。还担任伦敦市议员,英国大法官委员会委员,地方政府县区委员会委员,法律教育县区地方委员会委员,公共行政协会委员会委员。第二次世界大战前后,在全国各地进行反法西斯主义讲演。1945年当选工党主席;同年大选工党获胜,他也随着进入内阁。拉斯基一生著作甚多,有《现代国家的权力》(1919)、《论主权的基础及其他》(1921)、《共产主义》(1927)、《现代国家中的自由权》(1930)、《欧洲自由主义的兴起》(1936)、《国家的理论与实际》(1936)、《论英国议会政府》(1938)、《论当代革命》(1943)、《信念、理想、文明的历史分析》(1944)等书。拉斯基的主要观点是:①要通过全国人民的"共同同意"实现国家的社会主义改造。同意革命的根据在于:人有相互结合的共同本性;资产阶级民主政治、尤其议会制和普选制为此铺平道路,而多党制则是有力的杠杆;现代生产力和科技发展使工人阶级放弃政权要求以换取福利,而资产阶级也会欣然同意这种转变;国际上,特别是美国"新政"的推行,是有利的外部环境。②实现计划化的民主。其内容和进程是,国有化—计划生产—社会福利—纳入平等的自由。这也就是"民主的社会主义"。在这里,国家已从放任主义变成为社会服务的国家。③取消国家主权。这是由于,格劳秀斯的时代已近结束,在国际社会中国家已降到一个省的地位,国内法已隶属国际法;另一方面,在多元民主制之下,国家主权分属各政党。④在新社会中法律也是扎根于普遍同意的。它与阶级斗争是风马牛不相及的。从理论上说,尽管证明自然法存在有困难,但毕竟应然的法是不容否认的。必须承认,死板地执行法律常常会破坏正义的目的,所以要追求法律的伸缩性。另外,拉斯基还说,随着时代的变迁,也不能继续把法治的作用理解为法律面前一律平等,否则就是把法律抽象化。拉斯基宣扬的社会民主主义、同意革命论以及一系列有关的主张,自觉地反对无产阶级暴力革命、反对无产阶级专政和科学社会主义学说,公然美化垄断资产阶级的经济与政治制度,使人民安于被统治的现状。他反对国家主权说、贬低法治等观点,同现代西方法学的趋向是一致的。拉斯基反纳粹主义的观点和活动则应予肯定。

(吕世伦)

拉斯金(Bora Laskin,1912—)　加拿大法学家。多伦多大学教授,安大略上诉法院法官、加拿大最高法院法官和首席法官。著有《论加拿大宪法》一书。

(吕世伦)

拉斯韦尔(Hanold Lasswell,1902—1978)　美国政治学家、法学家,现代综合法学中法律政策学的创始人。1926年在芝加哥大学获博士学位,先后于芝加哥大学、耶鲁大学任政治学教授,1955—1956年出任美国政治学会会长,还担任过斯坦福大学行为科学高级研究中心研究员,美国社会科学研究理事会研究员,世界文理科学院院长。他是第二次世界大战后美国政治学与法学中行为主义理论的首倡者,并且也是法律政策学的开创者。他的政治法律方面的著作甚多,有《世界大战期间的宣传技术》

(1927)、《精神病理学和政治学》(1930)、《世界政治与个人不安全》(1935)、《政治学：谁何时怎样得到什么？》(1936)、《我们时代的世界革命》(1951)，以及与 M. 麦克道格尔合著的《法律教育和公共政策法》。他的主要观点详见《法律政策学》。

（吕世伦）

赖特（Quincy Wright，1890—1970）　美国政治学家和国际法学家，芝加哥大学教授，国务院法律顾问及联合国教科文组织的顾问和纽伦堡军事法庭顾问。著有《通过美国国内法的国际法的强制执行》(1916)、《战争起因与和平条件》(1935)、《战争研究》(1942)、《国际关系的稳定与发展问题》(1954)、《国际关系研究》(1955)、《国际法在防止战争中的作用》(1961)。

（吕世伦）

劳特派特（Sin Hersoh Lautenacht，1897—1960）　波兰法学家，后移居英国。剑桥大学教授，国际法院法官，格雷律师学院主管委员，不列颠研究院会员与国际法研究所研究员，国际法学会会员。著有《私法的渊源与国际法的类推》(1927)、《法律在国际社会的作用》(1933)、《国际法院对国际法的发展》(1958)、《国际法与人权》(1950)。还编辑了奥本海的《国际法》及《国际法的报告》、《1944—1955 年不列颠国际法年鉴》。

（吕世伦）

雷内尔（Karl Renner，1870—1950）　奥地利总理(1918—1920)、总统(1945)。著有《私法制度及其社会作用》，书中受到马克思主义某些影响，试图论证经济力量和社会变化对于法律制度作用的影响。

（吕世伦）

李普曼（Walter Lippmann，1889—1974）　美国著名的政治专栏作家之一。1909 年哈佛大学毕业。1919 年参加凡尔赛和约谈判。先后担任《世界报》主编，《纽约先驱论坛报》专栏作家。两度获得普利策奖。著有《政治序论》(1913)、《趋势与主宰》(1914)、《自由与新闻》(1920)、《对于良好社会的探讨》(1937)、《舆论》(1922)等书。起初，他是所谓温和社会主义的倡导者，但很快转向全盘否定社会主义，并公开地反对马克思主义。李普曼认为，一般群众不配参加政治和法律活动，不能合理地判断公共事务，这是由于社会的各种宣传工具要求迅速和简略，群众听到的东西只是一些标语口号，而没有什么具体内容。

（吕世伦）

理性主义法律思想　自然法学说之一，对于人的理智无限信仰，认为理智是国家和法起源的根据和主要内容；认为凡符合理性要求的法便是良法，否则就是恶法。在

17—18 世纪资产阶级革命时期启蒙思想家们宣传的就是理性主义法律思想。当时,它是反对中世纪的神学主义法律思想和封建专制主义的重要武器,具有巨大的历史进步作用。但理性主义法律思想的倡导者没有看到社会生产方式对国家和法的决定意义,而宣扬超阶级的、抽象的理性的决定意义,则是历史唯心主义的表现。

（吕世伦）

利益法学　20 世纪初德国社会学法学的一个派别,以强调法官应注意平衡各种相互冲突的利益为特征,代表者是 P. 赫克、H. 斯托尔和 R. 米勒—埃尔茨巴赫等人。利益法学的主要观点在于,认为法是立法者为解决相互冲突着的各种利益而制定的原则,它并非完美无缺。为了获得公正的判决,法官对于一定的法律必须首先确定什么是立法者所要保护的利益,进而在适用法律时通过亲自对有关利益的考察去掌握立法者的意图,对法律作出评价。法学的任务也在于通过法律和社会生活的研究,促进法官完成维护社会利益的职责。利益法学是在资本主义进入垄断阶段以及法律领域发生激烈变革的历史条件下产生的。它在反对传统的概念法学的法律形式主义方面,与其同期出现的自由法学十分类似。但它不同意自由法学主张法官有权自由地去发现法律和判决。

（吕世伦）

历史法学　泛指以历史的方法研究法现象的思潮。它作为一个派别,最早形成于19 世纪的法国。法国历史法学派主要代表人物有 G. 胡果、F. K. V. 萨维尼和 G. F. 普赫塔等人,其中萨维尼影响最大。这个学派的基本理论是:从“法有自己独立历史”的唯心史观出发,注重探讨法的起源和发展;认为法是“民族精神”的体现;强调习惯法的作用,反对编纂法典;对于罗马法的深入阐发。1814 年蒂保发表《论制定全法法典的必要性》小册子,遭到萨维尼的激烈反对,于是展开近代西方法学史上有名的大论战。法国历史法学派的保守观点,受到一切有进步倾向的法学家的抵制。年轻的马克思说它是“以昨天的卑鄙行为来为今天的卑鄙行为进行辩护,把农奴反抗鞭子(只要它是陈旧的、祖传、历史性的鞭子)的每个吼声宣布为叛乱”。(《马克思恩格斯全集》第 1 卷第454 页)历史法学由法国传入到其他国家之后,情况有了很大的变化。英国历史法学家H. 梅因已转为对法制史的实实在在地研究,具有明显的建设性和客观性。他在《古代法》一书中提出一个著名的文明社会实行的公式:“进步社会的运动,到此为止,是一个从身份到契约的运动。”这一观点受恩格斯的高度赞许。到了以 J. C. 卡特为代表的美国历史法学派兴起时,整个历史法学思潮已趋尾声。最后,历史法学已当作一种哲学方法说而被其他派别,尤其社会学法学所吸收。历史法学派所开创的历史的方法,是法学研究中的重要方法。

（吕世伦）

列宁的法律思想　列宁的法律思想是帝国主义和无产阶级革命时代的马克思主义法律思想,是马克思主义法律思想发展的新里程碑。其显著特点是:①它几乎是一开始就受到马克思主义法律思想的指导,没有经历民主主义的弯路,成为马克思、恩格斯的法律思想全面的直接继承和发展。②它是列宁在参加领导俄国和国际共运,尤其在领导第一个无产阶级专政的苏维埃政权的法制建设中完善起来的。因此,其实践性和现实性更为明显。列宁法律思想的代表作有《新工厂法》《全俄工兵代表苏维埃第二次代表大会》《国家与革命》《苏维埃政权的当前任务》《无产阶级革命和叛徒考茨基》《全俄社会教育第一次代表大会》《论国家》《关于专政和民主问题的历史》《新经济政策和政治教育的任务》《俄共(布)、第十一次代表大会》《论"双重"领导和法制》,以及致苏俄司法人民委员 Д. Н. 库尔斯基关于法制的著名通信。列宁对于马克思主义法学的新贡献,主要是:①充实和完善马克思主义关于法的一般理论。法和国家一样,是阶级矛盾不可调和的产物和表现。法属于反映社会物质关系的思想关系的范畴,是取得胜利、掌握国家政权的阶级的意志的表现。没有国家政权、意志,法就等于零。奴隶制法和封建制法公开规定财产和地位的不平等,是落后和野蛮的法。资产阶级的平等、自由和法制,是由资本主义经济的特点决定的;若没有这些东西,资产阶级的统治就不完善。与此相一致,民主共和国是资产阶级所能采取的最好的政治形式。它所包含的普选制、代议制,对于劳动人民是骗局和陷阱。革命无产阶级要善于利用它们,但又要不断地揭露其实质。②系统地发展无产阶级专政学说。无产阶级专政学说是马克思主义的主要观点,区分真假马克思主义的试金石。由无产阶级通过暴力革命,打碎旧国家机器,无产阶级专政才能建立起来。从资本主义到共产主义的整个过渡时期,都需要无产阶级专政。首先是因为这个时期一开始,阶级斗争就很尖锐复杂,被推翻的资产阶级还具有多种事实上的优势,并据此进行拼命的反抗。无产阶级专政是由无产阶级不与其他任何阶级分掌的、不受任何法律限制的政权。其次,无产阶级专政是以工农联盟为基础的人民当家作主的政权。它在世界历史上史无前例地发展和扩大了的正是对绝大多数居民,即对被剥削劳动者的民主。专政与民主共同作为国家的概念,是相辅相成的。社会主义民主在本质上比资产阶级民主要民主百万倍,具有极大的优越性。最后,无产阶级专政的根本标志是对剥削阶级实施的系统的暴力。但是,暴力仅仅是一种手段,为解放和发展生产力服务。就是说,随着剥夺者及镇压他们反抗的任务大体上和基本上解决,无产阶级就必然要把创造高于资本主义社会的社会经济制度的根本任务,提到首要地位。③系统地提出社会主义法制的学说。无产阶级专政需要社会主义法制。在推翻资本主义之后,人们不可能立即学会不需要任何法规而为社会劳动,况且资本主义的废除也不能立即为这种变更创造前提。社会主义法制是镇压敌人反抗、保卫社会主义民主的有力武器,又是保卫公有制和平等劳动、平等分配的权利,进行经济管理、经济建设的重要手段。法制是文明的标志,它必须是全国统一的。社会主义法制建设,首先要求有完备的立法。立法以总结人民的实践经验为基础,有一个逐步完善的过程,但又不能坐失时机。法律要有适当的灵活性,能适应形势变化加以改变。不要迎合和照搬欧洲资产阶级法律,但又要放手吸取旧俄国和西方法律、法典中一切有用的、有利于劳动人民的东西。现在,对外国法典的研究不是"过头了",而是很不够。其次,严格执法、守法是社会主义法制的关键。在人民之中,极小的犯法行为、极小的破坏苏维埃秩序的行为,都是敌人立刻可以利用的漏洞。苏维埃政权目前的主要任务,就是要切实地实现那些已经是法令,可是还没有成为事实的改造事业的原则。国家机关、尤其司法机关及其工作人员要率先垂范地执行法律,按法律办事。执法中要坚持法律平等原则,反对特权。在人民群众中要进行社会主义法律意识的教育,克服无视法律的旧习惯和愚昧的势力。最后,必须搞好法律监督,共产党组织对法律实施的监督,是实现对国家领导的重要方面,它要领导和协调全社会对法律的执行与遵守,在专门国家机关的法律监督中,检察机关负有特殊的责任。检察长的唯一职权,就是监视整个共和国对法制有真正一致的了解,不管任何地方差别,不受任何地方的影响,并以公诉人的名义把案件提交法院判决。人民群众的法律监督,是他们当家作主的权利。所有国家机关,对群众的揭发、控告要认真对待,迅速和有效地处理。对于国家机关和公职人员打击、报复检举人的行为,必须严加惩处。只是由于列宁逝世过早,没有来得及对社会主义法制建设问题进行更为深入的发挥。

(吕世伦)

列维林(Karl Nickerson Llewellyn,1894—1962) 美国实在主义法学主要代表者之一,曾任哥伦比亚大学和芝加哥大学的法学教授,美国统一商法典的主要起草人,对罗斯福总统的"新政"作过贡献。其主要著作有《棘丛》(1930)、《实在主义法学—下一步》(1930)、《法学—实证主义的理论与实际》(1962)等。在美国实在主义法学的代表者中间,列维林以法律虚无主义或法律规范的怀疑论而著称。他认为,法不是规范,也不是规则,而是每个个别案件的判决,是许多的法院判决。他甚至公然替实践中的不法和违法行为辩护。他求助于"社会生活的事实",提出事实重于法律规范,因为社会的变化要比法的变化快。按照他的观点,法的任务就是尽可能使社会制度更加巩固。因而,无须追求法律规范;相反地,要使法学超出规则、命令、规范的范围,使法学遵守那些在规范适用中获得的,以及为生活和事物的实际状况所证实了的结果。

(吕世伦)

卢梭(Chartes Rousseall,1902—) 法国法学家,常设仲裁法院成员。著有《国际公法一般原理》(1944)、《国际公法原理》(1958)、《国际法》(1970)等书。

(吕世伦)

伦德斯德特(Anders Vitherm Lundstedt,1882—1955) 瑞典人、斯堪的纳维亚实在

主义法学的代表者之一,其主要著作是《法理学机制》(1925)、《法律思想修正》(1956)。他不仅抨击传统的权利义务概念,而且对分析主义法学关于非法、罪过、责任等基本概念也表示非议。认为这些概念只在"主观良心"中起作用,没有客观意义。如说被告人的行为是违法的,不过表明他可能被判决支付损害赔偿的事实。被告人违反某一义务,也仅属一个主观的价值判断,一种感觉的表达;这些术语只有在国家加以强制执行或惩罚过错者时才具有客观意义。他也反对关于正义和其他价值准则的学说。认为正义感并不支配法律而是法律支配正义感,"正义的方法"是"完全无用的",主张以"社会福利的方法"加以代替。社会福利的概念不受任何伦理价值影响,它只涉及在特定的社会、特定的时间内人们认为有用的合乎社会利益的安排。可见,伦德斯德特的法学观点具有明显的社会学倾向。

(吕世伦)

伦理主义法律思想　通常属于自然法学的观点之一。它强调人的道德先后,认为道德是法的前提和主要内容。国家和法的目的,在于促使美德的建立。因此,这个学派的思想家们不免要把正义、自由、公平、良善、真理等当作法学的重大课题进行研究。

(吕世伦)

《论法的精神》　18 世纪法国资产阶级启蒙思想家孟德斯鸠的名著,1748 年成书。该书的问世对学术界影响极大。同时代的伏尔泰说它是"理性自由的法典""由于这本书回忆起人们本来是自由的"。美国联邦党人直接将该书当作美国 1787 年宪法的理论根据。我国旧民主主义思想家严复,从 1904 年至 1909 年先后耗去 5 年时间,以《法意》名称,把它译成汉文。孟德斯鸠法律体系的出发点和基础,是关于法概念和法精神的观点,他把法律视为客观法则,说法是由事物的性质产生出来的必然关系。法律只是法的特殊部分。理想的法律,要符合自然条件、社会状况和法律自身情景所构成的"法的精神"。孟德斯鸠是古典自然法的重要代表者。《论法的精神》一书中说,在自然状态下人们按自然法的教育生活,每人注意保存自己生命,并不敢侵犯别人。后来,人们通过契约建立国家,从此出现战争状态。在自然法基础上建立的人为法有三种:调整统治与被统治关系的政治法,调整公民间关系的民法,以及调整国家间关系的国际法。《论法的精神》对国家政体的论述极为详尽,包括政体的分类、性质、原则、目的、好坏、改变以及政体同疆域的关系、政体同部门与法治的关系。但更为著名的,是他的立法、行政与司法的三权分立学说。孟德斯鸠认为,只有保证三权的相对独立和制衡,才能避免专横政治,保障公民在法律范围内的自由。《论法的精神》在法学方法论方面的贡献在于,它是近代第一部比较法学的巨著。《论法的精神》一书,虽是人类不朽的法律文化遗产,但也有其不容忽略的局限性。这同作者所处的时代局限性和他代表的上层资产阶级温和派的利益分不开。他离开生产方式和阶级本质谈论"法的精神",夸大地面环境的作用,美化君主立宪制,特别是为资产阶级专政设计的三权分立制,都是资产阶级法律思想体现。

(吕世伦)

逻辑实证主义法学　当代西方流行的一种所谓法律科学论。它属于经验主义法学的一个支派,理论基础是实证主义、贝克莱和休谟的经验论、逻辑主义、语义主义的相互融合。它的基本命题即法律是社会控制的符号技术。这种技术的意义,在于通过法律的功能完成建立法律秩序的社会工程。逻辑实证主义法学又将法律的社会控制分成自上而下的第一次控制和自下而上的再控制,这两种控制分别由司法机关和行政机关来执行,在法律解释方面,它极力夸大法官的主观判断和语言应用的作用,认为只要有了明确的语言表达,社会上的一切混乱、纷争甚至于革命的现象就会消失。

(吕世伦)

罗森堡(Alfred Rosenberg,1893—1946)　纳粹主义理论家,第二次世界大战中的国际战争罪犯。出生于俄国,在莫斯科大学学习建筑学。1919 年赴慕尼黑,与希特勒、赫斯等人一道加入"新建国社",担任《人民观察报》的主编。希特勒于"啤酒馆暴动"失败后被逮捕,便指定罗森堡担任党的领袖。著有《德国外交政策的未来方向》(1927)、《20 世纪的神话》(1934)、《鲜血与荣誉》(1934—1941)等书。还在 1927 年,罗森堡就公开地鼓动征服波兰与前苏联,理由是血统纯洁的日耳曼种族必须取代斯拉夫人的统治。后来又煽动对闪族和北欧人的扩张主义。第二次世界大战期间,拉拢挪威纳粹分子吉斯林派发动政变。1941 年,在德国的东部占领区任帝国部长。战后,他被纽伦堡国际法庭判处绞刑。

(吕世伦)

罗斯(Edward Alsworth Ross,1866—1887)　美国社会学家,法社会学家。先后在加利福尼亚州斯坦福大学和威斯康星大学执教。著有《社会控制》(1901)、《罪恶与社会》(1907)、《社会心理学》(1908)、《社会学原理》(1920)等书。他关于法律社会控制的学说带有明显的心理主义倾向。罗斯在美国法学史上的地位,主要表现在他是由美国实在主义法学向行为主义法学转变的预示者。

(吕世伦)

罗斯(Alf Niels Ross,1898—1979)　丹麦哥本哈根大学教授,国家人权法院法官,斯堪的纳维亚实在主义法学的代表者之一。其著作有《向实在主义法理学前进——法学二元论批判》(1946)、《国际法教程》(1948)、《实在主义法学》(1948)、《联合国组织章程》(1950)、《论法律和正义》(1958)等书。他批判抽象的规范主义的法定义,说这种定义只能在经验事实和法律规范之间造成无法解决的二元论。主张从心理学方面来认识法概念,声言法现象取决于心理学上"感兴趣的冲动"与"不感兴趣的冲动"的结合。罗斯认为法律是由关于暴力的使用的规则构成的。法律是权力的工具。在"法律秩序"和"暴力统治"之间不可能作出区分。他把法的效力问题解释为一种预测性。罗斯还认为,价值哲学不过是论证一定政治或阶级利益而提出的意识形态;"权利"之类的概念,只能从心理学上来解释,而没有客观标准。显然,罗斯的观点有浓厚的心理学法学色彩。

(吕世伦)

马克思的法律思想 马克思出身于进步的律师家庭。本人先后在波恩大学和柏林大学的法律系攻读法学,毕业时在哥廷根大学通过博士论文答辩。马克思在法学方面造诣颇深,后来又同恩格斯一起实现了法学史上的伟大革命,创立崭新的历史唯物主义法学即马克思主义法学。在以后的长时期里,马克思作为国际共产主义运动的精神领袖,对于无产阶级革命和法制的关系,包括无产阶级对资产阶级法制的认识与态度、无产阶级的法权要求,有深刻的体验和思考,并进行卓有成效的研究。这些成果大多融于他的哲学、政治经济学和科学社会主义的著作中。马克思法律思想的发展,经历两个阶段。①新理性批判主义的法律思想(1835—1844),是其法律思想的早期阶段。此间,马克思曾受康德和黑格尔的影响,而形成独特的自然法、理性法、自由法的观点。它与以前的理性主义或批判主义法律思想的主要区别,在于具有最激进的革命民主主义性质、对劳动人民的高度同情、较多的历史主义和唯物主义的成分。这决定了它必然要向更高、更新阶段发展。本期的代表著作有 1837 年 11 月 10 日致父亲的信,《评普鲁士最近的书报检查令》《关于出版自由……的辩论》《关于林木盗窃法的辩论》《论离婚法草案》《法的历史学派的哲学宣言》《黑格尔法哲学批判》。马克思的主要论点是:倡导人民主权;法典是人民自由的"圣经";民主制是君主制的真理;利益总是占法的上风;为穷人争取权利;市民社会决定法。在部门法方面,如刑法、婚姻法、诉讼法等方面,也有许多新见解。②历史唯物主义法律思想(自 1844 年初于《德法年鉴》工作时起始),属于马克思法律思想的成熟阶段。马克思主义法学体系的诞生地,是 1846 年夏马克思和恩格斯共同完成的巨著《德意志意识形态》;而它的公开宣告,是《共产党宣言》。其他的代表著作还有《1848—1850 年法兰西阶级斗争》《路易·波拿巴的雾月十八日》《法兰西内战》《哥达纲领批判》;特别是在《资本论》的创作过程中,阐发了极为丰富的有关历史唯物主义法学的世界观和方法论,以及一系列的基本原理。马克思的历史唯物主义法律思想中的主要论点是:①法的本体论。法作为社会上层建筑,其内容由经济基础即统治阶级的物质生活条件决定。无论是政治立法或市民立法,都只是表明和记载经济关系的要求而已。②法的本质论。法是统治阶级共同利益所决定的、该阶级的共同意志的体现,是被奉为法律的统治阶级意志即国家意志。③法的职能论。法既执行政治职能,即由政府同人民大众相对立而产生的各种特殊职能;又执行社会职能(公共职能),即从统治阶级的根本利益出发,执行由一切社会的性质产生的各种公共事务。④法的历史规律论。法和国家一样,仅仅是一定历史阶段的产物。私法和私有制是在原始社会解体时同时产生的。作为捍卫私有制的外部条件的公法,也是如此。在客观的社会经济关系、尤其商品交换关系中形成的权利,首先表现为习惯,继而上升为习惯法或制定法。将来,随着私有制、阶级的消亡,法也要与国家同步地消亡。⑤法的关系论。法的关系是一种反映经济关系的意志关系,由经济关系所决定。在法的关系中,要求坚持权利、义务一致的原则;没有无义务的权利,也没有无权利的义务。⑥人权论。人权是历史、尤其生产方式的历史的产物。资产阶级的人权就是资本的特权。无产阶级要把人权与人类的解放联系起来。他们在斗争过程中也求助于人权,主张一个人的责任不仅为自己本人,而且为每个履行自己义务的人要求人权与公民权。共产主义革命就是要实现人的普遍权利。⑦部门法论,在宪法问题上,总结巴黎公社的经验,论述社会主义国家政权形式中的议行合一原则;在民法问题上,揭示民法与商品经济的内在联系;在刑法问题上,阐明犯罪的概念、犯罪的阶级本质及其社会根源,还专门论述死刑问题;在继承法问题上,主张限制继承权、特别是遗嘱继承权,坚持尊老爱幼和维护家庭成员间的团结的精神。⑧对资产阶级法律和法律学说的批判。如对资产阶级的三权分立,议会制,多党制,宪法和法制,自由、平等、博爱,国家迷信,法律至上论和法律虚无主义,公法、私法的分类论的批判,以及对各种关于国家和法的理论流派、学说和观点的批判。这是马克思法律思想的一个侧面。⑨法学方法论。除了辩证唯物主义和历史唯物主义的根本方法外,还提出更为具体的方法。如,历史的东西和逻辑的东西一致的方法,从具体到抽象和从抽象到具体的方法,质的分析和量的分析相结合的方法,等等。马克思的法律思想对于无产阶级革命,对于社会主义国家的民主法制建设,以及对于人类的法文化,都作出了巨大的贡献。

(吕世伦)

麦克道格尔(Mynes Smith McDougal,1906—) 美国国际法学家,现代综合法学中法律政策学的创始者之一,耶鲁大学教授。主要著作有《未来的法律学派:从法律实证主义到世界共同体的政策科学》(1943)、《法律在世界政治学中的作用》(1949)、《为政策的目的进行的法比较研究》(1956),以及同 H. 拉斯韦尔合著的《法律教育和公共政策法》。他反对把法看作教条和规则的总和,试图论证法概念是适应变化无常的事实这一过程的结果。而这一过程是经常变迁的,受到"众多变数"的影响。在法的适用中,法律规范只不过是这类变数的一种。

(吕世伦)

麦克奈(Arnold Duncam Mcnair,1885—1975) 英国剑桥大学、利物浦大学教授,海牙常设仲裁法院成员,欧洲人权法院院长。著有《战争的法律后果》(1920)、《航空法》(1932)、《罗马法与普通法》(合著,1936)、《条约法》(1938,1961 修订)、《国际法评述》

三卷本(1956)等书。麦克奈对于国际人权问题的研究,在西方法学界颇有影响。

（吕世伦）

麦斯纳(Jahannes Messner,1891—) 奥地利新托马斯主义法学家,长期在维也纳大学执教。其代表作《自然法》(1949)一书,在广泛地研究各种自然法理论和实证主义法学理论的基础上,对自然法学进行了新的阐述。麦斯纳秉承托马斯主义法学的传统,把自然道德法和自然法加以区分。按照他的说法,自然道德法以"要行善,要避恶"这种神的启示为最高原则;由这一原则则派生一些级别较低的原则。但与传统的观点不同,麦斯纳认为个别道德是自然道德法的具体化,而不是自然道德法的简单附属物。他承认社会和国家是自然道德法的载体,可以干预个人,但又认为个人有独立的人格尊严。关于自然法,麦斯纳说它是自然道德法的一部分,即具有类似实证法特征的那部分自然道德法。自然法也有不同的级别。自然法代表实证法的权能和效力。所以,与自然法相冲突的实证法,人民有抵抗的权利。但这种抵抗不可以对国家发生像暴力威胁之类的更大损害。这就等于说,不道德的实证法同样可以取得效力。总的说,麦斯纳的自然道德法和自然法的理论是为资产阶级法律寻找神意和道德上的根据。

（吕世伦）

曼海姆(Hermann Mannheim,1889—1974) 德国法官和法理学家,后去英国讲授犯罪学,对英国犯罪学研究作了贡献。著有《刑事审判和社会实践》(1946)、《比较刑法学》(1965)等许多书。在第二次世界大战以后,曼海姆的犯罪学研究成果,在西方法学界有较大的影响。

（吕世伦）

毛泽东的法律思想 毛泽东思想的组成部分,中国共产党人法律思想的集中体现。其最大特点在于,它是马克思主义法律观同中国革命具体实践相结合的产物,特别是同人民民主专政的国家政权和人民民主法制的建立和发展相结合的产物。反过来,它又是人民民主专政的国家和法制建设的指导思想。毛泽东的法律思想的内容很丰富,其代表著作有《湖南农民运动考察报告》《新民主主义论》《论政策》《在陕甘宁边区参议会的演说》《论联合政府》《论人民民主专政》《关于中华人民共和国宪法草案》《1957年1月在省市自治区党委书记会议上的讲话》《关于正确处理人民内部矛盾的问题》等。毛泽东的法律思想可概括为以下几方面:①废除旧法的理论。1949年元月,濒临灭亡的国民党政府呼吁和谈。毛泽东明确提出,将"废除伪宪法,废除伪法统"当作和谈的八项基本条件之一,直接表明对旧法的态度。在作为新中国成立法律依据的人民政协《共同纲领》中,进一步确认废除旧法的原则,并当即在全国贯彻实施。②人民民主专政的理论。这是毛泽东法律思想的基础和核心。它的要点:第一,人民民主专政是中国历史发展的必然,也是中国革命的根本经验。第二,人民民主专政是工人阶级领导的、以工农联盟为基础的,并包含广泛统一战线的政权。第三,人民民主专政是对人民实行民主,对人民的敌人实行专政的有机结合。专政与民主的对象不同,方法也不同。第四,对敌人实行专政并不是从肉体上消灭他们,而是尽可能地通过劳动把他们改造为新人。③社会主义法制建设的理论。毛泽东对立法、执法、守法和法律监督等法制的诸环节均有论述。他尤其强调:第一,法制是实现人民民主专政的工具,对于敌人要强迫他们遵守人民政府的法律。与此相对应,法制又是人民民主权利的保障,要用法律给全国人民指出一条清楚的、明确的和正确的道路。第二,法制建设必须贯彻群众路线。立法工作要采取领导和群众相结合、领导和广大积极分子相结合的方法。执法也要依靠群众,听取群众的呼声,得到群众的帮助,接受群众的监督。第三,坚持法律面前人人平等原则。一切公民在宪法和法律上都有平等的权利和义务。不管是谁,只要犯了法,都要同等地依法追究和制裁,不允许任何超越法律的特权。④宪政和宪法的理论。1942 年,毛泽东在《新民主主义宪政》一文中,系统地阐发宪政的实质,指出在中国实行新民主主义宪政的必要性。新中国成立后,他亲自主持制定我国第一部宪法。他在关于宪法草案的讲话中,揭示了宪法的概念,即国家的总章程、根本大法;总结立宪的基本原则——民主原则和社会主义原则;指出制宪的领导与群众相结合、原则性与灵活性相结合两条主要经验。⑤刑事法律的理论。第一,镇压反革命必须打得稳、打得准、打得狠。第二,镇压反革命要讲"规格",被判刑的反革命犯要符合"规格"。第三,对人犯可捕可不捕的,一律不捕;可杀可不杀的,一律不杀。对判处死刑、但可以不立即执行的罪犯,可实行"判处死刑,缓期两年执行,强迫劳动改造,以观后效"的做法。第四,"有反为肃,有错为纠"。第五,"坦白从宽,抗拒从严";"首恶必办,胁从不问,立功受奖"。第六,罚要当罪,罚与刑相适应,反对畸轻畸重。第七,严禁逼供信,废除肉刑,废除法西斯式的审判方法。要重证据,而不轻信口供。第八,严厉打击各种严重的刑事犯罪分子。⑥家庭婚姻法的理论,毛泽东先后于 1934 年和1950 年主持制定过两部婚姻法,一贯强调婚姻法要贯彻婚姻自由,男女平等,一夫一妻,保护妇女和儿童的合法权益诸原则。⑦国际法的理论。20 世纪 50 年代初,毛泽东和周恩来共同拟定国家间的和平共处五项原则,并通过周恩来与当时的印度总理尼赫鲁的会谈而倡导于世界。由于种种原因,毛泽东的法律思想的发展,经历一段不应有的曲折过程。1957 年"反右派"斗争中,把一些本来符合马克思主义法律观的理论,当成资产阶级法律观予以批判和否定,自此,一定程度上引起法律虚无主义的滋长。尤其在十年的"文化大革命"中,由于林彪和江青反革命集团的阴谋利用,我国社会主义法制被践踏殆尽,马克思主义法学遭到排斥,给人民带来巨大的灾难。1978 年党的十一届三中全会以来,毛泽东的法律思想的主流得到弘扬和发展,其错误得到纠正,社会主义民主和法制已有长足的进展。

(吕世伦　李龙)

美国社会法学　美国实用主义法学的主要派别之一,其代表者是 R. 庞德。美国社会法学体系极为庞杂,主要是从实用主义观点出发,要求把法学当成一种社会工程的工具,以便有效地达到法律的目的。例如,庞德说,为了维护社会的"合作",就必须实行法律的"社会控制",排除人性中的利己主义和弱肉强食等影响"合作"的因素。在法律实践中,要求注重"生活中的法律",实行"法官立法"及"预防刑法",甚至有时可以"无法司法",以期改变"典籍中的法律"的死板状况。只有这样,才能改进工业资本主义时期所形成的许多法律制度,维护"社会利益"。总之,美国社会法学长期和系统地阐明法律是一种社会控制手段,法律的功或过将通过它的社会效果得到检验。不过,正像庞德本人承认的那样,这里所谓的"社会"是指西方的垄断资本主义社会。

(吕世伦)

美国实用主义法学　美国社会学法学由于以实用主义哲学作为自己的理论基础,因而又称美国实用主义法学。它是在美国居于绝对优势地位的法学思潮。其创始人是 O. 霍姆斯大法官。他在《普通法》一书中,表达了实用主义法学的基本倾向,即法律的生命不是逻辑,而一直是经验。当确定人们必须受其支配的法规时,感到的时间必然性、流行的道德和政治理论、社会政策上公认的或无意识的直觉知识,以及法官与其同胞共有的偏见,都要比演绎推理的作用大得多。法律表现了一个国家许多世纪以来的发展史,我们不能仅仅把它看成好像数学书中的一些公理和定理。美国实用主义法学在其发展过程中,又形成以 R. 庞德为代表的美国社会法学和以 J. 弗兰克、K. 列维林为代表的美国实在主义法学两大派别。

(吕世伦)

美国实在主义法学　又译"美国现实主义法学",继美国社会法学之后美国实用主义法学的另一重要支派。主要代表者是 J. 弗兰克和 K. 列维林。反映此派理论的著作有弗兰克的《法律和现代精神》(1930)、《初审法院:美国司法的神话和现实》(1949);列维林的《棘丛》(1930)、《实在主义法学——下一步》(1930)、《实在主义的理论与实际》(1962)。这个学派在美国的追随者甚多。它与 R. 庞德为首的美国社会法学,都以 O. 霍姆斯大法官倡导的关于法是法官的"预测"和"经验"的观点为指导。但美国实在主义法学更富有心理学法学色彩,它把庞德的"无法司法"和"法官立法"理论推向极端,认为真正的法存在于政府官员和法官的行动即判决及对判决的预测之中;而法官的判决,最后又依赖法官的个人特性和无数刺激引起的法官心理活动。另外,这个学派还具有明显的法律虚无主义特征。具体说,弗兰克偏重于法律事实的虚无主义,认为案件事实取决法官的认定,而不必是客观的事实;而列维林是法律规范的虚无主义,把法律规范视为可有可无的东西。20 世纪 70 年代以来,美国实在主义法学存在着被新兴起的行为主义法学代替的趋向。

(吕世伦)

莫雷洛—奎特纳（Lncio Manuel Moreno Quitana, 1898— ）　阿根廷法学家，国家法院法官。著有《国际法》（1963）等国际法著作。

（吕世伦）

穆尔（John Bassott Moore, 1860—1947）　美国著名的国际法学者。起初在国务院奉职，后为哥伦比亚大学国际法和外交学教授。1895 年又受国务院的雇请，起草同西班牙的和约。1921—1928 年担任常设国际法院法官。他的主要著作有《关于域外犯罪的报告》（1887）、《就引渡问题提交美国国际会议的报告》（1891）、《论引渡及州际引渡》（1891）。他还受国务院委托编纂《国际仲裁的历史与文集》六卷（1898）、出版《国际法摘要》八卷（1906）、《古代与近代的国际仲裁》七卷（1929—1936）。

（吕世伦）

穆尔（William Underhill Moore, 1879—1949）　美国实在主义法学派的主要代表人物之一。先后在美国堪萨斯、威斯康星、芝加哥、哥伦比亚诸大学执教。其主要著作有《法律制度的合理基础》《商业银行法的制度研究》（合作）、《在直接贴现的借款中法律和惯例的方法》（合作）。还编辑了《票据法案例及注释》（1910），诺顿《票据法手册及释义》的注释。穆尔是美国实在主义法学的首领 K. 列维林和 J. 弗兰克的得力的同道者，并一起为罗斯福的"新政"作出过贡献。

（吕世伦）

目的法学　又称"社会功利主义法学"，德国法学家 R. 耶林所倡导的学说。他根据自然界的因果律推断，目的是人类一切行为的原因。目的即利益，分为个人的与他人的两种。个人目的只有与他人目的相结合才能实现，所以就需要社会组织的存在，而且设定社会目的，以要求人们为之尽责。社会目的，有些可由各人自由地实现；但更多的要依靠国家强制力作保证。这就是法产生的原因。耶林说，法是借助国家强制力而获得保障的社会生活条件的总和。作为国家强制工具的法这种形式，它固定不变；而社会生活条件是法的内容，它经常变动。法的内容随着不同时期、不同地域的人群所追求的目的而差异。从个人的角度上说，权利就是被法所保护的目的（利益）。但是，对于社会或团体的目的而言，实现个人权利又是一种手段。法要不断调整个人与社会两种目的的矛盾。由于历史的发展使社会对个人的压力越来越大，所以法要引导个人目的服从社会目的。这一点，表现目的法学同边沁的自由主义和个人功利主义有区别。目的法学是从批判 19 世纪占据统治地位的概念法学而兴起的，并开了社会学法学的先河。

（吕世伦）

纳粹主义　希特勒倡导的德国国家社会主义的简称即 Nazi，法西斯主义最突出的表现形式。它在希特勒《我的奋斗》（1925）一书中得到集中的发挥。纳粹主义的理论来源主要是 H. 特莱希克的"国家至上"论, F. 尼采的种族主义、权力意志和超人论, J. 戈平恼和 H. 张伯伦的种族主义, K. 霍斯霍弗的地理(缘)政治论等。纳粹主义法学家有 J. 宾德、K. 拉伦茨、K. 斯密特等人。纳粹主义的血腥统治给德国人民和世界人民造成极大的灾难,遭到世界人民的同声谴责。

(吕世伦)

内容可变的自然法　新康德主义法学创始人 R. 什坦姆列尔提出的主张,是现代自然法复兴运动的先声。什坦姆列尔修正康德遵循的古典自然法的绝对性,而强调自然法应当同社会的发展变化相适应,提出所谓"日新月异的自然法"或"内容可变的自然法"。其主旨在于使古典自然法的个人本位倾向与社会本位倾向靠拢。这种相对的自然法观点,正是现代自然法的一大特征。实际上,所谓内容可变的自然法,无非是使自然法学说变得同垄断资本的经济与政治相适应,并为其服务。

(吕世伦)

帕累托的最适宜状态　意大利福利经济学家、经济分析法学的理论奠基人之一帕累托(Vilfredo Pareto,1848—1924)的学说。他的"最适宜状态"指,根据个人的境况好些或坏些的福利概念和道德判断,提出在经济情形改变时,检验社会福利是否增大的标准。一种改变只能使一些人的福利增加而又不使任何人福利减少的时候,才能认为它是值得采取的一项改变,是有效益的。如果这种改变使一些人福利增加而另一些人福利减少的时候,则不能认为它是有效益的。许多经济学家认为帕累托的这一学说局限性太大,不利于为资本主义制度辩护,因而便纷纷提出各种"补偿原则"以"修正"它。

(吕世伦)

判决即法律　社会学法学、特别是美国实用主义法学认为,"活的法律"或"生活中的法律""行动中的法律"是最健全的法律,而这种法律之中很重要的就是指法官的判决。在这些理论家们看来,立法机关所制定的法律仅仅是法官审理案件中的"参考"或"材料",甚至是可有可无的。判决之前无法律,或者说没有确定的法律,只有法官作出判决来才有法律。法官是法律的中心,判决高于法律。不难看出,"判决即法律"是法律虚无主义或法律怀疑论的命题。

(吕世伦)

庞德(Roscoe Pound,1870—1964)　美国社会法学的倡导者,20 世纪以来西方法学界影响最大的人物之一。他诞生和成长于内布拉斯加州林肯城,曾攻研植物学,获州立大学植物方面的哲学博士学位。但其志趣很快转向法律。在哈佛大学法学院学习 1 年,返回内布拉斯加州取得律师资格,从事律师职业。1901 年被任命为州最高法院专员,此间在学术上也取得一定的成就。从 1903 年起,相继在美国内布拉斯加州大学、西北大学、芝加哥大学和哈佛大学执教。1916—1936 年担任哈佛法学院院长和教授。

1948 年来中国,以国民政府司法部顾问的名义,四处传播其理论。庞德的著作很多,影响较大的有《普通法的精神》(1921)、《法律哲学导论》(1922)、《法律和道德》(1924)、《通过法律的社会控制》(1942)等。1959 年 90 岁生日时,出版他的《法理学(选集)》5 卷本。庞德倡导的社会法学内容极为庞杂,主要是以实用主义观点去研究法学,对自然法学和分析主义法学的某些重要概念提出批判。他把法律当作实现社会工程的工具,排斥机械地搬用过时的审判程序规则。他认为法律手段的一览表是永不竭尽的,因为法律为基本的社会控制手段。他要求立法者研究法律制度的社会效果以及和这些控制有关的法律学说,即法社会学。庞德还认为,"法官立法""预防刑法"甚至"无法司法",都是实现法律社会控制和保障社会利益的有效措施。庞德的早期著作强调法律对社会学和其他社会学科的依赖性,倡导各法学派别的"大联合"。庞德的主要贡献在于,他长期地、系统地阐明法律是社会控制的有效手段,法律的功过得失要通过它的社会效果来检验。在整个现代西方法学中,庞德的社会法学为垄断资本效力最大,因而也就影响最大。

(吕世伦)

庞德与宾汉的论战　发生在 20 世纪 20 年代后期和 30 年代的、对美国法学的发展有特殊意义的一场争论。J. 宾汉(Bingham)是斯坦福大学教授,同 R. 庞德一样为 O. 霍姆斯大法官倡导的实用主义法学的追随者。不过,宾汉对自然法学和分析主义法学的批判走向绝对化,否定法的价值判断和法律规范的意义。而庞德则附和当时的所谓进步主义的观点,反对宾汉的绝对化倾向。①宾汉号召法学家和法官要彻底抛弃理想主义和对道德法则这种超然力量的信仰,认为每个人只能根据自己追求的目的来鉴别正确与错误,庞德则认为任何时候都不能忽视法律中的理想成分,普遍盛行的道德观念实际上经常在审判活动中影响着法官。法律正是道德价值标准的荟萃之地。庞德说,我们可以有一种内容正在起着变化或形成着的自然法。②宾汉声称,法律规范和原理仅仅是提供一种认识的形式,而不是认识的内容;法律不是这些规范的集合,而是外部现象的集中反映。所以,法官不必寻求这种权威的支持。他应关注的是借助科学调查方法,研究政府机关及其作用和影响、研究其中包含的诸因果关系,以便得出自己的原则和裁判的根据。庞德大体上赞同宾汉的论据,但不完全同意其结论。他仍然认为法律规范是司法判决的模式,是在一定程度上实现公平正义所要遵从的东西。从总体上说,宾汉的观点是美国实在主义法学的先声。庞德与他的论战,预示着不久以后社会法学派与实在主义法学派的分歧。

(吕世伦)

佩雷尔曼(Chaim Perelman,1912—)　比利时法学家。先后担任国际法哲学和社会哲学学会主席、布鲁塞尔自由大学法哲学中心主任等职。主要著作有《正义观念和辩论问题》(1963)、《正义》(1967)、《新修词学》(1980)、《正义、法律和辩论》(1980)。

他是新修辞学法学或价值判断逻辑法学的开创者,以现代西方多元民主主义为指导,把自然法学的价值判断与分析主义法学的逻辑主义紧密结合一起,而构成自己独立的法哲学体系。佩雷尔曼认为,法学基本上是关于各种价值的讨论,所有其他的都是技术问题。就是说,其法哲学的结构,由两部分构成:①对法律价值分配问题的讨论,这是主要部分。其中,核心是他的"形式正义"学说,即应当以相同形式对待人。②对法律技术问题的讨论。反对法律实证主义倡导的程序性的法律逻辑模式,而要求采取多元价值判断的实体性的法律逻辑模式。佩雷尔曼说,这种法律逻辑是实现法律正义,平衡和综合不同社会利益的智力手段。佩雷尔曼关于形式正义和多元价值判断逻辑的学说,都有独到的贡献。但它宣扬的多元民主主义、社会价值的平衡与综合及法律和平,充满阶级调和色彩。

(吕世伦)

普拉克内特(Theodore Frank Thomas Plucknett,1894—1965)　英国法学史专家,曾执教于哈佛大学和伦敦大学。主要著作是《普通法简明历史》(1929)一书。还编有《塞尔顿学会》。稍许短些的论著有《十四世纪法律及注释》《爱德华一世与刑法》《早期英格兰法律著述》《爱德华一世的立法》等。普拉克内特对于普通法的发展所作的考察,不仅是对法学史学的贡献,也进一步为西方两大法系的比较研究提供了一定的科学资料。

(吕世伦)

批判法学　又称"批判的法学研究运动"。它源于 20 世纪 60 年代末美国耶鲁大学法学院的一些年轻教师和学生中酝酿的一股思潮,后来很快地扩散到美国某些大学,其代表人物有 D. 肯尼迪、M. 哈维兹、R. 昂格尔等。1977 年春召开首届美国批判法学年会。1982 年春召开第六届批判法学年会,哈佛大学教授昂格尔作了《批判性法律研究的运动》这一重要的学术报告,使批判法学的影响波及欧洲。批判法学对于迄今为止的西方各种资产阶级法学理论,差不多全盘予以否定。认为这些法学理论的基础,要么表现为客观主义法学世界观,要么表现为形式主义法学世界观。批判法学对于西方法学的论争,集中于以下几点:①驳法律反映全社会的意志,是社会冲突预防者和调停人的观点,强调法律是统治集团特殊意志的体现,现非正义统治的工具。②驳法律是社会历史发展的反映和一定社会结构的产物的观点,强调社会历史进程是不确定的,法律的产生主要不取决于社会必然性,而取决于政治的偶然性。③驳法律是一个规范系统的观点,强调法律不过是一种程式和符号,其本身是不确定的,不同的人赋予它不同的含义。④驳法律是超脱政治的、纯技术性的推理形式的观点,强调法律是社会集团斗争的产物,其本身就是政治。批判法学的最后结论是,当前美国的法律已经腐朽,应当重新建立一套政治与法律制度。但这种政治、法律制度究竟是什么样的,以及如何建立,批判法学并没有提出具体的意见。批判法学的理论渊源很复杂。而且,虽然它对西方、特别是美国的政治法律制度进行尖锐地揭露和批判,但无意于彻底摆脱它,但主要是加以改良。

（吕世伦）

乔根森(Stig Jorgensen,1927—)　丹麦法学家,多元论法学的倡导者,曾在奥胡斯大学、基尔大学执教。他的《多元论法学》(1982)和《理性与现实》(1986)两本书,是多元论法学的代表作。乔根森的基本主张是:①多元的法学方法论。他批评说,迄今为止,各法学派别都像瞎子摸象一样地抓住法的某个因素,便以偏概全。为了全方位地、准确地反映法的全貌,必须兼容不同学派、尤其三大法学流派(自然法学、分析主义法学、社会学法学)的学说;在法学研究中必须兼容各种社会科学的方法。②多元的法功能论。他把法功能分为外部的与内部的两大类。法的外部功能又称法的政治功能,包括维护社会的和平和秩序、解决各种冲突、实施伦理道德影响、促进社会公益、进行社会批评。法的内部功能指对正义的认识和期望,反映人类的价值观念,包括形式正义、实质正义和义务。③多元的法概念。他说:"法不仅仅是一种规范体系,也是一种对法官和当局行为的预测,一种对当局和公众的命令,一种一般的法律意识或特殊的法官意识。法事实上包含了行为规范、获准的命令、政治统治的保护性和抑制性措施、'规范化的正义内容'、制度化判决规则、法律习惯和文化模式。"(《多元论法学》第46页)乔根森的学说试图打破长期以来斯堪的纳维亚实在主义法学在北欧的一统天下,汲取各主要法学派别的合理成分、但又避免综合法学那种简单拼凑的做法,这些努力都是应当肯定的,不过,这些努力并未获得多少实效,特别是他根本没有打算改变现代西方法学的性质。

（吕世伦）

侵权法的经济分析　美国经济分析法学代表人物 R. 波斯纳的主张。他认为侵权法的目的有二:①损害事件虽已烬去,但为了不使经济损失加给受害人,仍需要加害人赔偿。否则就会成为对加害人的鼓励。②更重要的,在于提醒社会防止和减少以后此类事情的发生,避免对整个社会造成经济效益的损害。波斯纳在讨论侵权法问题时,对故意行为与过失行为的区分,提出独立的见解,按他的观点,在总体上这种区分并非富有成效,因而往往不是必要的。不少被认定故意的侵权行为中,故意因素极不明显。只有当加害人知道、尤其从过去的丰富经验中预见到,假使他采取了足够预防办法就可避免损害,而他偏不这样做的时候,才能说他是故意的。不过,在那些同故意犯罪很接近的行为(诸如侮辱、殴打、侵占等侵权行为)中,则应当强调"故意"这个主观因素。因为这类行为完全不是两种合法交易之间的冲突,而是赤裸裸的财产侵犯或转移。它与市场上的自愿交易完全不同,并违背低成本交易原则,其负效益性非常明显。对侵权行为中的过失因素,波斯纳认为:一个人为避免给他人造成损失,事前应当采取预防措施。这就是为了避免可能的侵权行为将造成较大或重大损失,而付出的较少成本。

在此种情况下，显然采取预防措施是有效益的，而未付成本的过失行为是负效益的。所以，实施过失侵权行为的人，就要在事后付出这笔成本甚至高出这笔成本的金钱，即进行损害赔偿。

（吕世伦）

权利的享有和权利的行使　新托马斯主义法学家 J. 马里旦的人权学说中的一组对应范畴。他说，本源于自然法的绝对不能让与的人权（生存权和追求幸福权），其绝对性仅指享有而言。但就其行使来说，即使绝对不能让与的权利，也要服从正义在每一场合下所规定的条件和限制。这里的"正义"，当然只是统治阶级的整体利益。

（吕世伦）

人类学法学　又称"法人类学"，开始于 20 世纪 20 年代后半期，代表人物和著作有英、美两国的马林诺夫斯基《野蛮社会的犯罪与习惯》（1926）、霍贝尔《原始人的法律》（1954）、格卢克曼《部落法的程序》（1965）、波士尼厄尔《法律的水平和法律制度的多样化》（1971）等。该学说的倡导者们效法 19 世纪摩尔根及其《古代社会》，以民族文化人类学观点和"参与观察"方法，来集中地研究法律一般理论问题。伦敦大学教授马林诺夫斯基率先地用新几内亚和美拉尼西亚等地区的考察资料为根据，说明这些处于史前状态的人群，虽然十分尊重部落习惯和传统，但是，仍有出于私欲而侵犯他人生命、人格和财产的情况，因此也流存着具有命令性和情制性的、或许可以称之为刑法的惩罚规则。除此而外，那里还存在类似西方社会的民法规则。这些叙述引起许多学者的兴趣，不少人据此论证原始社会中的"新法律现象"。但是，由于他们没有把社会规范现象的研究同这些民族的生产发展阶段以及与之相适应的阶级分化的情况紧密结合，因而不免要偏离真正科学的观点。

（吕世伦）

人文主义法学　又称"复古法学或法国法学"，15 至 16 世纪兴起于法国，以法国布尔热大学为中心。代表者有：意大利人 A. 阿尔恰托（1492—1550），德国人 U. 察修斯（1461—1535），法国人 G. 比代（1467—1504），J. 居雅斯（1522—1590）等。该学派是文艺复兴运动的人文主义思潮渗入法学领域的产物。他继承波伦亚法学派重视罗马法这一传统，但不同意其为现实需要而曲解和单纯注释罗马法及某些神学主义的倾向，而是站在世俗的、客观的立场上，力图恢复早期罗马法的真面目，人文主义法学派的出现，适应着资本主义商品货币关系发展的需要，而其研究的成果又为后来资产阶级的民事立法、特别是《拿破仑法典》奠定基础。

（吕世伦）

社会际法　法国 L. 狄骥的社会连带主义法学理论的一个组成部分。狄骥从"团体主义"出发，认为法律直接来源于组成国家的社会团体之间的关系。他说，假定能在两个或多个社会集团之间以某种形式明确地确定它们之间的关系时,那么在这些社会集团的成员之间也就形成了一定的关系。这种关系必须服从一种规范,其中包括道德规范、经济规范和法律规范。法律规范是最高的规范。所有这些规范的基础,存在于不同集团成员之间的连带关系。尽管法律来自社会团体之间(社会际),但仅适用于约束集团的各个成员,而不适用于各个人格化了的社会集团。正如一切社会集团含有由客观法所决定的内部纪律一样,当连带关系的约束在归属于不同集团的个人之间形成之时,便意味着构成社会的各集团间也含有一种法律。这就是社会际法。狄骥的社会际法理论,不仅直接抹杀法的阶级本质,而且为所谓"一切权利均属于团体,公民个人只有义务"的帝国主义专横政治进行论证。

(吕世伦)

社会控制的三种形式　美国社会法学家 R. 庞德的学说。他认为人生来就有扩张性或对他人的侵略性,所以为维护社会的正常状态,就必须对人实行一定的社会控制。这种社会控制的手段有三种,它们分别地同三种类型的社会组织相适应。①与氏族组织或早期国家组织相适应的,是道德的手段。当道德形成体系时,就具有法律的性质,即道德法。②与宗教组织相适应的,是宗教的手段。一旦宗教构成为系统的组织并获得国家强力的支持(如中世纪欧洲)的时候,就出现宗教法。③在近代世界,与系统的政治组织相适应的,是法律的手段。法律是道德手段和宗教手段的发展,它本身也含有道德(价值判断)和宗教(信仰)的成分。现今,法律把全部的社会控制活动都纳入自己领域之中了。为了论证社会控制三种形式的学说,庞德也寻找一些似是而非的历史资料作根据,但并不是科学的。

(吕世伦)

社会连带主义法学　产生于 19 世纪末 20 世纪初法国的一种社会学法学流派。其主要代表人物是 L. 狄骥,此外还有 G. 森勒尔、G. 杰泽、R. 博纳德、L. 罗兰等人,详见[狄骥]。

(吕世伦)

《社会契约论》　西方最激进的资产阶级民主主义启蒙思想家让·雅克·卢梭的政治法律思想的代表作,1762 年发表。它是不久后问世的美国《独立宣言》和美国宪法及其权利法案、法国《人权宣言》及法国大革命时期三部宪法的主要理论来源。《社会契约论》从讨论国家起源问题入手。作者把人类的自然状态称作"黄金时代"。随着私有制的出现,迫使人们去寻找自由和安全的新出路,便相互订立社会契约。每个结合者都把自己全部权利转交整体;但这不是一种安全的寄存,他随时能取回全部权利的等价物,最理想的国家,只能是建立在"公意"基础上的民主共和国。公意的最高运用就是主权,即人民主权。主权具有最高的、不可转让的、不可分割的、不能代表的几个特征。主权者(全体国民)应当通过自己建立的政府来执行自己的决定或法律。政府是作为主权者的国民(整体)与作为臣民的国民(个人)的中间体或比例中项。卢梭把政府形式与政体等同看待,认为可以根据掌握政府权力的人数,分为民主制、贵族制、君主制和混合制四种政体。政体的好坏,要看它是否同该国的民族特点以及地记、气候、版图等自然条件符合。卢梭是古典自然法的重要代表者,认为自然法是人定法的根据。他把国家法律分成四种:政治性法律(根本法),调整主权者对国家的关系;民法,调整个人间或个人与整体间的关系;刑法;风俗、习惯和舆论,这是存在于人们心中的法律。马克思主义创始人对于卢梭《社会契约论》极为重视。他们指出:"卢梭不断避免向现存政权作任何即使表面上的妥协。"(《马克思恩格斯全集》第16卷第36页)同时也指出:"理性的国家,卢梭的社会契约在实践中表现为而且也只能表现为资产阶级的民主共和国。"(《马克思恩格斯全集》第20卷第206页)

(吕世伦)

社会实证主义法学　对社会学法学的方法上的一种表达。社会学法学重视实证的社会对法的意义,把法看成一种社会事实,因此它所采用的方法必然是社会学的因果方法。这就使它与法律实证主义区别开来。社会实证主义法学不仅秉承 A. 孔德的实证主义哲学,而且也秉承其社会学,所以此法律实证主义更能体现孔德的理论。

(吕世伦)

社会学法学　与自然法学、分析主义法学并列地属西方历史上三大法学思潮之一。虽然它出现较晚,但却一直处于上升的趋势,成为现代西方占主导地位的法学思潮。社会学法学的基本特征在于,它作为分析主义法学的对立面,突出强调法的社会属性,认为法是实际上调整人们行为的社会事实而不是纸面上的规范,即倡导社会的实证主义。社会学法学完全是自由资本主义转变为垄断资本主义的产物,从而鲜明地反映着国家对社会生活(尤其经济)的干预以及意识形态方面的所谓社会本位取代个人本位的趋向。这是它之所以优越于自然法学、分析主义法学的根本原因。社会学法学的初期理论形态是法国孔德的社会学和实证主义哲学,以及英国斯宾塞的有机体的生物学法学。但是,它的正式开端是 19 世纪 70 年代以后德国 L. 耶林对"概念法学"的批判。社会学法学的历史进程中先后出现过许多派别。在德国,继耶林的目的法学和 O. 契克关于法为"社会中的规范"的学说之后,E. 埃利希的自由法学和 P. 赫克的利益法学发生了更大的影响。与此同时,波兰的 L. J. 彼得拉任斯基、法国的 G. 塔尔德、美国的 L. F. 华德等心理学法学的倡导者,又为社会学法学增添心理学的成分。接着,从纯粹社会学角度出发研究法现象,从而使法学成为社会学一部分即法社会学的人物也涌现出来,其中最闻名的是法国 E. 杜尔克姆和德国 M. 韦伯。法国 L. 狄骥的社会连带主义法学,正是建立在杜尔克姆学说基础之上的。美国社会学法学的最大特点,是同那里特有的实用主义哲学相结合。这种实用主义法学的奠基人是

O. W. 霍姆斯大法官。美国实用主义法学很快形成 R. 庞德的社会法学和 J. 宾汉与 K. 列维林、J. 弗朗克的美国实在主义法学两大派别。在现代的北欧,瑞典乌普萨拉大学教授 A. 哈盖尔斯特列姆开创的斯堪的纳维亚实在主义法学,一直处于霸主地位。社会学法学的当代趋向,越来越具有为垄断资产阶级的政治、法律实践服务的实用色彩。

(吕世伦)

深入秩序和平均秩序　德国存在主义法学家 W. 迈霍菲尔在《法与存在》一书中说,作为"社会的存在",每个自我就被置于一定的身份和地位上而"成为角色"。在"成为角色"的人们之间有两种秩序:一是"深入秩序"。它假定人们处于不平等的关系。二是"平均秩序"。它假定人们之间的平等关系。这两种秩序决定了两种法律正义。从"深入秩序"中产生"分配正义",按照人的不平等身份分配利益。从"平均秩序"中产生"交换正义",给人们以平等的自由和权利。两种法律正义结合在一起就是"制度的自然法",即制度化了的自然法。迈霍菲尔的两种秩序的学说,不过是现实资本主义社会的法哲学表达。"深入秩序"是按资本多少分配权利,"平均秩序"是法律平等原则,即资本主义商品交换的平等。"制度的自然法",不外是把资本主义制度说成根源于自然法。

(吕世伦)

神学主义法律思想　"灵魂"与"来世"的宗教产生后,凡着眼于把国家与法的起源及其运行归诸"神意",均属于这种法律思想。奴隶制和封建制时期的"君权神授"论,伊斯兰世界宣传"真主"创造国家和法的说教,中世纪欧洲政教斗争中坚持教会与国家的权力二元论或国家必须服从教会的教权主义,都是神学法律思想的表现。中世纪欧洲神学主义法律思想的主要代表者是圣·奥古斯丁,圣·托马斯·阿奎那。现代的新托马斯主义自然法学说,也是一种神学主义法律思想。

(吕世伦)

生物学法律思想　以生物学观点考察和解释政治法律现象的理论。其中可分为两大派:一派受达尔文主义影响,并以此说明各种政治和法律问题,但并不一定都倡导国家有机体论;一派强调人的所谓先天素质,并把它作为政治法律的基础。生物学法律思想的代表人物有 J. 布伦吉里(Bluntxchli)、J. 戈平恼、F. 尼宋等,而最出名的是 H. 斯宾塞。从根本上说,这种借着自然科学的名义,用自然现象比附国家、法律等社会现象的做法本身,就是非科学的。

(吕世伦)

实体性模式和程序性模式　比利时新修辞学法学家 C. 佩雷尔曼认为,法律价值分配离不开技术的保障,而这种技术就是法律逻辑。不过,法律逻辑不应当是法律实证主义所运用的那种模式,即把法律规范当作大前提,把法律关系主体的行为当作小前提,从而推导出结论。这种形式逻辑模式,是一种程序性模式。科学的法律逻辑应当是实体性模式或多元价值判断逻辑的模式,它研究怎样提出各种价值的根据,怎样实现平衡,怎样达到各种价值的综合。立法者、司法者及准司法者(如行政官员)都能遵循这个模式,才不致违背国家的基本制度,又能正确地处理案件。佩雷尔曼关于多元价值判断的学说比形式逻辑高明之处,在于它含有从客观事实出发和辩证方法的成分;其主要缺点是主张调和主义。

(吕世伦)

实在法是自然法的最低限度　托马斯主义自然法观点,认为自然法不仅是实在法的立法原则,而且有实证的效力。在一些古典自然法学派的思想家那里,仅仅是从推翻封建统治的革命意义上(因为不能依据封建的法律来进行革命)或采用这种观点的。在现代自然法学家中,除天主教派的保守主义者外,一般都不持有这样的观点。比利时的 J. 达班是坚持自然法的实证效力的突出代表。他在《法律概念》一书中说,自然法统治实在法;任何实在法与自然法相违背都是恶法,甚至根本不符合法律的概念,必须把它看成是无效的。达班也承认强制性是实在法律秩序的基本性质,表明了它与老托马斯的观点还是有些区别的。正如列宁所说,法制是资本主义经济关系的产物和自由竞争的前提,在这种情况下,一般地不能承认所谓自然法的实证效力的。

(吕世伦)

实在主义法学　又译"现实主义法学",属社会学法学的一个派别,兴起于 20 世纪 30 年代,以批判概念法学的抽象性,自许实在性而得名。它有两大分支,一是以 K. 列维林和 J. 弗朗克为首的美国实在主义法学,一是以瑞典的 A. 哈盖尔斯特列姆创始的斯堪的纳维亚实在主义法学。实在主义法学的主要特点,在于有浓厚的非理性主义的心理学色彩。它宣扬道德虚无主义和法律虚无主义。在法律虚无主义中,又有法律规则虚无主义与法律事实虚无主义的不同表现。自罗斯福"新政"以来,美国实在主义法学是公认的"官方法学"。至于斯堪的纳维亚实在主义法学,从 20 世纪 40 年代迄今,一直在北欧的法学领域中占据着统治地位。

(吕世伦)

实证主义法学　以实证主义观点和方法观察和分析法现象的法学。很多情况下,它被当作法律实证主义或分析主义法学的同义语。但严格说来,实证主义法学除了法律的实证主义以外,应是社会的实证主义法学即社会学法学。

(吕世伦)

受原罪影响的自然法　奥地利新托马斯主义法学家 J. 麦斯纳在《自然法》(1949)一书中说,人的本性由于"原罪"而受到损害,这种损害引起两种主要后果:一是扩大了国家制定实定法和以武力维护实定法的这种来自自然法的权能;二是决定了每种人定的法律制度都不可能是完善的。麦斯纳用"法律现实主义"一词,来表示自然法受到原罪影响所带来的这两种后果。论证自然法的"缺欠",当然地就为法律实证主义开辟道路。

(吕世伦)

书本上的法律与行动中的法律　美国社会法学派代表人物 R. 庞德发挥德国自由法学关于"活的法律"的观点,反对法律的确定性,认为:真正的法律不是"书本上的法律",而是"行动中的法律";不是固定的规则,而是官员、特别是法官的行为;不是一个规则的体系,而是一批"事实"。美国实在主义法学进一步地把这种法律怀疑或法律虚无主义给推向顶峰。

(吕世伦)

舒伯特(Glendon Schubert,1918—)　美国行为主义法学思潮的主要代表人物之一。他的主要著作有《司法行为的量的分析》(1959)、《司法政策的制定》和《最高法官的法律思想、态度和意识形态》(1965)。主要观点见《行为主义法学》《司法政策的整体模型》。

(吕世伦)

双重的国家论　纯粹法学家 H. 凯尔逊的观点。他认为,国家在社会学、经济学上与在法学上是全然不同的东西。就前者而言,国家属于实有(法律之外的实有)或自然的领域;就后者而言,国家属于应有(规范上的应有)或必然的领域。所以,用社会学和经济学的观点看,国家是一种事实;用法学的观点看,国家是一种法律体系和法律秩序。凯尔逊常常"纠正"人们关于国家与法律关系问题的"普通见解",说:法律由国家产生的观点,只意味着法律规定它自己,国家仅仅是法律秩序的一种人格化、一种实在的法律的发号施令的机关。凯尔逊倡导的是典型的法律至上论,颠倒国家与法律的真实关系。双重的国家论的理论基础,是新康德主义"应有"与"实有"对立的二元论哲学。

(吕世伦)

司法政策制定的整体模型　美国行为主义法学倡导者 G. 舒伯特提出的模型论。他在《司法政策的制定》(1965)一书中,用图表表示这一模范。图表从整体上来描述供给、需求,问题、价值观念,规范、判决这样三个规定结构间的相对稳定关系。各结构通过输入和输出过程联结着,以转换结构为中枢环节;输出结构又通过反馈过程同输入结构相互作用。输入结构的内容是司法人员主观上对有关案件客观事实(供给)的选择(需求),它作为传授和调节的信息进入输入过程;转换结构是司法人员借助自身的价值观念认识案件的问题或争端所在,它作为一种见解和决定的信息进入输出过程;

· 283 ·

输出结构是司法人员借助法律规范作出处理案件的判决。至此,司法人员对于一桩案件的处理便基本结束,但是还要在判决的执行和案件重审的反馈过程中验证判决的正确性,进而验证法律规范的正确性。一项司法政策(甚至相应的法律规范)的维持或废止、修正、订立,正是以这个模型对许许多多案件的处理所提供的资料为基础的。附图表如下:

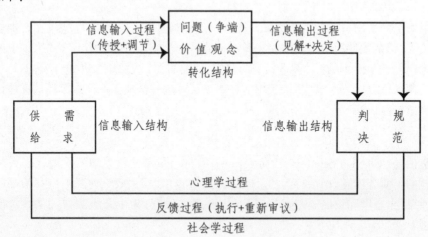

舒伯特的这一模型论虽然是为资产阶级国家的司法政策制定提供理论帮助,但其中含有一定的合理成分。

(吕世伦)

斯堪的纳维亚实在主义法学 流行于北欧地区,以把法解释为心理现象为特征的现代资产阶级法学流派。创始人是瑞典乌普萨拉大学法哲学家 A. 哈盖尔斯特列姆,因而也称乌普萨拉法学。其他代表人物有瑞典的 A. 伦德斯德特、K. 奥列维克罗纳和丹麦的 A. 罗斯等。该学派的主要著作有哈盖尔斯特列姆《法律和道德的本质的研究》(1953),伦德斯德特《法律思想修正》(1956),奥列维克罗纳《作为事实的法律》(1939),罗斯《向实在主义法理学前进——法学二元论批判》(1946)、《论法律和正义》(1959)。这个学派强调:法是一种社会事实,为维护社会安全而建立的庞大的社会机器,是关于行使武力的规则,是权力的工具。它认为,社会上大部分人之所以服从法律是出于习惯而非强制,但强制的威胁是保证这种服从的最重要的心理因素。所以,法的约束力就在于对公民和官员的心理影响,即如果不服从法律就可能招致不愉快的后果。斯堪的纳维亚实在主义法学反对分析主义法学提出的传统的法律概念;也反对法学中盛行的关于正义或其他价值准则的学说,认为根本不可能有关于"应有世界"的科学,正义之类的原则完全是幻想。斯堪的纳维亚实在主义法学自 20 世纪 30 年代产生以后,一直在北欧法学界占统治地位。但它也不断遭到其他法学派别的反对。如丹麦的 F. 克鲁塞、挪威的 F. 卡斯特贝尔格,就强烈地抨击他们那种对法律规范与法律价值的虚无主义倾向,认为社会对正义的要求根源于人的精神本质,如同人们思想中需要逻辑一样。

(吕世伦)

斯通(Julius Stone,1907—)　澳大利亚著名法学家、现代综合法学倡导者。其主要著作有《法律的范围和功能》(1946)、《法律制度和法学家推论》(1964)、《法律和正义的社会功能》(1966)、《人类法律和人类正义》(1965)。他认为,要知道什么是法律,就必须了解法律的结构及其作用、正义的内容、为了取得正义而利用社会中法律的适用性,并将三者综合起来加以考察。正义是判断人类行为的一种不可缺少的标准;逻辑分析可以提供抽象的思想模式,并可以使法学家获得法律设定中的最大限度的自我一致性,它有助于人的精神训练,使法律有说服力甚至可改造现实的法律;而经验的社会学研究,更是法学的直接任务。斯通的基本结论是,自然法学、分析主义法学和社会学法学都是重要的,唯有将它们结合一起、相互补充,才能构成完整的法学。在斯通的理论中,既包含社会学法学的因素,也包含自然法学和分析主义法学的因素,但更多地倾向于社会学法学。

(吕世伦)

斯通的三部曲　澳大利亚法学家、综合法学的倡导者 J. 斯通,于 1946 年撰写《法律的范围和功能》一书,其中论述法律的结构及其作用、正义和社会中的法律适用性。这三者恰恰是分析主义法学、自然法学、社会学法学所分别侧重研究的问题。为了进一步地综合上述三大法学派的观点,斯通又连续出版三本书,即《法律制度和法学家推论》(1964)、《人类法律和人类正义》(1965)、《法律和正义的社会性》(1966)。这就是他著名的综合法学理论的"三部曲"。斯通的三部曲表明,三大法学对于法律研究都是重要的,唯有把这三者结合起来,相互补充,才能构成完整的法学。虽然斯通对于三大法学的基本观点都作出系统的论述,但并没有真正把它们"综合",而仅仅是拼凑在一起的。

(吕世伦)

所有权法的经济分析　美国经济分析法学代表人物 R. 波斯纳的主张。他认为法律在保护财产权方面,具有极其重要的功能。财产法要真正发挥其社会效益作用,必须要有三个属性:①财产权的普遍性。除了阳光、空气之类可供人无穷尽享用的东西外,一切资源都应由一定的人来占有。这是有效地利用资源的前提。反之,凡没有权利属性的资源,一定会被人们滥施糟蹋。可见,所有权法的根本意义在于能刺激人的生产和经营的积极性。②财产权的排他性。财产所有人绝不允许他人侵犯、干涉自己的权利。这种排他性能使所有人安心地尽力地使自己的财产发挥最大效益。③财产权的可转移性。所有人拥有财产转让权的最大好处,是使财产能及时地的从低效益利用向高效益利用的方向流动。这种所有权观点的实质,是期望在新的历史条件下更好地保障资本的运行和积累。

（吕世伦）

同求的连带关系和分工的连带关系 社会连带关系的观念,是社会连带主义法学的核心。社会连带关系的理论是由法国社会学家 E. 杜尔克姆在《社会劳动分工论》(1893)一书中系统阐述的。他认为,人们之间存在两种连带关系,一种是机械的连带关系,一种是有机的连带关系;这两种连带关系代表所有社会成员的统一的、和谐的集合,是社会存在的基本条件等。狄骥认为,连带关系是一切人类社会的基本事实。这种关系包括同求的(机械的)连带关系,即人们有共同需要,只能通过共同生活来满足这种需要;分工的(有机的)连带关系,即人们有不同的才能,只有通过相互交换服务才能使自己得到满足。形形色色的法律规范,归根到底都由同求的连带关系和分工的连带关系以及二者结合所产生出来的。这种社会连带关系的法律起源论,力图证明法律是调和社会阶级关系的工具。

（吕世伦）

统一法理学 见[综合法学]。

（吕世伦）

妥当性和正当性 又称"合法性与合理性",法哲学中的一组对应范畴。法律现象中的妥当性(合法性)与正当性(合理性)二者在本质上是统一的。但一些西方学者、特别是自然法学派与法律实证主义者,则往往各持一端。第二次世界大战以后,复兴自然法学派在批判法律实证主义时,说它只考虑法律规范、程序方面的"形式上的合法性"(妥当性),而不问"内容上的合法性"(正当性或合理性)。这是很有道理的。但是,复兴自然法学对于妥当性(合法性)的忽视态度,又是一种片面性。

（吕世伦）

维德罗斯(Alfred Verdross,1890—) 奥地利法官、海牙国际法委员会委员、常设仲裁法院主席、国际法学会会长、欧洲人权法院法官。著有《论国际法协会章程》(1926)、《国际法》(1937)及其他国际法的书。

（吕世伦）

维西尔(Charles de Vischer,1884—) 法国法学家。著有《国际公法的理论与现状》(1953)等国际法方面的论著。

（吕世伦）

温菲尔德(Sir Percy Henry Winfield,1878—1958) 英国剑桥大学教授,《剑桥法律

杂志》编辑;国家法律修订委员会成员。著有《英格兰法律史的主要渊源》、《侵权法的范围》(1931)、《侵权法教程》(1937)。

(吕世伦)

沃尔顿(Frederick Parker Walton,1858—1949)　英国比较法研究的先驱,博学的罗马法专家。麦吉尔法学院院长和开罗卡第乌尔法学院院长。著有《苏格兰中的夫妻关系法手册》(1893)、《罗马法史导论》(1903)、《埃及债法》(1920)、《法国法导论》(合作,1935)、《赫罗德勋爵的宗教法法庭的判决》(1940)。沃尔顿的特点是拥有广博的法律史和关于各国法的知识,因此他为第二次世界大战后的比较法研究创造了一定的条件。

(吕世伦)

沃伦(Charles Warren,1868—1954)　美国法学家,美国宪法研究的权威。前美国司法部长助理。著有《美国律师史》(1911)、《美国历史中的最高法院》(1937修订本)、《国会、宪法与最高法院》(1935)。

(吕世伦)

无法司法　美国社会法学派最重要的代表人物R.庞德的理论。他认为,"为了使司法适应新的道德观念和变化了的社会和政治条件,有时或多或少来采取无法的司法是必要的。"在这种情况下,立法顶多起"一种附属作用"。"无法司法"论反映垄断资产阶级破坏宪法和法制的趋向。

(吕世伦)

乌普萨拉法学　斯堪的纳维亚实在主义法学由瑞典乌普萨拉大学法哲学教授A.哈盖尔斯特列姆创始,故称。参见[斯堪的纳维亚实在主义法学]。

(吕世伦)

西方古代自然法思想　泛指古代希腊罗马国家时期占统治地位的法律思潮。其中,以希腊人的自然法思想为典型,希腊城邦国家是从氏族内部自然而然形成的,希腊人根据对这种现象的朴素直观的观察和世代传统的见解,便造成一种根深蒂固的观念,即认为国家和法就像山川草木一样,纯属大自然现象,因而就应当从大自然的延长线上把握它们。所以希腊的法律思想家们大都认为,自然法是要求人们与自然一致地生活的法。在他们的心目中,城邦的各种组织、制度、伦理、风俗和法律,甚至连奴隶与自由民的划分,都是不能改变的自然。这就是所谓自然主义的自然法。到了罗马国家时代,随着大规模领土扩张对狭隘城邦观念的冲击和实证法的空前发展,希腊人那种自然主义的自然法思想被突破,但其痕迹在法律思想家们中间,仍到处可见。

(吕世伦)

西方法学的产生与发展 西方法学泛指古希腊罗马奴隶主阶级法学、西欧中世纪地主阶级法学和近现代欧美资产阶级法学。古希腊法学是西方法学的肇端。柏拉图的《理想国》和《法律论》、特别是亚里士多德的《政治学》，为西方法学作了奠基工作。希腊化时期的斯多葛学派的法律思想及波利比的法律思想，成了古希腊法律思想向古罗马法律思想转复的桥梁。西塞罗的《法律论》和其他有关著作，集古代自然法思想之大成。在奥古斯都帝国时期，随者领土的扩张，各民族文化的交流，尤其商品经济的发展，罗马国家的立法大大发达，因而在传统的自然法学之中又产生了实证法学。罗马皇帝确认五大法学家的著作和对法律的解释具有法律效力，并兴办起法律学校。盖尤斯撰写的《法学阶梯》是迄今为止发现最早的、保存最完整的法学教程。罗马法和罗马法学是西方奴隶主文明的重要成就和标志，在世界上留下广泛和深远的影响。长达近千年的中世纪，是西方法学的衰落时期，与其他社会科学一样，法学也是神学的附庸。以圣·奥古斯丁和圣·托马斯·阿奎那两人为代表的神学家们，提出一整套的神学自然法理论，并使自然法从属于所谓上帝意志的永恒法。这种理论是为大主教和世俗的封建阶级的统治服务的。从13世纪起，蓬勃兴起的文艺复兴和宗教改革运动，促进资产阶级法学的萌发。特别是11—15世纪以意大利波伦亚大学为基地，形成大力发掘和复兴罗马私法的注释法学派；继之而起的还有以法国为中心的人文主义法学派。如同恩格斯所说，最早的资产阶级法学是神学世界观的世俗化。从此，代替教条和神权的是人权，代替教会的是国家。西方的资产阶级法学的发展同西方资本主义经济、政治的发展相适应，大体经历了四个阶段：第一阶段是资产阶级革命启蒙时期和夺取政权时期，即17、18世纪至19世纪初，这是古典自然法学的鼎盛时期。其代表人物有英国的霍布斯、洛克，荷兰的格劳秀斯、斯宾诺莎，法国的孟德斯鸠、卢梭，德国的普芬道夫，意大利的贝卡利亚等。在他们当中占主导地位的思想和理想，不仅是资产阶级革命的税利武器，也是建立资产阶级政治统治和法制的理论依据。理性法、天赋人权、社会契约、三权分立、主权在民、宪政和法制等理论，广泛地传播，并被美国《独立宣言》、法国《人权宣言》及各国的资产阶级宪法所确认，起过很大的进步作用。第二阶段是整个19世纪，也就是自由资本主义时期。在该阶段，闻名于世的自然法理论，在很大程度上已不适应正在巩固政权和强化自己实证法律的资产阶级的要求。他们认为，17—18世纪的理想目标均已得到实现，无须再讲什么自然法了。于是，英国以休谟、斯密为代表的反自然法学，功利法学和分析法学，德国及英国的历史法学，德国的哲理法学等，便应运而生。其中，以奥斯丁为创始人的分析法学，最能表现西方法学突破几千年自然法学的传统而转向实证地研究法律的倾向。第三阶段是19世纪末至第二次世界大战时期。此间的西方法学，除了德国实证主义法学所代表的分析主义以及自然法的复兴运动以外，最引人注目的是社会学法学的发展。比如，德国耶林的目的法学和赫克的利益法学，奥地利埃尔利希的自由法学，法国狄骥的社会连带主义法学，美国庞德的社会法学，美国和斯堪的纳维亚地区的实在主义法学等，都是社会学法学的不同分支。这就形成自然法学、分析主义法学、社会学法学三大主流派鼎立的局面。它们从不同侧面适应垄断资本主义的需要。第四阶段是第二次世界大战以后的当代法学。当代西方法学仍存在三大主流派,但其新特点在于三者的相互靠拢和融合的趋向。譬如综合法学、多元论法学,正是这种趋向的产物。与此相一致,法学与其他学科(如经济学、政治学、社会学、人类学、伦理学、逻辑学、心理学、哲学)之间的相互渗透现象,也在不断地强化。其次,法学流派丛生,是当代西方法学另一特点。这些学派包括存在主义法学、现象学法学、行为主义法学、多元价值判断法学、纯粹法社会学、符号学法学、人类学法学、经济分析法学、批判法学、西方马克思主义法学等。这种多元化的法学格局,也呈现上升的趋势。

(吕世伦　李龙)

西方马克思主义法学　西方马克思主义思潮对于法学领域渗透的产物,形成于20世纪60年代。在性质上属于比较激进的资产阶级法律学说,不同于资产阶级传统法理学,带有一定的马克思主义色彩。西方马克思主义法学的理论渊源久远而复杂。奥地利社会民主党人卡尔·伦纳(Karl Renner,1870—1950)发表的《私法制度及其社会功能》(1904)一书,是用社会民主主义观点对马克思主义法律理论的首次系统论述。意大利共产党的理论家 A. 葛兰西和法兰克福学派的某些理论家,也有所论述。进入20世纪60年代,西方马克思主义法学在法国和西德已形成体系。继而便越出欧洲大陆进入英、美、澳诸国,声势也愈加壮大,其代表人物及其著作一时难以数计。西方马克思主义法学的观点,主要可以概括为以下几个方面:①承认马克思和恩格斯对法律的基本问题多有论述,但又说它缺乏系统性,过于片面,所以需要修正或重建。②反对把法的阶级统治功能绝对化,说随着现代资本主义国家的变化,法也有了某种中立性。③强调国家与法的相对独立(自主)性,以不同的程度和方式为资产阶级统治服务。④在现代资本主义社会中,法不单纯反映统治阶级的意识形态,也反映其他阶级的意识形态。⑤不能从马克思主义经济基础——上层建筑学说中导出法律是经济的代表和阶级利益的代表这样的结论。⑥主张用社会学理论来补充马克思主义的法律社会控制的观点。如此等等。值得注意的是,前苏联、东欧国家的法学界,也有越来越多的人日益向西方马克思主义法学靠拢。在当前,所谓民主社会主义的法律观,同西方马克思法学已差不多融为一体了。

(吕世伦)

《宪法论》　法国社会连带主义法学家 L. 狄骥的代表作。1921—1925 年出到第2 版时有 5 卷;1927 年开始出第 3 版,仅至 3 卷便由于作者病逝而中断。在这部长篇著作中,狄骥系统地阐述自己倡导的社会连带主义法学。其中的第 1 卷提出这套学说的纲要和理论基础。本卷共分 6 章:前 4 章通过对传统的法律学说(尤其古典自然法学)的批判,阐述本人的社会连带主义法学的基本观点,并提出依照这套法学观点来改造西方国家法律体系的计划;后 2 章是作者国家学说的引论,作为《宪法论》2 至 4 卷关于国家制度的具体论述的指导思想。我国商务印书馆于 1959 年出版了《宪法论》第 1 卷(1927 年版)的中译本。

(吕世伦)

现代西方法哲学 19 世纪末 20 世纪初伴随自由资本主义完成向帝国主义转变以来的西方法哲学。但严格地说,它应从 19 世纪 70 年代起算。其开端的标志,为德国法学家、社会学法学的正式开创者 R. 耶林对在 19 世纪占统治地位的"概念法学"即法律实证主义的批判。现代西方法哲学就其渊源和特征,主要的有三大主流派:①复兴自然法学。它又包括神学主义(新托马斯主义或新经院主义)自然法学派和世俗主义自然法学派。②新分析主义法学。也叫新分析实证主义法学或新法律实证主义。它包括、德国实证主义法学、凯尔逊的规范主义法学即纯粹法学、哈特的新分析法学。③社会学法学。它包括耶林的目的法学、埃利希的自由法学、赫克的利益法学、彼得拉任茨基等人的心理法学、狄骥的社会连带主义法学、美国实用主义法学(后来又分为庞德的社会法学和弗朗克—列维林的美国实在主义法学两大派)、斯堪的纳维亚实在主义法学。除三大主流派以外,还有新康德主义法学、新黑格尔主义法学,以及当代的存在主义法学、现象学法学、符号学法学、综合法学、多元论法学、多元价值判断法学,行为主义法学、人类学法学、程序法学、批判法学、经验分析法学等。现代西方法哲学的特征,有以下几个主要方面:①社会本位倾向和个人本位倾向的彼此消长。现代西方法学与 19 世纪相比,很突出的一点是社会本位取代个人本位;但 20 世纪 60 年代以来,个人本位倾向又有所回升。和这两种倾向相一致,国家主义与自由主义两种倾向也彼此消长,其中多元主义政治法律思潮有着越来越大的影响。②派别林立与相互靠拢的并行发展。现代西方法哲学,除了传统的思潮的影响以外,更多的是追逐流行的哲学派别和自然科学新成就,以及政治学、经济学、社会学、伦理学、人类学等领域的时髦趋向,产生一批又一批的新流失。但这一点并不妨碍各流派,尤其三大主流派的相互靠拢,主要是在法的价值、形式和事实三个方面的日趋结合。最突出的标志就是综合法学、多元论法学的产生。③世界主义,其锋芒指向国家主权与民族独立。特别是从第二次世界大战结束开始,世界主义成为三大法学主流派的共同主张。例如马里思的世界政府学说,凯尔逊的国际法优先国内法学说,庞德的世界法学说,以及此前狄骥的世界社会连带关系的国际法学说,等等。这同帝国主义的霸权主义是同步发展的。④反对马克思主义法律观。在这方面,德国新康德主义法学家什坦姆列尔起了先锋作用,还在 1896 年撰写《从唯物史观论经济和法律》。在第二次世界大战之后,凯尔逊充当更为突出的角色,1948 年出版《布尔什维主义的政治理论》,1955 年又出版《共产主义的法律理论》,他们着力攻击的是经济基础决定法律的观点,法的阶级性的观点、无产阶级专政的观点,国家和法消亡的观点,以及社会主义国家和法的基本实践。⑤日渐"实际化"和"功能化"。这种趋势是西方法学家们为了维系现存制度和解决社会实际生活中提出的问题所驱使的。其重要表现：一是研究国家、政党或社团的功能，如法的社会工程、团体主义、多元民主等理论，二是研究国家同物质生活的关联，福利国家论、法的经济分析学说，最有代表性；三是研究如何把现代科学技术成果应用到政治、国家和法的领域，号称为"最新的自然科学的法学"的经验法学（包括逻辑实证主义法学、行为主义法学等）便是为此目的而产生的。

（吕世伦）

现代西方三大法学主流派　19世纪末20世纪初以来，在西方法学中最有代表性、影响最大的三股法学思潮。①复兴自然法学。开始于20世纪初，第二次世界大战以后得到巨大发展；其主要契机是法西斯统治的垮台引起人们对正义、道德等价值理想的追求，以及对鼓吹"恶法亦法"的法律实证主义的批判。复兴自然法学有两个支派：一是以J.马里旦为代表的新托马斯主义或新经院主义的神学自然法学说；一是以L.富勒等人为代表的世俗的自然法学说。②现代分析主义法学。它是在19世纪奥斯丁分析法学的基础上形成的。最早的一个派别是19世纪下半期出现的法国实证主义法学。第二次世界大战后，这个学派被当作纳粹主义的帮凶而受到致命的批判。除此以外，现代分析主义法学还有两个派别：一是以H.凯尔逊为代表的纯粹法学；一是以H.L.A.哈特为代表的，现今仍有较大影响的新分析法学。③社会学法学。其主要奠基者是19世纪末目的法学的倡导者L.耶林。社会学法学是迄今为止西方唯一的一直不衰的法学思潮，其派别也最多，有：E.埃利希为代表的自由法学；P.赫克为代表的利益法学；O.霍姆斯创立的美国实用主义法学，不久便分裂为R.庞德为代表的社会法学和J.弗朗克和K.列维林为代表的美国实在主义法学两派；L.狄骥为代表的社会连带主义法学；A.哈盖尔斯特列姆创造的斯堪的纳维亚实在主义法学，即乌普萨拉法学。半个多世纪以来，三大法学派之间的力量对比虽几度变化，但大体上处于鼎立的态势。不过，社会学法学的影响力最大，而且仍呈扩大之势。

（吕世伦）

现实主义法学　又译"实在主义法学"。

（吕世伦）

现象学法学　兴起于20世纪60年代，系现象学哲学对法学渗透的产物。主要倡导者是法国的一批思想家，有A.赖纳赫、F.施赖沃、F.考大曼，尤其是P.阿姆斯里克。其基本主张是，用主观唯心主义的直觉主义的"还元法"研究法律问题。还元法的优点在于排除先前的一切关于法律的"假说"，而使人们能够方便地直接感受法律。还原法包括现象还元、本质还元和先验还元三个层次。只要把法律现象中易变的成分除掉，就可以发现法律的本质。这种本质还元再同人的先验还元相结合，便能揭示法律区别。至于法律规范，那仅仅是一种技术性的判断手段，法律规范的特征，要从感觉的必然性观念即先验逻辑形式中去寻找。这种感觉的必然性,同规范的内容没有必然联系;因此,即使一项具有不合理或荒诞内容的法律规范也是法律规范。这一点与"恶法亦法"的法律实证主义是一致的。现象学法学对法学分类的主张是:①法律现象学。直接描述法律的现象。②法律理论现象学。法学家对于(自我)经验世界中的法律现象的一种观点分析。这又分为两种,一是法律技术学,一是法理学。人类对所面临的法律现象的要求,作为个人而言,属于心理学的目标,作为社会而言,属于社会学的目标;因此,法理学是分别溶化于法律心理学和法律社会学之中的。

(吕世伦)

新修辞学法律思想　比利时法哲学家 C. 佩雷尔曼倡导的法律技术即法律逻辑。他反对法律实证主义那种对三段论式形式逻辑的迷信,而提倡多元价值判断逻辑。参见[实体性模式和程序性模式]。

(吕世伦)

行为主义法学　又称"行为法学",西方最晚近的法学思潮之一。它由一般行为科学,经过行为主义政治学的媒介,到 20 世纪 70 年代才形成起来。行为主义法学从美国兴起,然后席卷西方及日本的整个法学阵地,影响甚大。其主要代表人物是美国的G. 舒伯特、R. 劳勒、D. 达勒斯基及 D. 布莱克等。行为主义法学的主要理论渊源是经验实证主义、结构功能主义、美国法律实在主义。它借助一般行为科学的理论和方法来研究法律现象,而侧重点是人的法律行为、尤其是法官的审判行为。目的在于通过这种研究充分发挥法律的社会控制作用,帮助国家当局制定适宜的司法政策,以便造成理想化的法律秩序和维护社会的安定状态。参见[结构功能主义的法律社会控制论]、[法律的社会控制模型]、[自动探测仪的审判过程论]。

(吕世伦)

刑法的经济分析　经济分析法学的一个派别,其学说又叫犯罪经济学。它把犯罪看成是罪犯的一种职业选择,即罪犯认定犯罪比从事其他合法职业能提供更多的纯利,这个学说的倡导者把罪犯当作一个追求最大功利的有理性的人。他同别人一样地有自己的"稳定偏好"。他为了追求犯罪获得的利益也要舍弃一定利益,即需付出机会成本。正是这种机会成本调节着他的稳定偏好造成的冲动,去争取自己的极大功利。既然犯罪有机会成本,那么国家刑事侦破水平、刑罚的轻重,就成了调节罪犯追求得到的财富与所要冒风险之间关系的重要杠杆,使其事先权衡是否值得犯罪以及怎样去犯罪之类的问题。提高刑侦水平、加重刑罚就是提高犯罪成本,因而是预防和减少犯罪的重要手段。即使在西方,也有许多法学家认为这种分析是牵强附会和庸俗的。

(吕世伦)

形式正义论 比利时新修辞学法学家 C. 佩雷尔曼的法律价值论的主要范畴。按他的看法，法律现象同解决正义的归属问题分不开，而正义观念又与平等观念相一致。所谓形式正义，指应当以相同的方式对待人。形式正义之所以不容怀疑，在于它同人的心理特性与理性相一致。抽象地讲，没有什么人会反对对于同类的人要给予平等的待遇。正义的法律，也定是体现形式正义的法律。佩雷尔曼的形式正义论，旨在为资本主义国家的法律平等寻找伦理的根据。

（吕世伦）

一般预防刑罚学说的博弈论模型 博弈论也称比赛论。当代西方有些法学家运用社会学的博弈论来研究刑罚理论，其中以相对主义的刑罚论为主要代表。这种理论认为，刑罚的本来意义并非表现在刑罚制度本身的作用之上，而表现在一般犯罪的预防目的上。刑罚之所以有儆诫和威吓一般人的作用，就在于使人能够衡量刑罚的痛苦大大超过犯罪所能得到的享乐。犯罪者个人和实施刑罚任务的国家之间好比是竞技表演的伙伴，当个人进行犯罪活动时就要导致国家的惩罚。人借助"自动探测仪"的模式，从自己行为的价值比较中去认识利害得失的情况，然后决定值不值得进行某项犯罪。当人们认识到刑罚的痛苦而倍于犯罪得到的享乐后就会有所畏惧，不敢轻易地犯法，使每个人能够用法律规范的标准来作为自己行为的准则。这样，就会在社会上广泛地产生一种预防犯罪的作用。这种模型论的最大弊端，在于把犯罪这种复杂的社会问题加以简单化甚至庸俗化，所以是不会有实际运用价值的。

（吕世伦）

已给 法国新托马斯主义法学家 F. 惹尼的术语，指事先呈现在人们、尤其立法者和法官面前的既定状态。它包括四种：①自然（现实）的已给，由兼有自然性质和规范性质的社会共同体所构成。②历史的已给，自然已给在时间持续过程中获得的新力量。③理性的已给，即理性的必然性引申出来的原则。④理想的已给，以对社会情况的合盘考虑出发而构成的。惹尼以两性关系为例：男女差别是自然已给；通过婚姻形式的两性结合是历史已给；要求婚姻的稳定和持久是理性已给；以上三种已给中形成的婚姻不可离异和一夫一妻制等思想，就是理想已给。惹尼强调法学家及立法与司法必须重视社会历史与现实的情况，这是可取的。但更根本的是要了解社会阶级力量对此关系对于法和法学的重要意义。

（吕世伦）

引证法 又称"学说法"。法的渊源之一。西方最早的引证法是指罗马帝国时期引证的一些著名法学家、特别是钦定的五大法学家（帕比尼安、乌尔庇安、盖优斯、保罗、莫迪斯蒂努斯）的意见和著作当作法律的情况。在中世纪，引证法与宗教法紧密相关。近代以来，引证法仍然是一些国家，尤其英国法系国家的法源之一。例如，截至1890年，美

ﾟﾟﾟﾟﾟﾟﾟﾟﾟﾟ

国联邦和州两级法律的判决中，引用英国法学家 W. 布莱克斯通《英国法释义》一书作为根据的，就有 6474 次；而 1890 至 1915 年之间，又有 2412 次。再如，据美国 E. D. 迪金森教授对 1789—1820 年期间美国诉讼案引用著名法学家著作的统计是：

	起诉书中的 引文次数	法院引用的 引证次数	引文次数
格劳秀斯	16	11	2
普芬道夫	9	4	8
本克肖克	25	16	2
瓦特尔	38	38	22

德国古典哲理法学家黑格尔在《法哲学原理》一书中，把法律的形式渊源分为制定法、习惯法、判例法和引证法。但他认为，引证法是比习惯法和判例法更加混乱的一种法源，是"以言代法"的独特形式。这是中肯的评价。

（吕世伦）

应当是这样的法和实际是这样的法　法律实证主义对法的划分方法。实际是这样的法又称实在法，指包含着行为规则的法律规范本身。应当是这样的法又称理想法或正义法，指以价值判断为出发点的道德要求。法律实证主义主张法学的研究对象只是实在法，认为实在法与道德无关，至少没有必然的联系。这种划分是 19 世纪的 J. 边沁和 J. 奥斯丁最先提出的。H. 哈特大体上也是这样主张的，但又承认"最低限度内容的自然法"。H. 凯尔逊所讲的作为法学研究对象的那个"应当"，指法律规范本身规定的"应当"即规范本身。这个"应当"恰好是奥斯丁和哈特所讲的"实际"。反之，凯尔逊的"实际"，指法律规范以外的实际，包括可用道德标准评价的规范；这个"实际"恰好是奥斯丁和哈特的"应当"。所有法律实证主义者都是用实在法反对以宣扬理性与正义为核心的自然法，以转移人们对实在法的合理性或妥当性的注意力，而只管遵循资产阶级的实在法。

（吕世伦）

预防刑法　美国社会法学派代表人物 R. 庞德把实用主义法学思想运用到刑法领域而提出的刑法理论。庞德从强调法的社会监督作用的观点出发，要求国家当局"要多留心犯罪主体，少谈论些犯罪行为"，对于那些被认定为"社会危险分子"的人，要大力采取"预防措施"、采取"保安处分"。庞德的"预防刑法"论是 19 世纪末刑事人类学派代表者 C. 龙布罗梭的理论在美国的具体应用和发展。它实际上是在替帝国主义国家破坏法制、行政警察机构对人民进行任意镇压，寻找理论根据。

（吕世伦）

原有权利和后来权利　新托马斯主义法学家 J. 马里旦人权学说中的一组对应范畴。原有权利指自然法的权利及早先形成的权利,如财产权、契约自由权等。后来权利指原有权利之后形成的权利,如选择工作、组织工会、要求增加工资和社会福利等权利。这两类权利是相互矛盾的,但却可以调和。马里旦解释说,只要排除意识形态和政治制度的偏见,这种调和便不难办到。他说 1948 年联合国的人权宣言就是新的权利调和的典型。实际上,马里旦宣扬资产阶级与工人阶级、资本主义与社会主义之间调和。

（吕世伦）

在行动中研究法　美国社会法学派重要的代表人物 R. 庞德的观点。他从实用主义观点出发,针对 19 世纪概念法学的法律教条主义和形式主义,强调法的适用过程的重要性,主张鄙弃过分注重法律逻辑运用的那种崇拜"书本上的法"的倾向,而应重视"生活中的法"或"行为中的法",要在行动中发现和创制新的法律。他还认为,只有在"对官方的行动的预测中",才能找到跟上社会前进的法;而这就要法官依据个人的经验司法。庞德的"无法司法"和"法官立法"等主张,都是他本人"在行动中研究法"的产品。

（吕世伦）

知识产权法的经济分析　美国经济分析法学代表人物 R. 波斯纳的主张。他说,著作权、发明权、专利权等知识产权法,有时看起来似乎是不公正的、负效益的。因为个人对专利技术和著作的垄断权,显然不如全社会都来利用它们好。但这是浅近的看法,长远地说,知识产权的保障制度有利于刺激人们进行新的发明创造和著作,从而能促进社会经济效益更大幅度地提高;而不保障知识产权的做法倒是负效益的。

（吕世伦）

芝加哥法学派　美国经济分析法学的首要代表人物 R. 波斯纳,其学说主要是在他担任芝加哥大学法学院教授期间完成,代表作《法的经济分析》(1972)一书也是在此期间写的,所以人们把美国经济法学派也称作芝加哥法学派。

（吕世伦）

直觉法　心理学法学家 L. 彼德拉任斯基把法当作纯粹的心理现象来研究。他认为,法就是人们一种必须服从的体验和情感。一种行为,某人感觉是自己的义务,另一人感觉是自己的权利,那么在第三人看来他们之间便形成特定的法律关系,即直觉造成的法律关系。在法体系中,直觉法是基本渊源,而实证法不过是直觉法的外部形式。国家也是人们对服从必要性的直觉的产物,所以是"法的幻想"。直觉法论是彻底的主观唯心主义的法律观。

（吕世伦）

中世纪的自然法学　在西欧居于绝对统治地位的天主教的神学主义法律思潮，为封建主阶级服务的有力工具。它的主要代表者是教父，理论根据是基督教的《圣经》。罗马帝国末期的圣·奥古斯丁为中世纪自然法学的奠基人。他承袭斯多葛学派、尤其西塞罗的自然法学说，极力给予神学主义以发挥。按照他的说法，通过《圣经》体现的神法是"永恒法"，由成文法和风俗习惯构成的人法必须以永恒法为准则。自然法是符合永恒法精神的人类灵魂之中的法，但它由于"原罪"而遭到泯灭。圣·托马斯·阿奎那是中世纪自然法学的集大成者，其学说融合圣·奥古斯丁与亚里士多德的观点。从性质上说，它是奥古斯丁主义的。阿奎那把法分为永恒法、自然法、人法、神法（《圣经》）四种，认为自然法不过是人对永恒法的一种参与。但是，其理论的展开，尤其是关于自然法的许多具体论点，基本上是亚里士多德的东西。阿奎那自然法学的独创性表现在：自然法已不再是最高的法，处于永恒法之下；自然法具有更多的世俗内容，如强调保全人的生命、维护人的本能和社会生活秩序；自然法具有一定的可变性，把私有制和奴隶制说成是后来为人的理性所确认的，对自然法的"有益的补充"，实际上潜藏着相对自然法的成分。中世纪的自然法学，是自然法学的黑暗年代。

（吕世伦）

主要范畴　比利时新修辞学法学家 C. 佩雷尔曼认为，应当以相同方式对待人的形式正义，虽然是人们普遍乐于接受的，但却不能直接在现实生活中适用，因为缺少"主要范畴"的媒介。所谓主要范畴，就是根据某些特征找出人的普遍属性，必须分别确定共同的价值分配标准的范畴。比如，德性（优点）、劳动（工作）、需要（最低限度的）、身份（地位）、权利等，都可以是主要范畴。当然，主要范畴只有变成法律的范畴，才能获得普遍的约束力。这种主要范畴论对于西方资产阶级法律正义理论确有新的贡献，但仍没有避免超阶级的唯心史观。

（吕世伦）

主要规则与次要规则　主要规则也称第一级规则，次要规则也就是第二级规则。详见《第一级规则与第二级规则》。

（吕世伦）

自动探测仪的审判过程论　行为主义法学关于司法审判理论的一项内容。审判预测的可能性要依靠控制审判的方法来提高；而控制的方法就是自动探测仪的方法，即把审判中不能直接观察（或经验）的法官心理活动过程理论地在数量上来表现法官预测的现象，从而变成电子计算机的活动过程。人们向这架自动探测仪输入有关案件的法律规定（或规范）、事实以及不确定的信息（杂音），然后从那里获得法律决定（判决、裁定等），进而再从输入—输出关系上作出数量处理的模型，也就是作出解决各类案件的典型方案。实践证明,这种理论对司法上有一定参考价值。但是,计算机的信息或数据的处理,毕竟不能全部替代法官的思维。

(吕世伦)

自然道德法　托马斯主义法学中的概念,最早由托马斯·阿奎那提出,意指纯粹存在于人类良心中的自然法。奥地利新托马斯主义学家麦斯纳在《自然法》(1949)一书中,承袭并发挥了这一概念,他说,自然道德法论的最高原则是"要行善,要避恶"。从中引出三级道德原则:第一级原则是避免过度,给予每人所应得的东西,己所不欲勿施于人,使行为符合社会生活,尊敬父母,服从合法政府,遵守契约,信仰上帝等。第二级原则是摩西十诫的内容。第三级原则即"被运用的原则",如发给雇员的公正工资的原则等。麦斯纳同意圣·托马斯·阿奎那被天主教会赞同的理论,即自然道德法治只能在一定的社会关系中得到承认,所以社会和国家共同体对个人的干预是公正的。但又与托马斯的普遍主义自然道德法论有所区别:其一,麦斯纳不认为个别道德是自然道德法的附属物,而认为自然道德法是根据个别道德成熟水平发展的;其二,麦斯纳认为在社会和国家之外,还有个人独立尊严的存在。就是说,麦斯纳的自然道德法论具有现实的资产阶级意识形态,尤其自由主义法律思想的浓厚色彩。

(吕世伦)

自然法的本体论要素　新托马斯主义法学突出代表者 J. 马里旦提出的自然法构成要素之一。他说,本体论要素是自然法的第一基本要素。它指的是以人这一存在的本质为依据而发生作用的常态,自然法正是表现人的本性或本质以及根源于这种本质或本性的不变的必然性。由此看出,马里旦的自然法论是建立在抽象的人性论基础上的。

(吕世伦)

自然法的构成要素　新托马斯主义法学的最高代表者 J. 马里旦提出的学说。他在《人和国家》一书中认为,自然法的结构包含两个要素:①本体论要素。从根本上说,自然法是表现人类本性的常态或理性必然性的。这是来自神的永恒法,是不变的。②认识论要素。既然自然法是人对于永恒法的参与,那么它必然有赖于人的认识能力。认识能力越高,自然法就越完善。马里旦关于自然法构成要素的学说,其目的在于使托马斯·阿奎那的自然法论适应现代资本主义制度。

(吕世伦)

自然法的认识论要素　新托马斯主义法学最高代表者 J. 马里旦提出的自然法构成要素之一。他说,自然法是一种不成文法,人们对自然法的知识是随着人的道德良知的发展而一点一点增加的。人们迄今为止对它的认识是很不完备的,而且只要人类存在,它就将继续发展并日臻精密。但是,唯有上帝福音渗入到人的本体最深处,自然法才会达到完善的境地。就是说,自然法来自上帝的永恒法,并以永恒法为权限(无限)。

（吕世伦）

自然法人权和实在法人权　新托马斯主义法学家 J. 马里旦对人权的一种基本分类方法。他认为,有的人权属于自然法上的权利,有的属于实在法上的权利。人的自由、生存、追求道德生活的完善,就是来自自然法的无可争辩的权利。但对于物质财富的私有权,则需要具体分析,就人人有权享有财富这点而言,是自然法上的权利。但是,就私有财产的具体形式而言,是实在法上的权利;就是说,假使在这方面产生了什么问题,只需对实在法加以改良就行了。可是,财产私有这个权利本身都是神圣不可侵犯的自然权利。显然,马里旦把私有制视为人权进而自然法的核心。

（吕世伦）

自然法学　西方历史上最悠久、影响最大的法律思潮。其基本特征是假定某种客观精神,如神意、理性、道德、正义、人性或类似的抽象为本源性的法,即自然法,而实证法仅仅是表现这种自然法的外部形式。所以,自然法学是一种应然的法学,理想主义的法学。它的理论基础是客观唯心主义及自然法与实证法的二元论。自然法学说的历史进程,有以下几个阶段。①古代自然法学,也被叫做自然主义自然法学。这主要指在古希腊的思想家那里,国家(城邦)和法,是同奴隶制一样是自然现象的一部分。人定法必须顺从于这种自然的法。②中世纪的自然法,即神学主义自然法。其最大的代表人物是托马斯·阿奎那。它是融合圣·奥古斯丁与亚里士多德两人的学说而成的。阿奎那说财产私有制和奴隶制虽非自然法的本质要求,但社会历史证明它们对人类有好处,所以是对自然的"有益的补充"。③近代自然法(古典自然法),即 17—18 世纪资产阶级思想家们倡导的理性主义自然法。它开始用"人的眼光"看待社会历史,宣布封建主义法是违背人性的、不合理的法,必须推翻。这种自然法学包含有自然状态,国家契约、天赋人权、人民主权、法制主义等理论,是资产阶级革命的重要思想武器。古典自然法是西方自然法思潮最高峰。④现代自然法,即复兴自然法。经过一个世纪的沉寂,到 19 世纪末 20 世纪初又开始"复兴",第二次世界大战以后达到高潮。它分为两个派别:一是新托马斯主义法学或新经院主义法学,其最大的代表人物是法国的 J. 马里旦。二是世俗的自然法学,美国的 L. 富勒、J. 罗尔斯和 R. 德沃金等人都是佼佼者。应当承认,自然法学注重于探讨实证法背后的精神和原则,确是法学研究的一个重要方面,属于法价值科学的范畴。但其非科学的性质也是显而易见的。正由于自然法理论具有抽象的概念和属性,因而历代剥削阶级思想家往往都要把它当作政治工具来运用。有时被压迫的劳动阶级的代言人(如一些空想社会主义者)也利用它反对剥削阶级,寄托自己的理想。

（吕世伦）

自治国家和他治国家　见"自然国家和政治国家"。

（吕世伦）

自然国家和政治国家　德国存在主义法学家 W. 麦霍菲尔的主要观点之一。他认为,自我存在首先是一种单一的、无比较的、绝对的存在,每个人都以自己为目的和意义。但是,自我又要通过外界来认识和显现自己,这个外在的世界分为两个领域:①物的领域,直接满足自我需要;②他人的领域,为满足对物的需要同他人建立的一种契约关系,这种关系表现了每个自我的自治。而由自我自治成为自身的人们所组成的国家,便是自然国家。最初的或原始的人类国家,就属于自然国家。这种自然国家的法律,是存在的自然法。它区别于后来的制度的自然法。表达和确定了来自人性的各种基本的自由和权利,诸如生存权、财产权、契约权。自我存在除了单一的、绝对的形式之外,还表现为社会的、可比较的、相对的形式,这也叫做自我的社会存在,即自我被置于一定的身份和地位上得到定位而成为角色。这样,自我便超出成为自身的界限而发展到他治。在成为角色的人中有两种秩序:一是深入秩序,人们处于不平等关系;二是平均秩序,人们处于平等关系。这两种秩序就决定了两种法律正义:一是分配正义,按照不平等关系分配利益;二是交换正义,给人们的平等的权利和自由。表达这两种正义的法律,就叫制度的自然法。在成为角色的情况下,自治的自然国家就发展到了他治的政治国家。这一过程是同存在自然法发展到制度自然法的过程相一致的。麦霍菲尔的自然国家,实际上就是"人人为自己,上帝为大家"的市民社会;而政治国家,就是作为市民社会上层建筑物的资产阶级国家。

（吕世伦）

自然世界公民和价值世界公民　墨西哥存在主义法学家 L. 西奇斯在《人类生活、社会和法律》(1948)中说,存在(人)属于两个世界的公民:一是时空中的、可经验的自然世界的公民;二是理想的,只能由自我内心感受或"直觉"的价值世界的公民。西奇斯宣称,存在主义法学的任务就在于在这两个世界之间架起一座桥梁。就是说,它要论证实证法律要通过经验的人来实现人的价值——人格,在这里,西奇斯所讲的是自然法学的语言,他不知道人的本质不是抽象的人格,而是一定的社会关系。

（吕世伦）

自然主义自然法　以古希腊奴隶制城邦国家为典型的西方古代自然法。由于科学的不发达以及希腊城邦一般地是从氏族组织中自然形成的事实,古希腊的思想家大多以朴素直观的观点和方法来考察法现象。他们认为国家(城邦)和法,亦如城邦通行的伦理道德、风俗习惯、对神的信仰乃至奴隶制,都是自然现象的一部分。所以,他们主张人们应当"与自然相一致地生活",人定法必须服从这种自然法。到了罗马国家的兴盛时期,随着人定法的发达,自然主义自然法已有所改变。但是,这并不妨碍所有的罗马法学家依然是自然法的信从者。

（吕世伦）

自由法学　20 世纪初德国社会法学的一个主要派别，以强调法官根据自认的正义原则而去自由地发现社会中"活的法律"为特征。代表者是奥地利的 E. 埃利希、德国的 H. 康多洛维奇和 E. 富克斯等人。他们的主要观点是：①强调法官为维护社会秩序而最大限度地发挥其主观作用。②真正的法是"活的法律"。③发展法律的核心，不是立法、法律科学及司法判决，而是社会自身。④法律的意义首先在于维持"社会秩序"。自由法学是在资本主义进入垄断阶段以及法律领域发生激烈变革的历史条件下产生的，是 19 世纪概念法学的对立物。它与同时代出现的利益法学很接近，但更具有法官法学的色彩。就夸大法官"造法"权力方面，自由法学与后来兴起的美国实在主义法学是一致的，只是后者偏重心理原则，而它则偏重"正义"原则。

（吕世伦）

自由主义法律思想　"国家主义法律思想"的对称。一种强调个人本位（如个人价值、个人权利、个人自由）的典型资产阶级意识形态。它萌发于文艺复兴时代，在 17—18 世纪启蒙思想家和革命家 J. 洛克、孟德斯鸠、T. 杰弗逊等人那里形成理论体系，是同古典自然法学紧密结合在一起的，其基本口号是生命、自由、财产或追求幸福，但核心是私有财产神圣不可侵犯和契约自由。进入 19 世纪以后，由于资产阶级统治的确立和实证法体系的形成，自由主义法律思想离开古典自然法学，转向功利主义和分析主义法学。其代表者是法国的 B. 康斯坦，英国的 J. 边沁、密尔父子和奥斯丁等人。他们把国家和法律当作为个人服务的工具，反对其干涉私人的经济生活和精神生活，强调激发每个人为私利而斗争的主动性，以便造成充分的社会自由竞争局面。在垄断资本主义时期，英国 L. 霍布豪斯为先导，兴起新自由主义法律思潮。它的特点是具有"集体主义"即社会本位的色彩，并且倡导改良主义，以对抗马克思主义的科学社会主义。

（吕世伦）

综合法学　又称"统一法理学"或"整体法学"，第二次世界大战结束以来，在西方新出现的一种法学思潮。它指责自然法学、分析主义法学、社会学法学三大法学的偏执和排他性，倡导各流派的互相结合和互相补充，主张建立一套新的、全面性的法学理论，即"综合"的法学理论体系。综合法学主要代表人物及其基本观点，包括美国 J. 哈尔的"综合理论"，澳大利亚 J. 斯通的学说，美国 H. 拉斯维尔和麦克道格尔的"法律政策学"，以及 E. 博登海默、G. 帕顿、E. 费希纳等人的一些主张。哈尔抨击法学研究中完全忠于一派的做法，提倡自然法的价值观念应体现在实证法的形式中，最终又要见诸被统治者的同意这样的社会事实，认为法律应是形式、价值、事实三者的特殊结合体，反对将它们割裂开来。麦克道格尔和拉斯维尔认为，法律是国家共同体权力价值的一种形式,目的在于促进人们对于民主价值的共享,共同体的政策决策是法律规范制定和适用的指导性东西;法律和政策都应同最大范围和最大限度的民主价值的分配相结合,同保护人的尊严这种倾向未来的目标思想相结合。斯通从 20 世纪 40 年代至 60 年代著作的主题,一直是强调法律的结构及作用、正义的意味、利用社会中法律的适用性这三点。他把西方三大主要法学分别侧重研究的问题进行综合考察,从而提出了自己的理论。综合法学丝毫没有改变西方法学的资产阶级性质,但它提出的主张则含有一定的合理因素。

（吕世伦）

最低限度内容的自然法 英国牛津大学法理学教授、新分析法学的代表者 H. 哈特提出的观点。主要内容是:人的目的是生存,我们关心的是为继续生存进行社会安排,而不是为自杀俱乐部进行安排。因此,根据人性以及人类生存世界的事实的明显判断即公理,就必须有某些行为规则,它们构成一个社会的法律和道德的共同因素。这些行为规则就是哈特所说的"最低限度内容的自然法"。这种自然法的必要性,取决于人的脆弱性,要求平等,有互助、团结、同情的特性及有限的利他主义,有限的资源,有限的理解力和意志力。它同国家的现行法律制度是相辅相成的。最低限度内容的自然法论,表现现代西方各法学派互相靠拢的趋向。

（吕世伦）

最高法律原则 德国著名的存在主义法学家 H. 柯英在《法哲学原理》(1950)一书中说,存在的尊严和自由以及各种自然权利都是先于法律的"绝对价值",它们构成了"最高法律原则"。不过,这个最高法律原则又不能完全地被制定为实证法律。就是说,为了保证社会普遍福利,必须对它加以限制。这就是最高法律原则和实证法律之间的冲突。当这种冲突足以破坏最高法律原则时,要维护的是最高法律原则而不是实证法律。柯英倡导的基本上是资产阶级个人主义的自然法理论。他说的最高法律原则,其核心是个人自由。这种理论,一方面抨击纳粹的法律,另一方面也美化战后西德的资本主义法律。

（吕世伦）